高等教育轨道交通"十三五"规划教材·电气牵引类

电传动控制系统

（修订版）

黄　彧　主编

北京交通大学出版社

·北京·

内容简介

本书详细介绍了直流电传动机车控制技术和交流电传动机车控制系统的基本构成和工作原理。全书共分 7 章，内容包括：绪论、直流电传动机车调速、有级调速与继电器控制系统、电力机车功率因数、相控电力机车及其控制系统、交流电传动机车调速、交流电传动机车及其控制系统。

本书可以作为高等院校电力系统及其自动化、车辆工程、机电一体化等专业的本、专科教材，也可供相关专业的研究生及从事电力传动工程的技术人员参考。

图书在版编目（CIP）数据

电传动控制系统 / 黄彧主编. —北京：北京交通大学出版社，2012.10
（高等教育轨道交通"十二五"规划教材）
ISBN 978-7-5121-1198-1

Ⅰ. ① 电⋯ Ⅱ. ① 黄⋯ Ⅲ. ①电力机车–电力传动系统–控制系统–高等学校–教材
Ⅳ. ① U264

中国版本图书馆 CIP 数据核字（2012）第 215463 号

电传动控制系统（修订版）
DIANCHUANDONG KONGZHI XITONG (XIUDINGBAN)

责任编辑：陈跃琴
出版发行：北京交通大学出版社　　　电话：010-51686414　　http://www.bjtup.com.cn
地　　址：北京市海淀区高粱桥斜街 44 号　　邮编：100044
印 刷 者：北京时代华都印刷有限公司
经　　销：全国新华书店
开　　本：185 mm×260 mm　　印张：14.75　　字数：368 千字
版　　次：2012 年 10 月第 1 版　　2019 年 6 月第 1 次修订　　2019 年 6 月第 3 次印刷
书　　号：ISBN 978-7-5121-1198-1/U・116
印　　数：4 001～6 000 册　　定价：39.50 元

本书如有质量问题，请向北京交通大学出版社质监组反映。对您的意见和批评，我们表示欢迎和感谢。
投诉电话：010-51686043，51686008；传真：010-62225406；E-mail：press@bjtu.edu.cn。

高等教育轨道交通"十二五"规划教材·电气牵引类

编 委 会

顾　　问：施仲衡

主　　任：司银涛

副 主 任：陈　庚　姜久春

委　　员：（按姓氏笔画排序）

　　　　　王立德　方　进　刘文正

　　　　　刘慧娟　吴俊勇　张晓冬

　　　　　周　晖　黄　辉

编委会办公室

主　　任：赵晓波

副 主 任：孙秀翠

成　　员：（按姓氏笔画排序）

　　　　　吴嫦娥　郝建英　徐　琤　高　琦

出版说明

　　为促进高等轨道交通专业电气牵引类教材体系的建设，满足目前轨道交通类专业人才培养的需要，北京交通大学电气工程学院、远程与继续教育学院和北京交通大学出版社组织以北京交通大学从事轨道交通研究教学的一线教师为主体、联合其他交通院校教师，并在有关单位领导和专家的大力支持下，编写了本套"高等教育轨道交通'十二五'规划教材·电气牵引类"。

　　本套教材的编写突出实用性。本着"理论部分通俗易懂，实操部分图文并茂"的原则，侧重实际工作岗位操作技能的培养。为方便读者，本系列教材采用"立体化"教学资源建设方式，配套有教学课件、习题库、自学指导书，并将陆续配备教学光盘。本系列教材可供相关专业的全日制或在职学习的本专科学生使用，也可供从事相关工作的工程技术人员参考。

　　本系列教材得到从事轨道交通研究的众多专家、学者的帮助和具体指导，在此表示深深的敬意和感谢。

　　本系列教材从 2012 年起陆续推出，首批包括：《电路》、《模拟电子技术》、《数字电子技术》、《工程电磁场》、《电机学》、《电传动控制系统》、《电力系统分析》、《电力系统继电保护》、《高电压技术》、《牵引供电系统》、《城市轨道交通供电》。

　　希望本套教材的出版对轨道交通的发展、轨道交通专业人才的培养，特别是轨道交通电气牵引专业课程的课堂教学有所贡献。

编委会

2012 年 7 月

总　序

我国是一个内陆深广、人口众多的国家。随着改革开放的进一步深化和经济产业结构的调整，大规模的人口流动和货物流通使交通行业承载着越来越大的压力，同时也给交通运输带来了巨大的发展机遇。作为运输行业历史最悠久、规模最大的龙头企业，铁路已成为国民经济的大动脉。铁路运输有成本低、运能高、节省能源、安全性好等优势，是最快捷、最可靠的运输方式，是发展国民经济不可或缺的运输工具。改革开放以来，中国铁路积极适应社会的改革和发展，狠抓制度改革，着力技术创新，抓住了历史发展机遇，铁路改革和发展取得了跨越式的发展。

国家对铁路的发展始终予以高度重视，根据国家《中长期铁路网规划》（2005—2020年）：到2020年，中国铁路网规模达到12万千米以上。其中，时速200千米及以上的客运专线将达到18万千米。加上既有线提速，中国铁路快速客运网将达到5万千米以上，运输能力满足国民经济和社会发展需要，主要技术装备达到或接近国际先进水平。铁路是个远程重轨运输工具，但随着城市建设和经济的繁荣，城市人口大幅增加，近年来城市轨道交通也正处于高速发展时期。

城市的繁荣相应带来了交通拥挤、事故频发、大气污染等一系列问题。在一些大城市和一些经济发达的中等城市，仅仅靠路面车辆运输远远不能满足客运交通的需要。城市轨道交通节约空间、耗能低、污染小、便捷可靠，是解决城市交通的最好方式。未来我国城市将形成地铁、轻轨、市域铁路构成的城市轨道交通网络，轨道交通将在我国城市建设中起着举足轻重的作用。

但是，在我国轨道交通进入快速发展的同时，解决各种管理和技术人才匮乏的问题已迫在眉睫。随着高速铁路和城市轨道新线路的不断增加以及新技术的开发与引进，管理和技术人员的队伍需要不断壮大。企业不仅要对新的员工进行培训，对原有的职工也要进行知识更新。企业急需培养出一支能符合企业要求、业务精通、综合素质高的队伍。

北京交通大学是一所以运输管理为特色的学校，拥有该学科一流的师资和科研队伍，为我国的铁路运输和高速铁路的建设作出了重大贡献。近年来，学校非常重视轨道交通的研究和发展，建有"轨道交通控制与安全"国家级重点实验室、"城市交通复杂系统理论与技术"教育部重点实验室，"基于通信的列车运行控制系统（CBTC）"取得了关键技术研究的突破，并用于亦庄城轨线。为解决轨道交通发展中人才需求问题，北京交通大学组织了学校有关院系的专家和教授编写了这套"高等教育轨道交通'十二五'规划教材"，以供高等学校学生教学和企业技术与管理人员培训使用。

本套教材分为交通运输、机车车辆、电气牵引和交通土木工程四个系列，涵盖了交通规划、运营管理、信号与控制、机车与车辆制造、土木工程等领域，每本教材都是由该领域的专家执笔，教材覆盖面广，内容丰富实用。在教材的组织过程中，我们进行了充分调研，精心策划和大量论证，并听取了教学一线的教师和学科专家们的意见，经过作者们的辛勤耕耘以及编辑人员的辛勤努力，这套丛书才得以成功出版。在此，我们向他们表示衷心的谢意。

希望这套系列教材的出版能为我国轨道交通人才的培养贡献绵薄之力。由于轨道交通是一个快速发展的领域，知识和技术更新很快，教材中难免会有诸多的不足和欠缺，在此诚请各位同仁、专家予以不吝批评指正，同时也方便以后教材的修订工作。

编委会

2012 年 7 月

前　言

电传动控制系统在交通运输和城市轨道交通领域中发挥着重要的作用。自20世纪90年代以来，电力电子技术、微电子技术和控制技术的不断发展，将电力牵引控制系统带入了一个前所未有的高度。目前，高速和重载已经成为电力牵引的两个重要发展方向，因此为了保障电力牵引系统正常安全运行，与数字脉宽调制技术、微型计算机控制技术及现代控制技术相结合的高性能电力牵引控制系统不断涌现。

本书突出铁路专业特色，以电力牵引控制技术的发展为主线，详细介绍了第一代有级调速机车和继电器控制系统、第二代相控调速机车与模数混合控制系统及现代交流传动机车与列车网络控制系统，涵盖了电力牵引轨道交通的直流传动和交流传动的整个发展历程。本书分为两大部分，前半部分主要介绍直流电传动系统的主体结构及控制系统的基本工作原理；后半部分以交流传动机车为主要介绍对象，针对交流传动控制系统进行详细的剖析，分析具有代表性的典型车型，展示交流电传动机车和交流动车组的最新技术和发展。

本书共分为七章，第1章绪论，主要介绍电力牵引技术的发展历程及电力牵引技术应用领域；第2章直流电传动机车调速，主要介绍直流电传动机车的调速原理与方法；第3章有级调速与继电器控制系统，以SS1型电力机车为例详细分析了有级调速机车的调速原理及继电器控制系统的基本工作原理；第4章为电力机车功率因数，针对相控电力机车功率因数低的问题，详细分析了电力机车功率因数的决定因素及提高机车功率因数的具体方法；第5章相控电力机车及其控制系统，主要介绍了在直流电传动发展过程中发挥重要作用的8K型电力机车，详细论述其主电路调压的原理，以及模数控制的基本构成和单元控制电路的工作原理；第6章交流电传动机车调速，分析交流电传动机车异步电机的四种主要控制方法；第7章交流电传动机车及其控制系统，重点讨论了交流电传动机车主电路各个环节的控制方法及实现方式，并详细介绍了国内外典型交流动车组和列车控制网络技术。

本书由北京交通大学黄彧主编。由于编者水平有限，书中难免存在错误和不当之处，欢迎读者批评指正。

编者

2012 年 8 月

目　录

第 1 章

绪　论

【本章内容概要】

本章主要介绍电力牵引技术的发展历程及电力牵引系统的主要传动方式，并全面展示了世界各国电力牵引发展的现状。

【本章学习重点与难点】

学习重点：电传动机车的概念、电力牵引系统的主要传动方式，以及机车主电路的基本结构和应用领域。

学习难点：供电方式、驱动方式与电力牵引系统的关系。

在交通运输工具中采用电动机驱动的电气传动部分称为电力牵引系统。电力牵引系统以牵引电动机为控制对象，通过开环或闭环控制系统对牵引电动机的牵引力和速度进行调节，以满足车辆牵引和制动特性的要求，从而实现对各类交通运输工具的运行控制。电力牵引系统主要指各种轨道交通的运输工具，如干线电力机车、电传动内燃机车、矿山用电力机车、城市地铁列车、轻轨列车、有轨/无轨电车及磁悬浮列车等。

自从 1879 年德国诞生第一辆电力机车以来，电力牵引已成为牵引动力的首席，同以煤作为动力能源的蒸汽机车牵引和以柴油作为动力能源的内燃机车牵引相比，电力牵引具有突出的优势，因此，电力牵引作为轨道交通牵引动力的世界性趋势正在蓬勃发展。

1.1　电力牵引技术发展历程

很早以前，人们就一直努力探索机车牵引动力系统的电传动技术。1879 年的世界第一台电力机车和 1881 年的第一台城际电车都在尝试直流供电牵引方式。1891 年西门子试验了三相交流直接供电、绕线式转子异步电动机牵引的机车，1971 年德国又试制了采用"劈相机"将单相交流供电进行旋转、变换为三相交流电的试验车。这些技术探索终因系统庞大、能量转换效率低、电能转换为机械能的转换能量小等因素，未能成为牵引动力的适合模式。

1955 年，水银整流器机车问世，标志着牵引动力电传动技术实用化的开始。1957 年，硅可控整流器的发明，标志着电力牵引跨入了电力电子时代。1965 年，晶闸管整流器机车问世，使牵引动力电传动系统发生了根本性的技术变革，全球兴起了单相工频交流电网电气化的高潮。除了传统的 $16\frac{2}{3}$ Hz 交流和 3 000 kV 直流电气化铁路，新电气化铁路均采用

50 Hz和 60 Hz工频。因此，欧洲出现了多种铁路电网电流制式。20 世纪 70 年代，采用异步交流传动系统的 DE2500 内燃机车问世，交流传动在牵引领域重新展现出前所未有的活力。

与其他牵引动力形式相比，电力牵引具有无与伦比的优势。

(1) 牵引功率大，为发展大功率、重载、高速的牵引动力提供技术基础。蒸汽机车锅炉装机容量最大为 2 237 kW，轴功率为 400 kW；内燃机车柴油机装机容量最大为 4 474 kW，轴功率最大为 600 kW；而电力机车的能源取自电网，尤其在进入工频交流制电力牵引输电以后，可与工业电网联网，供电网容量不受限制。因此，电力机车设计容量可以不受能源装机容量的限制，机车总功率仅取决于轴功率。我国电力机车单轴功率已达到 800 kW、900 kW、1 000 kW、1 200 kW，国外电力机车单轴功率最大已达 1 600 kW。由此可见电力牵引、内燃牵引、蒸汽牵引的牵引动力的功率比为 2∶1∶0.7。另外，电力机车目前是唯一通过电能传输能够接受多种能源（核、太阳、水力、风、化学等）的牵引动力装置，因而可以很好地解决能源危机的问题。

(2) 牵引效率高。在轨道交通的三种主要运载工具中，蒸汽机车最大效率仅为 8%～9%，难以在技术上突破；内燃机车由于提高柴油机效率在技术上存在难度，最大效率为 40%～45%；电力机车直接利用电能进行牵引，因此其总效率一般在 82%～86%左右。由此可见，采用电力牵引具有明显的节能效应。

(3) 过载能力强。机车在启动、牵引重载列车和通过困难区段时，需要具有一定的过载能力。蒸汽机车和内燃机车由于自身携带能源装置的限制，因此过载能力较低；而电力牵引机车能源来自外界的供电网，因而电力机车的过载能力明显高于蒸汽机车和内燃机车。

(4) 能够很好保护环境。蒸汽机车大量的煤烟排放，内燃机车严重的废气排放，都会对生态环境带来破坏。而电力机车完全没有燃烧物废气排放，故深受世界各国的垂青，成为轨道交通牵引方式的主流。

电气化高速铁路凭借其良好的环保性、节能、无污染、能源多样性、节省用地、安全、高效、准点、舒适、便捷等优点，在国际上已被视为现代化的象征。

1.2　电力牵引传动方式

电传动机车是采用电力传动方式，以电机为动力驱动轮对的各型机车的总称，主要包括干线电力机车、电传动内燃机车、工矿用电力机车、近郊城市无轨电车、地铁电动车组等。在电传动机车上，接触网输入的电能或者柴油机牵引发电机组产生的电能要通过一套与电能有关的能量变换、传递及控制的装置才能传递给机车动轮，进行机车牵引运行。电传动机车的传动方式及主体结构与机车供电制式及采用的牵引电机密切相关。

1.2.1　电力牵引系统供电制式

从能源获得的方式上，电力牵引系统可以分为电网供电和自给式供电两种。电传动内燃机车属于自给式供电，通过自身携带的柴油发电机组向牵引系统供电；而干线电力机车、城市地铁、轻轨等则是由电网供电，可以采用架空式的接触网也可以采用第三轨供电。接触网供给电力牵引系统的电流制，又称为供电制式，分为直流制和交流制两种（交流制中又分单相交流和三相交流）。

电力牵引系统的供电制式经历了低压直流供电、低频单相交流供电和工频单相交流供电三个阶段。早期的电气化铁路采用电压相对较低的直流供电。机车或动车组的电机直接连接在电网主线上，通过并联或串联在电机上的电阻和继电器来进行控制。通常有轨电车和地铁的电压是 600 V 和 750 V，干线铁路采用 1 500 V 和 3 000 V。采用直流供电的系统比较简单，但是它需要较粗的导线，车站之间距离较短，因此一般应用于地铁和轻轨等城市轨道交通领域中。荷兰、日本、澳大利亚、印尼、马来西亚的一些地区、法国的少数地区使用 1 500 V 的直流电，其中，荷兰实际使用的电压大约有 1 600 V 到 1 700 V。比利时、意大利、波兰、捷克北部、斯洛伐克、俄罗斯使用 3 000 V 直流电。

交流供电制式可以采用较高的电压等级，减小了线路损耗，提高了供电系统效率，因此车站之间的距离可以较长，并且适用较大的牵引功率，所以干线铁路中一般采用交流供电制式。最早的交流供电制式为单相低频交流电。由于机车采用单相整流子电机，只有在电网频率低的情况下，换相绕组的变压器电势小，有利于换向；同时谐波分量减小，对通信的系统的干扰小。但是其供电系统不能与其他供电电网连接，牵引电机在机械和电气方面受到限制，只在少数国家应用，如德国、奥地利、瑞士、挪威和瑞典使用 15 kV，$16\frac{2}{3}$ Hz（电网频率 50 Hz 的三分之一）的交流电。美国使用 11 kV 或 12.5 kV，25 Hz 的交流电。

在 20 世纪 30 年代，匈牙利首次在电气化铁路上使用 50 Hz 的工频交流电。然而直到 50 年代以后才被广泛使用。目前，中国、法国、英国、芬兰、丹麦、俄罗斯、西班牙（标准轨高铁路段）、日本（东北、上越、北海道新干线及北陆新干线轻井泽以东）、使用单相 25 kV，50 Hz 电力供应，韩国、日本（东海道、山阳、九州新干线及北陆新干线轻井泽以西）使用单相 25 kV，60 Hz 电力供应，而美国通常使用单相 12.5 kV 和 25 kV，60 Hz 的交流电。另外日本东北、北海道地区使用 20 kV，50 Hz 交流电，北陆地区、九州地区使用 20 kV，60 Hz 交流电。

1.2.2 电力牵引系统驱动方式

电力牵引系统驱动方式可以分为直流驱动和交流驱动两种。

直流驱动采用直流电机作为牵引电机。直流牵引电机的工作原理、结构与普通直流电机没有区别，但是干线电力机车的直流电是通过整流器和平波电抗器得到的，附加有脉动的交流分量。交流分量会引起电机的电磁脉动，造成电机换向恶化，甚至引起环火，因此这类直流牵引电机又称为脉流牵引电机。脉流牵引电机除了需要改善换向之外，还需改善电机的散热。

交流驱动采用交流电机作为牵引电机。交流牵引电机又可分为交流异步牵引电机和交流同步牵引电机。目前在电力牵引系统中广泛使用交流异步牵引电机。交流异步牵引电机的工作频率范围宽广，在整个工作频率范围内交流异步电机的各个参数要求保持一致，因此电机的结构和材料需要特殊的设计，特别是转子的导体材料、转子导体的电阻性能、转子的槽形和漏抗等。另外交流异步牵引电机定子绕组的绝缘也需要特殊的考虑。

另外，牵引电机与普通电机的运用环境不同。列车的牵引电机悬挂在转向架上，需要承受巨大的振动和冲击力，因此电机结构必须需要特殊设计；其次牵引电机一般都是多个并联运行，因此要求各个电机的参数一致，否则会造成牵引电机的负载分配不均匀，个别电机过载过热，甚至出现更加严重的影响运行安全的问题。

1.2.3   电力牵引系统传动方式

根据牵引供电制式和牵引电机的种类，电力牵引系统的传动方式可以分为直直型、交直型、交直交型、交交型和直交型五类。

1. 直直型电传动机车

直直型电传动机车是现代电传动机车中最为简单的一种，是牵引供电系统采用直流供电、牵引电机采用直流电机的电传动机车。直直型电传动机车工作原理如图 1-1 所示。目前有些工矿电力机车、地铁电动车组和城市无轨电车仍采用这种型式。

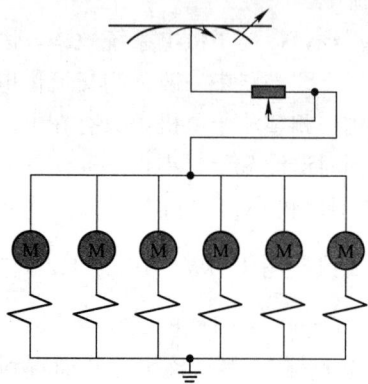

图 1-1   直直型电传动机车工作原理

图 1-1 为六轴直直型电传动机车工作原理，由受电弓从接触网获得直流电，通过启动电阻向六台直流牵引电机供电，牵引电流经钢轨流回变电所。当六台牵引电机接通电源后旋转，通过调节调速电阻进行调速，把电能转变为即行机械能，驱动机车动轮牵引列车运行。

直直型电传动机车结构简单，造价低，经济性好，控制简单，调速方便，运行可靠。但是由于采用直流供电，供电网电压受到牵引电动机端电压的限制，接触网电压一般为 1 500～3 000 V。因此，接触网损耗较大，供电效率低，基建投资大。所以直直型电传动机车的功率等级较低，不适合于干线大功率的牵引要求，一般应用于工矿及地铁、城铁、有轨/无轨电车等城市交通运输领域。

2. 交直型电传动机车

随着大功率硅整流器和可控硅的发展，出现了一种新的传动方式——交直传动。交直型电传动机车又称为相控电传动机车，牵引供电系统采用单相工频交流电、牵引电机采用直流电机。交直型电传动机车将接触网供给的单相工频交流电，经机车内部的牵引变压器降压，再经整流装置将交流转换为直流，然后向直流（脉流）牵引电动机供电，从而产生牵引力牵引列车运行。

图 1-2 所示为采用中抽式全波整流器的交直型电传动机车工作原理。牵引变压器二次侧绕组分成 oa、ob 两段，两段电压大小相等、方向相反。整流元件 D_1、D_2 的正极分别与二次侧绕组的 a、b 点相接，负极相互联接在一起。牵引电动机的一端与变压器二次侧绕组的中点 o 相接，另一端经平波电抗器 PK 与整流电路的输出端即整流元件的负极相接。

当变压器二次侧电压正半周 a 点为高电位时，

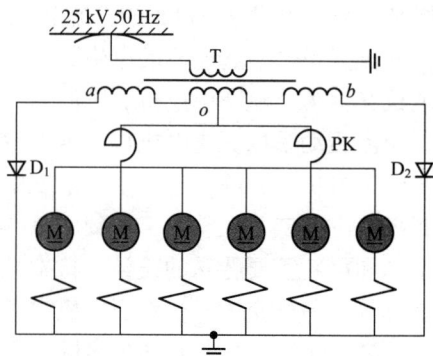

图 1-2   交直型电传动机车工作原理

整流元件 D_1 导通，电流由 a 点经整流元件 D_1、平波电抗器 PK、牵引电动机 M 回到 o 点，构成闭合回路。此时，整流元件 D_2 因承受反向电压而截止。当变压器二次侧电压负半周 b 点为高电位时，整流元件 D_2 导通，电流由 b 点经整流元件 D_2、平波电抗器 PK、牵引电动机 M 回到 o 点，也构成闭合回路。此时，整流元件 D_1 因承受反向电压而截止。由此可知，在交流电压的正负两个半周内，变压器二次侧绕组 oa、ob 交替流过电流，从而牵引电动机 M 中始终流过连续不断的方向不变的电流，保证了直流（脉流）牵引电动机的正常工作。

从上面的分析可见，交直型电传动机车的变流过程是在机车内完成的，因此交直型电传动机车是一个集变压、变流、牵引为一体的综合装置，不仅简化了电气化牵引的供电设备，而且由于采用交流电网供电，提高了接触网的供电电压，使一定功率的电能得以采用小电流输送，既可减小接触网导线的截面，节省有色金属用量，也可减少电能损耗，提高机车的供电效率。由于机车内设有变压器，调压十分方便，牵引电动机的工作电压不再受接触网电压的限制，机车就可以选择最有利的工作电压，使牵引电动机的重量造价比降低，同时工作更为可靠。牵引电动机采用适合牵引的串励或复励电动机，可以获得良好的牵引性能和启动性能，尤其启动时它采用了调节整流电压的方式，省略了启动电阻，不仅减轻了电气设备的重量、降低了启动能耗，而且改善了电力机车的启动性能，提高了机车的运行可靠性。

但是，由于交直型电传动机车采用单相 50 Hz 整流，其输出电压有很大脉动，因而流过牵引电动机的电流也有较大脉动。脉动电流不仅使牵引电机的损耗增加，而且使牵引电机的换向恶化，因此在交直型电传动机车上需要装设平波电抗器和固定磁场分路电阻以限制电流的脉动，改善电动机的工作条件。

3. 交直交型电传动机车

与直流牵引电机相比，由于交流异步电机具有结构简单，运行可靠，体积小重量轻等显著优点，并且随着大功率半导体器件以及电力电子技术的不断发展，可以方便地实现交流异步电机的调速，因此，交流异步电机已经普遍应用在电力牵引领域。

交直交型电传动机车是牵引供电系统采用单相工频交流电、牵引电机采用交流电机的带有中间直流环节的电传动机车。交直交型电传动机车工作原理如图 1-3 所示，机车主电路由整流器、中间直流环节和牵引逆变器组成。牵引变压器输出的单相交流电

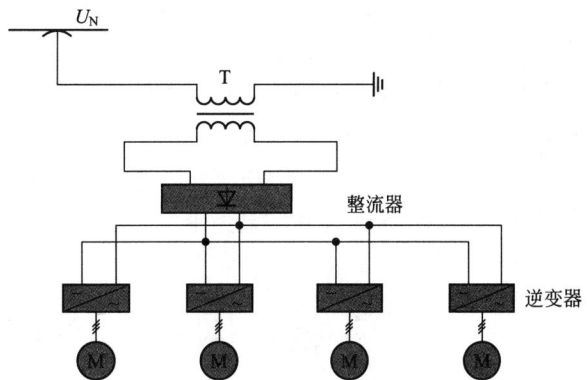

图 1-3 交直型电传动机车工作原理

经过整流器变换成直流电，形成中间直流环节，再经过牵引逆变器把直流电变换为电压、频率可调的三相交流电供给交流电机，驱动机车运行。交直交电传动机车已在高速动车组、大功率电力机车中得到广泛应用。

4. 交交型电传动机车

交交型电传动机车是牵引供电系统采用单相工频交流电、牵引电机采用交流电机的不带有中间直流环节的电传动机车。其工作原理如图1-4所示，交交型电传动机车主电路采用交交变频器，直接进行交交变换，不经过中间直流环节，将输入的单相交流电直接变换为频率可调的三相交流电供给交流电机，驱动机车运行。交流电机选用三相同步电机的电力牵引系统一般采用交交传动方式。

5. 直交型电传动机车

直交型电传动机车是牵引供电系统采用直流供电、牵引电机采用交流电机的电传动机车，属于交流传动范畴，已在现代轻轨、地铁列车中得到应用。其工作原理如图1-5所示，机车从接触网获得3 000 V直流电，首先通过斩波器进行降压斩波变换为1 500 V直流电，再通过逆变器将直流电变换成电压、频率可调的三相交流电供给交流电机。

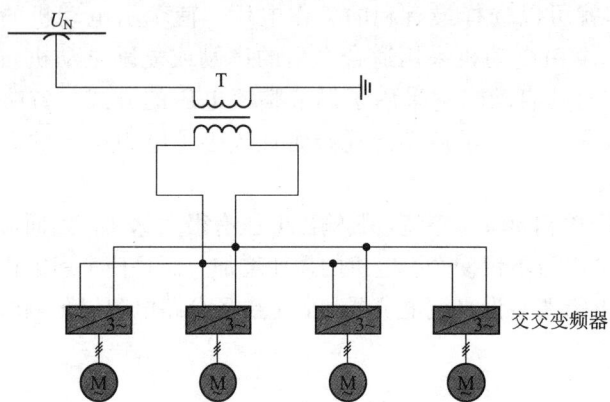

图1-4　交交型电传动机车工作原理　　　　图1-5　直交型电传动机车工作原理

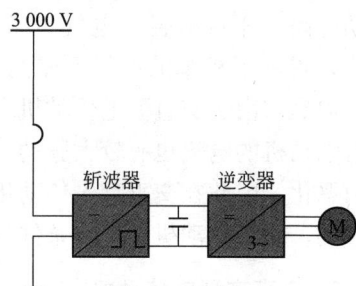

综上所述，机车采用的传动方式及驱动电机的不同直接决定了电传动机车主电路结构，是影响机车性能的关键因素。电力牵引系统可以分为两大类：采用直流牵引电机的直流传动系统和采用交流牵引电机的交流传动系统。两者在使用的电子电气装置、控制方法和策略，以及实现技术手段方面都有很大的不同，在系统的性能方面也有很大的差别。电力牵引技术的发展与铁路供电技术及电力电子技术是密不可分的，随着电流制的不同和电力电子技术的不断进步，逐渐形成了完整的电力牵引技术。

1.3　国外电力牵引轨道交通

1.3.1　国外干线电力牵引发展

轨道交通一直是以铁路为主体，世界上第一条铁路自1825年在英国诞生以来，一直被视为工业革命的象征与先驱和国民经济发展的基础之一。进入20世纪以后，铁路、公路、水路、航空、管道为五大运输方式既形成竞争态势，同时又相互支撑相互衔接，形成全方位的综合运输体系，成为社会经济运行的大动脉。铁路作为轨道交通的主体，具有集中、大宗、安全、舒适、价廉、全天候的优势，被称为大众交通。

世界铁路总里程达 128×10^4 km 以上，主要集中在欧洲和北美，共占 70% 以上，亚洲居第三位，占 12%。超过 5×10^4 km 铁路的国家有美国、俄国、加拿大、印度和中国，截至 2009 年年底，我国铁路营运里程达到 8.6 万公里，跃居世界第 2 位。

世界铁路借助电力牵引等新技术，实现了客运高速和货运重载两大战略目标，完成了从传统产业向现代化产业发展的历史性转变。以 1964 年日本第一条电气化高速铁路（东海道新干线）开通营业为标志，法国、德国、意大利、西班牙、瑞典、英国等国相继建成电气化高速铁路，电力牵引列车最高运营速度从 210 km/h 跨越到 300 km/h，最高试验速度达到 574 km/h。韩国、俄国、美国、加拿大已相继修建了电气化高速铁路。高速技术在发达国家已几度更新，技术日臻成熟。全世界电气化高速铁路通车里程已有 5 000 km，其中日本新干线 1 952 km、法国 TGV 1 282 km、德国 ICE 427 km，西班牙 AVE 471 km、意大利 ETR 237 km，还有近 10 000 km 正在建设。21 世纪将是高速铁路时代，仅日本就要使高速铁路总里程增加到 7 000 km，形成以东京为中心的"全国一日交通圈"高速铁路网。法国高速铁路将以巴黎为中心，覆盖 70% 的法国国土。即使在航空及高速公路十分发达的美国，也开始掀起修建高速铁路的高潮。

重载货运始于 20 世纪 60 年代，从北美铁路兴起，目前已有美国、加拿大、俄国、澳大利亚、巴西、南非、中国等近 10 个国家的铁路开行万吨以上重载列车，主要形式也是电力牵引。

1.3.2 国外发达国家高速铁路

1. 日本新干线

0 系高速列车从 1964 年 10 月 1 日投入东海道新干线高速铁路营业运行以来，日本新干线高速列车已有 30 多年的发展历史了，相继研制开发了 100 系、100N 系、200 系、E1（Max）系、400 系、300 系、500 系等高速列车，并为 21 世纪最高运行营业速度 300～350 km/h，开发了 WIN350、300X、STAR2I 等 3 种高速试验列车。

日本是最早并一直采用动力分散型高速列车的国家，主要原因是其国土狭小；城市密集、铁路线路各站间距短、启动和制动加、减速度要求高等要求，并且起源于日本原来较发达的城市轨道交通，同时机电工业发达，容易做到轴重小。

0 系新干线采用直流电机驱动，分散动力，每个车轴一台直流电机，功率 185 kW。调速采用变压器抽头，机械开关切换电压。电磁制动时，电动机处于发电机状态，发出的电能用电阻消耗。0 系新干线的技术虽然简单，但缺点也是显而易见的。直流电机虽然控制简单，实现容易，但有整流器和电刷部件，维护工作量大，寿命短，也限制了速度提高。电磁制动时，电能不能回送电网，只能用电阻变为热白白损失掉。进入 80 年代，随着电力半导体技术的逐步成熟，逐步从直流向交流电机驱动过渡。

从 1985 年开始，逐渐从直流向交流过渡。在 100、200 和 400 系的新干线上采用可控硅调相调速。用可控硅取代 0 系新干线上的机械开关切换电压，实现无级电压调节，还是使用直流电机驱动。400 系是最后一种采用直流电机驱动的新干线。

随着半导体技术的进展，出现了 GTO 器件，可以实现 VVVF 控制器，实现对交流电机的控制。300、500、E1、E2、E3 系采用了交流异步电机驱动。交流异步电机结构简单可靠，免维护，转速高，使新干线由原来的 210 km/h 的速度提到高 270 km/h，500 系的速度则达到 300 km/h。由于高速化，需要减轻车体重量，大量使用铝合金结构。半导体技术的继续进展，出现了 IGBT 器件。IGBT 比 GTO 有更高的开关频率，还可以省略关断回路，能够使系统更加小型轻量高效率化，降低了噪声。使用 IGBT 的 VVVF 控制器的新干线为 700、E2 的一部、E4 系。E2 系新干线的特点是适合在频繁停靠站的线路使用，例如站间间隔 30 km，有优良的加速特性，并且减速时电能回送电网特性。E2 系新干线大量采用了轻量化技术，铝合金车体，由于轻量化，列车轴重只有 13 t。轻量化进一步提高了列车的启动停止性能。日本新干线动车组参见图 1-6。

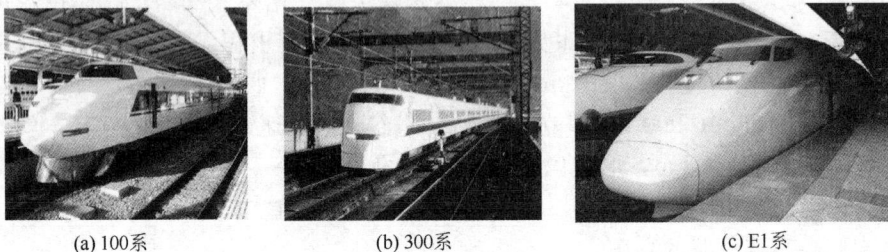

(a) 100系　　　　　　(b) 300系　　　　　　(c) E1系

图 1-6　日本新干线动车组

2. 德国 ICE

德国的人口密度比法国大，与日本类似，除了长距离的高速区间以外，也有间隔数十公里的车站，于是开发法国与日本的中间车型，1 列车定员 700 人左右。

如图 1-7 所示，德国 ICE 系高速列车主要有 ICE1、ICE2、ICE3、ICT（ICE-T、ICE-TD）等，还包括目前正在处于试验阶段的 Velaro E 高速列车。ICE 也是采用集中动力结构，但 ICE3 则转向了分散动力，提高加减速性能。

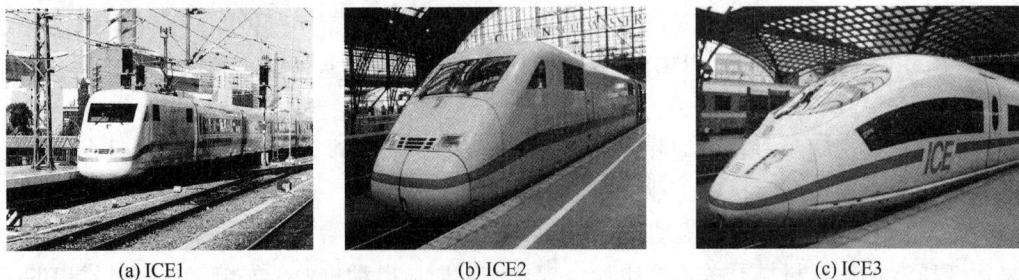

(a) ICE1　　　　　　(b) ICE2　　　　　　(c) ICE3

图 1-7　德国高速列车 ICE

ICE1 是德国 20 世纪 80 年代中期开始开发，1991 年投入运用的动力集中型高速动车组。该车组有 2M14T、2M12T、2M10T 三种不同的编组形式，额定牵引功率均为 9 600 kW，均采用交流感应电机。ICE2 是德国于 1995 年开发，1997 年投入运用的动力集中型高速动车组。车组是 8 辆车组成的 1M7T 的短编组列车，额定牵引功率为 4 800 kW。ICE3 是德国 1997 年开发，2000 年投入运用的动力分散型高速动车组。该车组是 8 辆车组成的 4M4T 的短编组列车。ICE-T 是德国 1997 年开发的动力分散型高速摆式电动车组。到目前为止，

ICE-T 也生产了两代。在第一代 ICE-T 中，由 7 辆车构成的 4M3T 和 5 辆车构成的 3M2T 两种编组形式。在第二代 ICE-T 中只有 4M3T 的编组形式，其最高运营速度均为 230 km/h。车组采取 4M 的编组形式，牵引功率 2 240 kW。Velaro E 是德国 2001 年在 ICE 3 列车的基础上，经过适当的改进而开发的动力分散型高速电动车组，其最高运营速度为 350 km/h。该车组是由 8 辆车组成的 4M4T 的短编组列车，牵引功率 8 800 kW。半导体变流依然使用 GTO。

3. 法国 TGV

法国是继日本之后，在欧洲首先发展高速铁路的国家。虽然从 1981 年第一列高速动车组投入运行至今 20 多年，已开发了 3 代 TGV 高速列车（参见图 1-8），列车的型号也较多，但在技术上始终坚持保留了 TGV 高速动车组的特点。列车编组结构始终保持两端的动力车，中间车辆为铰接式联结，形成不可分解的动车组；具有优良的整体性，加强对列车蛇行运动的约束，有利于安全运行；保持列车的轻量化，电力制动采用电阻制动而不采用再生制动，可以保证在接触网突然无电的情况下，电力制动仍然有效，而不至于损坏基础制动。TGV 从第一代发展到第四代，以上原则没有改变。只是正在研发的第五代 AGV，将动力集中式改为动力分散式。

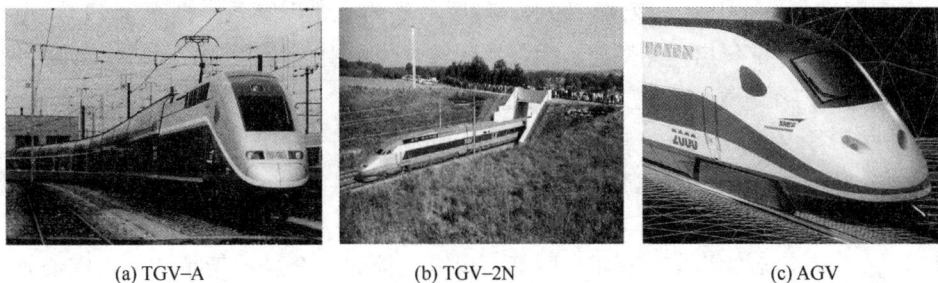

(a) TGV-A   (b) TGV-2N   (c) AGV

图 1-8   法国高速列车 TGV

法国由于人口密度小，法国不需要新干线那么大的输送能力，而需要距离数百公里的点对点运输。这种点对点的运输，对启动停止性能要求不高，于是采用集中动力结构，一头一尾两个动力车，中间则是无动力车。同时法国铁路认为动力集中式维修比较容易，并有利于降低客室噪声，另外 20 世纪 70 年代发展高速车时计算机网络技术还不是非常成熟，发展动力分散式有一定困难。

法国在 1970 年开始研制高速列车时，最初选择是采用燃气涡轮机为动力，认为造价较低，并造出了第一台样机 TGV-001 号，当时的试验速度达到了 320 km/h。但随着 1975 年第一次石油危机的到来，彻底放弃发展燃气涡轮机的计划，改为发展电力驱动。

第一代是东南线 TGV，采用的是直流电机，列车为 2M8T，6 台动力转向架（与动车相邻的拖车转向架为动力转向架），12 台直流牵引电机，每台电机功率为 535 kW，无车载计算机网络。

第二代是大西洋线 TGV，采用的是交流同步电机，列车为 2M10T，4 台动力转向架，8 台交流同步牵引电机，每台电机功率为 1 100 kW。装有车载计算机网络；之后北方线使用的 TGV 以及 Thalys 也属于同一代。"欧洲之星"属于第二代的延伸，于 1994 年投入使用，但采用的是以 GTO 为功率元件的交流异步电机，列车为 2M18T，6 台动力转向架，12

台交流异步牵引电机，每台电机功率为 1 020 kW，装有车载计算机网络。

第三代是双层 TGV，1996 年投入使用。该车采用的仍然是交流同步电机，列车为 2M8T，4 台动力转向架，8 台交流同步牵引电机，每台电机功率为 1 100 kW。装有车载计算机网络，最高运行速度 320 km/h。

第四代是 2007 年 6 月在东部线使用的 TGV - POS。采用的是以 IGBT 为功率元件的交流异步电机。

第五代是正在开发的 AGV。前四代都是动力集中式，编组辆数受到限制，第五代将是动力分散式，采用的是交流永磁同步电机。

1.4　国内电力牵引轨道交通

我国第一条铁路始建于 1881 年。新中国成立 50 年来，铁路建设取得了举世瞩目的成就，铁路营运里程从 2×10^4 km 增长到 2010 年的 9.1×10^4 km 以上。以 1961 年我国第一条电力牵引翻越秦岭的山区铁路通车为起始，电气化铁路从零已发展到 4.2×10^4 km（2010年数据）。我国已成为继法国、德国、日本、俄罗斯等国家之后第八个拥有 1×10^4 km 以上电气化铁路的国家。1997 年启动的提速工程，大区域电力牵引提速达 160 km/h，1998 年出现了 200 km/h 运行的广深电气化铁路。

我国电力牵引运载工具——电力机车，自 1958 年第一台电力机车诞生，实现了"零"的突破开始，逐步配套形成快速客运（4 轴）、客货两用（6 轴）、重载货运（8 轴）多机型、多用途的系列化第三代电力机车；从第一代、第二代电力机车的单一机型转化为系列化产品，电力机车"从少到多"；1996 年我国第一台微机控制、全悬挂架承式轮对空心轴弹性传动的快速客运电力机车诞生，创造了 240 km/h 中国铁路第一速；1997 年我国第一台交流传动电力机车研制成功，标志着我国电力机车研制进入高科技领域，实现了从普速到高速和从交直电传动到交流电传动的两个里程碑的跨越。

我国电力机车的技术发展分为四个阶段，形成四代产品，同国际上技术发展路径相类似，由直流电传动到交直电传动再到交流电传动三个技术阶段。我国干线电力牵引一开始即采用 25 kV 工频交流供电制式，所以没有经过直流电传动体系，直接进入交直电传动体系。其过程也是经历了从二极管全波整流和调压开关调幅式有级调压，调压开关粗调和晶闸管相控微调相结合的级间平滑调压，到多段桥晶闸管相控无级调压的交直电传动系统的三代产品（参见图 1 - 9），直到全新一代的"和谐"型交流传动机车的跨越式发展历程。

(a) SS1

(b) SS3

(c) SS4

图 1 - 9　国产三代干线电力机车

1. 第一代电传动技术

1958 年年底，我国试制出第 1 台干线电力机车，即 6Y1 型电力机车。6Y1 型电力机车是以前苏联 H60 型干线交直传动电力机车为样本，采用引燃管为整流器件。随着我国电力电子工业的发展，大功率整流二极管开始进入到工程实用阶段，为机车电传动技术的发展提供了必要条件。在 6Y1 型电力机车基础上，我国第一代有级调速、交直传动电力机车——SS1 型电力机车于 1968 年试制成功，1969 年开始批量生产，直到 1988 年停产为止，共生产826 台，使我国机车电传动技术进入到交直传动时期。

2. 第二代电传动技术

晶闸管的出现，使机车电传动机车跨上了一个新台阶。SS3 型电力机车正式作为我国电传动机车由二极管整流有级调压到相控无级调压的第二代交直传动客货用电力机车。1978年年底，由株洲电力机车厂和株洲电力机车研究所共同研制成功。SS3 型电力机车主电路采用牵引变压器低压侧调压开关分级与晶闸管级间相控调压相结合的平滑调压调速技术，使机车获得良好的调速性能。

3. 第三代电传动技术

随着大功率晶闸管性能的提高，相控技术成熟应用到机车电传动领域，其代表车型为SS4 型电力机车。SS4 型机车是 1985 年开发的相控无级调压、交直传动 8 轴重载货运电力机车，是我国相控机车的"代表作"，与后续开发的 SS5、SS6、SS7、SS8 及 SS9 型电力机车一起，构成我国晶闸管相控调压、交直传动的系列产品。SS4 型机车由 2 节完全相同的 4轴电力机车通过内重联环节连接组成，每节车为一个完整系统，经过实际应用和消化吸收国外 8K、6K、8G 型等机车的先进技术，经过几次重大改进，使机车性能和质量得到显著提高，成为我国干线货运主型机车。

4. 第四代电传动技术

大功率电力电子器件性能的不断提高和微机控制技术的发展，在使相控机车走向成熟的同时，为现代交流传动机车的发展提供了必要条件。随着世界首台晶闸管交流传动内燃机车DE2500 问世，以及 20 世纪 80 年代初 E120 型交流传动电力机车批量生产运行，交流传动系统登上历史的舞台。我国从 20 世纪 70 年代末即开始交流传动技术的研究，开发出交流传动原型机车及"先锋号"、"中原之星"、"中华之星"等动车组样车，获取了大量资料，为我国交流传动技术的发展积累了经验。经过多年的技术引进和自主创新，该项技术已经形成具有中国特色的技术标准和体系，达到世界一流水平。随着动力分散技术的引进，中国有了自己的高速动车组。

CRH_1 是由庞巴迪-四方-鲍尔（BSP）生产，原型是庞巴迪为瑞典 SJAB 提供的 Regina。采用 8 辆编组，可两编组连挂运行动力配置：$2(2M+1T)+(1M+1T)$，采用 IGBT 水冷VVVF 变流。CRH_2 是以日本新干线的 E2‑1000 型电动车组为基础。CRH_2 型虽使用与E2‑1000相同的电动机，但由于其编组方式是 4 节动车配 4 节拖车，动力比日本的 6M2T 编组 E2 系小，因此在营运速度方面会比日本本土的 E2 系有所下调，最高营运时速为 200 km。同样是采用 IGBT 水冷 VVVF 变流，三相鼠笼式异步电动机牵引。CRH_3 由北车唐山机车厂（联合西门子）生产，原型 ICE3。编组形式为 8M0T，轴功率 550 kW，全车共 16 根动轴，平均分布于 8 辆车上，每车两台转向架，每台转向架均有一根动轴。CRH_5 原型是阿尔斯通为芬兰国铁提供的 SM3 型，采用 8 辆编组，可两编组连挂运行动力配置：(3M+1T)+(2M+2T)，同时采用 IGBT 水冷 VVVF。各型高速动车组的具体参数见表 1-1 和图 1-10。

表 1-1 CRH 高速动车组具体参数

	CRH₁	CRH₅	CRH₂	CRH₃
	适合城际	适合改卧铺	适合长途座车	高速座车
国内厂家	BSP	长春	四方	唐山+长春
国外技术提供方	加拿大庞巴迪	法国阿尔斯通	日本川崎重工	德国西门子
原型号	瑞典 AB 的 Regina	芬兰国铁 SM3 型	新干线 E2-1000	德国 ICE-3
编组型式	8 辆	8 辆	8 辆	8 辆
动力配置	2(2M+1T)+(1M+1T)	(3M+1T)+(2M+2T)	4M+4T	2 (2M+1T)+2T
编组重量/t	420.4	451	359.7	380
车体型式	不锈钢	中空型材铝合金	中空宽幅铝合金	
编组长度/m	213.5	211.5	201.4	200
定员/人	668	620+2（残疾人）	610	
总牵引功率/kW	5 500	5 500	4 800	8 000
动轴数	20	10	16	16
单电机功率/kW	275	550	300	500
吨均功率/(kW/t)	13.08	12.19	13.34	21.05
单位/W kW	8.23	8.84	7.87	
运营时速/km	200	200	200	330
试验速度/km	250	250	250	380
启动加速度（m/s²）	0.6	0.5	0.406	
转向架轴重/t	≤16	≤17(动)/16(动)	≤14	15
车辆宽度/m	3.328	3.200	3.380	2.950
车辆高度/m	4.040	4.270	3.700	3.890
车门处地板高/m			1.300	
车厢天花板高度/m			2.277	
适应站台高度/mm	500~1 200	500~1 200	1 100~1 200	
中间车长度/m	26.600	25.000	25.000	24.775
头车长度/m	26.950	27.600	25.700	25.675
转向架轮径/mm	915~835	890~810	860~790	
转向架轴距/m	2.700	2.700	2.500	2.500
转向架中心距/m			17.500	17.375
每组造价/元			1.3亿	2.2亿

(a) CRH₁　　　　　(b) CRH₂　　　　　(c) CRH₃　　　　　(d) CRH₅

图 1-10　国产 CRH 高速动车组

1.5　国内外轨道交通的发展

　　轨道交通是人类最终端科技的城市交通体系之一，是一座城市现代化文明的标志。伦敦、巴黎、纽约这些国际大都市均在 19 世纪末和 20 世纪初已建设发展了城市轨道交通。

　　目前，发达国家城市化进程加快，城市交通问题已成为严重制约城市发展的瓶颈。大容量、无污染、高效率、环境好的轨道交通系统，必然成为世界大城市交通发展的首选模式。世界上许多大城市都建有发达的轨道交通系统，有些城市的轨道交通运量占城市公交运量的比重达 50% 以上，有的高达 70%，而北京仅占 15%。

　　东京拥有世界大城市中最长的轨道交通线路，全长近 2 000 km；年运量在 100 亿人次以上，市郊铁路列车最小运行间隔为 2 分钟，最大编组为 15 节，每小时每方向运输能力多达 10 万人次；近 20 多年共新建地铁近 140 km，总里程达 230 km；有 7 家分布在郊区的私营铁路公司，服务质量优于国有铁路，同时价格较便宜。

　　伦敦早已实现客运以轨道交通为主的目标。地铁共有 9 条线路，总长 408 km，其中167 km 在地下；运行间隔为 2~2.5 min，郊区为 10 min，最大编组为 8 节；市郊铁路共有650 km，550 个车站，市中心有 15 个终点站，线路呈放射状布置，有的线路直通距市中心 40 km 以上的新城。

　　巴黎的轨道交通包括地铁、轻轨铁路和市郊铁路，承担着全市公共交通 70% 的运量，另外的 30% 由市内和郊区汽车承担；有地铁 15 条，总里程达 199 km，是内城公共交通的骨干，乘客徒步 5 min 就可到达地铁站；列车最小运行间隔 95 秒，市郊铁路有 16 条，长760 km。

　　纽约公共交通占总交通量的 53%，到内城的客运 80% 采用包括地铁、市郊铁路和公共汽车在内的大容量交通工具；市区铁路线共有 27 条，长 443 km，所有的车站通宵服务。

　　莫斯科拥有一个跨及全市的立体交叉地铁网，总长 243 km，140 多个车站，由 1 条环线和 8 条放射线组成；每天运营 20 个小时，高峰时列车间隔为 75 s，时速 41 km，日运量高达 800 多万人次，居世界之首；客运密度为每公里 1 400 多万人次，高于伦敦、纽约、巴黎。

　　我国随着经济的快速发展开始进入城市化和机动化的加速发展阶段。城市轨道交通以其大运量、高效率、低污染等优势，迅速成为许多大城市解决交通问题的首要选择，并在我国形成以地铁、城市快速铁路、高架轻轨等为主的多元化发展趋势。目前我国已经有北京、上海、广州、深圳等 25 个城市拥有各自的轨道交通。另外国内还有重庆、杭州、武汉、苏州、西安、宁波、青岛、大连、郑州、福州、合肥、长春、长沙、南昌、昆明、无锡、哈尔滨 17 个城市已经制定了轨道交通规划，除里程增加外，我国的轨道交通也由地铁一种形式向多样化发展，如北京的地铁、大连的快速轻轨、重庆的跨座式单轨、上海的磁悬浮等。

城市轨道交通按照轨道建筑物在城市内所处的空间位置、运量大小、运行方式、轨道结构、管理方式的不同，划分为地下铁道、轻轨、有轨电车、单轨交通及轨道新交通系统。

1. 地铁

地下铁道，简称地铁，是线路的大部分建筑物在地下，作为大运量轨道交通手段的城市高速铁道的总称，其特别适合于城市内及老城区建设，参见图 1-11。其特点是在市内地下通行，不占用地表及地上空间，运营干扰小，输送能力大，每小时运量达 3 万～6 万人次，但造价比较昂贵。1863 年，世界上首条地下铁路系统伦敦大都会铁路开通，全长 6 km。1969 年 10 月，我国在北京建成了第一条地铁，即北京地铁第一期工程投入试运营，也是我国自行设计、建设的第一条地下铁道。目前，我国已建成地铁的城市有北京、天津、香港、上海、广州等 25 座城市。

(a) 广州地铁　　　　　　　　　(b) 巴黎地铁　　　　　　　　　(c) 伦敦地铁

图 1-11　国内外地铁

2. 轻轨

轻轨，全称轻轨运输，是一种有轨交通方式，既可以和公路汽车及非机动车混行，也可以在独立的的轨道上行驶。车辆可以由单节或多节组成，有轨电车就属于这一类（参见图 1-12）。轨道交通中采用中等载客量车厢，能适应远期单向最大高峰小时客流量 1.5 万～3.0 万人次的称为轻轨铁路。

(a) 长春轻轨　　　　　　　　　(b) 耶路撒冷轻轨

图 1-12　国内外轻轨

地铁和轻轨区别的依据是所选用列车的规格。按照国际标准，城市轨道交通列车可分为A、B、C 三种型号，分别对应 3 m、2.8 m、2.6 m 的列车宽度。凡是选用 A 型或 B 型列车的轨道交通线路称为地铁，采用 5～8 节编组列车；选用 C 型列车的轨道交通线路称为轻轨（上海轨道交通 8 号线除外），采用 2～4 节编组列车，列车的车型和编组决定了车轴重量和站台长度。

3. 有轨电车/无轨电车

如图 1-13 所示，有轨电车是一种公共交通工具，亦称路面电车或简称电车，属轻铁的一种（以电力推动的列车，亦称为电车）。但通常全在街道上行走，列车只有单节，最多亦不过三节。另外，某些在市区的轨道上运行的缆车亦可算作路面电车的一种。无轨电车，是一种使用电力发动，在道路上不依赖固定轨道行驶的公共交通，亦即是"有线电动客车"。无轨电车的车身属于客车，只不过以电力推动，而使用的电力是通过架空电缆，经车顶上的集电杆取得。

(a) 上海有轨电车   (b) 日本广岛有轨电车   (c) 无轨电车

图 1-13 国内外有轨电车/无轨电车

4. 单轨交通

如图 1-14 所示，单轨铁路是铁路的一种，特点是使用的轨道只有一条，而非传统铁路的两条平行路轨。和城市轨道交通系统相似，单轨铁路主要应用在城市人口密集的地方，用来运载乘客。亦有在游乐场内建筑的单轨铁路，专门运载游人。单轨铁路主要分成悬挂式单轨铁路和跨座式单轨铁路两类。

(a) 德国单轨铁路   (b) 莫斯科单轨铁路   (c) 重庆单轨铁路

图 1-14 国内外单轨铁路

5. 磁悬浮

磁悬浮列车是一种靠磁悬浮力（即磁的吸力和排斥力）来推动的列车。由于其轨道的磁力使之悬浮在空中，行走时不需接触地面，因此其阻力只有空气的阻力。磁悬浮列车的最高速度可以达 500 km/h 以上，比轮轨高速列车的 300 多 km/h 还要快。磁悬浮技术的研究源于德国，早在 1922 年德国工程师赫尔曼·肯佩尔就提出了电磁悬浮原理，并于 1934 年申请了磁悬浮列车的专利。20世纪70年代以后，随着世界工业化国家经济实力的不断加强，为提高交通运输能力以适应其经济发展的需要，德国、日本等发达国家相继开始筹划进行磁悬浮运输系统的开发。

世界第一条磁悬浮列车示范运营线——上海磁悬浮列车（见图1-15）建成后，从浦东龙阳路站到浦东国际机场，30多公里只需8 min。上海磁悬浮列车是"常导磁吸型"（简称"常导型"）磁悬浮列车，利用"异性相吸"原理设计，是一种吸力悬浮系统，利用安装在列车两侧转向架上的悬浮电磁铁，和铺设在轨道上的磁铁，在磁场作用下产生的排斥力使车辆浮起来（利用同名磁极相互排斥）。

图1-15 上海磁悬浮列车

1.6 电力牵引控制技术

电力牵引控制系统是以牵引电动机为研究对象，由于牵引功率等级要求较高，因此一般牵引电机的电压等级和电流等级很大，无法直接进行控制，所以目前基本都采用电力电子变流装置来实现对牵引电机的控制。图1-16为一般电力牵引控制系统的组成。

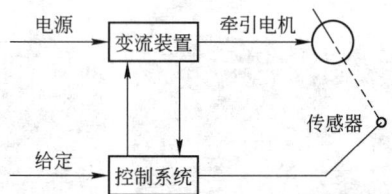

图1-16 一般电力牵引控制系统的组成

根据司机的给定量和检测到的被控量进行比较，形成偏差控制信号，经过控制系统去控制电力电子变流装置的输出信号，即控制牵引电机的输入信号，从而达到控制被控量的目的。为达到调速和提高牵引性能的目的，其中牵引电机的被控量可以是电机转速、电机电压、电机电流、电机功率及电机励磁电流等。

在电力牵引系统中，牵引电动机通过变流装置进行供电的，变流装置实际上是整个系统的电能变换电路。根据供电电源和所采用的电机的种类，不同电力牵引系统的变流装置也可分为不同的形式，例如整流器、逆变器、斩波器等。

电力牵引控制系统经历了三个阶段的发展历史。早期的电力牵引控制系统为继电器控制系统，主要借助接触器和继电器等开关电器实现机车的启动、停车及调速，如 SS1 型电力机车就是典型的继电器控制系统。随着电力电子技术的发展，出现了以集成电路特别是运算放大器组成的模拟控制系统，如 SS4、8K 的控制系统中主要控制单元都采用模拟控制。但是由模拟电路组成的调节器，其校正参数不易调节，一经确定就不易改变，所以模拟控制系统对不同类型的机车适应性较差，一种型号的机车必须重新设计控制系统。近代电子计算技术趋于成熟，特别是微处理器的出现，计算机逐渐应用于机车控制系统，采用微机数字控制后，可以用软件实现控制功能。例如从日本引进的 6K 型机车的控制系统就使用了 10 个CPU，其中包括 4 个 16 位 8086 和 6 个 8 位 8085，用来实现机车运行中牵引制动特性控制，故障检测与保护、记录及显示等功能。目前在高速动车组中，机车中的微处理器越来越多，分别完成不同层次的控制功能，构成列车控制网络。

复习参考题

【1】什么电力牵引系统？
【2】电力牵引系统的供电制式有哪几种？
【3】电力牵引系统的传动方式有几种？每种传动方式机车主电路的结构是什么？

第2章 直流电传动机车调速

【本章内容概要】

主要介绍直流电传动机车采用的牵引电机的工作原理，牵引电机特性与机车特性的关系，以及直流牵引电机的选型问题，并分析了直流电传动机车的调速方法。

【本章学习重点与难点】

学习重点：①直流电机特性与机车特性的关系；②各种励磁方式直流牵引电机性能分析；③直流电传动机车调速方法。

学习难点：串励电机与并励电机特性比较，磁场削弱系数计算方法。

将外部输入的能源（如电力机车）或机车本身产生的能源（如内燃机车），通过直流（或脉流）牵引电机驱动动轮运行的机车称为直流电传动机车。机车在牵引运行时，对于其牵引性能方面的要求实际上就是对于牵引机车的电机性能的要求，因此本章将结合机车运行特点来分析直流牵引电机及直流电传动机车的调速性能与基本方式。

2.1 直流电机工作原理

2.1.1 直流电机结构

直流电机是将直流电能和机械能相互转化的旋转电机，其具有良好的启动、调速和正反转性能，能满足生产过程的各种特殊要求，因而在需要宽广调速的场合有特殊要求的自动控制系统中，占有突出的应用地位。

如图 2-1 直流电机结构图所示，直流电机由定子和转子两大部分组成，两者之间存在气隙。定子主要用来建立主磁场，并作为电机的机械支撑，包括主磁极、换向极、机座、端盖和电刷装置等部件。转子主要包括电枢铁芯、电枢绕组和换向器等部件，从而实现机电能量转换。

1. 定子

1）主磁极

主磁极简称主极，用来产生主磁场，由主极铁芯和套在铁芯上的励磁绕组成，如图 2-2 所示。铁芯由 $1\sim1.5$ mm 厚的钢片重叠而成，并用铆钉紧固成整体，套上励磁绕组后，用螺栓固定在机座上。励磁绕组是用绝缘导线绕制而成的集中绕组，它通入直流励磁电流后产生恒定磁场。主极极靴表面与电枢外圆表面间的气隙通常是不均匀的，在主极中心线处最小，朝着极靴边缘气隙逐渐扩大。

2）换向极

换向极用来产生换向区磁场以改善直流电机换向性能。其铁芯由整块锻钢或者厚钢片冲叠成，铁芯上套置换向极绕组，该绕组是用绝缘扁导线制成的集中绕组，且匝数较少，与电枢绕组串连。换向极安装在相邻主极的平分线上，换向极数等于主极数。换向极极面下的气隙往往较主极极面下气隙大。

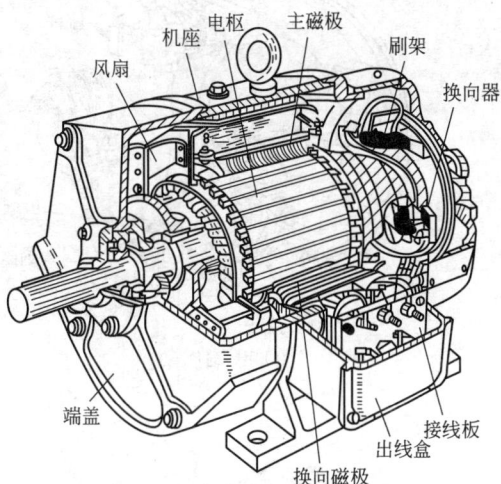

图 2-1 直流电机结构

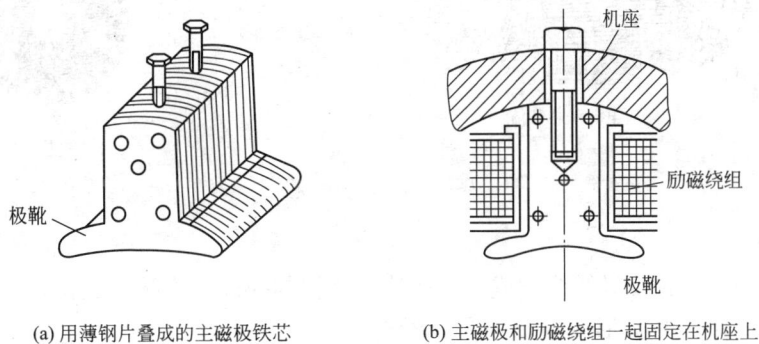

(a) 用薄钢片叠成的主磁极铁芯   (b) 主磁极和励磁绕组一起固定在机座上

图 2-2 主磁极结构

3）机座

机座用铸钢或铜板焊成，用作支撑和保护整机结构，同时又是电机磁路的一部分，有良好的导磁性能和机械强度。

4）电刷装置

如图 2-3 所示，电刷装置是固定电刷的装置，由刷握、刷杆、座圈等部件组成。电刷置于刷握上的刷盒中，用压力弹簧压住电刷，使电刷与换向器表面保持适当压力的滑动接触。刷握固定在刷杆上，刷杆固定在座圈上，二者应妥善绝缘。刷杆数等于主极数。电刷内有用细铜丝编织成的刷辫与外电路导通，从而连接电枢、电刷及电路，引入或导出电枢电流。

2. 转子

1）电枢铁芯

如图 2-4 (a) 所示，电枢铁芯主要用来嵌放绕组和构成电机的磁路。电枢旋转时，电枢铁芯上磁场是交变的，为了减少铁损，用两面涂有绝缘漆的、厚度为 0.35～0.5 mm 的硅钢冲片叠压组成。图 2-4 (b) 给出了冲片形状，可见其外圆上开槽，中间有轴向通风孔，以改善铁芯冷却条件。

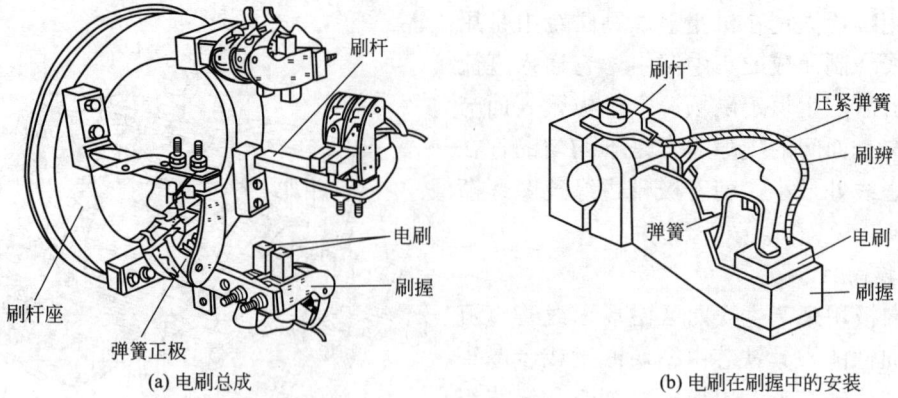

刷杆
刷握
电刷
弹簧正极
刷杆座
(a) 电刷总成

刷杆
压紧弹簧
刷辨
弹簧
电刷
刷握
(b) 电刷在刷握中的安装

图 2-3　电刷结构

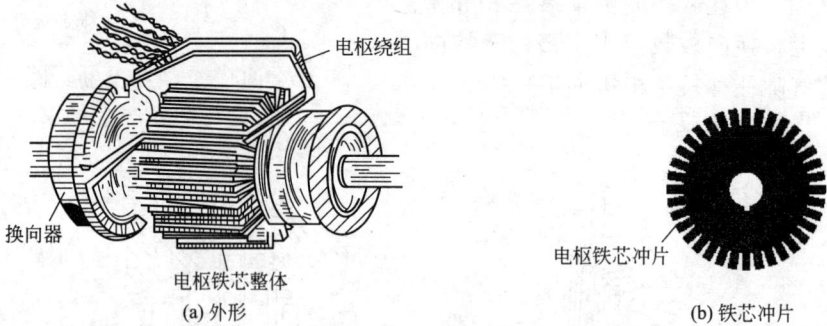

电枢绕组
换向器
电枢铁芯整体
(a) 外形

电枢铁芯冲片
(b) 铁芯冲片

图 2-4　电枢铁芯

2）电枢绕组

电枢绕组由许多绝缘导线绕制成线圈按确定规律与换向器连接构成。通常小型电机用圆导线制成线圈，嵌放在梨形槽中，较大容量电机则用矩形截面导线预做出成型线圈，嵌放在矩形槽中。

3）换向器

换向器由楔形截面的铜换向片拼装而成，构成圆柱体。一般换向片上有升高片，每个升高片与两个线圈端头焊接。片与片间用云母绝缘，换向片下部的鸠尾垫上云母绝缘，用 V 形钢环和螺旋压圈将全部换向片紧固成圆柱体，如图 2-5 所示，这种结构的换向器称为拱式换向器，是常用的一种。

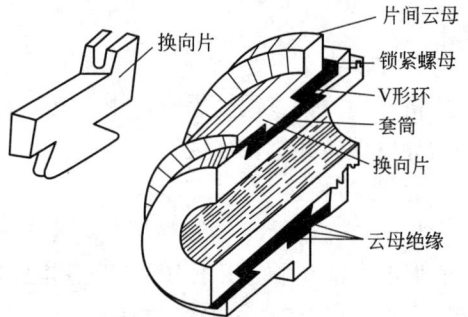

换向片
片间云母
锁紧螺母
V形环
套筒
换向片
云母绝缘

图 2-5　换向器结构

2.1.2　直流电机工作原理

1. 工作原理

如图 2-6（a）所示，若把电刷 A、B 接到一直流电源上，电刷 A 接电源的正极，电刷 B 接电源的负极，此时在电枢线圈中将有电流流过。设线圈的 ab 边位于 N 极下，线圈的 cd 边位于 S 极下，则导体每边会受到电磁力的作用，导体受力方向由左手定则确定。在图 2-6（a）的情况下，位于 N 极下的导体 ab 受力方向为从右向左，而位于 S 极下的导体 cd 受力方向为从左向右。该电磁力与转子半径之积即为电磁转矩，该转矩的方向为逆时针。当电磁转矩大于阻力转矩时，线圈按逆时针方向旋转。当电枢旋转到图 2-6（b）所示位置时，原位于 S 极下的导体 cd 转到 N 极下，其受力方向变为从右向左；而原位于 N 极下的导体 ab 转到 S 极下，导体 ab 受力方向变为从左向右，该转矩的方向仍为逆时针方向，线圈在此转矩作用下继续按逆时针方向旋转。这样虽然导体中流通的电流为交变的，但 N 极下的导体受力方向和 S 极下导体所受力的方向并未发生变化，电机在此方向不变的转矩作用下转动。

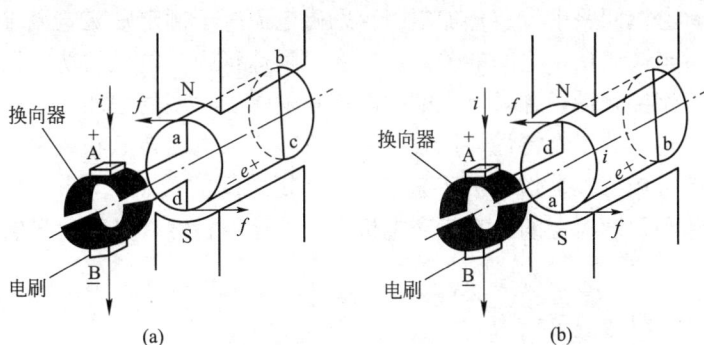

图 2-6　直流电机原理示意图

　　实际直流电机的电枢是根据实际应用情况需要有多个线圈。线圈分布于电枢铁芯表面的不同位置上，并按照一定的规律连接起来，构成电机的电枢绕组。

2. 励磁方式

　　根据励磁绕组和电枢绕组的连接方式的不同，直流电机可以分为他励电机、并励电机、串励电机和复励电机。他励电机是电枢绕组与励磁绕组分别用不同的电源供电，如图 2-7（a）所示，永磁直流电机也属于这一类。并励电机是指由同一电源供电给并联着的电枢绕组和励磁绕组，如图 2-7（b）所示。串励电机的励磁绕组和电枢绕组相串联，励磁绕组中通过的电流和电枢绕组的电流大小相等，如图 2-7（c）所示。复励电机是既有并励绕组又有串励绕组，并励绕组和串励绕组的磁势可以相加，也可以相减，前者称为积复励，后者称为差复励，如图 2-7（d）所示。

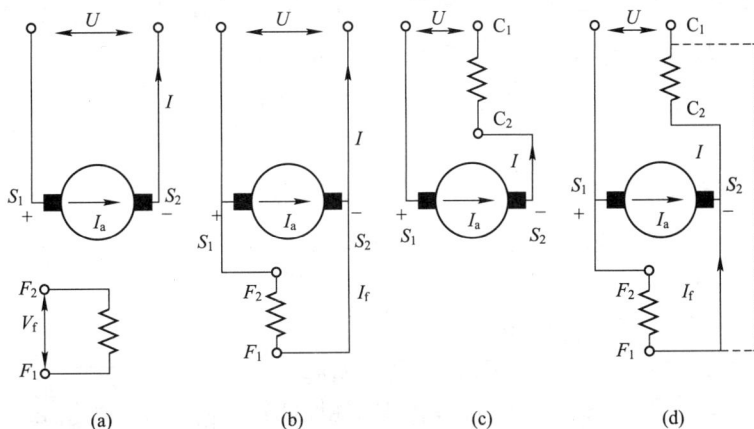

图 2-7　各种励磁方式直流电机

2.2　直流电机特性与机车特性

2.2.1　直流电机特性

直流电机的运行特性可分为工作特性和机械特性。直流电机的工作特性是指电机的端电压等于额定电压，电枢回路中没有外加电阻，励磁电流等于额定励磁电流时，电机转速、电磁转矩和效率三者与输出功率之间的关系。但在实际运行中，电机的功率无法直接测得，而电机的电枢电流可直接测量，并且电机电枢电流是随输出功率的增加而增加，两者增大的趋势相差不多，所以电机的工作特性往往表示为电机转速、电磁转矩和效率与电枢电流之间的关系。直流电机的机械特性是指电机转速与电磁转矩之间的关系。电机特性是由电机结构、励磁方式和磁路饱和程度决定的，它代表电机本身的运行特性，又称为自然特性。

1. 转速特性

直流电机的稳态时转速公式为：

$$n = \frac{U_d - I_d \sum R}{C_e \Phi} \tag{2-1}$$

式中　U_d——电机端电压；

　　　I_d——电机电枢电流；

　　$\sum R$——电枢回路的总电阻；

　　　C_e——电机的电磁常数；

　　　Φ——每极磁通。

从式（2-1）可以看出，当 U_d 和 I_d 都为常值时，影响电机转速的因素有两个：一是电枢回路电阻压降 $I_d \sum R$ 的变化；二是磁通 Φ 的变化。各种励磁方式电机的转速特性如图 2-8 所示。

他励电机的励磁绕组与电枢绕组无关，而由其他电源对励磁绕组供电，如果励磁电源不变，则他励电机的磁通 Φ 是恒定的，与电枢电流无关。从式（2-1）可以看出当 U_d、$\sum R$ 和 Φ 一定时，他励电机的转速曲线是一条略微向下倾斜的直线（曲线 1）。并励电机在电机端电压 U_d 一定的情况下，随着 I_d 的增加，$I_d \sum R$ 增加，使转速趋于下降；电枢反应的去磁作用使磁通 Φ 略为减少，又使转速趋于上升。由于两种因素对转速的影响部分地互相抵消，所以电机转速变化很小。并励电机的转速特性与他励电机是一样的。而串励电机的励磁绕组与电枢绕组串联，由于磁通是电枢电流的函数，当 I_d 较小时，磁路不饱和，$\Phi \propto I_d$，电机转速曲线接近于双曲线；当 I_d 较大时，磁路饱和，曲线接近于直线

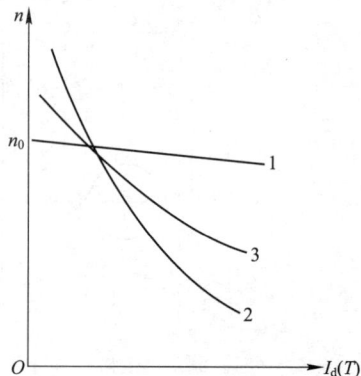

图 2-8　直流牵引电机的转速特性
1—并（他）励；2—串励；3—积复励

（曲线 2）。积复励电机具有并励和串励两套绕组，通常接成积复励。两套绕组的磁势比例不同，可得到不同的特性。在设计时，可以灵活设计两种励磁磁势的比例，使其特性介于并励和串励电机特性之间（曲线 3）。当并励绕组磁势起主要作用时，特性接近于并励电机，曲线偏向并励电机转速特性曲线。当串励绕组磁势起主要作用时，特性接近串励电机，曲线向下移，接近于串励电机转速特性曲线。

2. 转矩特性

转矩特性指电机电磁转矩与电机电枢电流之间的关系。

$$T = C_T \Phi I_d \tag{2-2}$$

式中　C_T——电机的电磁转矩；

　　　Φ——电机的每极磁通；

　　　I_d——电机电枢电流。

直流牵引电机的转矩特性如图 2-9 所示，并励电机和他励电机磁通不随电枢电流变化，电磁转矩与电枢电流成正比，$T = f(I_d)$ 为一直线（曲线 1）。实际上，由于电枢反应的去磁作用，使电机的电磁转矩在电枢电流较大时，稍有下降。对于串励电机，在轻载时磁路不饱和，可以认为 $\Phi \propto I_d$，则 $T = C_T \Phi I_d \propto I_d^2$，所以转矩特性曲线是一条抛物线（曲线 2）。当负载增加时，随着电枢电流的增大，磁路逐渐饱和，磁通 Φ 基本不变，转矩特性曲线是一条直线。同样，积复励电机转矩特性介于并励电机转矩特性曲线和串励电机转矩特性曲线之间。

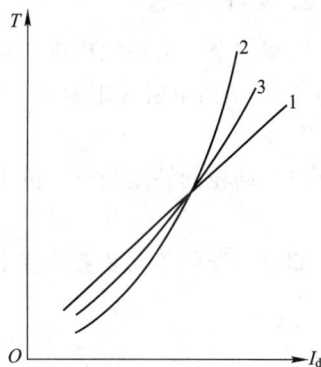

图 2-9　直流牵引电机的转矩特性
1—并（他）励；2—串励；3—积复励

3. 机械特性

直流电机的机械特性是指电机转速与电磁转矩之间的关系。在电拖中是决定电机能否稳定运行的依据。因为电磁转矩与电机电枢电流成正比，所以电机的机械特性具有与转速特性相似的形状。并励（他励）电机速度变化范围小，称为硬特性；串励电机速度变化范围大，具有软特性。

2.2.2　机车牵引特性

牵引电机产生转矩，通过传动装置传递到机车动轮上，转换为轮周牵引力，驱动机车运行。因此对机车牵引来说，牵引电机的转速和转矩应转换为机车轮线速度和轮周牵引力，从而就得到机车的牵引特性。机车的轮周牵引力 F_k 与线速度 V_k 之间的关系曲线 $F_k = f(V_k)$ 称为机车的牵引特性。机车的牵引特性可以从机车的速度特性与牵引力特性推导出。

1. 速度特性

机车的速度特性指机车线速度 V_k 与电机电枢电流 I_d 之间的关系。机车轮对的转速 n_k 由电机的转速 n 和齿轮的传动比 μ 决定。机车轮对的转速等于电机的转速比上机车齿轮的传动比。

$$n_k = n/\mu \tag{2-3}$$

则机车的线速度为：

$$V_k = \left(\frac{pD_k}{60}\right) \cdot n_k \quad (\text{m/s}) \tag{2-4}$$

式中　D_k——机车动轮直径。

$$V_k = \left(\frac{pD_k}{60}\right) \cdot n_k = \left(\frac{pD_k}{60}\right) \cdot \frac{n}{\mu} \cdot \frac{3\,600}{1\,000} = \frac{D_k \cdot n}{5.3\mu} \quad (\text{km/h}) \tag{2-5}$$

对于某一机车，机车动轮直径和传动比为常数，可得机车线速度与电机转速成正比。所以只要在电机的转速特性曲线上乘以 $D_k/5.3\mu$ 就可得到机车的转速特性，机车转速特性曲线与电机转速特性曲线形状相似。

2. 牵引力特性

机车的牵引力特性指机车轮周牵引力 F_k 与电机电枢电流 I_d 的关系。设机车动轮轴的转矩为 T_k，牵引电机转矩为 T，机车动轮周的转矩等于传动比乘以牵引电机转矩。

$$T_k = \mu T \tag{2-6}$$

机车动轮周转矩又等于机车轮周牵引力乘以动轮半径。

$$T_k = F_k \cdot (D_k/2) \tag{2-7}$$

如果考虑到传动装置的效率，从而可以得出：

$$F_k = 2 \cdot \frac{T_k}{D_k} = (2\mu T/D_k) \cdot \eta \tag{2-8}$$

对于某一机车，机车的动轮直径、传动比和效率为常数，可得机车牵引力与电机转矩成正比。所以机车牵引力曲线与电机转矩特性曲线形状相似。

3. 牵引特性

从式（2-5）和式（2-8）可以看出，机车轮周牵引力 F_k 与电机转矩 T 之间、机车速度 V_k 与电机转速 n 之间都只差一个比例常数。所以，只要适当改变电机机械特性的坐标比例尺，就可以将电机的机械特性 $T = f(n)$ 作为机车的牵引特性 $F_k = f(V_k)$。

为了满足牵引运行的需要，机车的牵引特性必须保证列车的运行安全。因此，必须将机车发挥的牵引力和机车的运行速度控制在允许的限度以内。图 2-10 所示为机车的牵引特性（曲线 1）及其限制曲线，从图上可以看出，牵引特性受到下列限制：

（1）黏着条件的限制机车的牵引力应小于由动轮与钢轨之间的黏着条件所决定的最大黏着牵引力（曲线 2）；

（2）牵引电机最大允许电流限制机车产生的最大牵引力，应保证牵引电机的电流小于由电枢绕组发热所决定的最大电流（曲线 3）；

（3）机车最高运行速度的限制机车的运行速度应小于由机车结构所决定的最大安全速度（曲线 4）；

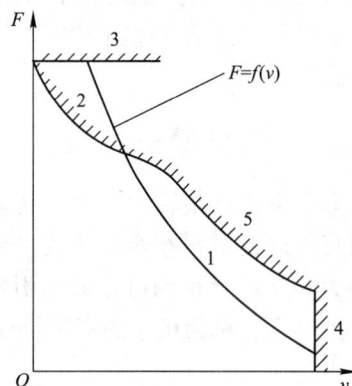

图 2-10　机车牵引特性及其限制曲线

（4）牵引电机安全换向的限制在磁场削弱区内，磁场削弱越深，电机的转速越高，直流电机的换向稳定性越差，易导致产生环火。所以，机车在任一运限制曲线运行状态下的牵引力（电流）和速度，均应保证电机换向的安全（曲线 5）。

所以，电传动机车牵引特性的工作范围，应在上述各限制曲线的范围之内。

2.3 各种励磁方式直流牵引电机性能分析与比较

2.3.1 串励与并励直流牵引电机性能比较

牵引电机的机械特性决定了机车的牵引特性，而电机的特性曲线是由不同的励磁方式决定的。各种励磁方式的直流电机的机械特性如图 2－11 所示。从图中的曲线可以看出，当电机的电压和励磁电流维持常数时，他励与并励电机的特性是相似的；积复励电机的串励绕组与并励绕组产生的磁通方向相同，其特性介于并励与串励特性之间；差复励电机的串励绕组与并励绕组产生的磁通方向相反，其特性如曲线 4 所示。

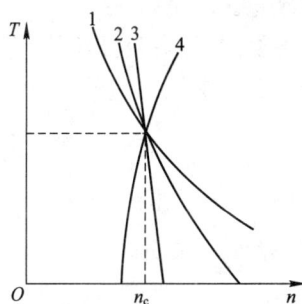

图 2－11　直流电机的机械特性
1—串励电机；2—积复励电机；
3—并（他）励电机；4—差复励电机

为了阐明哪一种励磁方式的电机更适于用作机车牵引电机，下面以串励和并励两种电机为例，在机车牵引运行性能方面进行比较和分析。

1. 机械稳定性和电气稳定性

机车运行时，必须具有机械稳定性和电气稳定性。

1）机械稳定性

机械稳定性是指机车牵引列车正常运行时，由于偶然的原因引起速度发生微量变化后，机车本身能恢复到原有的稳定运行状态。图 2－12 为列车运行时的基本阻力曲线 $W_0=f(v)$ 和两列机车牵引特性 $F_1=f_1(v)$ 和 $F_2=f_2(v)$。设两列机车都运行在恒速稳定状态，此时速度为 v_1，牵引力与阻力平衡（即交点 A）。当由于偶然因素，机车速度获得了增量 Δv。如果这时牵引特性为 F_1，从图中可以看出，当速度增大 Δv 后，牵引力 F_1 大于阻力 W_0，机车的速度将继续增大；随着速度的增加，F_2 继续大于阻力 W_0，使机车加速更快，速度越来越高。所以特性 $F_1=f_1(v)$ 的机车不具有机械稳定性。

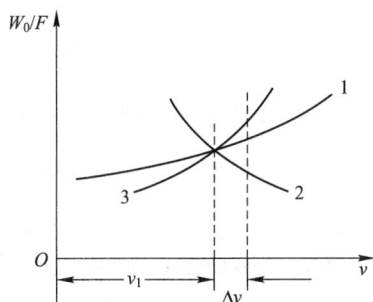

图 2－12　牵引特性机械稳定性分析
1—基本阻力曲线 $W_0=f(v)$；
2—机车牵引特性 $F_1=f_1(v)$；
3—机车牵引特性 $F_2=f_2(v)$

反之，如果机车的牵引特性为 $F_2=f_2(v)$，当速度增大 Δv 后，牵引力 F_2 将小于阻力 W_0，机车速度将减小，直至列车运行速度重新返回到稳定工作点 A，因此特性 $F_2=f_2(v)$ 是稳定的。

因此，可以认为机械稳定性的条件是牵引特性曲线的斜率应小于基本阻力曲线的斜率。即

$$dF/dv < dW_0/dv \qquad (2-9)$$

因为一般机车的基本阻力随速度的增加而增加，即基本阻力曲线 $W_0=f(v)$ 的斜率为正值，$dW_0/dv>0$，而由图 2－12 可见，各种励磁方式牵引电机的特性曲线，除差复励电机的 $dF/dv>0$ 以外，其他电机特性都

$dF/dv<0$。故由式（2-7）判断，除差复励电机不具有机械稳定性外，其他电机在列车牵引时均具有机械稳定性。

2）电气稳定性

牵引电机的电气稳定性是指机车正常运行时，由于偶然的原因引起电流发生微量变化后，电机本身能恢复到原有的电平衡状态。直流牵引电机的动态电压平衡方程式为：

$$U_d = E + I_d \sum R + L \cdot dI_d/dt \qquad (2-10)$$

式中，U_d、I_d、E、$\sum R$、L分别代表电机的端电压、负载电流、反电势、电枢回路总电阻和电感量。

电机的反电势可以写成$E = C_e \Phi n$；其中C_e是由电机结构决定的电势常数，n是电机的转速，Φ是电机的主极磁通。将此式代入式（2-10）得到：

$$U_d = C_e \Phi n + I_d \sum R + L \cdot dI_d/dt \qquad (2-11)$$

假定牵引电机的电压U_d是一个常数，如图2-13中的水平线所示，当牵引电动机的$C_e \Phi n + I_d \sum R$曲线为图中曲线1时，其交点A处的电流为I_{d1}，此时电机的端电压U_d等于$C_e \Phi n + I_d \sum R$，为电气平衡状态。如果由于偶然因素，电机的负载电流有一个微小的增量ΔI_d，从图中曲线可以看出，电流的增加使$C_e \Phi n + I_d \sum R$的值大于端电压U_d，$U_d - C_e \Phi n + I_d \sum R$为负值，即$L \cdot dI_d/dt$为负值，这将使电流$I_d$减小，并自动地恢复到$A$点稳定工作。反之，如果电机的$C_e \Phi n + I_d \sum R$曲线为曲线2时，当电流有增量$\Delta I_d$后，电机的$C_e \Phi n + I_d \sum R$小于电压$U_d$，使$U_d - C_e \Phi n + I_d \sum R$

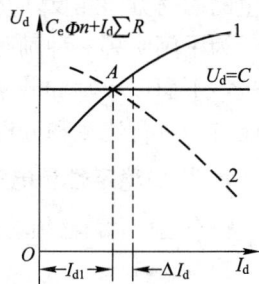

图2-13 牵引电机
电气稳定性分析

为正值，即$L \cdot dI_d/dt$为正值，电机电流I_d将继续增加，不能恢复到原来的A点，电气平衡被破坏。所以，曲线2在电气上是不稳定的。

从上述分析可知，牵引电机电气稳定工作的必要条件是：$dU_d/dI_d > d(C_e \Phi n + I_d \sum R)/dI_d$，在电机电压$U_d$保持不变的前提下，电气稳定性的条件是：

$$d(C_e \Phi n + I_d \sum R)/dI_d > 0 \qquad (2-12)$$

即电机的$d(C_e \Phi n + I_d \sum R)/dI_d$曲线的斜率为正值时，就具有电气稳定性。图2-14分别画出了串励、并励电机的$d(C_e \Phi n + I_d \sum R)/dI_d$曲线。图示表明，串励电机在任何负载情况下，斜率处处为正值，具有电气稳定性；并励电机的$d(C_e \Phi n + I_d \sum R)/dI_d$曲线只在一定的负载范围内才有电气稳定性。当电流$I_d$很大时，电枢反应使该曲线明显下降，斜率呈现负值，如B点所示，在电气上是不稳定的。

2. 牵引电机之间的负载分配

机车运行时，希望能充分利用机车的功率及黏着重量，所以要求机车上各台牵引电机的负载分配要均匀。但是由于各台牵引电机特性曲线的差异（规定全磁场时不超过上4%），

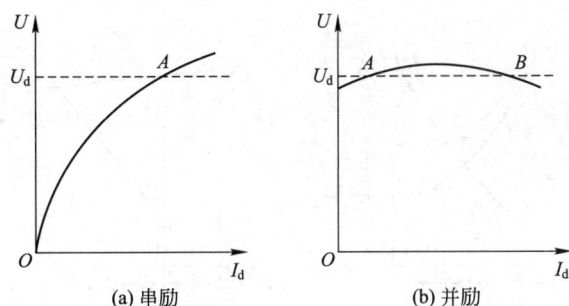

图 2-14　串并励电机的 $\mathrm{d}\left(C_{e}\Phi n + I_{d}\sum R\right)/\mathrm{d}I_{d}$ 曲线

以及机车动轮直径的差异（规定不超过 12 mm），实际上各牵引电机之间的负载分配是不均匀的。

当两台特性有差异的牵引电机装在同一台机车上并联运行时，即使动轮直径完全相同，从图 2-15（a）可以看出，串励电机由于具有较软的特性，在同一运行速度下的负载电流 I_1 和 I_2 的差值 ΔI_d 比较小。而对于特性差异程度相同的并励电机，由于它的特性较硬，如图 2-15（b）所示，负载电流 I_1 和 I_2 的差值 ΔI_d 要比串励电机大得多。所以串励电机负载分配的不均匀程度远比并励电机小。

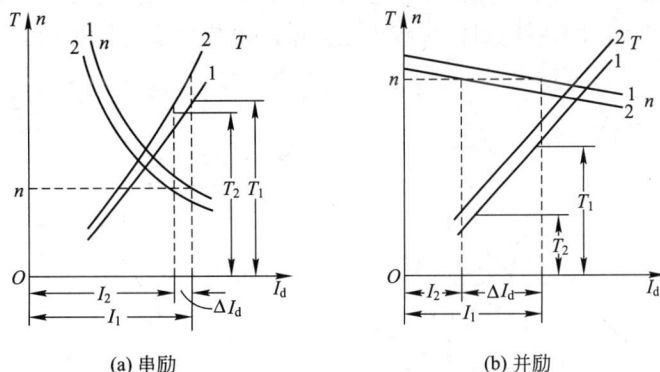

图 2-15　电机特性有差异时负载分配

如果两台电机的特性完全相同，而它们各自的动轮直径不同，则机车运行时两台电机的转速将会产生某些差异。设一台的转速为 n_1，另一台的转速为 n_2，从图 2-16（a）与（b）的比较可以看出，串励电机负载分配不均匀的程度比并励电机小。所以就牵引电机间负载分配而论，串励电机优于并励电机。

3. 电压波动对牵引电动机工作的影响

接触网的电压会经常发生波动，例如当电力机车运行经过两个牵引变电所供电的交界处时，供电电压就会发生突然变化，由于这种变化进行得很快，在机车速度还来不及变化时，就可能产生较大的电流冲击和牵引力冲击。图 2-17 表示串励、并励电机在电压突然增加时产生的电流和转矩的变化。设电动讥原来的端电压为 U_1，相应的转速特性曲线为 $n_1 = f_1(I_d)$；变化后的电压为 U_2，相应的转速特性曲线为 $n_2 = f_2(I_d)$。从图中可以看出，当电

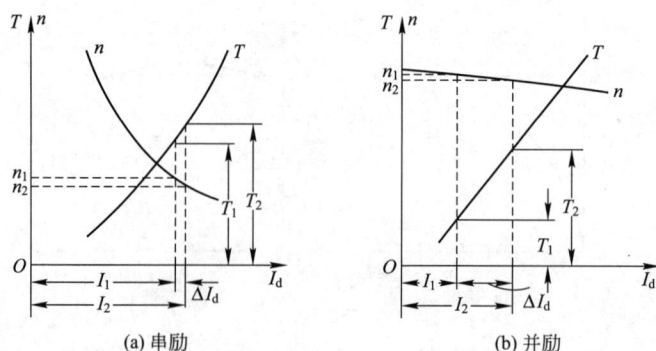

(a) 串励　　　　　　　(b) 并励

图 2-16　动轮直径有差异时电机负载分配

网电压波动时，电流和牵引力都要改变，由于并励电机具有硬特性，其电流冲击和牵引力冲击都比串励电机要大得多，这将使牵引电机工作条件恶化并引起列车冲动。

另外，当电机的外加电压突变时，由于并励电机的励磁绕组匝数多，其电磁时间常数大于电枢绕组的时间常数。因此励磁电路内电流的增长速度要比电枢电路内电流的增长速度慢得多，电枢的反电势不能及时增加，这将使过渡过程开始阶段，电枢电流的冲击过大。至于串励电机，因其励磁绕组与电枢绕组串联，电流增长速度相同，虽有磁极铁芯内涡流的影响，磁通增长速度稍慢于电枢电流的增长速度，但这时所引起的电流冲击比并励电机要小得多。所以，就电压波动对牵引电机的影响而论，串励电机优于并励电机。

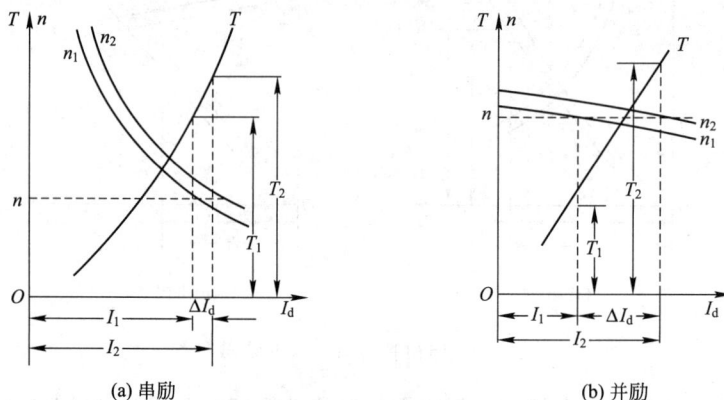

(a) 串励　　　　　　　(b) 并励

图 2-17　电压波动时电机电流和牵引力的变化

4. 黏着重量的利用

1）动轮与钢轨间黏着的概念

无论采用哪一种牵引动力和哪一种运输方式，铁路运输都依赖于车轮和钢轨的相互作用实现列车的运行。因而，车轮和钢轨的相互作用成为铁路运输区别于其他运输方式的基本特点。

电传动机车的牵引动力由牵引电机通过传动机构传递给机车轮对。这些传递牵引能量的机车轮对（车轮），称为动轮对（动轮）。

图 2-18 为机车以速度 v 在平直线路上运行时，一个动轮对的受力情况（忽略内部各种

摩擦阻力）。为了清楚起见，图中将动轮与钢轨分离。设 P_i 为一个动轮对作用在钢轨上的正压力（即轮对的轴重），牵引电机作用在动轮上的驱动转矩为 M_i。M_i 可以用一对力 F_i' 和 F_i' 形成的力偶代替，F_i' 和 F_i 分别作用在轮轴中心 O 点和轮轨接触处的 O' 点，设动轮半径为 R，则 $F_i' = F_i = M_i/R$。在正压力 P_i 的作用下，车轮和钢轨的接触部分紧压在一起。切向力 F_i 使车轮上的 O' 点具有向左运动的趋势，将引起向右的静摩擦力 f_i，即钢轨对车轮的反作用力，满足 $f_i = f_i' = F_i$。f_i 称为轮周牵引力。由于车轮上的 O' 点受到两个大小相等、相反方向的力的作用，所以 O' 点保持相对静止，轮轨之间没有相对滑动，动轮对作纯滚动运动。

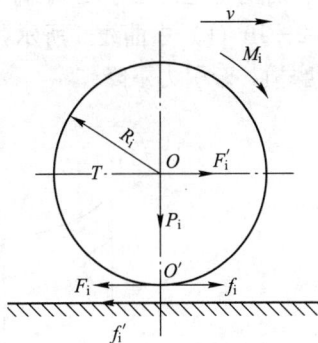

图 2-18　动轮对受力情况

在动轮与钢轨接触处，由于正压力而出现的保持轮轨接触处相对静心，而不相对滑动的现象，称为"黏着"。黏着状态下的静摩擦力 f_i 称为黏着力。

试验研究表明，轮轨间的黏着与静力学中的静摩擦具有十分相似的物理性质。驱动转矩 M_i 产生的切向力 F_i 增大时，黏着力 f_i 随之增大，并保持与 F_i 相等。当 F_i 增大到某一数值时，黏着力 f_i 达到最大值。若使切向力 F_i 再继续增大，黏着力 f_i 反而迅速减小。试验证明，黏着力 f_i 的最大值 f_{imax} 与动轮对的正压力 P_i 成正比，即

$$f_{imax} = \mu \cdot P_i \qquad (2-13)$$

其中 μ 称为黏着系数。上式表明，在轴重一定的条件下，轮轨间的最大黏着力由轮轨间的黏着系数的大小决定。当轮轨间出现最大黏着力时，若继续加大驱动转矩，切向力 F_i 将大于最大黏着力 f_{imax}，动轮上的 O' 点将向左移动，轮轨间将出现相对滑动，黏着状态被破坏。动轮由纯滚动变为既有滚动也有滑动。此时，钢轨对动轮的反作用力 f_i 静摩擦力变为滑动摩擦力，其值迅速减小；与此同时，动轮的转速迅速上升。这种因驱动转矩过大，轮轨间的黏着关系被破坏，使轮轨间出现相对滑动的现象，称为"空转"。动轮出现空转时，轮轨将依靠滑动摩擦力传递切向力，这就大大削弱了传递切向力的能力，同时造成动轮踏面的擦伤。因此，机车在牵引运行中，应尽量防止出现动轮的空转。机车一般配备有自动防空转装置，当检测空转即将发生时，一方面减小电机的驱动转矩，另一方面通过撒砂增大黏着系数 μ，以增大最大黏着力 f_{imax}。

2）串励/并励电机防空转性能

图 2-19 为电机特性与空转的关系，图中的曲线 1 是最大黏着力曲线，曲线 2 是滑动摩擦力曲线，曲线 3 和 4、5 分别是并励电机和串励电机的机械特性曲线。假定电机原来工作在最大黏着牵引力曲线上的 B 点，速度为 v_0，由于偶然的因素，轮轨间的黏着条件受到破坏，黏着力曲线 1 下降到 1' 的位置，滑动摩擦力曲线也相应降到 2' 的位置。在 v_0 速度下电机的牵引力超过了最大黏着限制，逐渐发生空转。电机的转速将沿着特性曲线上升，转速上升到 A 点时，滑动摩擦力等于牵引力，滑动速度就不再增加了。

从图 2-19（a）可以看出，并励电机因具有硬特性，在空转过程中牵引力随转速的上升而迅速下降，很快地与滑动摩擦力相平衡，停止空转。当引起黏着破坏的原因消失时，它又能较快地恢复到原来的工作状态。串励电机的特性较软，如图 2-19（b）中曲线 4 所示，

空转后的稳定滑动速度 v_4 高于并励电机的稳定滑动速度 v_3。如果串励电机的特性更软，如图 2-19（b）中曲线 5 所示，一旦黏着破坏，将产生更大的滑动速度形成空转，使车轮踏面磨损，牵引力下降。

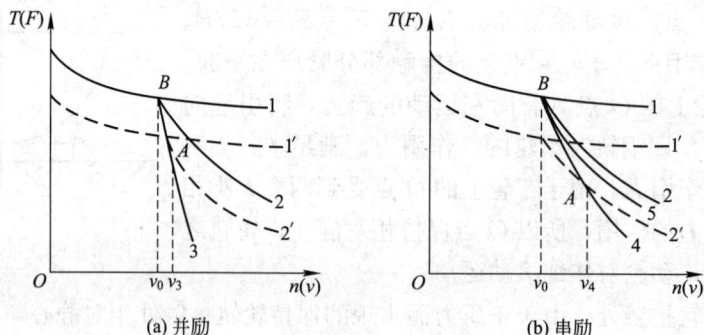

(a) 并励　　　　　　　　　　　　(b) 串励

图 2-19　电机特性与空转关系
1—最大黏着力特性；2—滑动摩擦力特性；3、4、5—电机机械特性

所以，从黏着重量利用观点出发，并励电机优于串励电机。同时还应指出，机车上的串励牵引电机串联运行时，若其中一台电机发生空转，空转电机的端压将随转速的增加而增加，促使该电机的空转情况更加严重。

5. 功率的利用

图 2-20 画出了串励和并励电机的机械特性 $T=f(n)$，变换坐标比例尺后，可作为机车的牵引特性 $F=f(v)$。

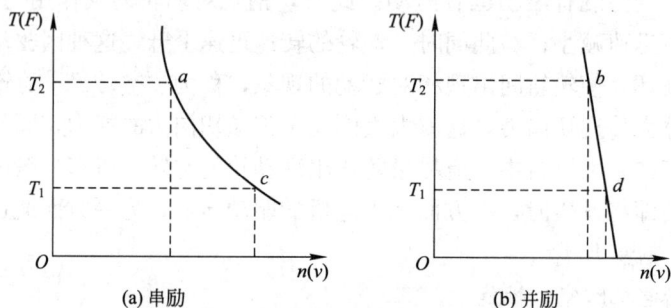

(a) 串励　　　　　　　　　　　　(b) 并励

图 2-20　电机特性与功率利用的关系

假设串励和并励牵引电机具有相同的额定转矩和额定转速。当转矩自 T_1 变化到 T_2 时，串励电机的工作点由 c 点变到 a 点。因为功率是转矩和转速（即牵引力和速度）的乘积，因此其功率变化可用 a 点横、纵坐标所围成的矩形面积与 c 点横、纵坐标所围成的矩形面积之差来表示。同理并励电机在转矩由 T_1 变到 T_2 时，工作点由 d 点变到 b 点，其功率变化可用 d 点和 b 点横、纵坐标所围成的矩形面积之差来表示。两者相比，由于串励电机具有软特性，转速随着转矩的增大而自动降低，所以串励电机的功率变化比并励电机要小，接近恒功率曲线。

从图上可以看出，串励电机在低速大牵引力运行时比并励电机需要较小的功率，在高速小牵引力运行时又比并励电机需求较大的功率，因而可以合理地利用机车上与牵引功率有关的各种电器设备的容量。对于能源自给的内燃机车来说，功率充分利用的问题显得更为重要。综合上述的分析可以看出，作为机车的牵引动力，具有软特性的串励电机比较合适，因此得到广泛的应用。但由于它有容易空转的缺点，近年来又研制和发展了一些具有硬特性的直流他励和复励电机系统。

2.3.2　其他励磁方式牵引电机

1. 他励牵引电机牵引特点

随着大功率晶闸管元件及电子控制技术的发展和完善，使牵引电机采用他励电机成为可能。一方面要求经自动调节后的牵引电机必须具有优越的牵引特性，以保证尽可能具有高的恒功率自调节性能；另一方面，为了充分利用线路能力和机车设备的能力，也必须对牵引电机进行外部调节，使它具备各种经济、合理的运行性能。

如前所述，串励牵引电机具有自调节性能好，即牵引力和速度能按照机车运行条件自动地进行调节，启动牵引力较大，负载分配均匀及功率利用较好等诸多优点。但也存在一些不足之处，例如当机车进行电制动时，由于串励直流发电机特性不稳定，励磁绕组必须改为他励，因此需采用一个可切换的低压大电流励磁电源；其次是防空转性能差。利用他励牵引电机和晶闸管移相控制系统，就能克服串励电机的这些缺点。

他励电机的自然速率特性是一条略为下降的硬特性，并不符合牵引的要求。但是，如果利用晶闸管整流器系统自动地调节他励电机的电枢电压和励磁电流，就可以获得一簇特性曲线，如图 2-21 所示。由于连续调节励滋电流 I_L，使磁通连续发生变化，造成特性曲线的连续移动，形成面特性的调节范围。所以，只要根据需要对励磁电流进行调节，他励电机就可运行在该面上任何一个位置（如图 2-21 中虚线所标定的范围），形成所需的软的或硬的特性。

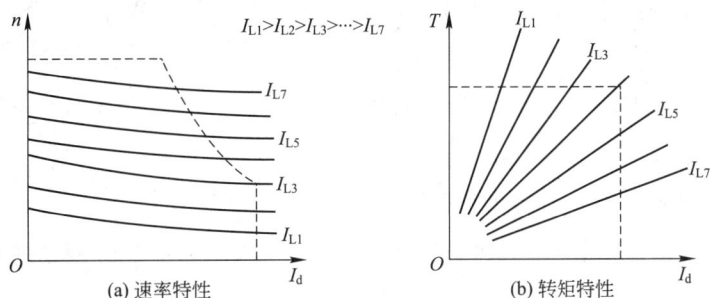

图 2-21　他励电机的面特性曲线

他励电机作为牵引电机具有如下优点。

（1）合适的调节特性：它能获得较大的调速范围，使机车在各种坡度的线路上，都能充分发挥设备的能力。这时只需根据机车运行条件的需要，分别对端电压及磁场进行控制，就能实现恒转矩启动和恒功率运行，其特性曲线如图 2-21 所示。

（2）优良的防空转性能：电传动机车在启动和满载爬坡时，常会发生黏着破坏而使车轮空转。由于他励电机的自然特性较硬，在出现动轮空转时，相应轮对的牵引力将随着速度的微小增大而急剧下降，使黏着迅速恢复。

（3）便于牵引和制动工况的转换：当机车由牵引状态转入制动时，主电路不需进行任何大的换接，他励电机便立即变为他励发电机工作状态。

（4）能实现无级削弱磁场。

但是他励牵引电机为了获得优良的牵引特性，将使控制系统变得相当复杂，而且他励脉流牵引电机的换向性能比串励略差。不过，近年来已经建造的一些电力机车不少都采用了他励牵引电机作为动力，如德国的双流制 B_0-B_0 电力机车，瑞典的 RC2、RC3、RC4、EL16 型 B_0-B_0 电力机车，以及俄罗斯、英国和美国的一些机车。

2. 复励牵引电机的牵引特点

积复励直流牵引电机的特性曲线介于他励和串励电机之间。当他励绕组磁势起主导作用时，特性接近于他励电机，主要用于可能发生空转的场合。当串励绕组磁势起主导作用时，特性接近于串励电机，主要用于负载转矩经常变化的场合。积复励牵引电机的特性比他励电机较软，而且可以简单方便地从牵引状态转入再生制动状态。同时其并励磁场的电流易于调节，可以在很大的速度范围内获得多种经济速度级。所以在城市电气交通运输中，复励电机有其一定的应用价值。图 2-22（a）为电机运行状态，这时串励磁场与并励磁场方向相同，以积复励电机运行。当车辆转入再生制动时，如图 2-22（b）所示，电机转入发电机运行状态，此时串励磁场方向与并励磁场方向相反，以差复励发电机运行。差复励电机作为电机运行是不稳定的，因为当负载增加时，电枢电流、串励绕组电流增大，使合成磁通减少，转速增加；在负载转矩和电压一定时，将使电枢电流进一步增大，转速一再上升，造成运行不稳定。但在再生制动状态，作为发电机运行时却能稳定工作。复励电机的牵引特性如图 2-23 所示。

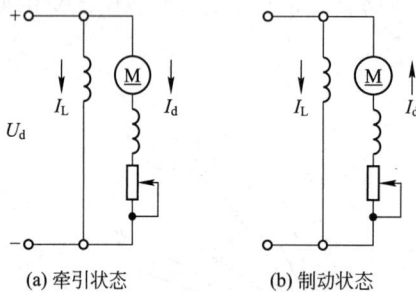

图 2-22　复励牵引电机电路原理　　　　图 2-23　复励电机的牵引特性

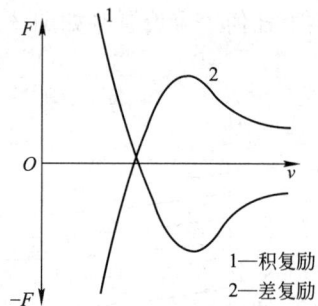

复励牵引电机由于需要两个励磁绕组，电机的尺寸和重量都有所增加，所以过去只用于功率较小的电车和地下铁道电动车组上。但是，70 年代以来，由于电子技术的发展，以及积复励牵引电机具有启动牵引力大，黏着性能好，负荷分配均匀等优点，有些国家的大功率干线机车也采用了复励电机，如瑞士的 Re4 型机车，我国从日本引进、采用微机控制的 6K 型（$B_0-B_0-B_0$）客货两用相控电力机车，大同机车厂生产的 SS7 型（$B_0-B_0-B_0$）等。运用经验证明，采用复励牵引电机可以获得比串励电机较硬的特性曲线，提高了防空转性能，而且控制线路比他励牵引电机简单。

2.4　直流电传动机车调速方法

机车运行的特点是启动频繁而且要求调速范围广，直流串励牵引电机具有良好的调速性能，因而得到普遍运用。

直流电机的转速表达式为：

$$n = \frac{U_d - I_d \sum R}{C_e \Phi} \tag{2-14}$$

从式（2-14）可以看出，调节电机的转速主要有调节电机端电压和主极磁通两类方法，因此直流电传动机车的调试方法分为调压调速和弱磁调速两种。

2.4.1　调压调速

1. 改变牵引电机的连接方式

对于直流电力机车，可采用改变同一机车上几台牵引电机的串、并联连接关系进行调速。例如四台牵引电机全部串联时，每台电机的端电压为电源电压的 1/4；将每两台电机串联连接，组成两个并联支路接在电源上，这时每台电机的端电压为电源电压的 1/2，电压提高了一倍；如将四台电机全并联连接，电压又可提高一倍，电机转速也相应得到提高。该调速方法的优点是能量损耗少，比较经济。

但它需要复杂的转换开关或接触器，转换过程中丧失牵引力，而且可调的电压级数很少，因此这种方法不能单独使用。

2. 改变牵引变压器的输出电压

在交-直流电力机车上，由于具有牵引变压器，可以通过改变变压器匝数而改变变压器的输出电压，达到调节牵引电机的端电压，从而改变牵引电机转速的目的。根据变压器调压抽头安置在原绕组（高压侧）或副绕组一侧，可分为变压器高压侧调压和低压侧调压。如 SS1 型电力机车采用调节变压器低压侧电压的方法进行调速。它通过专门的低压侧调压开关，逐级改变变压器低压绕组的抽头位置，以改变交流输出电压。

3. 改变牵引发电机的转速和励磁电流

在电传动内燃机车上，牵引电机的电压是由柴油机-牵引发电机组供给的。所以，当改变司机控制手柄位置时，柴油机的转速发生变化，从而使同轴的发电机转速发生变化。另外，由于牵引发电机的励磁机是由柴油机驱动的，在柴油机转速发生变化的同时，励磁机的转速也相应变化，因此牵引发电机的励磁电流也同时改变，使电机电压变化。而在柴油机转速一定时，励磁电流的调节通过自动功率调整系统来实现。

4. 改变同步牵引发电机定子绕组的连接

在国外的交-直流电传动内燃机车上，同步牵引发电机的定子绕组连接已由星形发展为双星形连接，如美国、法国、俄罗斯等国的同步牵引发电机均采用双星形连接，以适应内燃机车牵引的需要。现以从美国引进的 ND5 型内燃机车上的 5GTA24A3 型同步牵引发电机为例加以说明。

同步发电机的定子绕组一般接成星形，以 A、B、C 三相向外输电。在双星形连接中，把定子绕组分成两套完全相同的三相绕组，连接成两个星形，一个星形的端点为 T_1、T_2 和 T_3，另一个为 T_{11}、T_{12} 和 T_{13}。两个星形通过分接开关 AS1 和 AS2 与两套三相桥式硅整流装置相连接，如图 2-24 所示。当机车低速运行时，牵引电机工作在低压大电流状态，开关 AS1、AS2 断开，两个星形绕组及整流桥成并联关系（因 T_i 与 T_{1i} 是等电位点）。而在高速运行时，电机工作在高压小电流状态，开关 AS1、AS2 闭合，两个星形绕组及整流桥转换为串联连接，这时电机的端电压为并联时的 2 倍。ND5 型内燃机车采用双星形连接进行调速时，牵引电机的调压比为 3.6，远大于东风 4 型的调压比为 1.4，所以它无须采用磁场削弱进行调速，而采用满磁场运行，提高了电机的换向性能和运行可靠性。

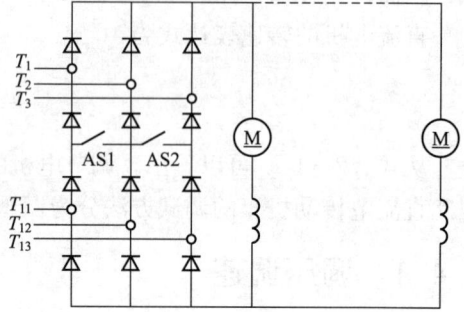

图 2-24　双星形绕组与整流电路

5. 牵引电机与电阻串联

在功率较小的电力机车上，采用可调电阻与电机电枢回路串联的方法实现调速。该方法虽然控制简单，但因启动不平稳，黏着利用不好，需要消耗大量电能，长期运行极不经济，20 世纪 70 年代以后，已逐渐被斩波调速所取代。上述调速方法，均属有级调速范畴。

6. 斩波器调压

在直流斩波器机车上，通过改变可控硅斩波器的开关频率和导通时间，使电机电压均匀、连续地变化，以达到无级调速的目的。这种调速方法能耗小、黏着性能好，而且主回路结构简单。

7. 相控调压

为了减少调压过程中的电流冲击，使牵引电机的转矩变化平滑，SS4 型电力机车利用四个晶闸管半控整流桥的灵活组合，实现了平滑调压的无级调速方案。因为它平滑无级地调节牵引电机的端电压，不但能减少调速过程中的电流和牵引力的冲击，而且在机车启动时，能较好地利用轮轨黏着力；在运行中可以获得机车工作范围内的任意牵引力和机车速度；同时无级调速反应灵敏、动作迅速，能更好地利用机车的惯性动能，有利于山区线路的牵引。此外，变压器的抽头数可以减少，并省去了笨重的有触点式调压开关和相应的维修工作。因此，这种调速方法在交-直型电传动机车上得到了广泛的应用。

2.4.2　弱磁调速

直流电传动机车调节主极磁通调速是通过调节流过牵引电机的励磁电流，从而改变牵引电机主极磁通的方法进行调速，又称为磁场削弱调速。一般情况下，要进行磁场削弱调速，必须是在牵引电机的端电压达到额定电压时实施，主要的目的是扩大机车的运行范围，充分利用机车功率。

1. 磁场削弱系数

磁场削弱系数指在同一牵引电机电枢电流下，磁场削弱后牵引电机主极磁势与磁场削弱前（满磁场）牵引电机主极磁势之比，一般用 β 表示。其表达式为：

$$\beta=\frac{(IW)_\beta}{(IW)_m}\times100\% \tag{2-15}$$

式中　$(IW)_\beta$——磁场削弱后的主极磁势；

　　　$(IW)_m$——磁场削弱前（满磁场）的主极磁势。

磁场削弱系数 β 表明了牵引电机主极磁通削弱的程度。β 越小，则表明磁场削弱越深。

2. 磁场削弱的方法

1）改变励磁绕组匝数

改变励磁绕组匝数即将牵引电机励磁绕组分段，通过改变牵引电机励磁绕组的有效匝数，使流过牵引电机电枢的电流只通过一部分励磁分组，来进行磁场削弱。此时磁场削弱系数 β 的表达式为：

$$\beta=\frac{(IW)_\beta}{(IW)_m}\times100\%=\frac{I_mW_\beta}{I_mW_m}=\frac{W_\beta}{W_m} \tag{2-16}$$

式中　$I_m=I_d$——牵引电机电枢电流；

　　　W_β——牵引电机磁场削弱后励磁绕组匝数；

　　　W_m——牵引电机磁场满磁场励磁绕组匝数。

由式（2-16）可以看出，采用励磁绕组分段进行磁场削弱时，磁场削弱系数 β 仅与分段绕组的匝数比有关，与电流无关。通常直流电力机车利用牵引电机励磁绕组分段法进行磁场削弱调速。采用励磁绕组分段法的优点为磁场削弱系数精确，不足的是电机内部结构变得复杂。

2）改变励磁绕组的电流

改变励磁绕组的电流也是使牵引电机电枢电流中的一部分流过牵引电机的励磁绕组，从而完成磁场削弱。此时磁场削弱系数 β 的表达式为：

$$\beta=\frac{(IW)_\beta}{(IW)_m}\times100\%=\frac{I_\beta W}{I_mW}=\frac{I_\beta}{I_m} \tag{2-17}$$

式中　I_β——牵引电机磁场削弱后流过励磁绕组的电流；

　　　I_m——牵引电机磁场满磁场时流过磁链绕组的电流，即电枢电流。

改变励磁绕组电流的方法可以有电阻分路法和晶闸管分路法。

（1）电阻分路法

电阻分路法是在主极绕组两端并联一级或数级分路电阻，从而减小励磁电流和磁通。图 2-25 是用分路电阻进行削弱磁场的原理图。当满磁场时，接触器 1、2 都断开，电枢电流 I_d 全部流经主极绕组，励磁电流等于电枢电流。如果闭合接触器 1，一部分 I_d 将流过分路电阻 R_1，这时 $I_L+I_{R1}=I_d$，电机处于磁场削弱状态。

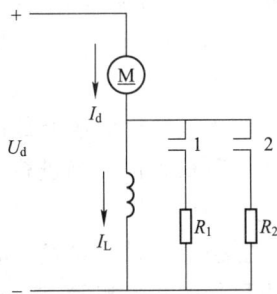

图 2-25　电阻分路法原理

$$\beta=\frac{I_\beta}{I_m}=\frac{I_L}{I_L+I_R} \qquad (2-18)$$

β 值的大小仅与两支路中电流有关，而与电机励磁绕组匝数无关。若励磁绕组的电阻为 R，则可以推导出：

$$\beta=\frac{I_L}{I_L+I_R}=\frac{R_1}{R+R_1} \qquad (2-19)$$

所以，磁场削弱程度取决于分路电阻的大小，分路电阻 R_1 的数值决定了磁场削弱系数 β 的大小。电阻分路法比较简单、方便，只要改变分路电阻的数值，就能获得所需的几个不同的磁场削弱级。因为分路电阻的阻值一般很小，所以能耗并不大。

电阻分路法因为磁链绕组结构简单，磁场削弱系数调节非常方便，同时附加电能损耗很小，调速后的效率不致降低，是一种经济的调速方法。因而在交直型电力机车上得到广泛的应用。电阻分路法要求各电机的分路电阻值必须精确一致，否则会造成各电机的 β 值不一致，磁场削弱程度不一致。同时应当注意的是，上述关于磁场削弱系数 β 的讨论是在电流稳定工作状态下进行的，当电路处在过渡过程时，应充分考虑励磁绕组的电感值。为了弥补电阻分路法削磁的不足，采用在分路电阻支路串入适当的电感线圈，使磁削时分路的电路性质与励磁绕组的属性一致，便能顺利度过过渡过程。这种方法称为磁感应分路法，在 SS3 型电力机车中采用这种方法。

无论采用励磁绕组分路法还是电阻分路法，均可得到不同的磁场削弱系数，但是励磁电流的调节是不连续的，进行有级磁场削弱。因此在磁场削弱时会造成很大的电流冲击和牵引力冲击。磁场削弱级数越多，磁场削弱时电流和牵引力冲击越小，但是级数过多会造成机车控制线路复杂，附加设备增多，所以，一般磁场削弱级取 3 级左右。

(2) 晶闸管分路法

晶闸管分路法是利用晶闸管元件的开通和关断，对牵引电机的励磁电流进行旁路，从而达到削弱磁场的目的。晶闸管分路法可以连续调节励磁电流，实现无级磁场削弱。8K 机车和 SS8 型电力机车均采用无级磁场削弱，具体原理如图 2-26 所示。整流电路 T_{21}、T_{22}、D_{23}、D_{24} 采用半控桥，T_{223} 和 T_{243} 为分路晶闸管，L 为平波电抗器，M 为牵引电机、C_1C_2 为励磁绕组，R_{SH} 为固定分路电阻，下面以交流电压一个周期为例分析其工作原理。

当半控桥达到满开放时，牵引电机的端电压达到最大值。当进行磁场削弱时，在电网电压的正半周，U_1 上正下负，分路晶闸管 T_{243} 在 $\omega t=\alpha$ 时刻触发，晶闸管 T_{243} 承受正向电压导通，二极管 D_{242} 承受反压截止，励磁电流流过晶闸管 T_{243}、D_{241} 而不流过固定

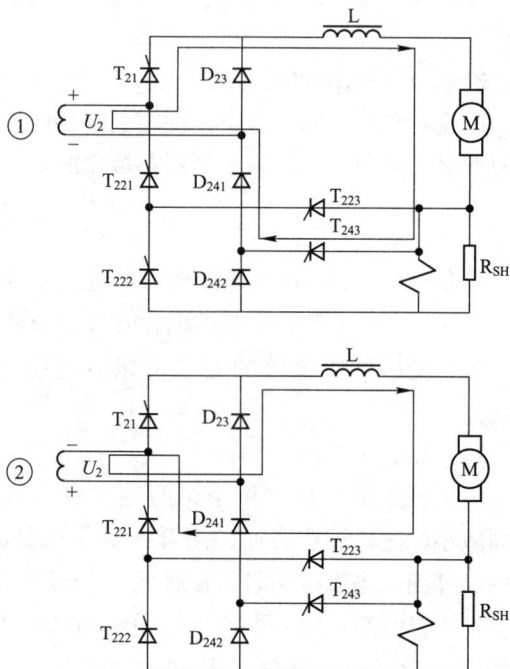

图 2-26　晶闸管分路法原理

分路电阻 R_{SH} 和牵引电机的励磁绕组。励磁电流仅靠电感存储的电能释放来维持，由固定分路电阻进行续流。

由于半控桥处于满开放，在 $\omega t = \pi$，T_{221}、T_{222} 触发导通，D_{241}、T_{243} 就自然关断，电流就又通过 D_{23}、励磁绕组、T_{222}、T_{221}，不进行磁场削弱。在 $\omega t = \pi + \alpha$ 时触发分路晶闸管 T_{223} 导通，则晶闸管 T_{222} 截止，在 $\omega t = \pi + \alpha \sim 2\pi$ 期间，电枢电流经 T_{223} 进行磁场削弱。此时磁场削弱系数为：

$$\beta = \frac{(IW)_{\beta}}{(IW)_{m}} \times 100\% = \frac{\pi - \theta}{\pi} = \frac{\alpha}{\pi} \qquad (2-20)$$

式中　θ——磁场分路晶闸管导通角；

　　　α——磁场分路晶闸管触发角。

通过上面的分析可见，在分路晶闸管触发前电流的通路与半控桥满开放的状态一致，而在分路晶闸管导通之后，电枢电流就流过磁场分路晶闸管，而不流过电机的励磁绕组，这样就可以实现磁场削弱，如果我们连续的调节分路晶闸管的触发角就可以连续的调节磁场电流，实现无级磁场削弱。

使用磁场削弱的方法调节机车速度是以牵引电机主极磁场的减少来获得机车高速运行，并且磁场削弱程度越深，机车的速度越高。但是磁场削弱程度是有限的，否则由于牵引电机主极磁场过分削弱，在机车大电流、高速运行情况下会使牵引电机换向恶化，容易发生电机环火。故一般情况下脉流牵引电机的最小磁场削弱系数应在 35%～40% 之间。

复习参考题

【1】直流电机特性与机车特性之间的关系？

【2】试分析串励电机与并励电机哪一种电机更适合作为牵引电机。

【3】试用图示方法比较串励电机与并励电机的电气稳定性。

【4】直流电传动机车的调速方式有哪些？

【5】什么是磁场削弱系数？

【6】采用电阻分路法进行磁场削弱时，当分路电阻为 5 Ω，励磁绕组电阻为 4 Ω，试计算此时的磁场削弱系数。

【7】采用晶闸管分路法进行磁场削弱时，当磁场分路晶闸管的导通角为 $2\pi/3$ 时，试计算此时的磁场削弱系数。

第3章
有级调速与继电器控制系统

【本章内容概要】

主要首先介绍 SS1 型电力机车主电路工作原理，并且在详细分析主要开关电器的工作方法及其表示方法的基础上，重点讨论 SS1 型电力机车继电器控制系统的基本功能和各个控制电路的工作原理。

【本章学习重点与难点】

学习重点：SS1 型电力机车主电路工作特点、SS1 型电力机车调压控制系统工作原理、继电器/接触器与两位置开关的区别。

学习难点：继电器控制系统的基本分析方法。

有级调速机车是我国的第一代电传动机车，其中以 SS1 型电力机车的生产量和服务时间最长。因此本章以 SS1 型电力机车为对象，研究有级调速机车的工作原理及其控制系统的构成。

3.1 SS1 型电力机车主电路工作原理

3.1.1 SS1 型电力机车主电路

1958 年研制成功第一台引燃管电力机车 6Y1 型（见图 3-1（a））。1966 年 6Y1—004 型电力机车改装成现在的硅整流器成功，经过一年的运行考核，到 1968 年，第一台 SS1 硅整流器电力机车（SS1008）诞生，完成了 SS1 电力机车的首次重大改进。1971 年从 SS1061 开始进行了第二次重大改进，用硅整流装置取代原来的过度电抗器，使机车长期运行级位从 9 级增加到 33 级。而在 1976 年从 SS113 开始进行了第三次重大改进，主要是将过渡硅整流装置和主硅整流器合并，采用单拍式全波整流电路，直到 1980 年，从 SS1221 台机车（见图 3-1（b））开始投入批量生产，以上就是 SS1 型电力机车经历的不断提高、不断完善的过程。

SS1 电力机车是六轴客货两用的电力机车，额定功率为 4 200 kW，传动方式为交直传动，轴式为 $C_0 - C_0$。机车从接触网引入 25 kV 单相工频交流电，通过主断路器，主变压器和整流器进行交直变换。主变压器的牵引绕组经调压开关与硅整流装置构成（单拍全波）整流电路，将交流电变换成电压可调的直流电，然后经平波电抗器滤波后向六台并联的牵引电

(a) 6Y1　　　　　　　　　　　(b) SS1

图 3-1　6Y1 型及 SS1 型电力机车

机集中供电。

　　SS1 型电力机车调速的主要方式为调压调速，通过改变牵引变压器输出电压的方式来进行机车速度调节。采用低压侧调压方式，在变压器低压侧绕组设有抽头，由专门的低压侧调压开关进行切换，利用调压开关的闭合和打开，调节主变压器牵引绕组的输出电压，从而逐级改变整流装置的直流输出电压，即牵引电机的端电压，具有 33 个调压级；除了调压调速外，还有 3 个磁场削弱级，采用磁场分路法，牵引电机的励磁绕组并联电阻，进行磁场削弱来提高电机转速。机车在制动时，由于 SS1 型电力机车采用串励牵引电机，而串励发电机的特性不稳定，所以在制动时，利用转换开关将牵引电机与调压整流电路分离，与制动电阻串联成独立的闭合回路，励磁绕组由单独的励磁电源供电，这样在制动时就将串励牵引电动机变成为他励发电机进行制动。

　　综上所述，SS1 电力机车主电路的主要特点如下：

　　(1) 低压侧调压，在牵引变压器的低压侧绕组上设有抽头调节牵引变压器的输出电压，进而调节电机端电压进行调速；

　　(2) 单拍全波整流，其整流器采用中抽式全波不可控整流电路，下面我们还会着重介绍；

　　(3) 集中式供电，SS1 型电力机车采用的供电方式为集中式，机车六台电机并联，由一套整流装置进行供电，机车防空转性能较好；

　　(4) 采用电阻制动，由于 SS1 型电力机车的牵引电机采用的串励牵引电机，而串励发电机特性不稳定，因此在进行电阻制动时，要将串励电机变换为他励电机运行。

3.1.2　SS1 型电力机车调压原理

　　图 3-2 为 SS1 型电力机车主电路原理简图。图中省略了牵引变压器的原边绕组，牵引变压器的次边绕组由固定绕组和可调绕组两部分组成，$a_1 x_1$ 和 $a_2 x_2$ 为固定绕组，额定电压为 1 040 V，$1 \sim o_1$ 和 $9 \sim o_2$ 为可调绕组，每个可调绕组等分为 8 段，每段电压为 125 V，总的额定电压为 1 000 V。可调绕组有 18 个分级转换开关 31~48 和 4 个绕组转换开关 26 正、26 反。通过分级转换开关可以调节牵引变压器低压侧绕组的可调绕组的输出电压，而通过绕组转换开关可以改变可调绕组和固定绕组的连接方式。整流调压臂 D_3 和 D_4 兼有整流和级间转换的作用，整流臂 D_1 和 D_2 只起整流的作用。平波电抗器 L 起滤波作用。

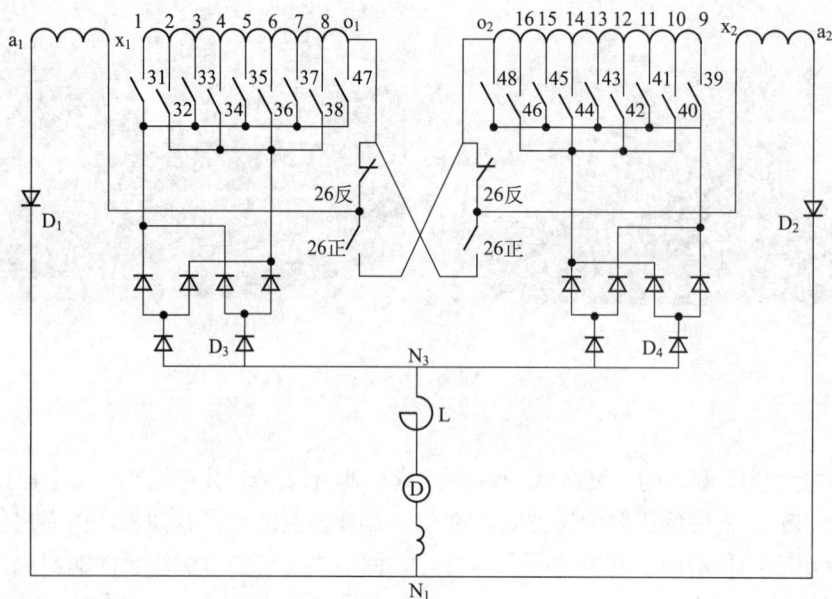

图 3-2　SS1 型电力机车主电路简化图

1. 调压过程

SS1 型电力机车一共有 33 个调压级,由于 SS1 型电力机车是通过有触头的调压开关的切换来改变电枢电压,进而调节电机的转速。在调速的过程中,要使得速度的变化平滑,希望具有较多的电压级位,则必须在主电路中设置大量抽头,将导致变压器的结构变得相对复杂。为了解决简化变压器的结构和调速平滑的矛盾,SS1 型电力机车采用两个牵引绕组串联的方法,通过牵引变压器的低压侧绕组的可调绕组和固定绕组的不同连接方法来实现 33 个调压级。SS1 型电力机车的牵引绕组分为固定绕组和可调绕组两部分,两者的电压基本一致。固定绕组只有两个抽头,而可调绕组有多个抽头,两者有两种连接方式:正接和反接。在主电路中,0~17 级中牵引变压器的可调绕组与固定绕组反接,同侧绕组串联,牵引变压器左边的固定绕组 a_1x_1 通过 26 反与左边的可调绕组 o_1~1 串联,右边固定绕组 a_2x_2 也通过 26 反与右边的可调绕组 o_2~9 串联,变压器的输出电压为多少? 由于两绕组的感应电势方向相反,变压器的输出电压为两者的电压之差。而在 17~33 级固定绕组和可调绕组正向连接,异侧绕组串联,左边的固定绕组 a_1x_1 通过 26 正与右边的可调绕组 o_2~9 串联,右边的固定绕组 a_2x_2 也通过 26 正与左边的可调绕组 o_1~1 串联,两绕组的感应电势方向相同,变压器的输出电压为两者的电压之和。这样通过两个绕组的两种连接方式,就可以用比较少的抽头数实现比较多的调压级位。固定绕组和可调绕组的正反接是通过一个两位置转换开关,绕组转换开关 26 来实现的。由于固定绕组和可调绕组的正反接,将 33 个调压级分为 0~17 级和 17~33 级。在 0~17 级中两绕组反接,17~33 级两绕组正接。

首先我们将 SS1 型电力机车主电路进行简化,并以机车的启动过程为例分析机车的调压调速过程,具体调压过程如下。

0→1 级：

调压开关的 TK31 和 TK39 闭合，绕组转换开关 26 反闭合，此时固定绕组 $a_1 x_1$ 通过 26 反与可调绕组 $o_1 \sim 1$ 反接，再通过调压开关 TK31、D_3、牵引电机形成闭合回路。固定绕组 $a_2 x_2$ 通过 26 反与可调绕组 $o_2 \sim 9$ 反接，然后通过 TK39、D_4、牵引电机形成闭合回路。

在电网电压的正半周时，a_1 为正，a_2 为负，这时左半部导通，右半部截止，电流从 a_1 流出，经 D_1、N_1、牵引电机、N_3、D_3、TK31、可调绕组 $1 \sim o_1$、26 反、最后回到 x_1，由于固定绕组和可调绕组反接，固定绕组的额定电压 1 040 V，可调绕组全部接入，则牵引变压器的输出电压为：

$$U_{a_1 \sim 1} = U_{a_1 x_1} - U_{o_1 \sim 1} = 1\,040 - 1\,000 = 40\ (\text{V}) \tag{3-1}$$

在电压的负半周，a_2 为正，a_1 为负，这时左半部截止，右半部导通，电流从 a_2 流出，经 D_2、N_1、牵引电机、N_3、D_4、TK31、可调绕组 $o_2 \sim 9$、26 反、最后回到 x_2，则牵引变压器输出电压为：

$$U_{a_2 \sim 9} = U_{a_1 x_2} - U_{o_2 \sim 9} = 1\,040 - 1\,000 = 40\ (\text{V}) \tag{3-2}$$

可见，正负半周的输出电压是相等波形对称的，左右两组牵引绕组分别在正负半周轮流导通，所以这种电路又称为单拍式全波整流电路。由于采用的是不可控全波整流，整流空载电压为：

$$U_{d1} = 0.9 \times 40 = 36\ (\text{V}) \tag{3-3}$$

1→2 级：

首先闭合 TK32，形成 TK31、TK32 同时闭合的状态，然后整流电流从 TK31 转换到 TK32，然后断开 TK31。在电压正半周，电流通路变为 a_1 流出，经 D_1、N_1、牵引电机、N_3、D_3、TK32、可调绕组 $2 \sim o_1$、26 反、最后回到 x_1，牵引绕组的输出电压变为：

$$U_{a_1 \sim 1} = U_{a_1 x_1} - U_{o_1 \sim 2} = 1\,040 - 7 \times 125 = 165\ (\text{V}) \tag{3-4}$$

而在电压负半周情况没变，仍然是 TK39 闭合，输出电压仍为 40 V。在第二调压级时，两牵引绕组在正负半周的输出电压不同了，左半部的输出电压为 165 V，右半部的输出电压为 40 V，整流后平均输出电压波形正负半周的整流电压是不对称的。整流空载电压为：

$$U_{d2} = 0.9 \times (40 + 165)/2 = 92.25\ (\text{V}) \tag{3-5}$$

2→3 级：

首先 TK40 闭合，TK39 断开，右半部的输出电压也变为 165 V，正负半周的整流电压又相等了，则整流空载电压为：

$$U_{d1} = 0.9 \times 165 = 148.5\ (\text{V}) \tag{3-6}$$

依此类推，在 3 到 4 级时，TK33 闭合，TK34 断开，4 到 5 级，TK41 闭合，TK40 断开。调压开关通过闭合不同的接触元件，逐渐改变可调绕组的电压，16 级，TK47 闭合，TK38 断开，17 级，TK48 闭合，TK46 断开。到第 17 级，只有固定绕组接入主电路中，可调绕组完全被切除掉，牵引绕组的输出电压变为 1 040 V，空载整流输出电压为 0.9 ×1 040＝936 V。

在 17 级时，绕组转换开关 26 动作，26 反断开，26 正闭合，固定绕组 $a_1 x_1$ 通过 26 正与可调绕组 $o_2 \sim 9$ 正接，固定绕组 $a_2 x_2$ 通过 26 正与可调绕组 $o_1 \sim 1$ 正接。由于此时 TK47，TK48 闭合，可调绕组仍没有接入主电路中，所以正反接转换后电压是不变的，仍然是 936 V。

17→18 级：

调压开关反向旋转，TK46 闭合，TK48 断开，在电压正半周，固定绕组 a_1x_1 与 $o_2 \sim 16$ 串联，牵引绕组的输出电压变为：

$$U_{a_1 \sim 1} = U_{a_1 x_1} + U_{o_1 \sim 16} = 1\,040 + 125 = 1\,165 \text{ (V)} \tag{3-7}$$

在电压负半周，输出电压为仍为 1 040 V，整流空载输出电压为：

$$U_{d2} = 0.9 \times (1\,165 + 1\,040)/2 = 992.25 \text{ (V)} \tag{3-8}$$

18→19 级：

左半部不动作，右边电路 TK38 闭合 TK47 断开，固定绕组 a_2x_2 与 $o_1 \sim 8$ 串联，电压也变为 1 165 V，空载整流输出电压变为 1 048.25 V。左右两边的调压开关逐渐向两边转换，不断的增加输出电压，直到 33 级，固定绕组与可调绕组全部串联，输出电压达到 1 836 V。

2. 级间转换过程

在级间转换的时候，为了防止造成牵引力冲击和电机电流的冲击，因此在进行有载调压的过程中必须采用限流元件，SS1 型电力机车采用硅整流元件进行限流。

以反接位 5 到 6 级为例分析升级过渡过程（见图 3-3）。在 5 级时，TK33 闭合，在 6 级时，TK34 闭合。在 5 到 6 级的过渡过程中，设正半周左半部绕组 $a_1 - x_1 - o_1 - 3$ 通电，D_1 与 D_3 导通。在 5 级时，TK33 闭合，D_3' 导通。在过渡过程中，首先闭合 TK34，由于可调绕组的同名端为 1，则 3 端的电势高，4 端电势低，D_3'' 承受正向电压自然导通，即 D_3' 和 D_3'' 进行自然换流，流过 D_3' 的电流就逐渐下降，当电流为零时，关断 TK33，因此无电弧产生。所以，在升位反接的级间过程中，限流元件进行自然换相，调压开关打开时基本无电弧产生。

同样以反接位 6 级到 5 级为例分析降级过渡过程（见图 3-4）。设正半周左半部绕组 $a_1 - x_1 - o_1 - 3$ 通电，D_1 与 D_3 导通。在 6 级时，TK34 闭合，转换过程中，首先闭合 TK33，此时 TK33、TK34 同时闭合，而 3 端的电势仍为高，4 端电势仍为低。D_3' 承受反向电压不能导通，电流不能自然的从 TK34 支路换流到 TK33 支路，只能进行强迫换相，必须断开 TK34，强迫电流变换到 TK33 支路。那么在降位反接时，调压开关 TK34 必定是带电流关断，则有电弧产生。所以，在降位反接位的时，限流元件进行强迫换相，调压开关带电流断开，有电弧产生。

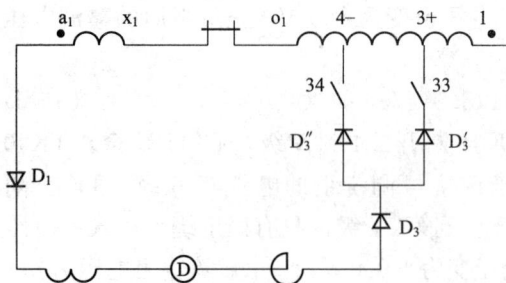

图 3-3　升级过渡过程分析　　　　图 3-4　降级过渡过程分析

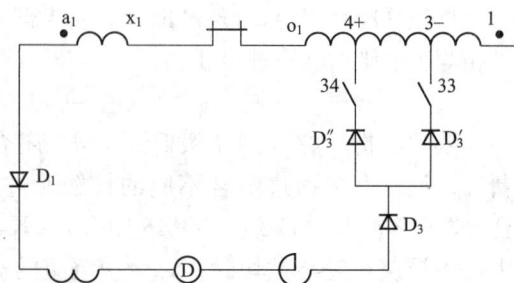

综上所述，SS1 型电力机车的调压特点如下。

(1) 牵引变压器两固定绕组与两大段具有七个抽头八小段可调绕组用 26 正和 26 反进行正接和反接的转换。

（2）除第一级以外，形成等差的 33 级电压，平均交流电压的有效值的级差为 62.5 V，平均整流电压级差为 56.25 V。

$$U_n = 40 + 62.5(n-1) \quad (\text{V}) \tag{3-9}$$

$$U_{dn} = 0.9U_2 = 36 + 56.25(n-1) \quad (\text{V}) \tag{3-10}$$

（3）各相邻级间转换用硅整流管过渡，起到隔离作用。升位时，进行自然换相，基本无电弧；降位时进行强迫换相，产生电弧。

（4）奇数级位，左右半波电路输出电压是对称的，偶数级位正负半波整流电压不对称，幅值不等。

3.2　机车基本开关电器设备

SS1 型电力机车采用调压开关、接触器和继电器及其联锁触头来实现机车的调速控制。为了更好地学习 SS1 型电力机车控制系统的工作原理，本节主要介绍 SS1 型电力机车控制系统中使用的开关电器的基本原理。

3.2.1　调压开关工作原理

调压开关是有级调速机车的重要电器之一，它是一种组合式电器，可以保证各接触元件的动作顺序，同时在结构上比较紧凑简单。

1. 绕组转换开关

绕组转换开关只有两个工作位置，即正接位和反接位。它共有 4 个接触元件，分为两组。由于凸轮转角不大，同一组的两个接触元件可以共用一个凸轮，分装在凸轮轴两侧。凸轮轴利用压缩空气传动，一个汽缸内有两个活塞，压缩空气通过相应的电空阀可以从左端或右端进入汽缸，推动活塞及活塞杆。活塞杆上的轴销带动交叉。当活塞杆左、右移动时，凸轮轴向两个方向转动，使有关接触元件的触头闭合或断开，将可调绕组和固定绕组分别接成正接和反接。

2. 分级转换开关

分级转换开关的传动装置如图 3-5 所示，伺服电机的转轴通过摩擦耦合器与减速步进机构的蜗杆连接。伺服电机通过蜗杆，蜗杆减速后，由涡轮轴带动步进机构的圆盘，通过步进轮后变为间歇运动，步进轮轴通过齿轮传递到主凸轮轴上，主凸轮轴通过齿轮传递到辅助凸轮轴上。

在 0→17 位之间调压开关 TK 的凸轮轴正转 340°，而 17→33 级之间为反转。每转 20° 为一个调压级，相应于直流伺服电机旋转 26 转。伺服电机的额定转速为 2 800 r/min。由此可以算出进一级所需的时间为 0.585 s。

3. 伺服电机

调压开关采用直流伺服电机驱动，伺服电机的正反转由司服控制器进行控制，通过两个电磁接触器 208 和 206 来实现，调压开关是否转动开始调压，取决于接触器 208 是否有电，208 有电伺服电机转动，208 失电伺服电机停转。伺服电机的转向取决于接触器 206 是否有电，206 有电伺服电机正转，206 失电伺服电机反转。

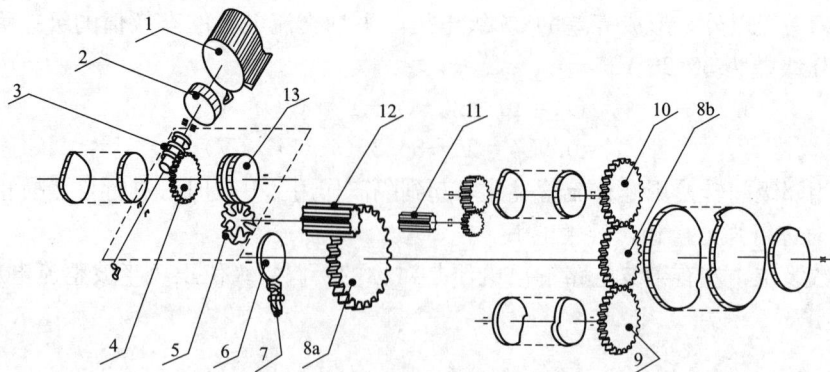

图 3-5　分级转换开关传动装置示意图

1—伺服电动机；2—弹联轴器；3—涡杆；4—涡轮；5—步进轮；6—限位凸轮；7—挡块；
8a、8b—主凸轮轴齿轮；9、10—辅助凸轮轴齿轮；11—自整角机；12—齿轮；13—圆盘

4. 接触元件及联锁触头

分级转换开关主凸轮轴上有 18 个凸轮，18 个接触元件分两排交叉排列在凸轮轴两旁。在两个辅助凸轮轴上，各有 8 个凸轮带动 8 个联锁触头，分合相应的控制电路。绕组转换开关与分级转换开关有相同的接触元件及联锁触头，便于互相通用。

1）接触元件

在图 3-6 中，凸轮所处位置为凸轮圆弧半径较小处与滚子相接触，触头在弹簧的作用下则处于闭合状态。转动手柄即可带动转轴及凸轮一起转动，当凸轮转至圆弧半径较大处时，推动滚子向左移动，使动触头杠杆克服弹簧的反作用力而顺时针方向转动，与触头 3、4 断开。之后滚子 6 则与凸轮圆弧半径较大处保持接触，使触头一直处于断开状态。当凸轮转至圆弧半径较小处时，滚子 6 在弹簧 5 的作用下向右移动，并进入凸轮缺口内。与此同时，动触头杠杆 2 沿逆时针方向转动，使触头 3、4 又重新闭合。显然只要在同一根转轴上叠装不同形状的凸轮元件，再将一系列的接触元件按照电气线路的具体要求组合在一起，然后由凸轮元件驱动接触元件，并使它们以规定的顺序接通或切断相应的有关电路，即可达到改变电气线路连接方式之目的。

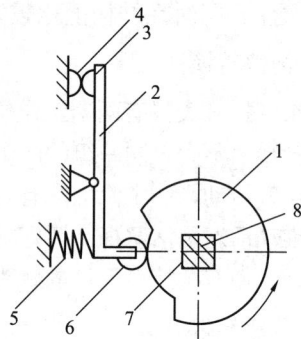

图 3-6　凸轮控制器的凸轮及
接触元件结构

1—凸轮；2—动触头杠杆；3—动触头；
4—静触头；5—弹簧；6—滚子；
7—转轴；8—方轴

2）联锁触头

为了调压开关自身运转的需要和实现对外电路的控制，调压开关上装有 21 个联锁触头，分别由涡轮轴上 5 个辅助凸轮好左右辅助凸轮轴上各 8 个辅助凸轮所操纵。

3.2.2　接触器和继电器

1. 接触器

接触器是用来接通或切断带有负载的主电路或大容量控制电路的自动控制电器。在电力

机车上用于频繁的接通和切断正常工作情况的主电路和辅助电路。与其他开关电器相比，接触器具有动作次数频繁，能通断较大的电流，可以实现一定的距离控制等特点。按照接触器工作时传动方式的不同，可分为电磁接触器和电空接触器。

1）电磁接触器

电磁接触器采用电磁机构进行传动。如图 3-7 所示，电磁接触器由电磁线圈、静铁芯、动铁芯、反力弹簧、主触头、常闭触头和常开触头等组成。在电磁线圈没有通电时，衔铁在反力弹簧的作用下，接触器的主触头与常闭触头接通，当电磁线圈通电之后，衔铁所受到电磁力大于反力弹簧的反作用力，衔铁被吸合，带动主触头向下运动，则主触头与常闭触头断开，而与常开触头闭合，断开相应的电路而接通另外的电路。接触器一般是由电磁机构、主触头、灭弧装置、联锁触头及支架和固定装置等组成。电磁机构是指接触器的磁系统和吸引线圈，图中接触器的电磁机构是由电磁线圈、静铁芯、衔铁构成的，在吸引线圈未通电的情况下，衔铁在反力弹簧和重力作用下，保持在释放位置，而衔铁的闭合是靠电磁力，因此这种接触器成为电磁接触器。主触头是用来通断电路，与衔铁一起运动，衔铁向上运动，主触头也向上运动，衔铁向下运动，主触头也向下运动。由于接触器是有触点开关，在打开触头时会产生电弧，因此接触器需要火弧装置，用来熄火主触头分断电流时产生的电弧。接触器的联锁触头用于控制其他电器、信号或电气联锁等，也就是构成各种自动控制电路。一般电磁接触器的磁系统是按照主触头所控制的电流种类设计的。即供吸引线圈的电流一般与主触头所控制的电流种类相同，触头系统中控制的是直流电路，吸引线圈也是直流供电；触头系统控制的是交流电路，吸引线圈一般也是交流供电。（有时也可改为直流）

2）电空接触器

电空接触器是以电空阀控制的，采用电气传动的接触器，由于电空接触器采用的是由电空阀控制的压缩空气作为传动能源的，因此可以用较小的控制功率得到较大的接触压力和行程，适用于大电流和高电压的场合，例如机车的主电路。图 3-8 为电空接触器结构简图，当电空阀线圈有电，压缩空气通过电空阀进入气缸，推动活塞及连杆，带动动触头上移，与静触头闭合。当电空阀失电时，气缸中的压缩空气通过电空阀排入大气，在反力弹簧的作用下，动触头下移，与静触头分离，将电路切断。电空接触器的主触头压力与压缩空气的压力有关，其开距与触头压力比较大，所需的控制功率较小，适合于在主电路中工作。

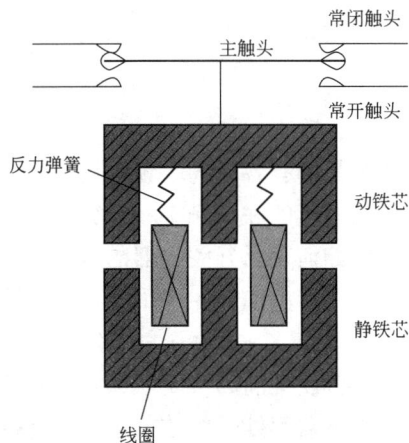

图 3-7　电磁接触器结构简图　　　　图 3-8　电空接触器结构简图

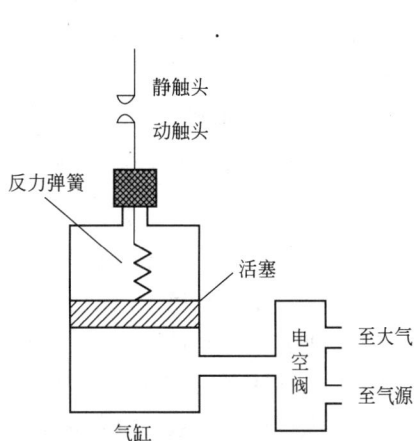

2. 继电器

继电器与接触器一样都属于自动电器，继电器是根据某一输入量来换接执行机构的电器。它一般不直接控制主电路，而是通过接触器或主电路中的其他电器对主电路进行控制。它与接触器相比，没有灭弧系统，结构简单，触头容量较小，体积和重量也比较小，动作准确性要求高。继电器一般由执行机构和测量机构两部分组成。测量机构是用来反应继电器输入量的装置，用来接受输入量，并将其转变为继电器工作所必须的物理量；执行机构是反应继电器输出的装置，用于继电器控制的电路中。继电器输入量和输出量之间有一定的特殊关系，称为继电器特性。我们来看看继电器的工作原理：假设某个继电器的继电器特性如图 3-9 所示，其输入量为电流，输出量为电压。当输入电流从零增长到 I_{dz} 以前，继电器并不动作，触头不闭合，被控电路的输出电压为 0，当输入电流增加到 I_{dz} 时，继电器的衔铁克服弹簧的反作用力而动作，衔铁被吸向铁芯，动静触头闭合，被控机构输出端的两点间的电压增加到 u，输入电流继续增大，衔铁仍处于吸合状态，输出电压保持不变；当输入电流由大减小时，在减小到 I_{sf} 前，输出端的电压仍然不变，当输入电流减小到 I_{sf} 时，继电器的衔铁在弹簧的作用力下返回动作，继电器释放，动静触头断开，输出端的电压变为 0。上面就是继电器工作原理，其中 I_{dz} 称为继电器的动作值，而 I_{sf} 为继电器的释放值。

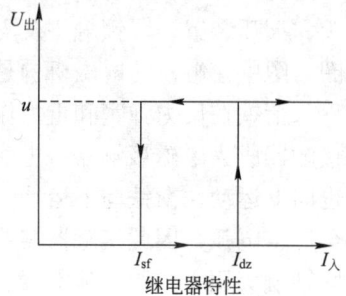

图 3-9 继电器特性曲线

继电器的种类和形式很多，按照它的测量机构的原理可以分为电磁继电器、半导体继电器、极化继电器和磁电继电器等，按照输送到测量机构的物理量性质分电流继电器、电压继电器、压力继电器、油流继电器等，按照执行机构的种类可分为有触点继电器和无触点继电器。在 SS1 型电力机车上就广泛采用了电磁继电器，还有油流继电器、风速继电器、风压继电器等机械式继电器。

3.2.3 常用符号及其联锁方法

继电器控制系统是由电机和各种控制电器组成的，为了便于分析系统工作情况，我们必须用统一的图形符号来代表各种电机和控制电器，下面就介绍一下在电气系统中一些常用的符号及其联锁方法。

1. 常开联锁和常闭联锁

不管是哪种电器，像调压开关、继电器、接触器等都拥有各自的联锁触头，开关电器就是通过各自的联锁触头去通断和控制其他的电路。开关电器的联锁触头一般分为常开联锁和常闭联锁。以电磁继电器为例来介绍在电气控制电路中如何表示开关电器的常开联锁和常闭连锁。如图 3-10 所示，在电磁线圈未通电的情况下，在反力弹簧的作用下，继电器的主触头与常闭触头接通，也就是此时继电器的常闭联锁触头闭合，常开联锁触头断开。而当线圈得电后，电磁吸力大于弹簧的反作用力，衔铁被吸合，就使上面的常闭联锁触头断开，而下面的常开联锁触头闭合。一般称在线圈未得电前，开关电器都处于释放状态，接点打开的联锁触头称为常开联锁，接点闭合的联锁触头称为常闭联锁。它们在电气控制系统中的元件符号如图 3-10（b）和 3-10（c）所示，一般电器的控制线圈表示为一个方框，而表示常开联锁触头和常闭联锁触头的规则为左开右闭和上开下闭。

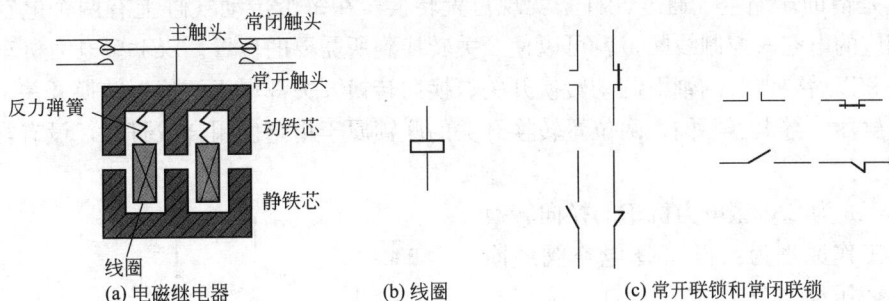

图 3-10　电磁继电器线圈与联锁触头表示方法

2. 凸轮控制器

凸轮控制器是在一个传动轴上装有若干个不同形状的凸轮片，而每个凸轮片只控制一个接触元件的闭合或断开（见图 3-11）。机车上的司机控制器就是一个典型的凸轮控制器通过凸轮片就可以使一系列接触元件，按照规定的顺序接通或分断相应的电路，以改变电气线路的连接方式。在电力机车上一般表示与电源相连。凸轮控制器在电气控制系统中的表示方式见图 3-12，其代表一个有 3 条电路和 3 个位置的凸轮控制器，其中带点的线表示手柄操作触头开闭的位置线，线下有点表示手柄转到此位置时触点接通，而线下没有点的表示手柄在此位置时触点不接通。如图 3-12 所示，控制手柄在位置 1 时，N_1、N_2 有电，在 2 位时，N_2 有电，在 3 位时，N_1、N_3 有电。

图 3-11　凸轮控制器结构图

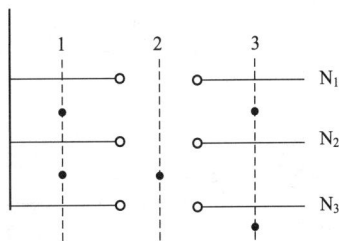

图 3-12　凸轮控制器电气表示

3. 组合开关

组合开关实质上就是将一些接触元件有机地组合在一起，然后用一个公共的传动机构来驱动这些接触元件，使它们严格地按照一定的顺序闭合或断开，以实现对电气线路工况的转换。组合电器是一种多级位的电器，主要用于改变电气线路的连接。前面我们接触过的调压开关就是一种典型的组合开关，它由分级转换开关和绕组转换开关组成。我们着重介绍一种特殊的开关电器——两位置转换开关。两位置转换开关只有两个工作位置，其是借助压缩空气通过气缸来实现位置转换。在每个传动气缸上有两个电空阀，只要控制相应的电空阀控制线圈，就可以使开关转换到所需要的位置。SS1 型电力机车中绕组转换开关和以后要涉及的牵引制动转换开关、换向转换开关都属于两位置转换开关。与前面分析的接触器、继电器不同，两位置转换开关的联锁属于指定位闭合或打开，没有常开与常闭的问题。

图 3-13 为 SS1 型电力机车的换向转换开关。其工作原理为：当 63Q 电空阀线圈得电，那么压缩空气就进入气缸，压缩空气就推动活塞向左移动，凸轮相应转动，使联锁触头 63Q 闭合；当 63Q 电空阀线圈失电时，触头位置不变，所以联锁触头 63Q 仍然闭合。然而接触器和继电器在控制线圈得电的时候，常开联锁触头闭合；当控

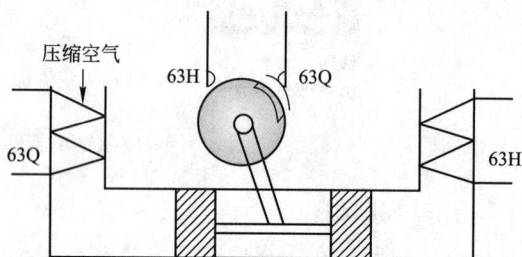

图 3-13　SS1 型电力机车的换向转换开关

制线圈失电时，常开联锁触头就断开，常闭联锁触头闭合，可见接触器和继电器的控制线圈得失电前后联锁触头的状态必定发生改变。而两位置转换开关，其一个控制线圈失电时，闭合的联锁触头可以保持不变。那么如何改变闭合的联锁触头呢？只有当 63H 得电后，压缩空气从右边的电空阀进入气缸，推动活塞左移，使得 63Q 断开 63H 闭合。

4. 逻辑联锁和迂回回路

在电气控制系统中，逻辑关系是由联锁触头的串并联来决定，最基本的逻辑联锁有串联联锁、并联联锁和自持联锁。

如图 3-14 所示，第一种联锁方式为串联联锁（见图 3-14（a）），三个开关串联在控制线圈 J 的通电回路中，三个开关都是自复式的开关，什么情况下控制线圈 J 才能得电呢？只有在按下开关 a，b，而不动开关 c 时控制线圈 J 才能得电，可以看出三个开关串联相当于数字电路中"与"，只有当串联在控制回路中的所有开关都导通，控制线圈才能得电。

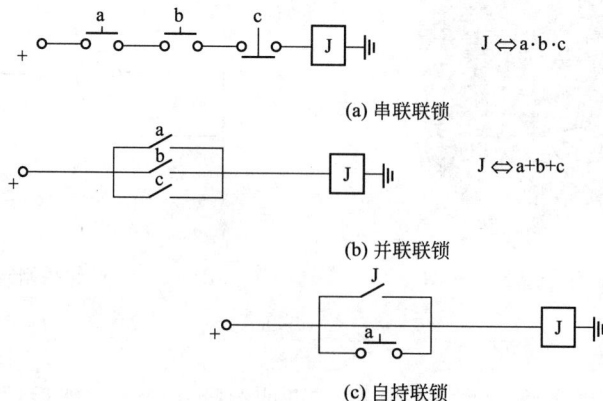

图 3-14　常用电气联锁方式

第二种联锁方式为并联联锁（见图 3 - 14 （b））。控制线圈 J 得电的条件是什么？当 a 闭合，或者 b 闭合，或者 c 闭合，只要其中一个开关闭合，控制线圈 J 就可以得电。开关的并联关系相当于电路的"或"，只要其中的一个开关动作 J 就可以得电。

第三种联锁方式为自持联锁（见图 3 - 14 （c））。自持联锁就是指在控制线圈的电气回路中串有该电器自身的常开联锁触头。自持联锁中 a 是自复式按键开关，在工作时，先按下开关 a 使线圈 J 得电，由于控制线圈 J 已经得电，则它的常开联锁触头闭合，如果开关 a 恢复断开，控制线圈 J 仍然可以通过它的常开联锁触头继续得电。

另外在进行电气控制电路设计时，有时由于设计不当，就会出现迂回回路，导致电气控制系统无法正常工作。迂回回路是指在控制线路中，在某种情况下，出现了不应有的通电回路。

图 3 - 15 为一个已经设计完成的电气控制线路，其主要实现功能为手柄在"1"时，控制线圈 A 得电，手柄在"2"时，D 先得电，D 得电之后，D 的触头闭合，这样就接通控制线圈 B 和 C 的通路。通过分析可知，电气控制线路中存在迂回回路，当手柄在"1"时，N_1 有电，这时通过控制线圈 B、控制线圈 C、控制线圈 D 形成了一个迂回回路，由于 D 得电，D 的常闭联锁触头闭合，这时控制线圈 B 通过 D 的常闭联锁触头 D 得电，就将控制线圈 C、D 的得电通路被短路，控制线圈 C、D 就失电，联锁触头 D 断开，控制线圈的得电回路就又变为原来的线路，控制线圈 C、D 就又得电，如此反复就形成迂回振荡，那么电气控制线路就根本无法正常地工作。那么我们如何解决这个问题呢？解决的唯一的办法就是要切断控制线路中不应有的通电回路，即切断迂回回路。因此在电气控制线路中，只要将原来的一个 D 联锁触头变为两个 D 联锁触头，则手柄在"1"位时，就不会形成前面的迂回回路，控制电路就能正常工作了。

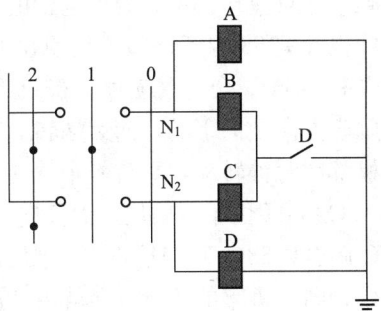

图 3 - 15　迂回回路实例

3.3　典型继电器控制系统

3.3.1　控制系统主要功能

SS1 型电力机车上各种高电压的电气设备一般采用间接控制方法，用低压直流控制电路来控制大功率高电压的主电路。运行的时候是利用司机控制器和按键开关等控制各种继电器、接触器、电空阀并通过相互间的电气联锁或机械联锁使各种电气设备互相配合协同工作。

SS1 电力机车的控制系统的主要功能是确定运行工况和运行工况的选择。机车的运行工况的选择是由一个两位置转换开关——牵引与制动转换开关 64QH/64Z、63QH/63Z 的状态决定。为了便于瞭望、操纵和机车的折返，SS1 型电力机车采取两端司机室，一边为司机室 1，一边为司机室 2，63 是对应司机室 1 的两位置转换开关，用于控制司机室 1 端的转向架，

64 是对应司机室 2 的两位置转换开关，用于控制司机室 1 端的转向架，两者的工作原理是一样的。

以牵引制动转换开关 63 为例介绍牵引制动转换开关的工作原理。如图 3 - 16 所示，牵引制动转换开关 63QH/63Z 的联锁触头 63QH 与牵引电机串联，联锁触头 63Z 与制动电阻串联。机车在牵引位时，牵引制动转换开关 63QH/63Z 在牵引位，则联锁触头 63QH 闭合，此时电动机为串励电动机进行牵引运行；机车在制动位时，牵引制动转换开关 63QH/63Z 转换为制动位，则联锁触头 63QH 断开，联锁触头 63Z 闭合，此时电机为他励发电机，进行电阻制动。所以通过牵引制动转换开关 63QH/63Z 就可以控制电传动机车的运行工况。

SS1 型电力机车的控制系统的第二个功能为确定机车的运行方向。机车运行方向的选择是由换向转换开关 63Q/63H、64Q/64H 的状态决定。一般以司机室 1 向前运行的方向为"前"，相对应司机室 2 向前运行的方向为"后"。如图 3 - 17 所示，当机车向前运行时，换向转换开关 63Q/63H 位于向前位，而换向转换开关 64Q/64H 位于向后位，则其联锁触头 63Q 和 64H 闭合，联锁触头 63H 和 64Q 断开。从图 3 - 17 中可以看出，前端转向架的电机的励磁方向是向下的，而后端转向架的电机的励磁方向是向上的，则前后两个转向架上牵引电机都顺时钟转动，整台机车就向"前"行驶。机车向"后"运行情况也相同，换向转换开关 63Q/63H 位于向后位，而换向转换开关 64Q/64H 位于向前位，相应的联锁触头 63H 和 64Q 闭合，63Q 和 64H 断开，则前后两个转向架上的电机的励磁方向都发生了变化，电机改变转向，机车的运行方向就由"前"变为了"后"。

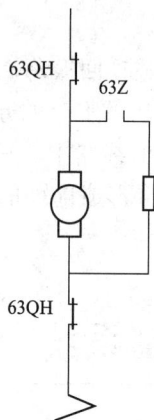

图 3 - 16   63 牵引制动转换开关

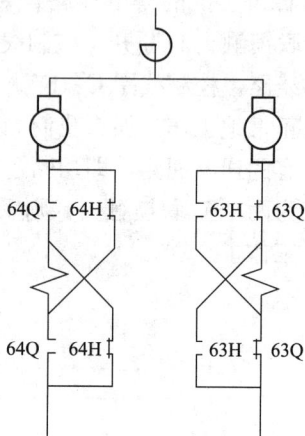

图 3 - 17   换向转换开关

确定了机车的运行工况和运行方向之后，机车就可以启动运行起来，因此 SS1 型电力机车控制系统最为重要的功能就是进行调速。SS1 型电力机车速度调节的主要方法为调压调速，通过改变牵引变压器的输出电压来改变机车的速度，另外还可以通过磁场削弱来进一步提高机车的速度。

3.3.2   机车运行状态控制

机车的启动、调速、确定运行工况的运行状态，都是司机通过司机室中的司机控制器 SK 来完成的。司机控制器是司机操纵机车运行方向，确定机车牵引或制动工况，控制机车加速、减速的控制器。司机控制器有两个操纵手柄，右边的手柄为转换手柄 SK_{1X}，有七个位置"后"、"0"、"制"、"前"、"1""2""3"，用于实现机车"前""后""牵引""制"以及三级磁场削弱工况的转换。左边的手柄为调速手柄 SK_{1S}，在牵引工况时手柄顺时针转动，可以实现电压的升降；在制动工况时手柄逆时针转动，用于调节励磁电流的增减。两个操纵手柄之间有机械联锁，以保证正确的动作逻辑。

机车在运行时首先要确定机车的运行方向，再确定机车的运行状态。图 3-18 为 SS1 型电力机车的机车状态控制电路，机车的运行方向是由换向转换开关 63Q/63H、64Q/64H 控制的，而机车的运行状态是由牵引制动转换开关 63QH/63Z、64QH/64Z 决定的。

如图 3-18 所示，其中 N310 是电源线，当电源联锁开关 221 闭合司机控制器的导线 N321 就从控制电源得到 110V 直流电。当司机控制器的调速手柄在"0"位时，转换手柄可以从"0"位扳到"前"或"后"位。首先假设转换手柄扳到"前"位，此时 N324 和 N321 接通，则 N324 就有电，由 N324 通过调压开关零位联锁触头 TK_0，使得控制线圈 63Q 和 64H 得电，换向转换开关转到向前位，其联锁触头 63Q、64H 闭合，63H、64Q 断开。同时从 N324 通过联锁触头 63Q、64H 和电阻制动电空接触器 83 的常闭联锁触头、调压开关零位联锁触头 TK_0，使得电空阀线圈 63QH、64QH 得电，牵引制动转换开关转到牵引位，其联锁触头 63QH、64QH 闭合，将电机连接为串励电机，为机车的牵引运行作好准备。

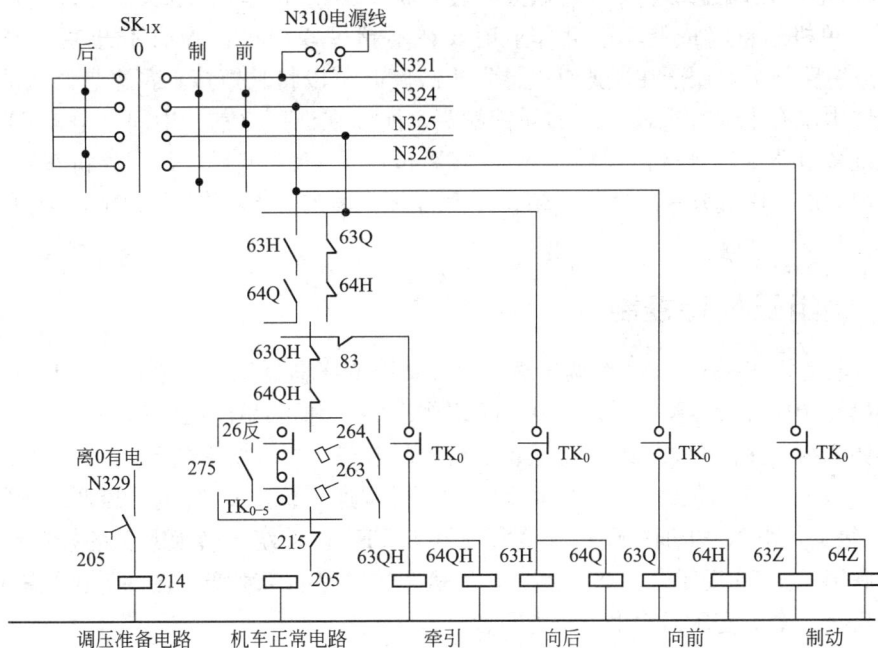

图 3-18　机车运行状态控制

当转换手柄扳到"后"位时，此时 N324 失电，而 N325 得电，通过 N325、TK_0 使得电空阀线圈 63H、64Q 得电，其联锁触头 63H、64Q 闭合，63Q、64H 断开，则电机反接，改变了电机的转动方向。而同时通过 N325，联锁触头 63H、64Q，再通过 83、TK_0 使得电空阀线圈 63QH、64QH 得电，使机车仍然处于牵引位。所以通过分析可以看出，首先决定了机车的运行方向，才决定机车的运行工况。

上面主要分析了机车处于牵引位时的情况，而当机车处于制动工况时，只有先将调速手柄返回"0"位时，转换开关手柄才能扳到"制"动位。当转换手柄位于"制"动位，则 N324、N325 都失电，N326 得电，由于调压开关回到零位，TK_0 闭合，控制线圈 63Z、64Z 通过 TK_0，从 N326 得电，牵引制动转换开关变为制动位，在机车主电路中联锁触头 63Z、64Z 闭合将串励电机接为他励发电机，进行电阻制动。

在机车的运行状态回路中串有调压开关的零位联锁触头 TK_0 主要原因是为了保证两位置转换开关只能在调压开关处于零位时才能得电转换，也就是说转换手柄 SK_{1x} 从"前"扳到"后"，或从"后"扳到"前"都必须在机车停稳以后才能进行。而当调压开关离开"0"位后，TK_0 断开，两位置转换开关的全部电空阀线圈失电，因此两位置开关保持原位置不动。

在牵引回路中串有电阻制动电空接触器 83 的常闭联锁触头的作用是保证两位置转换开关在励磁电路打开时，才能从制动位转到牵引位，避免两位置转换开关带电转换。

此外，机车运行状况控制电路中还包括机车运行正常电路和调压准备电路。当机车正常运行时，（时间继电器）205 得电，其中 215 是过电流继电器的常闭联锁触头，264、263 是风速继电器的常开触头。由于此时牵引制动转换开关已经位于牵引位，不管是向前运行还是向后运行，时间继电器 205 都可以通过联锁触头 63QH、64QH，以及 264、263、215 得电。在风速继电器常闭触头旁边并联了调压开关联锁触头 26 反和 TK_{0-5}，主要是为了在单机运行时或调车轻载作业时，在不超过 5 级可以短时不开通通风机运行。275 是故障短路开关，用于在风速继电器发生故障时可以将它短接。左边是调压准备电路，在调压电路中串有中间继电器 214 的联锁触头，所以在调压之前，中间继电器 214 要先得电。调压准备电路中，当调速控制器离开"0"位后，N329 就得电，如果机车正常，时间继电器 205 得电，则其常开联锁触头闭合，中间继电器 214 就从 N329 得电，为以后的调压作好准备。

3.3.3　绕组正反接控制

SS1 型电力机车一共有 33 个调压级，通过牵引变压器低压侧的固定绕组和可调绕组正接和反接以及调压开关 TK 实现。在 0～17 级固定绕组和可调绕组正接，在 17～33 级固定绕组和可调绕组反接。图 3-19 为绕组正反接控制电路，当转换手柄 SK_{1x} 离开"0"位，扳到向"前"或向"后"位时，N322 都得电，使得调速手柄 SK_{1s} 得电。当调速手柄在"0"位，N331 得电，由 N331 通过调压开关联锁触头 TK_{17}^0，使绕组转换开关的控制线圈 26 反得电，其联锁触头 26 反闭合，26 正断开，则机车主电路的牵引变压器的低压侧固定绕组和可调绕组反接，牵引变压器输出电压为两者电压之差。

在分析绕组正反接控制电路工作原理之前，首先介绍 208 的作用。SS1 型电力机车的调压是通过调压开关完成的，调压开关通过伺服电机 CD 驱动，带动调压开关的主轴转动去接通或断开接触元件，只有伺服电机 CD 转动起来调压开关才能调压，而 208 就是控制伺服电机转与停的接触器。208 得电，伺服电机 CD 转动，208 失电，伺服电机 CD 停止转动。因此在一个调压级向一个调压级过渡的过程中，伺服电机必须转动，则 208 得电，而到达一个调压级，CD 停止转动，208 变为失电。

如图 3-19 所示，当调速手柄 SK_{1S} 在"0"位，26 反得电，绕组转换开关位于反接位，则固定绕组和可调绕组反接。当调速手柄离开"0"位，在升位加速时，稳定运行时调速手柄 SK_{1S} 位于"固₁"，在升位时调速手柄 SK_{1S} 可以在"固₁"和"升"位间来回扳动或扳到"快升"位。当调速手柄位于"固"、"升"和"快升"位，N331 失电，26 反就不能再从原来的支路得电，然而通过前面 SS1 主电路工作原理分析可知，在 0～17 级固定绕组和可调绕组都是反接的，26 反是从哪里得电的呢？ 26 反是从 N321、208 常开联锁触头、TK_{18-33}^{1-16} 再通过自身的联锁触头 26 反得电的。在每个调压级上，调压开关的联锁触头 TK_{18-33}^{1-16} 闭合，而在级位之间 208 是得电的，其常开联锁触头闭合。当升到 17 位时，TK_{18-33}^{1-16} 断开，在调压开关级位上 208 常开联锁触头断开，而升位时 N331 没电，所以 26 反就失电。而此时 N330 有电，205 的常开联锁触头闭合，26 正通过 205、TK_{17} 从 N330 得电，绕组转换开关由反接位转换为正接位，相应的联锁触头 26 正闭合，26 反断开。在 17～33 位时，26 正也通过 N321、208 常开联锁触头、TK_{18-33}^{1-16}、26 正的联锁触头一直得电。

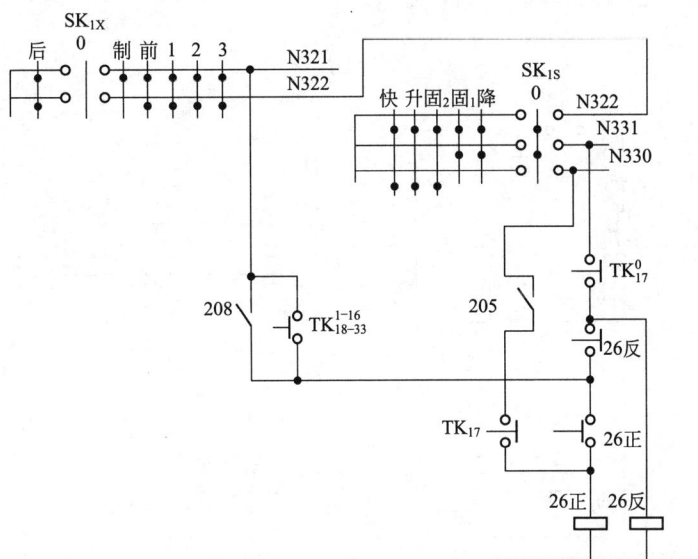

图 3-19　绕组转换开关控制

在降位减速时，调速手柄 SK_{1S} 在"固 2"和"降"位置间来回扳动，或者直接扳到"0"位。在 33～17 级之间，26 正仍然通过 N321、208 常开联锁触头、TK_{18-33}^{1-16}、26 正联锁触头一直得电。降到 17 级时，208 常开联锁触头和 TK_{18-33}^{1-16} 都断开，26 正失电。此时 26 反通过 N331 通过 TK_{17}^{0} 得电，绕组转换开关由正接位变为反接位，26 正联锁触头断开，26 反联锁触头闭合。在 17 级以下，26 反通过 N321、208 常开联锁触头、TK_{18-33}^{1-16}、26 反联锁触头 26 反得电的，直到 0 级。值得注意的，绕组转换开关是两位置转换开关，在 26 反控制线圈得电动作后，如果 26 反控制线圈失电，只要 26 正控制线圈不得电，绕组转换开关不会动作，只有当 26 反控制线圈失电，26 正控制线圈得电后开关才会从反接位转换为正接位。因此，绕组正反接控制电路使 26 反和 26 正通过 208 以及 TK_{18-33}^{1-16} 的电气联锁，使得调压开关在升到（或降到）17 位以前，线圈 26 反（或 26 正）总有电，从而在电路上保证绕组转换开关只能在 17 位进行转换。

3.3.4　伺服电机转向控制

调压开关的分级转换开关通过伺服电机完成，调压开关的升降位不仅取决于变压器绕组的正反接状态，还取决于伺服电机 CD 的转向。伺服电机 CD 励磁电流的方向固定，则其转向通过改变伺服电机电枢电流的方向实现。在升位加速时，0～17 级伺服电机 CD 正转，绕组反接；17～33 级伺服电机 CD 反转，绕组正接；在降位减速时，33～17 级伺服电机 CD 正转，绕组正接，17～0 级伺服电机 CD 反转，绕组反接。

图 3-20 为伺服电机转向控制电路。从图中可以看出 208 是如何控制伺服电机 CD 的状态的。208 的常开联锁触头串联在伺服电机 CD 的通电回路中，而其两个常闭联锁触头并联在伺服电机 CD 的电枢回路两端。当 208 得电时，其常开联锁触头闭合，常闭联锁触头断开，则伺服电机得电转动；而当 208 失电时，其常闭联锁触头闭合，常开联锁触头断开，则伺服电机失电，同时伺服电机的电枢回路被短接，因此伺服电机快速制停。因此可知，208 的得电和失电决定了伺服电机 CD 的转与停。

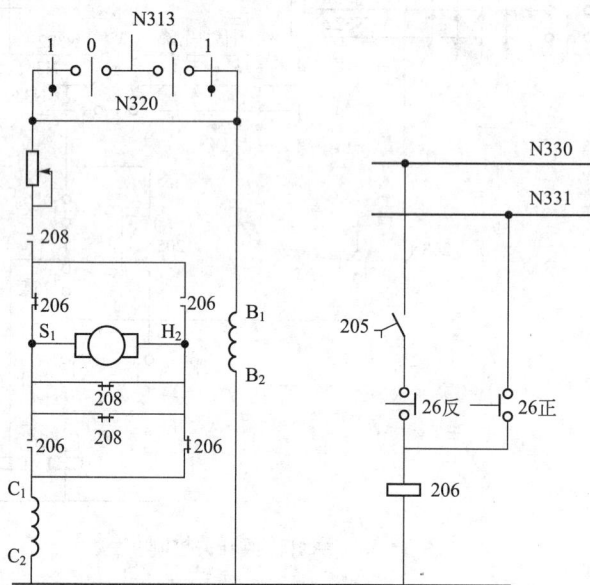

图 3-20　伺服电机转向控制

而伺服电机 CD 的转向由 206 决定。在升位加速时，N330 有电、N331 没电，在 17 级以下，205 常开联锁触头闭合，26 反联锁触头闭合，206 通过 205 常开联锁触头、26 反联锁触头得电，则 206 的常开联锁触头闭合，常闭连锁触头断开，伺服电机的电枢电流方向为从 H_2 到 S_1，伺服电机 CD 正转；在 17～33 级，26 反失电，26 正得电，则 206 就不能从原通路得电，同时在升位时 N331 没电，所以 206 就没有得电通路，因此 206 失电，伺服电机电枢电流的方向为从 S_1 到 H_2，伺服电机 CD 反转。总的来说，17 级以下 206 得电，伺服电机 CD 正转；在 17 级以上，206 失电，伺服电机 CD 反转。同理，可以分析在降位减速时的情况，在 33～17 级时，206 得电，则伺服电机 CD 正转，在 17～0 级时，206 失电，伺服电机 CD 反转。

3.3.5　调压开关升降位控制

在学习了绕组转换控制电路和伺服电机转向控制电路的工作原理之后，下面来分析调压开关升降位控制。如图 3-21 所示，当机车调速手柄 SK_{1S} 处于"降"时，机车在减速调压开关在降位，稳定运行时手柄打在"固$_1$"位；而调速手柄 SK_{1S} 处于"升""快升"位，机车加速升位，稳定时手柄打在"固$_2$"位。从图 3-20 中我们可以看出，不管调速手柄 SK_{1S} 是位于升位还是降位，一旦机车的调速手柄 SK_{1S} 离开"0"位，N329 就有电，并且此时机车状态正常，继电器 205 得电，中间继电器 214 则通过 205 常开联锁触头从 N329 得电，为调速作好准备。

首先分析机车在升位进级的情况。稳定运行时，调速手柄 SK_{1S} 位于"固$_2$"位，N330有电，206 就通过 205 常开连锁触头和 26 反联锁触头得电，则伺服电机 CD 接为正接。

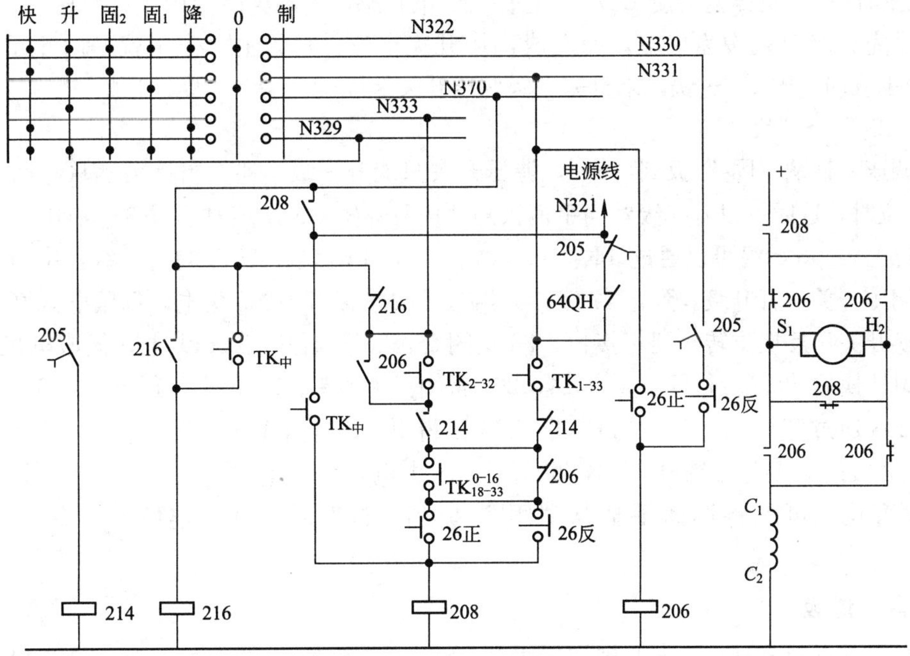

图 3-21　机车升降级控制

1. 升位进级

1)"固$_2$"→"升"

在升位加速时首先将调速手柄 SK_{1S} 从"固$_2$"扳到"升"位，假设机车从静止开始启动，此时调压开关 TK 位于 0 级。调速手柄 SK_{1S} 在"升"位，从 N370 通过 216 常闭联锁触头、206 常开联锁触头、214 常开联锁触头、调压开关联锁触头 TK^{0-16}_{18-33}、绕组转换开关 26反联锁触头，使 208 得电，于是伺服电机 CD 得电转动，其带动调压开关转动向 1 级过渡。当调压开关 TK 处于级间过渡位置时，TK^{0-16}_{18-33} 断开，208 就不能从原通路得电，而此时 $TK_{中}$ 闭合，208 通过 $TK_{中}$ 从 N321 得电。同时中间继电器 216 通过 N370、$TK_{中}$ 得电，由于 216 通电回路中串有自身的常开联锁触头，形成自持联锁，即使 $TK_{中}$ 断开，其仍然可以通过自身的常开联锁触头 216 继续得电。那么如果调速手柄 SK_{1S} 从"固2"扳到"升"位不松手能够连续升几位？

通过前面的分析，可以得出当调压开关 TK 到达"1"位时，$TK_{中}$ 断开，而 216 有电，其常闭联锁触头断开，这样 208 的通电回路都断开，208 就失电。208 的常闭联锁触头断开，切断伺服电动机 CD 的电源，同时两对常闭联锁触头闭合，短接伺服电动机 CD 的电枢回路，使伺服电机 CD 迅速制停，调压开关就不能再继续向上调速，所以调速手柄从"固$_2$"扳到"升"位不松手，调压开关只能升一位，不能连续升级。如果要继续升位，必须先将手柄扳回"固$_2$"位，使得 N370 失电，中间继电器 216 失电，其常闭联锁触头又重新闭合，而当手柄再次扳到"升"位，只要重复上述的过渡过程，调压开关就会上升一级。这样手柄在"固2"和"升"位之间来回扳动，调压开关就可以逐级上升。

在升位进级控制电路中，在 N370 和 N321 之间串有 208 的常开联锁触头，其主要功能是为了保证即使司机把调速手柄扳到"升"位后立即松手，只要接触器 208 一旦得电，其常开联锁触头闭合，也样就会使 N370 一直保持有电状态，则不会因为操作过快使 208 在调压开关未升完一级时就中途失电，而造成调压开关卡位。它的主要作用就是防止手柄扳到"升"松手或回"固2"过快，未升完一级调压开关卡位。

2)"固$_2$"→"快升"

当调速手柄从"固$_2$"扳到"升"，调压开关只能升一级，那么当将手柄从"固$_2$"扳到"快升"位时，这时可以升几级？当手柄扳到"快"升位，N370 没电，N333 有电，在 17 级以下级位上，208 始终可以通过 TK_{2-32}、206、214、TK_{18-33}^{0-16}、26 反得电；级位中通过 $TK_{中}$ 得电，调压开关一直升级。到达 17 级，TK_{18-33}^{0-16} 和 206 断开，208 失电，伺服电机停止转动。绕组转换开关从反接位转换到正接位，26 正闭合，26 反断开，206 失电，伺服电机电枢反接。绕组转换后 208 通过 TK_{2-32}、214、206 常闭联锁触头、26 正重新得电。在 17～33 级，级位上 208 通过 TK_{2-32}、214、TK_{18-33}^{0-16}、26 正得电，在级中通过 $TK_{中}$ 得电，直到 33 级。当到达 33 级时，TK_{2-32} 断开，$TK_{中}$ 断开，208 失电，伺服电机 CD 不再转动，调压开关 TK 不再升位。可见将调速手柄从"固$_2$"扳到"升"时，可以连续从 0 级一直升到 33 级。

2. 降位退级

机车要进行减速时，首先要把调速手柄 SK_{1s} 从"固$_2$"扳到"固$_1$"，N330 失电，N331 得电，就改变了 206 的状态。如果是 17 级以上，升位时伺服电机 CD 反转，206 失电，在伺服电机控制电路中可以看出，N331 有电，206 通过 26 正得电；在 17 级以下，原来伺服电机 CD 正转，206 得电，而此时 N330 没电，206 失电，不管是在 17 级以上还是 17 级以下，206 都改变了原有的状态，改变伺服电机 CD 的转向，为降级作好准备。在进行退级降位时，有两种方式。第一种为将手柄从"固$_1$"位，扳到"降"位，第二种为将手柄从"固$_1$"位，扳到"0"位，

1)"固$_1$"→"降"

当调速手柄 SK_{1s} 从"固$_1$"位扳到"降"位。假设从 33 级降位运行，208 通过 206、214、TK_{18-33}^{0-16} 和 26 正从 N330 得电，在级间通过 N321 和 $TK_{中}$ 得电，一直降位直至 17 级。在 17 级时绕组转换开关从正接位变为反接位，26 正断开，26 反闭合。208 重新通过 206 常闭联锁触头得电，之后在级位上 208 通过 N370、TK_{2-32}、214、TK_{18-33}^{0-16} 和 206、26 反得电，

在级间通过 N321 和 $TK_中$ 得电，直到 1 位时，TK_{2-32} 和 $TK_中$ 都断开，208 失电，CD 停止转动。

2）"固₁" → "0"

当调速手柄 SK_{1S} 从 "固₁" 位扳到 "0" 位。同样假设从 33 级降位运行，调速手柄 SK_{1S} 位于 "0" 位，N329 失电，214 失电，214 常闭联锁触头闭合，则 208 通过 TK_{1-33}、214 常闭联锁触头、TK_{18-33}^{0-16} 和 26 正从 N370 得电。直到 17 级，绕组转换开关转换，206 失电，208 通过 206 常闭联锁触头重新得电，之后继续通过 N370、TK_{1-33}、214、TK_{18-33}^{0-16} 和 26 反得电，直到 0 级，TK_{1-33} 断开，208 失电，CD 停止转动。

在 208 控制电路中，TK_{2-32} 和 206 的常开联锁触头并联的作用：当调压开关 TK 从 0 级开始升位时，206 先得电，先把伺服电机 CD 接成正向连接，保证电机正转，208 才能得电，可见，必须先确定电机的转动方向，伺服电机 CD 才能转起来。而 17 级以后，206 失电，其常开联锁触头断开，常闭联锁触头闭合，208 通过 TK_{2-32}，直到第 33 级。到达 33 级时，TK_{2-32} 断开，208 的得电回路全部断开，防止调压开关 TK 过位。从 33 级降位时也一样，206 先得电将电机接成正转后，208 才能通过 206 常开联锁触头得电，伺服电机 CD 才能转动。通过上面的分析可知，TK_{2-32} 和 206 的常开联锁触头并联的作用为保证从 33 级降位或从 0 升位时，先将伺服电机接成正接，208 才能得电，使电机转动，即先确定电机的转向再使电机转动。（保证调压开关升到 33 级或降到 1 位后，伺服电机不再转动，停在 33 位或 1 位，在从 33 级降位或从 0 级升位时，在 206 得电将伺服电机接成正接以后，线圈 208 才能得电，伺服电机转动。）

在 208 的控制线圈的电路中，TK_{18-33}^{0-16} 和 206 的常闭联锁触头并联的作用：当调压开关升到或降到 17 位时，伺服电机都是正转，206 是得电的，则它的常闭联锁触头断开，而在 17 级时 TK_{18-33}^{0-16} 也断开，208 就失电，伺服电机停止转动；绕组转换开关转换，206 失电，将伺服电机的电枢反接后，208 重新通过 206 的常闭联锁触头得电，伺服电机又转动起来继续调压。TK_{18-33}^{0-16} 和 206 的常闭联锁触头并联的作用就是在调压开关升到或降到 17 位，伺服电动机不会继续转动，使调压开关免受机械冲击，同时保证 206 无电转换。

3.3.6　机车故障自动降位控制

机车在正常运行时，如果机车通风系统发生故障，则机车运行状态控制电路中风速继电器联锁触头 263 和 264 断开，或者牵引电机出现过电流，则过电流继电器 215 的常闭联锁触头断开，都会导致时间继电器 205 失电，因此中间继电器 214 也无法得电。因此 208 通过 205、64QH、TK_{1-33}、214、206 和 TK_{18-33}^{0-16}、26 正和 26 反从 N321 得电，伺服电机转动，带动调压开关降位。

为了保证机车的运行安全，机车发生故障时应该减速运行，则机车故障自动降位控制电路必须确保不论此时手柄的位置如何都可控制调压开关 TK 为降级退位状态。为什么说机车发生故障时调压开关 TK 一定是退位而与手柄的位置无关？如果发生故障的时候，手柄已经在 "降" 位或 "0" 位，此时已经把电路接为降级的形式，因此这里就不再进行分析了。如果手柄在 "固₁" 位，N331 有电，206 已经将 CD 接成降位状态，208 一得电，便自动降位。如果机车发生故障时，调速手柄 SK_{1S} 在 "快"、"升" 和 "固₂" 位时，由于 N331 无电，并且中间继电器 205 失电，所以 N331 就可以通过 205、64QH 从 N321 得电。在 17 级以下，原来 206 得电，现在由于 205 失电，则其常开联锁触头断开，206 就从得电变为失电，伺服电机 CD 由正转变为反转，调压开关 TK 退级。在 17 级以上，N331 得电，206 通过 26 正得电，伺服电机 CD 由反转变为正转，调压开关自动降级。一旦发生机车故障消除，205 又会重新得电，调压开关就不再降位。因此可见，不管调速手柄在哪个位置，一旦机车发生故障，调压开关都会自动降位。

3.3.7 磁场削弱控制

SS1 型电力机车在牵引电机的励磁绕组上并联了两个磁场分路电阻，通过接通和断开与电阻串联的触头，可实现 3 个磁场削弱级。图 3-22 是 SS1 型电力机车的磁场削弱控制电路，机车在牵引运行时，调速手柄在"固$_1$"或"固$_2$"位时，可把转换手柄从"前"位扳到"1"、"2"、"3"位，进行磁场削弱。当手柄位于"1"位时，N327 有电，电空阀 65、66 得电，机车主电路中电空接触器 65、69、73 和 66、70、74 闭合，使牵引电机的主极绕组上并联了电阻 R_{11}、R_{21}、R_{31} 和 R_{61}、R_{51}、R_{41}，电阻阻值为 0.095 Ω，磁场削弱系数为 70%，当手柄扳到"2"位时，N327 失电，65 和 66 失电，此时 N328 有电，电空阀 67、68 分别通过 65、66 的常闭联锁触头得电并自锁，主电路中电空接触器 67、71、75 和 68、72、76 闭合，使主极绕组并联上 R_{12}、R_{22}、R_{32} 和 R_{62}、R_{52}、R_{42}，阻值为 0.044 7 Ω，磁场削弱系数达到 54%，当手柄扳到"3"位时，N327、N328 都有电，两个分路电阻同时并联在主极绕组上，磁场削弱系数达到 45%。

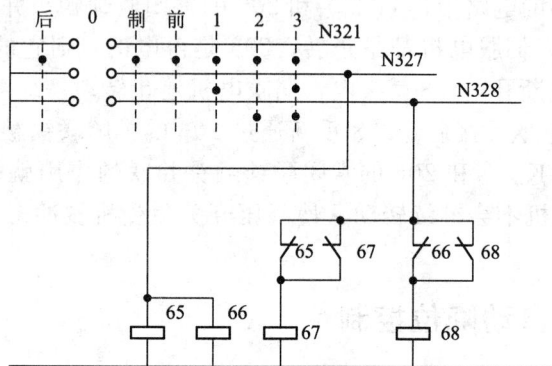

图 3-22　磁场削弱控制

复习参考题

【1】试述 SS1 型电力机车主电路特点。

【2】分析 28→29、29→28 级相应断开的触头是哪些？是否带电断开？

【3】试计算第 12 级空载输出电压 U_{12}，并推导第 n 级空载输出电压 U_n 公式。

【4】SS1 型电力机车控制系统的主要功能是什么？

【5】SS1 型电力机车中哪些开关是两位置转换开关，其与一般继电器和接触器的本质区

别是什么?

【6】在机车状态控制电路中，当手柄从"0"位扳倒"前"位时，机车如何动作?

【7】SS1 型电力机车调压开关的状态如何控制? 试述其工作原理。

【8】在 SS1 型电力机车控制电路中，接触器 206 和接触器 208 的作用是什么?

【9】SS1 型电力机车在 16 级稳定运行时，当手柄从"固₂"位扳到"快"升位时，机车如何动作，是否可以连续升级，可以升到几级?

【10】试分析机车故障自动退位控制电路的基本工作原理。

第 4 章
电力机车功率因数

【本章内容概要】

本章主要介绍机车功率因数定义及机车功率因数的主要决定因素，详细分析了各种典型整流电路的功率因数，以及各种提高机车功率因数的方法。

【本章学习重点与难点】

学习重点：①机车功率因数定义；②全控整流电路与半控整流电路功率因数比较；③提高机车功率因数方法。

学习难点：不对称触发控制工作原理。多段桥连续控制工作原理。

从供电性能来说，机车最主要的性能指标有两个，一个是机车的功率因数和谐波电流，另外一个性能指标就是机车的效率和节能。提高机车的功率因数和降低高次谐波电流，对节约能源有重要意义。特别是针对曾经广泛使用的相控电路机车，虽然其采用相控整流电路可以实现平滑地调节牵引电机的端电压，但整流装置会造成网侧电流的严重畸变。本章主要介绍各种典型相控电力机车的功率因数及如何提高机车的功率因数。

4.1 电力机车谐波影响

与第一代 SS1 型电力机车相比，相控机车虽然有效地改善了机车的调速性能，但是由于其采用直流牵引电机驱动机车运行，在电能变换的过程中要将交流电变换为直流电，会引起机车变压器侧的电流发生严重的畸变，造成机车功率因数比较低的问题，这成为交直传动机车的一个致命缺点。相控机车功率因数低，谐波含量大对于电力系统和电力用户都是相当重要的。

1. 对电力系统的影响

首先是谐波电流对电力系统的影响，也就是对电网的影响。谐波会使电机、电网、变压器产生附加损耗和发热，并可能引起振动。对于电网除会造成线路损耗外，更重要的是使电网波形受到影响，供电质量下降。谐波对于电机和变压器的影响主要是引起附加损耗和过热，另外会产生机械振动、噪声和谐波过电压。这些都会缩短电机的寿命，情况严重时甚至会损坏电机。

第二，引起无功补偿电容器的谐振，导致过负荷或过电压而损坏无功补偿装置。为了补偿负载的无功功率，提高功率因数，常在负载处装有并联电容器。在工频下，电容器的容抗比系统的感抗大得多，不会产生谐振；对于谐波频率而言，系统感抗大大增加而容抗大大减小，就可以产生谐振。谐振会使谐波电流增大，会对系统特别是电容器形成很大威胁，使电容器烧毁。另外谐波对电力电缆和系统电器设备也有很大影响，谐波会造成电压尖峰，加速电缆绝缘的老化，缩短电缆的使用寿命。其他系统用电设备，如断路器，谐波会降低断路器的开断能力，还会危及各种供电系统中用电设备的运行。

第三，谐波会对继电保护、自动控制装置及计算机产生干扰，甚至引起误动作。谐波对大多数继电器的影响不大，但是对部分晶体管型继电器的影响很大，会造成继电器的误动作。

第四，谐波会造成测量误差，电力测量仪表通常是按照工频正弦波形设计的，当有谐波时，会产生测量误差。如果在测量电能时，用电设备本身不产生谐波，不是谐波源，但是供给的电网电压有谐波，也会在负载中产生谐波损耗。

2. 对通信信号的影响

当基波电流和谐波电流流过接触网时，在接触网的周围空间，形成了不同频率的交变电磁场，通过电容耦合和电磁感应作用，对沿线的通信及信号线路产生干扰与高压危险。一般 5 kHz 以下的谐波主要对明线音频通话线路产生干扰。高频段对载波通话线路影响较小，但负载电流或接触网短路电流在通信信号线上产生高电压，可能危及设备及人员的安全。

3. 对无线通信的影响

机车运行时，受电弓与接触网离线产生的电火花是产生无线电干扰的主要原因。特别是在高速铁路中，采用多弓受流或弓网匹配不良时，情况特别严重。

从上面的介绍可以看出谐波对于各个系统影响非常大，通过分析可知电力机车的谐波主要集中在 3 次、5 次和 7 次等低次谐波。为了有效提高机车的功率因数，必须采取不同的措施减少机车的谐波含量。

4.2　电力机车功率因数定义

在正弦交流电路中，功率因数 $\cos\varphi$ 定义为：

$$\cos\varphi = \frac{\text{有功功率 } P}{\text{视在功率 } S} = \frac{UI\cos\varphi}{UI} \tag{4-1}$$

由于在电力机车中交流电网的电流是非正弦电流，而交流电压一般近似地可认为是正弦波，根据非正弦周期电流可知，在变压器一次侧电流中存在着与电网电压相同频率的基波及多种高次谐波，而只有基波电路才产生有功功率，高次谐波电流只产生无功功率。因此，机车的功率因数 PF 定义为：

$$PF = \frac{P}{S} = \frac{U_1 I_1}{U_1 I} = \frac{I_1\cos\varphi_1}{U_1 I} = \frac{I_1\cos\varphi_1}{I} = \lambda\cos\varphi_1 \tag{4-2}$$

其中　P——有功功率；

S——视在功率；

I_1——基波电流有效值；

I——电流总有效值；

其中 $\cos\varphi_1$ 为基波电压与基波电流之间的相位移系数，用 PF 表示；λ 称为电流畸变系数，代表电流发生畸变的程度，λ 等于基波电流有效值与电流总有效值的比值。电流畸变系数也可用谐波系数 HF 来表示：

$$HF=\frac{\sqrt{I^2-I_1^2}}{I_1}=\frac{\sqrt{1-\lambda^2}}{\lambda} \tag{4-3}$$

式（4-2）表明，机车功率因数等于电流畸变系数与基波相位移系数的乘积。要想提高机车的功率因数，一方面要降低高次谐波，另一方面要减小基波电压和基波电流之间的相位差。

4.3　典型相控整流电路功率因数分析

4.3.1　不控整流电路

图 4-1 为电力机车采用的单相不控整流电路，假定平波电抗器电感为无限大，则整流电流完全平直，即 I_d＝常数，同时不考虑换向重叠角的影响，那么变压器原边绕组电流与电网电压同相位的方波电流，即基波电压与基波电流同相，则 $\cos\varphi_1$ 等于 1。此时不控整流电路的功率因数为 0.9，因此机车的电流畸变系数 λ 等于 0.9。

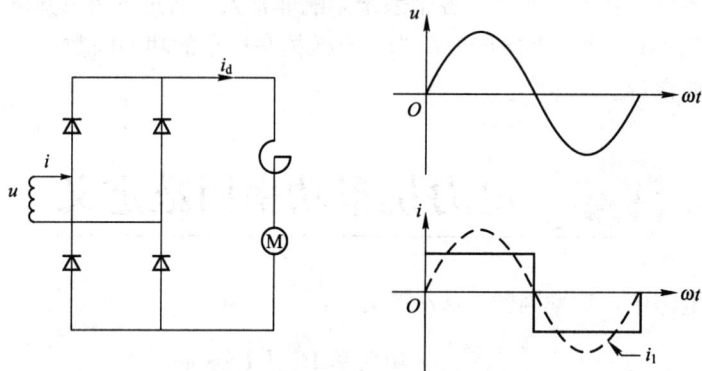

图 4-1　不控整流电路

实际上当考虑换向重叠角时，交流电流滞后交流电压，可近似认为 $\cos\varphi_1=\cos\frac{2}{3}\gamma$，重叠角 γ 的大小取决于电压级位、漏抗和负载电流。一般说在额定级位和额定负载下，γ 角可达 $20°\sim30°$，而在启动和低电压级位时，γ 角很可能接近 $180°$。在图 4-2 中用虚线表示不同负载时，考虑重叠角 γ 影响，相位移系数随着负载电流和电压级位变化的情况，负载越大和电压级位越低，换向重叠角 γ 就越大，相位移系数越低。此时，功率因数也会相应降低，但程度上并不与相位移系数成正比，因为在换向重叠期间电流变化相对缓慢，电流畸变系数有所增加。

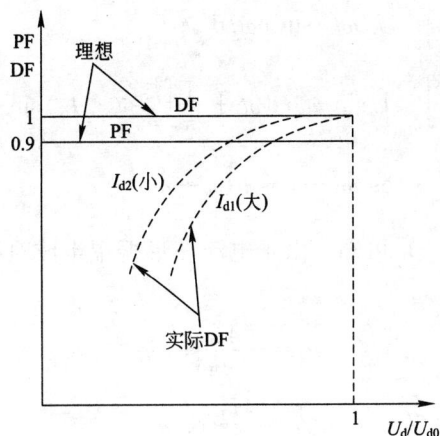

图 4-2　不控整流电路的功率因数

4.3.2　全控整流电路

为了简化讨论，假设负载电流 I_d 是平直的和不考虑换向重叠角。整流电路和电流波形如图 4-3 所示，电流波形与不可控整流电路相比，平移了一个晶闸管触发角 α。平均输出电压 $U_d = U_{d0}\cos\alpha$，电流波形为方波，幅值等于负载电流 I_d，则采用傅立叶级数分解为：

$$i_\sim = I_0 + \sum_{n=1}^{\infty}(a_n\cos n\omega t + b_n\sin n\omega t) \tag{4-4}$$

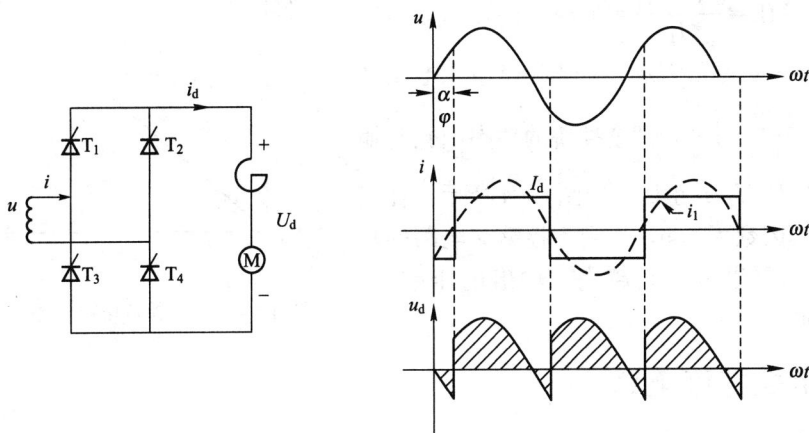

图 4-3　全控整流电路

变压器交流绕组电流正负半波电流对称，故直流分量 $I_0 = 0$，傅立叶系数 a_n 和 b_n 分别为：

$$a_n = \frac{1}{\pi}\int_{\alpha}^{2\pi+\alpha} i\cos n\omega t\,\mathrm{d}\omega t = \frac{1}{\pi}\left\{\int_{\alpha}^{2\pi+\alpha} I_d\cos n\omega t\,\mathrm{d}\omega t + \int_{\pi+\alpha}^{} (-I_d)\cos n\omega t\,\mathrm{d}\omega t\right\}$$

$$= \frac{2I_d}{n\pi}[\sin n(\pi+\alpha) - \sin n\alpha] \tag{4-5}$$

$$b_n = \frac{1}{\pi} \int_{\alpha}^{2\pi+\alpha} i(\omega t) \sin n\omega t \, \mathrm{d}\omega t$$

$$= \frac{1}{\pi} \int_{\alpha}^{\pi+\alpha} I_\mathrm{d} \sin n\omega t \, \mathrm{d}\omega t + \frac{1}{\pi} \int_{\pi+\alpha}^{2\pi+\alpha} (-I_\mathrm{d}) \sin n\omega t \, \mathrm{d}\omega t$$

$$= \frac{2I_\mathrm{d}}{n\pi} [\cos n\alpha - \cos n(\pi+\alpha)] \tag{4-6}$$

由式（4-4）和式（4-5）可知，由于电流波形振幅半波对称，偶次谐波的 a_n 和 b_n 为 0，对于奇次谐波系数

$$a_n = -\frac{4I_\mathrm{d}}{n\pi} \sin n\alpha \tag{4-7}$$

$$b_n = \frac{4I_\mathrm{d}}{n\pi} \cos n\alpha \tag{4-8}$$

n 次谐波的移相角

$$\varphi_n = \arctan \frac{a_n}{b_n} = -n\alpha \tag{4-9}$$

所以对于基波而言，基波电流相位角等于晶闸管触发角，即 $\varphi_1 = -\alpha$，负号表示基波电流滞后电源电压。

根据功率因数、相位移系数和谐波系数的定义，从而得到单相全控整流电路参数如下：

$$PF = \frac{I_1}{I} \cos \varphi_1 = \frac{2\sqrt{2}}{\pi} \cos \alpha \tag{4-10}$$

$$DF = \cos \varphi_1 = \cos \alpha \tag{4-11}$$

$$HF = \frac{\sqrt{I^2 - I_1^2}}{I_1} = 0.4843 \tag{4-12}$$

考虑到 $\cos \alpha = U_\mathrm{d}/U_{\mathrm{d}0}$，所以全控整流电路功率因数 $PF = \frac{2\sqrt{2}}{\pi} \cdot \frac{U_\mathrm{d}}{U_{\mathrm{d}0}}$，即全控桥的功率因数与输出电压的平均值 U_d 成正比。如图 4-4 所示，在满电压时，功率因数为 0.9，达到不控整流电路的功率因数；当晶闸管触发角越大，输出电压越低，功率因数越低。

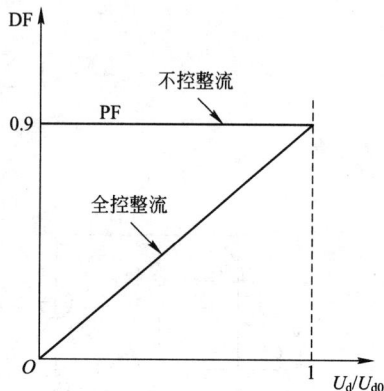

图 4-4　全控整流电路与不控整流电路

4.3.3　半控整流电路

为了简化讨论，假设负载电流 I_d 是平直的和不考虑换向重叠角。整流电路和电流波形如图 4-5 所示，可以看出半控整流电路存在二极管续流的阶段，这时牵引变压器的电流变为零，所以半控整流电路电流波形为断续的矩形波。平均整流输出电压为：

$$U_\mathrm{d} = \frac{1}{\pi} \int_{\alpha}^{\pi} \sqrt{2} U \sin \omega t \, \mathrm{d}\omega t = \frac{2\sqrt{2}}{\pi} U \frac{1+\cos \alpha}{2} = U_{\mathrm{d}0} \frac{1+\cos \alpha}{2} \tag{4-13}$$

变压器原边电流分解成傅立叶级数，其傅立叶系数及其他参数为：

$$a_n = \frac{2}{\pi} \int_{\alpha}^{\pi} I_\mathrm{d} \cos n\omega t \, \mathrm{d}\omega t = -\frac{2I_\mathrm{d}}{n\pi} \sin n\alpha \tag{4-14}$$

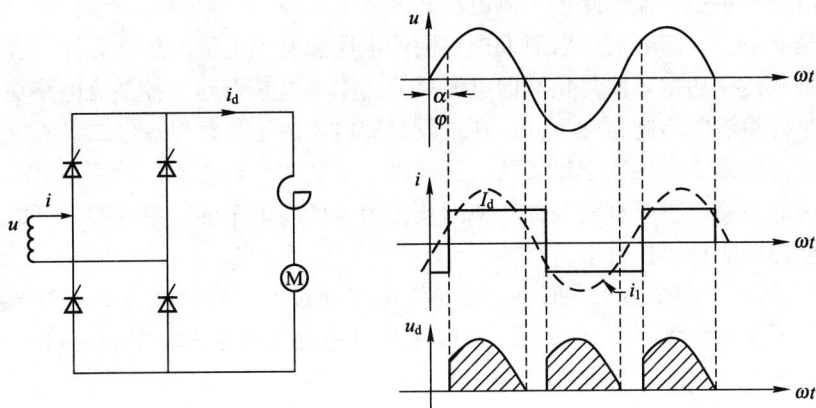

图 4-5　半控整流电路

$$b_n = \frac{2}{\pi}\int_\alpha^\pi I_{\mathrm{d}}\sin n\omega t\,\mathrm{d}\omega t = \frac{2I_{\mathrm{d}}}{n\pi}\cdot(1+\cos n\alpha) \tag{4-15}$$

$$I_n = \frac{2\sqrt{2}I_{\mathrm{d}}}{n\pi}\cos\frac{n\alpha}{2} \tag{4-16}$$

$$\varphi_n = -\frac{n\alpha}{2} \tag{4-17}$$

$$I = \sqrt{\frac{1}{\pi}\int_\alpha^\pi I_{\mathrm{d}}^2\,\mathrm{d}\omega t} = I_{\mathrm{d}}\sqrt{1-\frac{\alpha}{\pi}} \tag{4-18}$$

$$\mathrm{PF} = \frac{\sqrt{2}\,(1+\cos\alpha)}{\pi\sqrt{1-\dfrac{\alpha}{\pi}}} \tag{4-19}$$

$$\mathrm{DF} = \cos\alpha/2 \tag{4-20}$$

$$\mathrm{HF} = \sqrt{\frac{\pi\,(\pi-\alpha)}{4\,(1+\cos\alpha)}-1} \tag{4-21}$$

可见，基波电流相位角等于晶闸管触发角的一半，即 $\varphi_1 = \alpha/2$。功率因数表达式中晶闸管触发角 α 如用等式（4-17）来表示，则可表示为 $U_{\mathrm{d}}/U_{\mathrm{d0}}$ 的函数关系，如图 4-6 所示，它位于不控和全控整流电路之间。当晶闸管触发角越小，输出电压越低，电流畸变越大，功率因数越低。

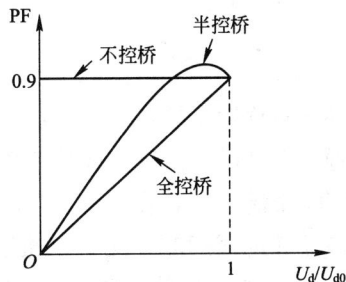

图 4-6　三种整流电路功率因数比较

4.4　不对称触发控制

通过上面的分析可知，半控整流电路有较高的功率因数，但是无法实现再生制动。要想实现机车的再生制动必须采用全控整流电路，但其功率因数较差。为了实现半控整流电路的运行性能，通过改善控制方法，可以使全控整流电路具有半控整流电路的运行性能。分析比较全控整流电路和半控整流电路的网侧电压和网侧电流波形，可以发现全控整流电路功率因数低的原因是在 $\omega t = n\pi + \alpha$ 的一段时期内，网侧电压和网侧电流的极性相反，表示该段期间不是电源向负载传递功率，而是负载向电源反馈功率，这是引起全控整流电路功率因数低的主要原因。半控整流电路则与此不同，在这段时期内，由于负载电流经二极管电路续流，网侧电流等于零，电源不提供功率给负载，负载也不反馈功率给电源，功率在电源和负载之间没有往复传递的现象，所以有较高的功率因数。为了提高机车的功率因数，可以采用不对称触发方法使全控桥实现半控桥运行。

如图 4-7 所示，在牵引工况时，全控整流电路通过不对称触发方式实现半控整流电路的运行性能。原来晶闸管 T_1、T_3 和 T_2、T_4 采用对称触发的方式，在 $\omega t = \alpha$ 时 T_1、T_3 同时导通，在 $\omega t = \pi + \alpha$ 时 T_2、T_4 同时导通。

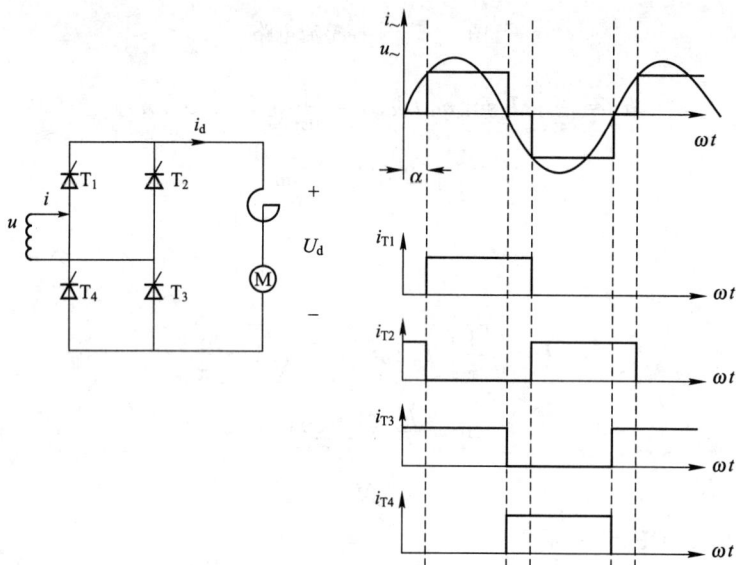

图 4-7　不对称触发控制

在不对称触发控制中，在 $\omega t = \alpha$ 时，触发 T_1、T_3 使其导通，在 $\omega t = \pi$ 时，触发 T_4 使其导通，T_4 与 T_3 换流，这时负载电流通过 T_4 和 T_1 续流，而在 $\omega t = \pi + \alpha$ 时触发 T_2，使 T_2 和 T_1 换流，电流通过 T_2 和 T_4 形成整流通路；在 $\omega t = 2\pi$ 时，触发 T_3，T_3 与 T_4 换流，负载电流通过 T_3 和 T_2 续流。通过这种不对称触发，四个晶闸管的电流波形为如图 4-7 所示，T_1、T_2 是晶闸管工作状态，在 $\omega t = \alpha$ 时触发 T_1，在 $\omega t = \pi + \alpha$ 时触发 T_2；而 T_3、T_4 是二极管工作状态，在网压过零时导通，四个晶闸管的导通时间都是一致的，在一个周期内都是 180°。可见这时网侧电流波形与半控桥的网侧电流波形相同，去掉了电压与电流反向的阶段，这样就使全控桥具有半控桥的运行性能，提高了机车的功率因数。

4.5　扇 形 控 制

整流电路是采用电网电压自然换相，晶闸管在 $\omega t = \alpha$ 时触发导通，只有在电压过零点，晶闸管承受反向电压才截止。如果要在电压过零之前关断晶闸管就必须采用强迫换相电路。在整流电路中，晶闸管上又画了一个圈，表示其带有强迫换相电路的晶闸管，这样晶闸管就具有强迫换相能力，可以实现在电压正半波的任意时刻既导通和关断晶闸管。

在自然换相电路中，晶闸管触发角的变化范围为 180°到 0°。而在采用强迫换相的扇形控制电路中，晶闸管的触发角的变化范围为 90°到 0°。电路工作时，在 $\omega t = \alpha$ 时使晶闸管导通，而在 $\omega t = \pi - \beta$ 控制使晶闸管关断。这样电压正半周，整流电压就从 90°向左右两边像扇子一样展开导通，所以这种控制方式成为扇形控制。如果使 $\alpha = \beta$，输出电压从正负半周中央向左右两边对称展开，这样就使得电源电流基波与电源电压同相位，这样基波相位移系数 $\cos \varphi_1$ 等于 1，以提高机车的功率因数。

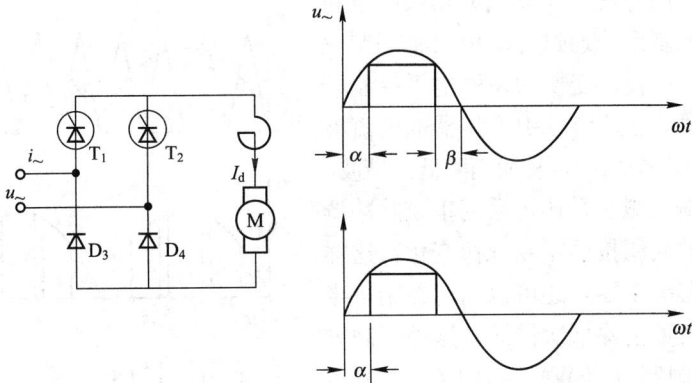

图 4-8 扇形控制整流电路

如果控制时使 $\alpha = 0°$，调节强迫换向控制角 β，电流基波分量超前电源电压，运行性能参数如下：

$$U_d = U_{d0} \frac{1 - \cos \beta}{2} \quad (4-22)$$

$$I = I_d \sqrt{\frac{\beta}{\pi}} \quad (4-23)$$

$$I_n = \frac{2\sqrt{2} I_d}{n\pi} \sin \frac{n\beta}{2} \quad (4-24)$$

$$\varphi_n = n \left(\frac{\pi}{2} - \frac{\beta}{2} \right) \quad (4-25)$$

$$\text{PF} = \frac{\sqrt{2}(1 - \cos \beta)}{\sqrt{\pi \beta}} \quad (4-26)$$

$$\text{DF} = \sin \frac{\beta}{2} \quad (4-27)$$

$$\text{HF} = \sqrt{\frac{\pi \beta}{4(1 - \cos \beta)} - 1} \quad (4-28)$$

为了进一步提高功率因数和改善网侧电流波形，可以采用双重扇控电路。例如，将电力机车六台牵引电动机，按前后转向架分成 I 和 II 两组。在每个半周期间的导通时间 θ 角相同，但是投切时间相差 β 角，这样牵引变压器原边的电流波形是呈两个台阶的对称波形，其相位移系数 DF＝1，波形的畸变也比较小。

4.6 PWM 控制

扇形控制在每个半周内只有一个电流脉冲，其最低次谐波为 3 次，而滤掉低次谐波比较困难，滤波装置的体积和尺寸都较大。如果在每个半周内有多个脉冲，低次谐波就比较容易消除。PWM 控制是利用半导体器件的导通和关断把直流电压或电流变为电压或电流脉冲列，并通过控制脉冲的宽度或次数以达到改变电压或电流的目的。PWM 波形的形成有很多种，其中最为基本的方法就是利用三角调制波和控制波的比较，控制系统通过比较电路将调制三角波与控制波进行比较，变换为逻辑电平控制开关元件的导通和关断。这时牵引变压器的电流波形在每半波内就有多个脉冲，从而消除低次谐波。

为了使低次谐波减少，还可采用正弦脉冲调制，使电流脉冲的面积按照正弦规律变化，这样不仅可以使相位移等于零，还可以通过控制每半波中脉冲数量方便地消除低次谐波，这种调制方法称为正弦脉宽调制（SPWM）。图 4 - 9 表示 SPWM 时输出电压和网侧电流波形，设正弦脉宽调制中导通较为 a_k，关断角为 θ_k，则正弦脉宽调制的性能参数如下：

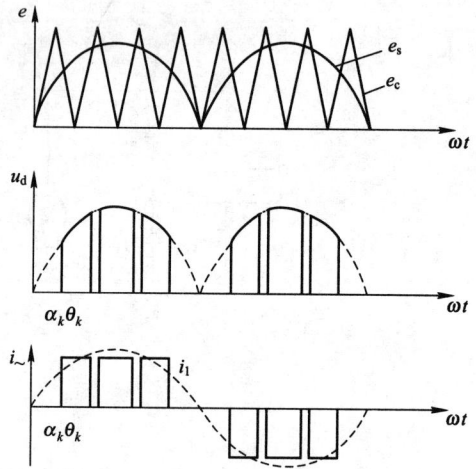

图 4 - 9 PWM 控制整流电路

$$U_d = \frac{1}{\pi}\int_0^\pi u_d\,\mathrm{d}\omega t = \frac{\sqrt{2}U}{\pi}\sum_{k=1}^N \int_{a_k}^{\theta_k}\sin\omega t\,\mathrm{d}\omega t = \frac{U_{d0}}{2}\sum_{k=1}^N(\cos\alpha_k - \cos\theta_k) \quad (4-29)$$

式中　N——每半波内的脉冲数。

由于电源电流 i 波形对称，偶次谐波不存在，而且系数 a_n 为 0，即

$$I_0 = 0$$

$$a_n = 0$$

$$b_n = \frac{2}{n}\int_0^\pi i\sin\omega t\,\mathrm{d}\omega t = \frac{2I_a}{\pi}\sum_{k=1}^N(\cos n\alpha_k - \cos n\theta_k) \quad (4-30)$$

$$I_n = b_n/\sqrt{2} \quad (4-31)$$

$$\varphi_n = 0° \quad (4-32)$$

$$I = \sqrt{\frac{1}{\pi}\int_0^\pi i^2\,\mathrm{d}\omega t} = \frac{I_d}{\sqrt{\pi}}\sqrt{\sum_{k=1}^N(\theta_k - \alpha_k)} \quad (4-33)$$

$$PF = \frac{I_1}{I}$$

$$DF = \cos\varphi_1 = 1$$

$$HF = \sqrt{\frac{I^2 - I_1^2}{I_1^2}}$$

在正弦脉宽调制时，移相角 $\varphi_1=0$，相位移系数 DF=1，而且功率因数高。如果 $N=6$，即每个半波内 6 脉冲时，其最低次谐波为 7 次，这样就可以消除电力机车用滤波器难以消除的 3 次和 5 次谐波。

另外采用双重或多重方式和脉宽调制相结合的技术，可以更加改善整流电路的性能。例如采用四重 PWM 控制电路，牵引电机负载分为四组，分别由四个整流电路供电，每个整流电路采用 PWM 控制方式，每半波内开关元件通断 5 次，则每相电流波形有 5 个脉冲，但是每相的导通和关断时间错开一个角度，结果电源侧的电流波形有四个台阶，并且每个台阶内还有脉宽调制，波形更加接近正弦波，电流畸变更小，进一步提高了电路的功率因数。

4.7　多段桥顺序控制

为了改善机车的功率因数，机车主电路可以采用多段桥顺序控制，如果采用前面介绍的扇形控制和 PWM 控制，要求有强迫换相电路，因此在交直电力机车上普遍采用多段桥顺序控制方法来提高机车的功率因数。一般段数越多，功率因数越高，但会造成机车主电路复杂和元件数量增加，所以在电力机车中一般最高的段数为四段桥。

4.7.1　两段半控桥

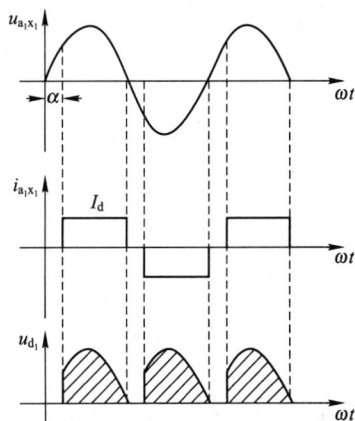

图 4-10 表示两段半控桥整流电路。变压器次边绕组分成电压相等的 a_1x_1 和 a_2x_2 两段，各自接有一段半控整流电路 RM_1 和 RM_2，两个半控桥接成串联，其中 $D_{1\sim4}$ 提供直流续流通道，两个半控桥进行顺序相控。在机车启动时，首先控制 T_1 和 T_2，半控桥 RM_1 工作，而 T_3 和 T_4 闭锁。次边绕组 a_2x_2 中不流通电流，负载电流流过 D_3、D_4 和半控桥 RM_1，变压器原边绕组内电流波形如图 4-11 所示。当 T_1 和 T_2 达到满开放时，输出整流电压为额定值一半。

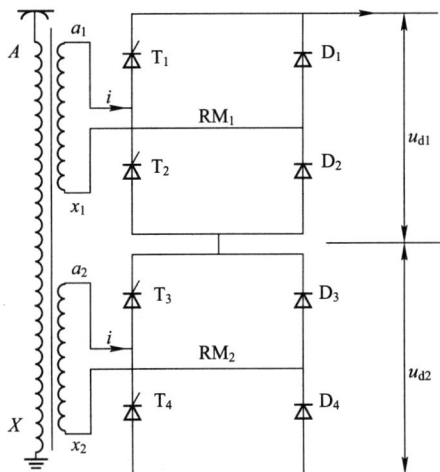

图 4-10　两段半控桥　　　　　图 4-11　一段半控桥电压电流波形

第二段是在 T_1 和 T_2 维持满开放时，触发导通 T_3 和 T_4，使次边绕组 a_2x_2 投入工作，此时各电流波形和输出整流电压波形如图 4-12 所示。当 T_3 和 T_4 满开放时，输出电压为额定值。

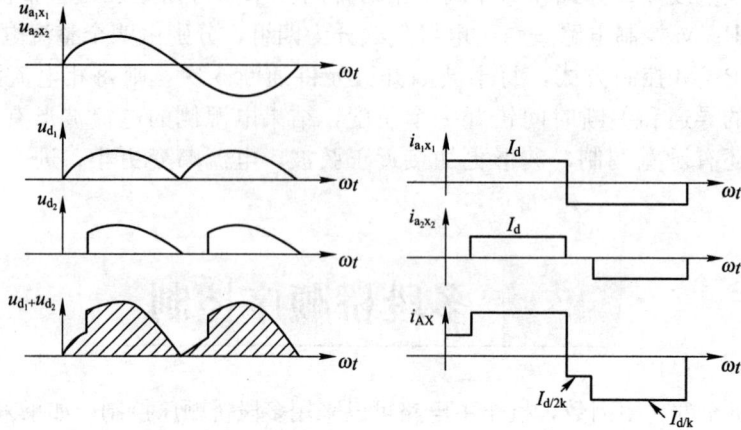

图 4-12　两段半控桥电压电流波形

在第一段调节区运行性能参数为：

$$0 < a_1 < \pi$$
$$a_2 = \pi$$

直流电压：$U_d = \dfrac{1}{4} U_{d0}(1 + \cos \alpha_1)$

有效电流：$I = \dfrac{I_d}{2}\sqrt{1 - \dfrac{\alpha_1}{\pi}}$

谐波电流：$I_n = \dfrac{\sqrt{2} I_d}{n\pi} \cos \dfrac{n\alpha_1}{2}$

相移角：$\varphi_n = -\dfrac{n\alpha_1}{2}$

功率因数：$\mathrm{PF} = \dfrac{I_1}{I} \cos \varphi_1 = \dfrac{\sqrt{2}(1 + \cos \alpha_1)}{\pi \sqrt{1 - \dfrac{\alpha_1}{\pi}}}$

相移系数：$\mathrm{DF} = \cos \varphi_1 = \cos \dfrac{\alpha_1}{2}$

谐波系数：$\mathrm{HF} = \sqrt{\dfrac{I^2}{I_1^2} - 1} = \sqrt{\dfrac{\pi(\pi - \alpha_1)}{4(1 + \cos \alpha_1)} - 1}$

在第二段调节区运行性能参数为：

$$a_1 = 0°$$
$$0 < a_2 < \pi$$

直流电压：$U_d = \dfrac{1}{4} U_{d0}(3 + \cos \alpha_2)$

有效电流：$I = I_d \sqrt{1 - \dfrac{3\alpha_2}{4\pi}}$

谐波电流：$I_n = \dfrac{I_d}{n\pi}\sqrt{5+3\cos n\alpha_2}$

相移角：$\varphi_n = -\arctan\dfrac{\sin n\alpha_2}{3+\cos n\alpha_2}$

功率因数：$\mathrm{PF} = \dfrac{I_1}{I}\cos\varphi_1 = \dfrac{3+\cos\alpha_2}{\pi\sqrt{2-\dfrac{3\alpha_2}{2\pi}}}$

相移系数：$\mathrm{DF} = \cos\varphi_1 = \dfrac{3+\cos\alpha_2}{\sqrt{10+6\cos\alpha_2}}$

谐波系数：$\mathrm{HF} = \sqrt{\dfrac{I^2}{I_1^2}-1} = \sqrt{\dfrac{\pi\left(\pi-\dfrac{3}{4}\alpha_2\right)}{5+3\cos\alpha_2}}$

图 4-13　两段半控桥功率因数

两段半控桥的功率因数如图 4-13 所示，二段桥的功率因数比一段桥的功率因数有显著提高。在 $\dfrac{U_d}{U_{d0}}=0.5$ 时，二段桥的功率因数为 0.9，两段半控桥功率因数已有显著提高。

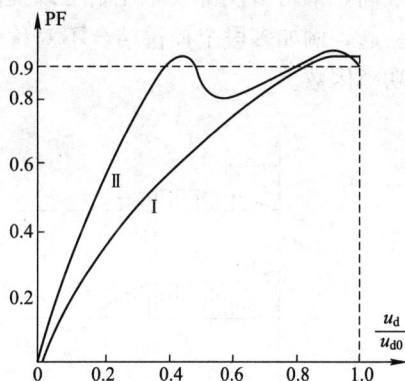

4.7.2　四段半控桥

为了用较少的元件和绕组段数，可以采用如图 4-14 所示的三段绕组四段半控桥，因此这种电路又称为经济四段桥。在三段绕组 a_1o、ox_1、a_2x_2 中，a_1o 和 ox_2 电压相等都等于 $1/4U_2$ 而 a_2x_2 等于 $1/2U_2$，可见 a_1o 和 ox_2 电压相等都等于 a_2x_2 的一半。

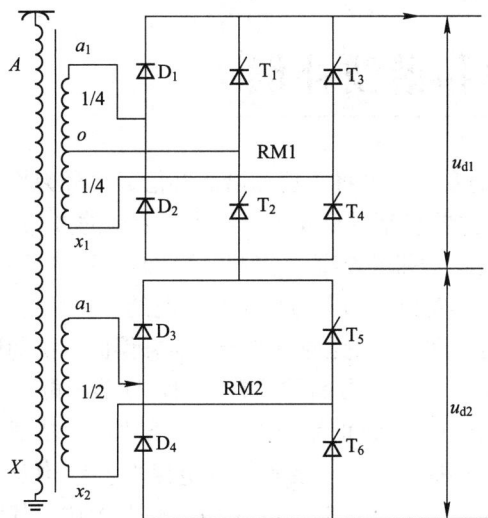

图 4-14　四段半控桥

四段半控桥工作时分为四个阶段，第一个阶段控制半控桥 $D_1D_2T_1T_2$ 工作，而 $T_3T_4T_5T_6$ 全部封锁，仅有绕组 a_1o 有电流流过，输出电压波形如图 4-15（Ⅰ）所示。逐渐减小触发角到 0°，T_1T_2 达到满开放，输出电压也从 0 逐渐升高到 $1/4U_{d0}$。第二阶段保持 T_1T_2 满开放，控制 T_3T_4 投入工作，这时绕组 a_1o、ox_1 都有电流通过，当 T_3T_4 满开放时，整流电压波形也由 $1/4U_{d0}$ 变为 $1/2U_{d0}$。在二个调节阶段结束后要进行负载转移，将 a_1x_1 绕组的负载电流转换到 a_2x_2 上，由于两者的匝数相等，只要控制合理可实现无电压电流的平滑转换。$T_1T_2T_3T_4$ 由导通变为截止，而 T_5T_6 由截止变为全开通。第三个阶段 T_5T_6 满开放，又重新控制第一段桥 T_1T_2，a_1o 再次投入工作，整流电压由 $1/2U_{d0}$ 升为 $3/4U_{d0}$；最后第四阶段 $T_1T_2T_5T_6$ 满开放，控制 T_3T_4 触发角，使整流电压达到最大值。四个阶段的整流电压的输出波形如图 4-15 所示。

图 4-16 为各种整流电路的功率因数比较，图中水平线为不可控整流桥的功率因数，不

论在任何负载下它的功率因数都为 0.9。Ⅰ 为全控整流电路的功率因数，其功率因数与平均输出电压 U_d 成正比；Ⅱ 为一段半控桥，可以看出半控桥的功率因数比全控桥高；Ⅲ 是两段半控桥的功率因数曲线；最后是四段半控桥的功率因数曲线。可以看出四段半控桥的功率因数最高，采用多段桥顺序控制可以提高机车的功率因数，如果将多段桥和各种特殊控制结合在一起，例如多段全控桥结合不对称触发控制，可以使机车在牵引和再生制动时均具有较高的功率因数。

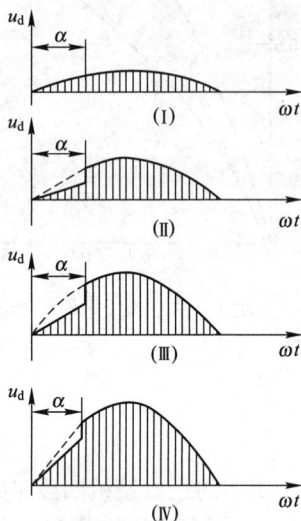

图 4-15　四段半控桥输出电压波形　　　　图 4-16　各种整流电路的功率因数比较

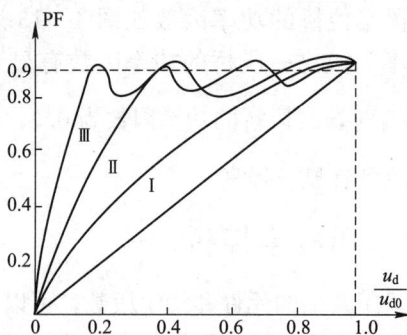

4.8　无功功率和谐波补偿

根据装置能否进行动态调节以跟踪补偿对象的变化，可将无功和谐波补偿装置分为静态补偿装置和动态补偿装置两大类。静态补偿装置主要包括并联电容器、LC 无源滤波器等，其特点是对无功和谐波的补偿不能动态调节。其中，并联电容器一旦投入电网，只要电网电压不变，其无功补偿容量就是固定的，不能适应补偿对象（如电力机车）工况的变化。同样，LC 无源滤波器的无功补偿容量也由网压决定。对于谐波，LC 无源滤波器只能补偿固定次的谐波，补偿的效果由其调谐点及系统阻抗共同决定的，易受多方面的因数影响，性能不好。

动态补偿装置主要包括静止无功补偿装置（SVC）、静止无功发生器（SVG）、晶闸管投切滤波器（TSF）、有源电力滤波器（APF）等多种电力电子装置。其电路拓扑结构及基本工作原理在此就不再详细说明。在动态补偿装置中，SVC 和 SVG 仅用于补偿无功，其无功补偿装置可以动态调节。由于 SVG 采用全控型电力电子器件组成主电路，利用 PWM 方法进行控制，其动态特性比 SVC 好得多，但成本高。TSF 通过分组投切来达到动态调节无功补偿容量的目的，同时可补偿谐波，但其补偿谐波的性能与 LC 滤波器基本相同。AFP 的性能最为全面，可对无功和谐波同时进行动态补偿。AFP 的主电路结构与 SVG 相似，且均采用全控型电力电子器件，但两者的控制方法不同。

就装置的性能与成本而言，静态补偿装置因结构简单、技术难度较低而成本较低，动态补偿装置达到的性能越好，则采用的技术相对复杂，因而成本也较高。目前的发展趋势是，电力电子装置的成本正在逐渐减少，而静态补偿装置中所用的大量铜、铁等金属材料成本则相对增加，因此动态补偿装置的应用越来越广。针对实际补偿需求，可将几种装置组合使用。

8K 机车装有功率因数补偿装置，可以有效地提高机车的功率因数，使得 8K 机车在其功率达到额定功率的一半时，机车的功率因数可以达到 0.9，而当机车的功率达到持续功率时，机车的功率因数可以达到 0.94。通过机车功率因数的定义可知，机车的功率因数是由两方面决定的，一是机车的相位移系数，一是电流畸变系数，那么为了提高机车的功率因数就必须从这两方面着手，一方面要减小电流的畸变，使电流尽量接近正弦波，另一方面要减小基波电流与电压的相位移，使电压电流同相位，提高相位移系数。8K 型电力机车的主电路中牵引变压器的低压侧绕组上并联了功率因数补偿装置（见图 4-17），利用电容提供容性电流来提高相位移系数，同时利用谐振装置可以将谐波电流分流，减少电网电流的畸变。

对基波进行无功补偿的原理如图 4-18 所示，在机车牵引变压器的低压侧绕组两端并联了补偿电容将有电流 $\dot{I}_{\mathrm{f}}$ 流过补偿电容支路，对于基波来说可以使电流 $\dot{I}_{\mathrm{f}}$ 向量超前电压向量 $\dot{U}$ 接近于 90°，这时流过牵引变压器的电流 $\dot{I}_{\mathrm{s}}$ 等于 $\dot{I}_{\mathrm{n}}$ 加上 $\dot{I}_{\mathrm{f}}$，电流向量 $\dot{I}_{\mathrm{s}}$ 与电压向量的夹角减小，也就是说感性负载的滞后的无功功率由电容器提供的容性超前功率补偿了，这样电网提供的无功功率就可以减少了。

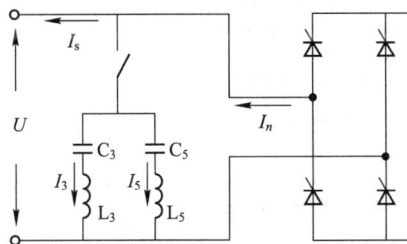

图 4-17 8K 机车网侧功率因数补偿装置

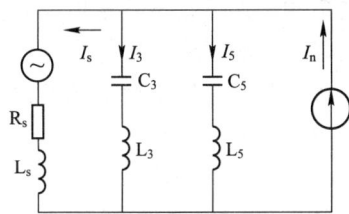

图 4-18 8K 机车功率补偿原理

另外在电容器支路里串联电感 L，组成 LC 谐振电路，对某一频率谐波产生谐振，在 8K 型电力机车上设有两个频率的谐振电路，一是 150 Hz 谐振电路，另一个是 250 Hz 频率谐振电路。无论是硅整流电力机车还是晶闸管相控整流机车，其整流负载的谐波阻抗比电网侧的短路阻抗及补偿滤波电路的阻抗大得多，因此可以把机车整流负载作为谐波电流源，则图 4-19 为 8K 电力机车的机车整流电路等值电路。

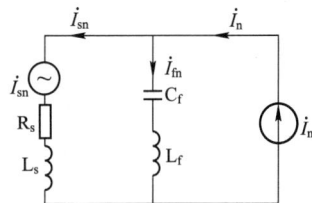

图 4-19 8K 机车整流电路等值电路

负载电流中 $\dot{I}_{\mathrm{n}}$ 中含有大量的奇次谐波，在流向牵引变压器时，其中的 150 Hz 和 250 Hz 谐波电流被电压谐振电路分流，这样在流向牵引变压器的电流 $\dot{I}_{\mathrm{s}}$ 中谐波的含量将大为减少，电网交流电的频率为 50 Hz，通过谐振滤波电路机车中的 3 次和 5 次谐波全被各自的谐振电路滤掉，所以流过牵引变压器的电流 $\dot{I}_s$ 的电流波形畸变程度降低，电流畸变系数就增加了。我们再将等值电路简化为图 4-19，其中 C_f、L_f 分别表示滤波器的电容和电感，R_s、L_s 分别表示牵引变压器、变电所变电器、牵引网的电阻和漏感，$\dot{I}_n$ 表示机车产生的各次谐波电流，则可以推导出流过滤波器的谐波电流和流过牵引变压器的谐波电流：

$$\dot{I}_{fn}=\frac{\dot{Z}_{sn}}{Z_{sn}+Z_{fn}}\cdot\dot{I}_n \tag{4-34}$$

$$\dot{I}_{sn}=\frac{Z_{fn}}{Z_{sn}+Z_{fn}}\cdot\dot{I}_n \tag{4-35}$$

其中，Z_{sn} 和 Z_{fn} 分别是电网和滤波器对各次谐波的阻抗，从上面的式子可以看出滤波器的滤波效果取决于 Z_{sn} 和 Z_{fn} 之间的比值，适当的增大机车牵引变压器的短路阻抗有益于提高滤波的效果。从上面的分析可以看出，滤波器一方面对整流负载电路产生的高次谐波起着分流作用，另一方面它在电网侧基波电压作用下产生容性基波电流，从而改善机车的相位移系数，以提高机车的功率因数。

复习参考题

【1】机车的功率因数的定义是什么？

【2】不考虑换向重叠角，试计算不可控整流电路的功率因数。

【3】提高相控电力机车功率因数的基本方法有哪些？

【4】试用图示的方法，比较半控桥和全控桥的功率因数的高低。

【5】分析全控桥通过不对称触发控制提供功率因数的基本工作原理，并画出四个晶闸管的电流波形和网侧电流波形。

【6】分析经济四段桥的调压工作原理，并画出各个阶段输出电压波形。

【7】试分析 8K 机车功率因数较高的原因。

第5章 相控电力机车及其控制系统

【本章内容概要】

首先要了解闭环控制系统的基本构成、各个环节的数学模型，并从理论上逐步分析各种电力牵引闭环自动控制系统的静态性能和动态性能。介绍各种相控电力机车的主电路及其机车控制系统的基本构成与工作原理，并详细分析了控制系统中各个典型单元电路的作用与设计方法。

【本章学习重点与难点】

学习重点：①双闭环自动控制系统动静态性能；②8K 机车主电路调压原理；③机车电气制动实现方法。

学习难点：自动控制系统典型控制单元的作用与工作原理。

机车控制系统的主要功能为调节牵引力和速度，由于相控电力机车以直流电机为主要驱动部件，因此相控电力机车控制系统就是以直流牵引电机为控制对象的闭环自动控制系统，通过对牵引电机的电流和转速等参数的调节，达到机车运行控制的目的，提高机车的运行性能。

5.1 电力机车闭环控制系统

如图 5-1 所示，为了改善和提高牵引性能指标，简化司机操作，相控电力机车一般采用闭环控制系统。根据司机给定量和检测到的被调量的反馈值进行比较，形成偏差信号 E，然后按偏差经调节控制器来控制晶闸管整流器的输出电压，即控制牵引电机的输入电压，从而达到控制被调量的目的。在闭环控制系统中，如果要控制的被调量仅有一个，则构成单闭环控制系统。如果要控制的被调量有多个，则构成多变量反馈的多闭环控制系统。机车的速度和牵引力是两个主要的被调量，可以实现机车的恒流启动和恒转速运行。

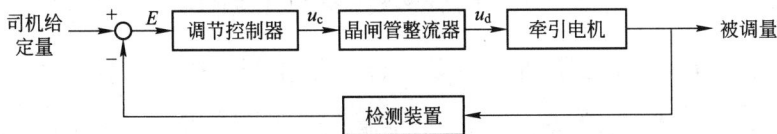

图 5-1 电力牵引闭环自动控制系统

5.1.1　相控电力机车控制系统数学模型

为了对电力牵引控制系统进行分析和设计，首先应合理确定系统的数学模型，然后对系统进行动、静态分析。尽管电力牵引控制系统中有些环节是非线性的，但是可以采用局部线性化的方法近似等效成为线性系统，因此，通常情况下在工程分析和设计中，电力牵引自动控制系统均被视为线性定常系统。为了描述线性定常系统的输入输出关系，最常用的方法就是利用传递函数建立系统的数学模型。

1. 晶闸管整流器传递函数

要控制晶闸管整流器的输出电压总离不开触发器，因此在分析相控机车控制系统时往往把它们作为一个整体看待。晶闸管整流器的输入量是触发器的控制电压 U_k，输出量是理想空载整流电压 U_{d0}。如果把它们之间的放大系数 K_s 看成常数，则晶闸管触发和整流装置可以看成是一个具有纯滞后的放大环节，其滞后作用是由晶闸管装置的失控时间引起的。普通晶闸管整流装置一旦被触发导通后，如果控制电压 U_k 发生变化，输出电压 U_{d0} 并不会瞬时产生反应，必须等到下一相被 U_k 移相的触发脉冲来到时，引起晶闸管换相，整流电压才会改变。因此，晶闸管整流装置的输入信号与输出响应如图 5-2 所示。一般可在两个自然换相点之间取每一相整流电压的平均值，从发生 ΔU_k 到产生 ΔU_{d0} 中间这一段不能控制的时间叫做"失控时间"，用 T_s 表示。显然 T_s 不是一个固定时间，它的大小与 U_k 发生变化的时刻有关，是一个随机变量，最大可能的失控时间就是两个自然换相点之间的时间，它取决于整流电路的型式和交流电源的频率，如式（5-1）所示。

$$T_{smax} = \frac{1}{qf} \tag{5-1}$$

式中　q——交流电源一周内的整流电压波头数；

　　　f——交流电源频率（50 Hz）。

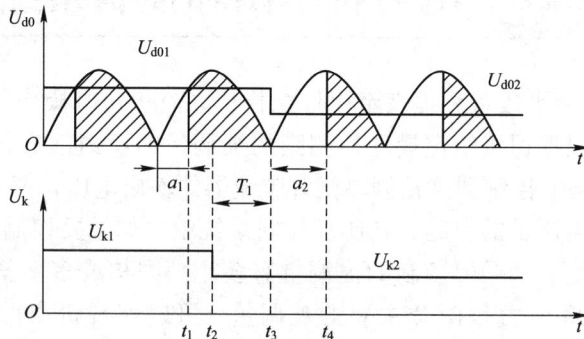

图 5-2　晶闸管整流装置的失控时间

实际分析计算时，往往把 T_s 取作常值。目前有两种取法：一种是按最严重的情况考虑，即取 $T_s = T_{smax}$；另一种是按统计平均值选取，即取 $T_s = \frac{1}{2}T_{smax}$。当交流电源的频率为 50 Hz 时，不同整流电路的失控时间如表 5-1 所示。

表 5 - 1　各种整流电路的失控时间 (*f*＝50 Hz)

整流电路型式	单相半波	单相桥式	三相桥式
q	1	2	6
最大失控时间 T_{smax}/ms	20	10	3.33
平均失控时间 T_s/ms	10	5	1.67

在电力牵引控制系统中的晶闸管整流装置通常采用单相全波整流电路，因而若将最大失控时间作为时间常数的话，一般可以认为其时间常数为 0.01s。

通过拉氏变换，晶闸管触发和整流装置的传递函数可以写成：

$$W_s(s) = \frac{U_{d0}(s)}{U_k(s)} = K_s e^{-T_s s} \tag{5-2}$$

为了计算简便，当 $\omega \ll \dfrac{1}{T_s}$，系统可以近似为一阶惯性环节，则式 (5-2) 可以变换为式 (5-3)。

$$W_s(s) \cong \frac{K_s}{T_s s + 1} \tag{5-3}$$

需要指出，上述把晶闸管触发和整流装置的放大倍数 K_s 当成常数，实际上是忽略了整个环节中包含的一些非线性因素。从触发器上看，输入量为 U_k，输出量为脉冲触发角 α，除了锯齿波触发器外，它们一般不是线性关系。对整流装置来说，输入量为脉冲触发角 α，输出量为 U_{d0}，当采用单相全控桥整流电流连续时，它们之间的关系（$u_{d0} = U_{d0} \cos \alpha$）为非线性。因此，在分析时可以先通过实验方法测出输入输出特性，然后进行线性化处理，放大倍数 K_s 可由工作范围内的特性斜率决定：

$$K_s = \frac{\Delta U_d}{\Delta U_k} \tag{5-4}$$

在设计过程中，如果没有可能实测特性，可以在控制电压 $U_k＝0$ 对应于整流电压 $U_d＝0$ 的条件下，用两个量的设计最大值初步估算 K_s，即：

$$K_s = \frac{U_{dmax}}{U_{kmax}} \tag{5-5}$$

2. 检测装置传递函数

在电力牵引闭环自动控制系统中，由检测装置构成反馈环节，对系统的控制精度和性能直接起着重要的影响，一般对检测装置都要求具有较好的线性度，但由于装置本身的时间常数以及滤波电路的时间常数的存在，通常检测装置具有惯性环节的特征。

以牵引电机定子电流和转速的检测为例，如采用直流互感器检测电流构成反馈回路，其传递函数可以写为：

$$\frac{u_{if}}{i} = \frac{\beta}{T_{if} s + 1} \tag{5-6}$$

其中　β——电流反馈放大系数；

T_{if}——电流反馈时间常数。

如采用直流测速发电机检测转速构成反馈回路，其传递函数可以类似地写为：

$$\frac{u_{nf}}{n} = \frac{\alpha}{T_{nf} s + 1} \tag{5-7}$$

其中　α——速度反馈放大系数；

　　　　T_{nf}——速度反馈时间常数。

在一般工程设计和分析中，考虑到电流反馈环节的时间常数和速度反馈环节的时间常数与系统中其他环节的时间常数相比较要小得多，故利用自动控制理论中的小参数原则，可以将其忽略不计，或并入到其他环节的时间常数中去。此时电流反馈环节或速度反馈环节就可以作为比例环节来处理，即其传递函数可表示为：

$$\frac{u_{if}}{i}=\beta \tag{5-8}$$

$$\frac{u_{nf}}{n}=\alpha \tag{5-9}$$

3. 调节器传递函数

在电力牵引闭环自动控制系统中，调节器起着关键作用。通常控制系统的性能取决于调节的结构和参数的选择。目前，在电力牵引实际系统中大量采用的基本仍是传统的比例（P）调节器、积分（I）调节器和比例积分（PI）调节器等。

比例调节器是一个具有一定增益的放大器，其传递函数为：

$$W_P(s)=\frac{U_K(s)}{E(s)}=K_P \tag{5-10}$$

其中　K_P——比例系数或者放大器增益。

积分调节器的输出是比例于输入的误差信号对时间的积分，其传递函数为：

$$W_I(s)=\frac{1}{\tau s} \tag{5-11}$$

其中　τ——积分时间常数。

如果采用比例控制，为了获得一个稳定输出，则必然会具有一个相应的稳态误差；如果用积分控制代替比例控制，则可以使稳态误差为零，得到一个稳定的输出。但是系统中引入积分调节器后，常常会导致系统不稳定，或者使系统的动态特性变坏，使输出出现超调和过分是振荡。因此，实际中常采用折中的方法，即采用比例控制和积分控制的组合控制构成比例积分调节器，其传递函数为：

$$W_{PI}(s)=K_P\left(1+\frac{1}{\tau s}\right) \tag{5-12}$$

比例积分调节器一般既能使系统的稳态误差为零，同时又可得到满意的动态性能。因此，在电力牵引闭环控制系统中应用得最为广泛。

4. 串励直流牵引电动机传递函数

在相控电力机车中目前采用最为广泛的驱动部件为串励直流牵引电动机。图 5-3 所示是串励直流电动机的模型。图中 L_d 为包括平波电抗器、定子电枢绕组和励磁绕组在内的总的电枢回路电感。

串励直流电动机的电压方程式和力矩方程

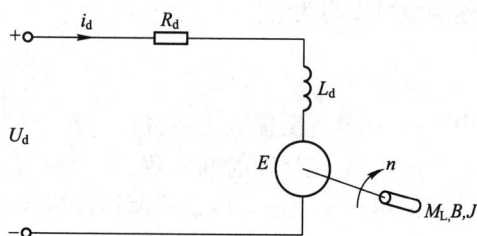

图 5-3　串励直流电动机模型

式为:

$$U_d = R_d i_d + L_d \frac{di_d}{dt} + C_e \varphi n \qquad (5-13)$$

$$C_M \Phi i_d = M_L + Bn + J \frac{dn}{dt} \qquad (5-14)$$

其中　U_d——电机的电枢电压;

　　　　L_d——电枢回路电感;

　　　　R_d——电枢回路电阻;

　　　　i_d——电枢电流;

　　　　C_e——电机电势常数;

　　　　Φ——励磁磁通;

　　　　n——电机转速;

　　　　C_M——电机转矩常数;

　　　　M_L——电机负载转矩;

　　　　B——风阻(与电机转速成正比);

　　　　J——电机的惯性矩。

　　利用小信号扰动法可以推导出其线性模型或传递函数。假定:

　　(1)对于给定的稳态工作点附近的小扰动,电机参数保持不变,仅与给定的稳态动作点有关;

　　(2)由于串励直流电动机调速一般通过晶闸管整流器来实现控制,即通过改变整流器的触发角来改变加在串励直流电动机上的平均电压,从而影响其转速和电流。因此,在扰动之后的瞬间工况,电流和转速均在一个周期内的平均值随时间的变化来考虑,而不同它们的瞬态值;

　　(3)在给定工作点,励磁磁通 Φ 与电枢电流平均值 I_d 具有线性关系;

　　(4)电流的平均值和有效值基本上相同。

　　基于上述假定,式(5-12)和式(5-13)可写成:

$$U_d = R_d I_d + L_d \frac{dI_d}{dt} + C_e K_\Phi I_d n \qquad (5-15)$$

$$C_M K_\Phi I_d^2 = M_L + Bn + J \frac{dn}{dt} \qquad (5-16)$$

其中　K_ϕ——在给定工作点励磁磁通 Φ 相对于平均电枢电流 I_d 的比例系数,即

$$K_\Phi = \Phi / I_d \qquad (5-17)$$

　　式(5-15)、式(5-16)仍是非线性方程,对它们在给定工作点 (I_{d0}, N_0) 附近小偏量线性化可得:

$$\Delta U_d = R_d \Delta I_d + L_d \frac{d(\Delta I_d)}{dt} + C_e K_\Phi N_0 \Delta I_d + C_e K_\Phi I_{d0} \Delta N$$

$$= (R_d + R_e) \Delta I_d + L_d \frac{d(\Delta I_d)}{dt} + C_e \Phi_0 \Delta N \qquad (5-18)$$

$$2 C_M \Phi_0 \Delta I_d = \Delta M_L + B \Delta N + J \frac{d(\Delta N)}{dt} \qquad (5-19)$$

其中　I_{d0}、N_0——在给定工作点的平均电流和平均转速;

Φ_0——在给定工作点的磁通，$\Phi_0 = K_\Phi I_{d0}$；

R_e——相当于折算到电枢回路的反电势内阻，$R_e = C_e K_\Phi N_0$。

在拉普拉斯定义域内，式（5-18）和式（5-19）可以分别改写为：

$$\Delta I_d(s) = \frac{\Delta U_d(s) - C_e \Phi_0 \Delta N(s)}{R_d + R_e + s I_d} = \frac{\Delta U_d(s) - C_e \Phi_0 \Delta N(s)}{(R_d + R_e)(1 + \tau s)} \quad (5-20)$$

$$\Delta N(s) = \frac{2 C_M \Phi_0 \Delta I_d(s) - \Delta M_L(s)}{B + s J} = \frac{2 C_M \Phi_0 \Delta I_d(s) - \Delta M_L(s)}{B(1 + s \tau'_m)} \quad (5-21)$$

其中 τ_{d0}——串励电机的电气时间常数，且有：

$$\tau_{d0} = L_d / (R_d + R_e)$$

τ'_m——串励电机的机械时间常数，且有：

$$\tau'_m = J / B \quad (5-22)$$

由式（5-20）和式（5-21）可以写出串励直流电动机的传递函数框图如图5-4所示。

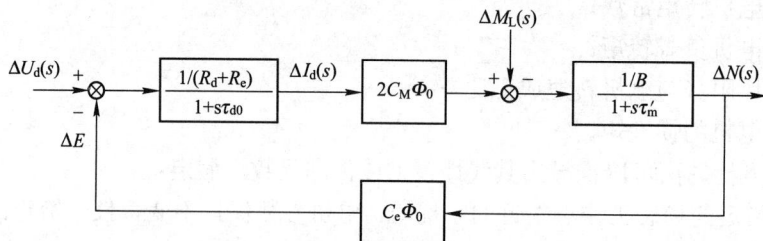

图5-4 串励直流电动机传递函数框图

由图5-4可以推导出在电压扰动 $\Delta U_d(s)$ 和负载转矩扰动 $\Delta M_L(s)$ 作用下的转速扰动 $\Delta N(s)$ 传递函数。即：

$$\Delta N(s) = \frac{G_1(s)}{1 + G_1(s) H_1(s)} \Delta U_d(s) + \frac{G_2(s)}{1 + G_2(s) H_2(s)} \Delta M_L(s) \quad (5-23)$$

其中 $G_1(s) = \frac{1/(R_d + R_e)}{1 + s \tau_{d0}} \cdot 2 C_M \Phi_0 \cdot \frac{1/B}{1 + s \tau'_m}$

$H_1(s) = C_e \Phi_0$

$G_2(s) = \frac{-(1/B)}{1 + s \tau'_m}$

$H_2(s) = \frac{-2 C_e C_M \Phi_0^2 / (R_d + R_e)}{1 + s \tau_{d0}}$

如果只考虑电压扰动 $\Delta U_d(s)$ 的影响，认为 $\Delta M_L = 0$，则由式（5-23）有：

$$\frac{\Delta N(s)}{\Delta U_d(s)} = \frac{G_1(s)}{1 + G_1(s) H_1(s)}$$

$$= \frac{2 C_M \Phi_0}{B(R_d + R_e)(1 + s \tau'_m)(1 + s \tau'_m) + 2 C_e C_M \Phi_0^2}$$

$$= \frac{2 C_M \Phi_0}{B(R_d + R_e)[s^2 \tau_{d0} \tau'_m + (\tau'_m + \tau_{d0}) s + 1] + 2 C_e C_M \Phi_0^2} \quad (5-24)$$

通常 $\tau_{d0} \ll \tau'_m$，将 $\tau'_m + \tau_{d0} \approx \tau'_m$ 代入式（5-24）可得：

$$\frac{\Delta N(s)}{\Delta U_d(s)} = \frac{2 C_M \Phi_0}{2 C_e C_M \Phi_0^2 + B(R_d + R_e) + s \tau'_m (R_d + R_e) + s^2 \tau_{d0} \tau'_m B(R_d + R_e)}$$

$$= \cfrac{\cfrac{2C_M\Phi_0}{[2C_eC_M\Phi_0^2 + B(R_d + R_e)]}}{1 + s\cfrac{\tau_m'B(R_d + R_e)}{2C_eC_M\Phi_0^2 + B(R_d + R_e)} + s^2\tau_{d0}\cfrac{\tau_m'B(R_d + R_e)}{2C_eC_M\Phi_0^2 + B(R_d + R_e)}}$$

$$= \frac{k_{m0}}{1 + s\tau_{m0} + s^2\tau_{d0}\tau_{m0}} \tag{5-25}$$

其中 k_{m0}——串励电机转速扰动相对于电枢电压扰动的比例系数且有：

$$k_{m0} = \frac{2C_M\Phi_0}{2C_eC_M\Phi_0^2 + B(R_d + R_e)} \tag{5-26}$$

τ_{m0}——串励电机的机电时间常数且有：

$$\tau_{m0} = \frac{\tau_m'B(R_d + R_e)}{2C_eC_M\Phi_0^2 + B(R_d + R_e)} = \frac{J(R_d + R_e)}{2C_eC_M\Phi_0^2 + B(R_d + R_e)} \tag{5-27}$$

由式（5-26）可知，串励直流电动机看做是一个二阶系统。由小扰动方法得到串励直流电动机的线性化模型如图 5-5 所示。

另外，工程上有时由于 $\tau_{d0} \ll \tau_{m0}$，可直接将串励直流电动机简化成一阶系统，即在式（5-24）中忽略分母中的 $s\tau_{d0}$，令 $1 + s\tau_{d0} \approx 1$，则

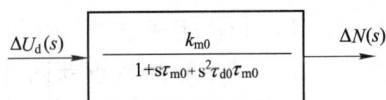

图 5-5　串励直流电动机空载传递函数框图

$$\frac{\Delta N(s)}{\Delta U_d(s)} = \frac{2C_M\Phi_0}{B(R_d + R_e)(1 + s\tau_m') + 2C_eC_M\Phi_0^2} = \frac{k_{m0}}{1 + s\tau_{m0}} \tag{5-28}$$

传递函数的简化程度与闭环控制系统的分析和设计要求有关。实际中，应根据具体要求，选用合适的传递函数来进行动态分析和设计。

5.1.2　单闭环无静差自动调节系统

在电力牵引控制系统中，选用积分调节器作为控制器就可以构成无静差自动调节系统。积分调节器虽然可以使系统在稳态时无静差，但是它的动态响应比较慢；因此在实际应用中，往往将比例调节器和积分调节器结合起来，采用比例积分调节器，达到静态准、响应快的控制效果。

图 5-6 给出了采用比例积分调节器的单闭环无静差调速系统，可以得出单闭环无静差调速系统动态结构图如图 5-7 所示。

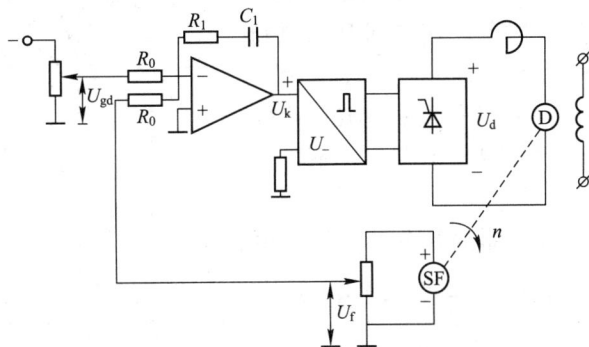

图 5-6　采用比例积分调节器的单闭环无静差调速系统

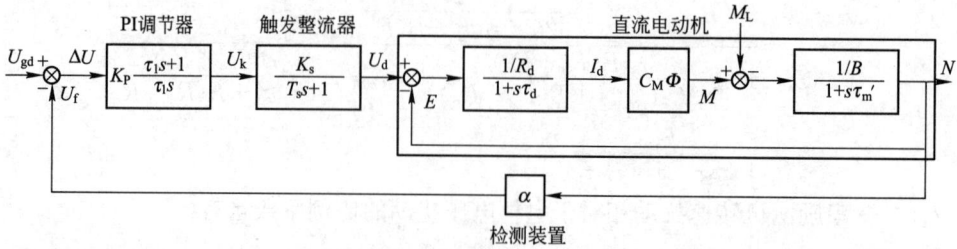

图5-7　单闭环无静差调速系统动态结构图

设 $t=0$ 时，系统处于稳态，系统给定信号为 U_{gd}，对应于负载转矩 M_{L1}（电流为 I_{d1}），转速为 n_1，晶闸管整流平均电压为 U_{d1}，PI调节器输入电压 $\Delta U = U_{gd} - U_f = 0$，电容 C_1 停止充电，相当于开路，其输出电压，即触发器控制电压保持为 U_{k1}。

设 $t=t_1$ 时，负载转矩由 M_{L1} 突增到 M_{L2}，电枢电流随之增加 ΔI_d，增量 $\Delta I_d R_d$ 作为系统扰动作用，使电动机转速下降，引起PI调节器的调节作用。调节结果转速将重新回升到 n_1。具体调节过程如图5-8所示分析如下。

在 t_1 瞬间负载转矩突增加 $\Delta M_L = M_{L2} - M_{L1}$，于是电动机转速由 n_1 随之下降，出现了速度偏差 Δn，导致调节器输入端出现电压 $\Delta U = U_{gd} - U_f \neq 0$，于是开始了比例积分调节过程。

比例调节过程：在 ΔU 作用下，PI调节器立即输出比例调节器部分 $K_P \Delta U$，晶闸管整流电压增加一比例部分 $\Delta U_{d \cdot P}$，如图5-8（c）曲线①所示。比例增量 $\Delta U_{d \cdot P}$ 的增长速度与速度偏差 Δn 成正比，$\Delta U_{d \cdot P}$ 部分地补偿了电枢回路的电阻压降，在这一调节作用下，转速下降缓慢了，n 不是直线下降，而沿曲线下降如图5-8（a）所示。t_2 时刻，转速降到最低值，动态速降达到最大值 Δn_{max}，当然 $\Delta U_{d \cdot P}$ 也达到最大值。从 $t_2 \rightarrow t_3$，由于速度逐渐回升，Δn 减小，与 ΔU 成比例的电压增量 $\Delta U_{d \cdot P}$ 也逐渐减弱。最后，在 t_3 时刻，速度回升到原稳态值 n_1，偏差完全被消除，$U_f = U_{gd}$，$\Delta U = 0$，$K_P \Delta U = 0$，$\Delta U_{d \cdot P} = 0$，这表明了与偏差成正比例的调节作用与偏差共存亡，偏差不存在，不再进行调节。

积分调节过程：PI调节器的积分部分输出电压正比于偏差的积累，即 $\Delta U_{d \cdot I} = \dfrac{K_P}{\tau_1} \cdot \int \Delta U \mathrm{d}t$。积分调节过程如图5-8（c）曲线②所示。在扰动作用的 t_1 附近，Δn 较小，ΔU 也较小，$\Delta U_{d \cdot I}$ 增长得

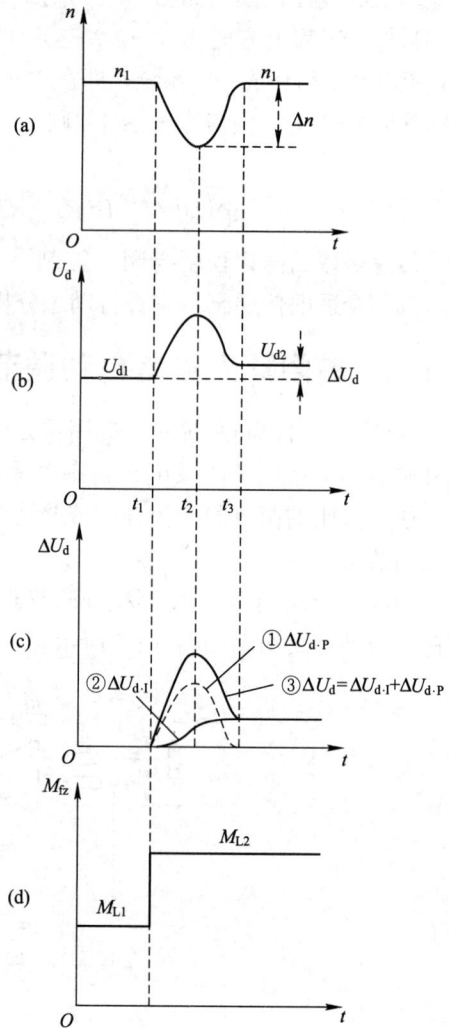

图5-8　PI调节器抗扰动调节过程

十分缓慢。t_2 时刻，Δn 最大，$\Delta U_{\text{d·I}}$ 增长得最快。$t_2 \to t_3$ 期间电动机速度开始回升，偏差逐渐减小，$\Delta U_{\text{d·I}}$ 的增长速度逐渐降低，t_3 时刻偏差完全消除时，$\Delta U_{\text{d·I}}$ 停止增长，之后一直保持在 t_3 时刻的数值。积分调节作用虽不再增长，但却积累了以往的调解结果。正因为如此，整流电压在 t_3 以后保持在比原稳态电压 U_{d1} 高出 ΔU_{d} 的新稳态值 ΔU_{d2} 上。从静态来看，由于被提高的电压 ΔU_{d} 正好补偿了由于负载增加引起的主电路回路电阻压降 $\Delta I_{\text{d}} R_{\text{d}}$，才使电动机的速度刚好回升到了原来的稳态值，从而实现了无静差调节。

由以上分析可以看出，因为电压 U_{d} 的增长速度与偏差 ΔU 一一对应，只要有偏差，整流电压就要增长，而且电压的增长又是积累的，因此可以说，偏差存在的时间越久，电压增长量就越大。调节后电压稳态值不但取决偏差值的大小，还取决于偏差存在的时间。所以不管负载怎么变化，积分调节作用一定会把负载变化的扰动作用完全补偿，也只有当转速回升到给定值 n_1 时，才可能停止积分调节作用。在负载变化的扰动作用下，PI 调节器对系统的调节的全过程可以将图 5-8（c）的曲线①和②线性相加便可。整流电压从原稳态值 U_{d1} 调节到新稳态值 U_{d2} 的过程如图 5-8（b）所示。

在整个调节过程中，比例调节部分在起始和中间阶段起主要作用。由于 $\Delta U_{\text{d·P}}$ 的出现，阻止了转速 n 的继续下降，帮助转速的顺利回升。随着转速越来越接近稳态值，比例作用越来越小；而积分调节作用在调节过程的后期起主要作用，而且依靠它来最后消除偏差。所以采用 PI 调节器后，系统可以获得良好的抗扰性能。

5.1.3　双闭环自动调节系统

在机车运行过程，牵引力和速度是两个主要的调节量，而机车的牵引又通过牵引电机的电流来进行控制。因此在电力牵引自动控制系统中主要采用转速、电流双闭环调速系统，其基本结构原理如图 5-9 所示。

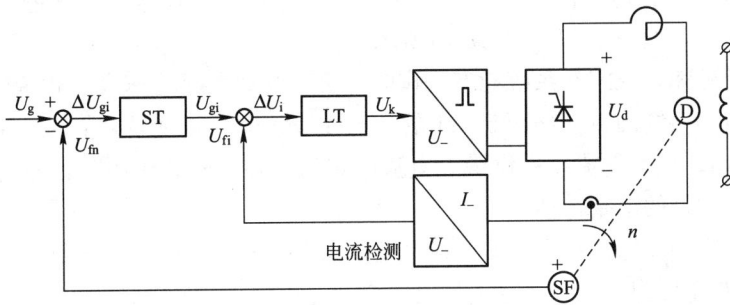

图 5-9　转速、电流双闭环调速系统

其中　ST——转速调节器；

　　　　LT——电流调节器；

　　U_{gn}、U_{fn}——转速给定和转速反馈电压；

　　U_{gi}、U_{fi}——电流给定和电流反馈电压。

为了获得良好的静动态性能，转速调节器 ST 和电流调节器 LT 一般都采用 PI 调节器。在图 5-9 中，给定信号 U_{gn} 与信号 U_{fn} 比较后，加在 ST 的输入端，电动机的速度由给定信号 U_{gn} 确定，ST 输出 U_{gi} 作为电流给定信号加在 LT 的输入端，LT 的输出 U_{k} 送至触发器对

晶闸管的整流电压 U_d 进行控制，以保证电动机在给定速度下运转。稳态时两个调节器的放大系数均为调节器的开环放大系数 K_0。系统对应的静态结构如图 5-10 所示。

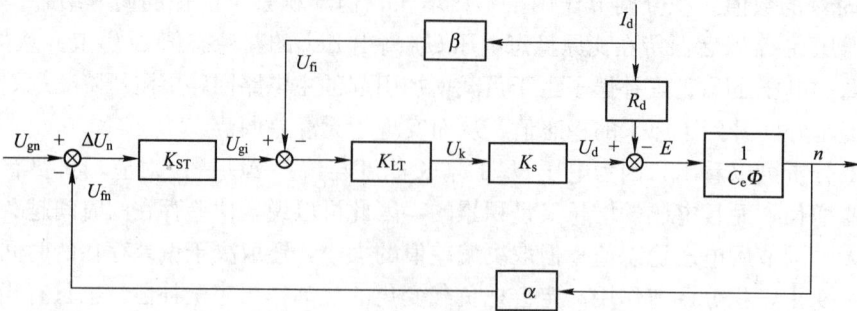

图 5-10　双闭环调速系统静态结构图

由图 5-10 可见 ST 的输出限幅即为最大电流给定值，正确的整定 ST 的输出限幅值，即可保证主电路电流不超过允许值。双闭环系统的静特性如图 5-11 所示。在正常负荷时，速度调节器 ST 不饱和，依靠 ST 的调节作用，保证系统具有绝对硬的静特性（无静差）。这时电流调节器只起辅助作用。负载电流的大小，是根据系统运行的情况，由电流给定值 U_{gi} 决定的。但由于 ST 具有输出限幅，所以当电动机的负载力矩过大时，ST 进入饱和状态，失去调节作用，速度环呈开环状态。在固定的最大给定电流作用下，依靠电流环对电流进行调节，这时系统由恒转速调节转变

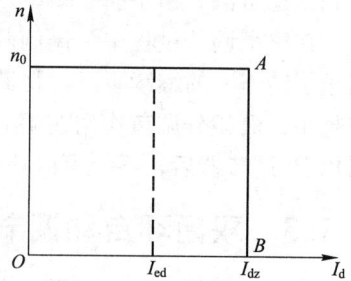

图 5-11　双闭环系统静特性

为恒电流调节。由于电流调节器也是 PI 调节器，所以可以实现电流的无静差调节，从而得到极好的下垂特性，如图 5-11 的 AB 段所示。

从以上分析可知，双闭环系统稳态工作时，负载变动引起的速度变化依靠 ST 自动调节维持恒定，对应的系统静特性如图 5-11 的 n_0—A 段。电流超过最大值时，ST 输出达限幅，ST 失去调节作用，仅为电流环提供最大电流给定值。在 LT 的作用下，系统处于恒流调节状态，从而得到陡峭的下垂特性。

由于突加给定的动态过程是衡量系统性能的重要指标，因此有必要深入讨论一下。对以图 5-9 所示的双闭环调节系统，在突加给定启动过程中转速调节器输出电压 U_{gi}、电流调节器输出电压 U_k、电动机电枢电流 I_d 和转速 n 的动态响应波形如图 5-12 所示。整个过渡过程可以分为三个阶段，在图中分别标以 I、II 和 III。

第 I 阶段是电流上升的阶段。突加给定电压 U_{gn} 后，由于电动机的机电惯性比较大，转速增长慢，因而转速调节器 ST 的输出很快达到限幅值 U_{gim}。这个电压加在 LT 输入端，使 U_k 上升，因而晶闸管整流电压、电枢电流都很快升高，直到电流升到设计时所选定的最大值 I_{dm} 为止。这时电流负反馈电压与其给定电压平衡，即

$$\beta I_{dm} = U_{gim} \tag{5-29}$$

转速调节器的输出限幅值 U_{gim} 正是按照这个要求确定的。

第 II 阶段是恒流升速阶段。从电流升到最大值 I_{dm} 开始，一直到转速升到给定值为止，

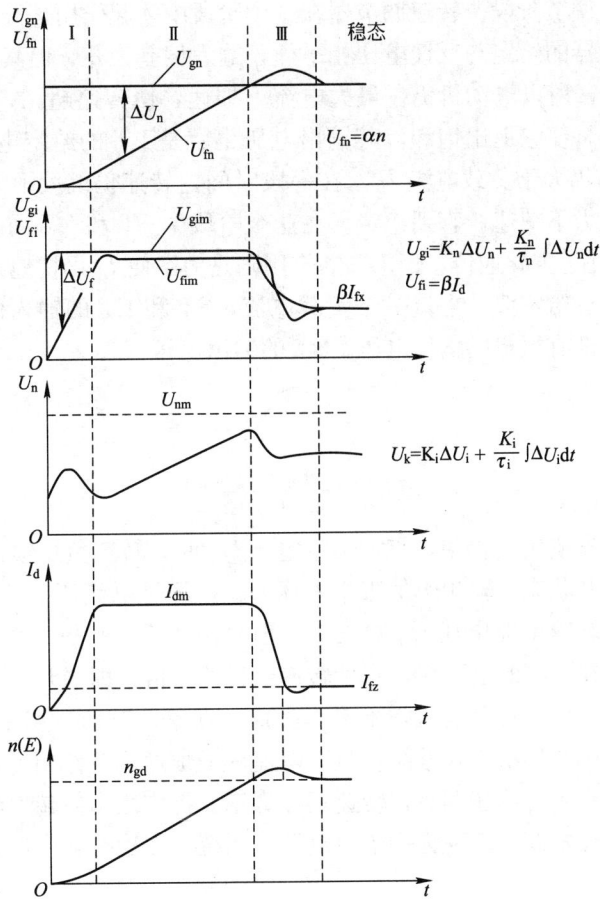

图 5 - 12 双闭环调速系统启动过程动态波形

这是启动过程的主要阶段。在这个阶段，ST 一直是饱和的，转速反馈不起作用，转速环相当于开环状态，系统表现为恒值电流调节系统，其结构图如图 5 - 13 所示。由于在这个阶段里电流保持恒值 I_{dm}，即系统加速度恒定，所以转速和反电势线性上升。反电势对电流调节系统的作用好像是一个线性渐增的扰动量，因而电流环必须发挥调节作用，使 LT 输出电压 U_k 基本上也按线性增长，才能克服反电势的扰动，保持电流恒定。由此可见，在整个启动过程中，电流调节器是不应该饱和的，这就决定了其积分时间常数的选择，不应该让它比调节对象的时间常数 τ_d 小得很多。同时整流装置的最大电压 U_{d0m} 也须留有余地，即晶闸管环节也不应饱和。

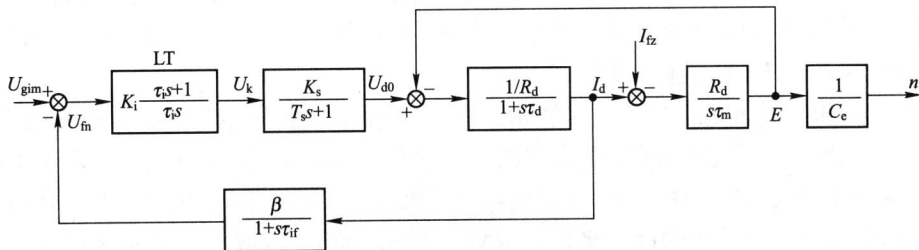

图 5 - 13 恒流升速阶段中调速系统的动态结构图

第Ⅲ阶段是转速调节阶段。转速调节器在这个阶段中才起作用。开始时，转速已经上升到给定值，转速调节器的给定与反馈电压相平衡，输入偏差为零，但其输出却由于积分作用还维持在限幅值U_{gim}，所以电动机仍在最大电流下加速，使转速超调。超调后，ST 的输入端出现负的偏差电压，使它退出饱和，其输出电压也就是 LT 的给定电压U_{gi}立即从限幅值降下来，电机电流I_d仍大于负载电流I_{fz}，在一段时间内转速仍继续上升，到$I_d \leqslant I_{fz}$，电动机才开始在负载的阻力下减速，直到稳定。在这个阶段中 ST 和 LT 同时发挥作用，由于转速调节在外环，ST 处于主导地位，而 LT 的作用则是力图使I_d尽快地跟随 ST 的输出U_{gi}。

稳态时，转速等于给定值，电流等于负载电流，ST 和 LT 的输入偏差电压都是零，但由于积分作用，它们都有恒定的输出电压。ST 的输出电压：

$$U_{gi} = \beta I_{fz} \tag{5-30}$$

LT 的输出电压：

$$U_k = \frac{C_e n_{gd} + I_{fz} R_d}{K_s} \tag{5-31}$$

综上所述，在动态响应过程中，突加给定电压U_{gn}时，转速负反馈还来不及反应，转速调节器很快便处于饱和状态，输出恒值限幅电压U_{gim}，经过电流调节器 LT，使电动机很快启动。启动后，虽然转速反馈电压U_{fn}增长了，但是由于 ST 的积分作用，只要还是$U_{fn} < U_{gn}$，ST 输出仍维持在限幅值上不变，直到转速超过给定值，即当$U_{fn} > U_{gn}$，输入偏差电压变为负值，才开始使 ST 的输出电压降下来。因此，在整个升速过程中 ST 是一直饱和的，这相当于使转速环处于开环状态，系统在只有电流环的恒值调节作用下，保证电动机在恒定的最大电流下启动。直到转速超调后，转速环才真正发挥作用，使转速渐趋稳定。由此看出在突加给定的过渡过程中系统表现为一个恒流调节系统，在稳态和接近稳态运行中又表现为无静差调速系统。

5.2 6G 型电力机车

5.2.1 6G 型电力机车主电路

6G 型电力机车由法国阿尔斯通公司制造，继 6Y2 型电力机车之后中国从法国引进的第二批铁路机车，总数共 40 台（6G-51 至 6G-90）。1970 年代初，为了满足宝成铁路在实现全线电气化后的运输需求，同时由于 6Y2 型机车开始老化，中国决定从国外进口一批大功率电力机车。6G 型电力机车于 1973 年投入宝成铁路运用，同时 6Y2 型机车随即退居二线。6G 型电力机车为交-直流电传动电力机车，功率 5 400 千瓦，轴式 $C_0 - C_0$，采用两段半控桥整流输出、恒流牵引、电阻制动等技术。

6G 型电力机车主电路如图 5-14 所示，它采用两段半控桥相控 RM_1、RM_2 整流电路，通过它们的顺序控制，就可以实现机车平滑启动平滑调速。6G 型电力机车采用半集中式供电方式，第一转向架 M_1、M_2、M_3 台电机并联起来，由 RM_1、RM_2 供电，第二转向架 M_4、M_5、M_6 电机并联，由另外的两个半控桥 RM_3、RM_4 供电，这样使得机车运行时电机之间负载分配较为均匀。由于 6G 型电力机车采用相控整流电路，通过调节晶闸管的导通角来调

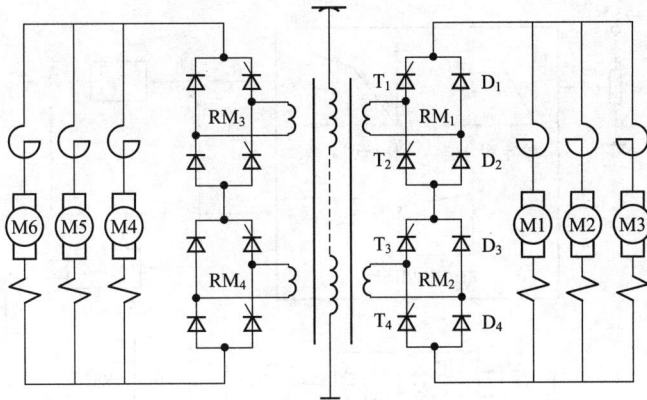

图 5 - 14　6G 型电力机车主电路

节电机的端电压，因此在机车的主电路中就取消了调压开关等开关电器，机车主电路简单，开关电器动作减少，机车运行更加可靠。

6G 型电力机车的整个调压过程分为两个阶段。第　阶段为低压调压阶段，半控桥 RM_1 投入工作，不触发 T_3、T_4，始终处于关断状态，并通过 RM_2 中的二极管 D_3、D_4 与负载构成回路。在电网电压正半周，触发 T_1 导通，电流通路为 T_1、牵引电机 M、在通过 D_3、D_4 以及 D_2 形成闭和通路。在网压的负半周，T_2 导通，电流通路为 D_1、M、D_4、D_3、T_2，逐渐减小 T_1、T_2 的触发角，则整流电压将相应的逐渐升高。第一个调压阶段结束时，T_1、T_2 的触发角为零，当 RM_1 全开通后，整流电压的平均值上升为 450 V。第二阶段为高压调压阶段，为了继续提高电机电压，在第一段半控桥全开通的基础上，将第二段半控桥 RM_2 投入工作，调压过程进入第二阶段。此时 T_1、T_2 为满开放状态，相当于二极管，在电网电压正半周，触发 T_3 导通，T_1、M、D_4、RM_2、T_3、DV_2、RM_1。在电网电压负半周，触发 T_4 导通，D_1、M、T_4、RM_2、D_3、T_2、RM_1。两个半控桥串联向牵引电机供电，随着 RM_2 中的 T_3、T_4 逐渐开放，牵引电动机的端电压也就相应的继续升高。直到 T_3、T_4 全开放，整流电压升到最大 900 V。

5.2.2　6G 型电力机车控制系统

6G 型电力机车采用恒流单闭环自动控制系统，给定基准电流与检测到电机电流反馈进行比较，利用电流偏差信号通过 PI 调节器，控制牵引电机电流，使它跟随电流给定值的变化而变化，以达到调节牵引电机电流的目的。由于自动控制系统中采用 PI 调节器，因此 6G 型电力机车的控制系统为无静差调速系统。6G 型电力机车控制系统如图 5 - 15 所示。

6G 型电力机车是 6 轴机车，6 台牵引电机按前后转向架分为两组，每组三台牵引电机并联运行，各由一套电子控制系统进行牵引和制动控制，牵引和制动控制系统两者的工作原理基本相同。

在牵引工况时，司机手柄指令值代表一定的牵引电动机电流，在制动工况时代表一定的牵引电机励磁电流，即图中参考指令电流值 I_{ref}。首先由司机控制器给出电流指令信号 e_0，经过基准电流组件，基准电流组件由给定积分器、比例调节器和电流限制环节组成。经过基准电流环节得到电流基准信号 I_{ref}，基准电流信号与最大电机电流反馈值进行比较，输入电

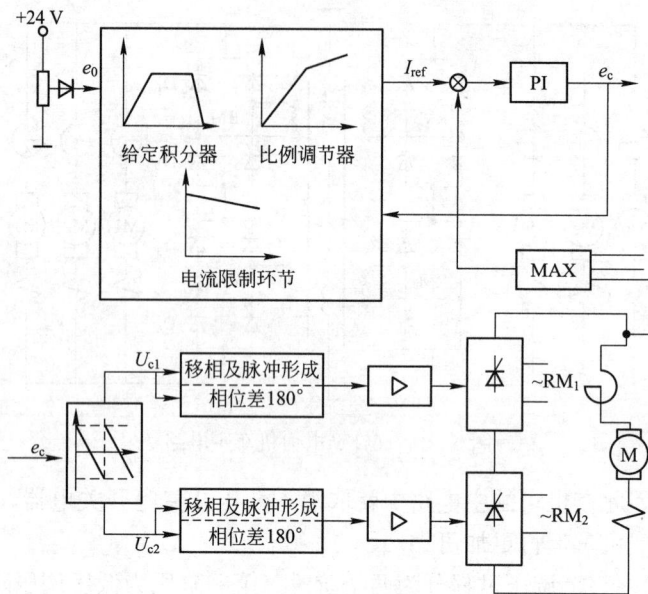

图 5-15　6G 型电力机车控制系统框图（P102）

流 PI 调节器。PI 调节器的输出信号为 e_c，e_c 决定移相控制电压 U_{c1}（对应转向架 I）、U_{c2}（对应转向架 II），经过连续控制器变换，通过两套完成相同晶闸管触发系统，分别对两段半控桥 RM_1、RM_2 进行相控。

　　在控制系统中，控制电压 U_{c1}、U_{c2} 的变化范围与 I_{ref} 相同，均为 0~10 V，但要注意 U_c 与 I_{ref} 之间没有一一对应关系，U_c 决定牵引电机的端电压 U_d，而 I_{ref} 决定牵引电机的电流 I_d，牵引电机的端电压和电流的大小取决于机车的工况，例如机车在启动时，电机端压很低，而启动电流很大，与此相对应的控制电压 U_c 不大而 I_{ref} 较大，相反如机车运行在高速轻载工况，电机电压接近额定电压，而电机负载电流不大，相应 U_c 较大而 I_{ref} 较小，如果机车处于满功率运行，则牵引电机的电压和电流都接近于额定值，则相应的 U_c 和 I_{ref} 都较大。而在制动工况时，通过司机控制器控制电机的励磁电流，励磁电流的电流参考指令送入电流调节器，通过与电机励磁电流的反馈信号相比较，形成恒励磁电流单闭环自动调节系统。

　　另外机车控制系统中还有电机空转监视环节。6G 型电力机车的牵引电机电流和电压检测采用直流互感器方式，检测到的转向架 I 的三台牵引电机的电流分别输入电机空转监视环节，当三台电机中有一个电机电流比三台电机中的电流最大值超过 10% 时，则判断转向架 I 中有一台牵引电机处于空转，并输入电流调节器的输出端，降低电流参考指令 I_{ref} 35%，使转向架 I 的三台牵引电机牵引力下降，防止电机空转进一步发展。按照类似原理，为防止整个转向架三台电机同时发生空转，采用比较两个转向架中最大电机电流，当它们的差值超过 10% 时，则判断一个转向架三台电机同时发生空转，控制发生空转的转向架电流参考指令减少 35%。

　　另外，为了改善机车启动牵引性能，考虑到机车在启动时机车前后转向架轴重分别不均的特点，前转向架三台电机的电流参考指令应比后转向架的小一些，因此控制系统中设有轴重转移环节，减少前转向架的电流参考指令 I_{ref}。

5.2.3　6G 型电力机车控制系统典型单元电路

1. 基准电流组件

在 6G 型电力机车自动控制系统中，司机给出的指令信号首先经过基准电流组件。基准电流组件由三个部分组成：第一是给定积分器，使基准电流按照规定的速率上升或下降，而与司机的手柄的操作速度无关，最大上升时间为 6 s，最大下降时间为 1 s；第二为比例调节器，通过比例调节器形成一个非线性基准电流变化规律，司机控制手柄的前半部分对应的基准电流变化大，手柄转动角的后半部对应的基准电流变化小，以利于大电流指令区的工作；第三部分是电流限制环节，当牵引电机电枢电压从 0 上升到 900 V 时，使电机电流从最大启动电流值 1 650 A 降低到 1 400 A，产生一个随电机电枢电压变化的基准电流信号。

1) 给定积分器

从旅客的舒适度和电气设备安全运行考虑，列车在启动时牵引电动机的电流变化应有一定的限制，因此在控制系统设定了给定积分器。如果没有给定积分器，由于机车主电路的时间常数较小，牵引电机电流将随着司机操作手柄移动的快慢而急剧变化，而给定积分器则可以使牵引电机电流按预定的速度上升率和下降率变化而与司机操作的快慢与大小无关。6G 型电力机车对应的最大基准电流上升时间为 6 s，最大基准电流下降时间为 1 s。

如图 5-16 所示，给定积分器由 3 个运放 A01、A02、A04 组成的，但它们的功能各不相同。A01 为比例调节器，A02 为积分器，A04 为反相器。因为对基准电流信号的精确度要求较高，所以用反相器 A04 将 A02 的输出信号反相后反馈到 A01 的输入端，构成本环节的负反馈回路，以达到及时校准基准电流信号，提高系统的精确度。

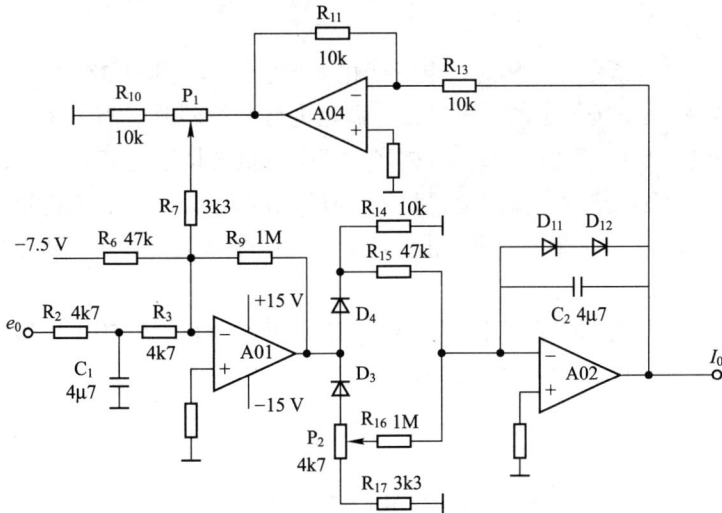

图 5-16　6G 型电力机车给定积分器

从图中可以看出 A01 的反馈电阻 R_9 为 1 MΩ，而 e_0 的输入电阻为 9.4 kΩ，所以 A01 的放大倍数 K 等于

$$K = \frac{R_9}{R_2 + R_3} = \frac{1\ \text{MΩ}}{9.4\ \text{kΩ}} \approx 106$$

因此，运放 A01 工作在饱和区。当 e_0 加入正信号 22.5 V 时，则 A01 到达负饱和，输出 -15 V，则二极管 D_3 导通，D_4 截止，则 -15 V 电压经过二极管 D_3、电位器 P_2、电阻 R_{16} 对电容 C_2 充电，则 I_0 线性上升，通过反相器 A04，经电位器 P_1 分压，与 -7.5 V 偏置电压共同作用，产生反馈电压加在 A01 的反向输入点。当 I_0 增加，负反馈信号越来越大，当它的大小与司机给定指令信号大小相等，方向相反时，A01 相加点合成电压为零，A01 脱离饱和状态，输出电压由 -15 V 回到零，对 A02 的反馈电容 C_2 停止充电，I_0 就停止增长。输出信号 I_0 的大小必然对应司机指令 e_0 的某个数值，而上升的持续时间就是对电容 C_2 的充电过程，则上升速度取决于时间常数 R_{16} 和 C_2。

图 5-17 为给定积分器输入、输出信号的波形。当 e_0 从 22.5 V 降至 0 时，A02 的反馈电容 C_2 端电压不会突变，I_0 仍为正值，结果在 A01 的反向输入端呈现正电位，A01 输出正饱和电压 $+15$ V，则二极管 D_3 截止，D_4 导通，正饱和电压 $+15$ V 经 D_4、R_{15} 使反馈电容 C_2 放电，则 A02 的输出电压 I_0 线性下降到 0 为止。下降的时间由电容的放电回路的时间常数 R_{15}、C_2 决定的。其中，电位器 P_1 的作用为调节 e_0、I_0 稳态时的比例关系，而电位器 P_2 用于调节上升时间，二极管 D_{11}、D_{12} 起限幅作用，限制 A02 的输出电压最负值为 -1.2 V。在给定积分器中，由二极管 D_3、D_4 与电阻 R_{14}、R_{15}、R_{16}、R_{17} 组成两个支路，是进级和退级具有不同的时间常数，进级时间常数主要由 R_{16} 和 C_2 决定，退级的时间常数主要由 R_{15} 和 C_2 决定。

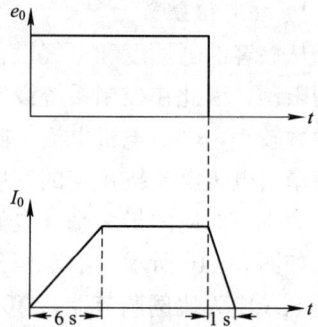

图 5-17　积分电路输入输出信号

2）比例调节器

为了避免在大电流指令区操作时，电流变化太大使机车发生冲击和空转现象，使基准电流 I_{ref} 与给定信号 e_0 间不按固定的比例变化，而是进行分段调节。当 e_0 在 0~50% 时，基准电流相当于最大电流的 0~75%（75% 时相当于牵引电机的持续电流，为 1 200 A）；I_{ref} 与 e_0 的变化比例为 1.5，而在持续电流以上，I_{ref} 与 e_0 的比例为 0.5，这样就保证了大电流指令区司机手柄转动相同角度，电机电流的变化量比小电流指令区的小，防止机车发生冲击和空转的现象。

如图 5-18 所示，比例调节器由运放 A_{03}、R_{20}、R_{23}、D_6、R_{24} 等组成的。当输入信号 I_0 为 0~5 V 时，I_{ref} 与 I_0 的比例关系为 1.5，则 I_{ref} 从 0 变为 -7.5 V；I_0 为 5~10 V 时，I_{ref} 与 I_0 的比例关系为 0.5，则 I_{ref} 从 -7.5 V 变为 -10 V。从图 5-19 中可以看出两者之间的比例关系变化是在 A 点完成的。

比例调节器工作时，首先将电位器 P_4 的 C 点的电压调整为 7.5 V。当 $|I_{ref}|<7.5$ V 时，D 点的电位为正，则二极管 D_6 截止，此时运放 A_{03} 的放大系数

$$K = \frac{R_{23}}{R_{20}} = 1.5$$

而当 A_{03} 输出足够负的基准电流信号 I_{ref}，即当 $|I_{ref}|>7.5$ V 时，D 点的电位变为负，D_6 承受正压导通，运放 A_{03} 的放大系数

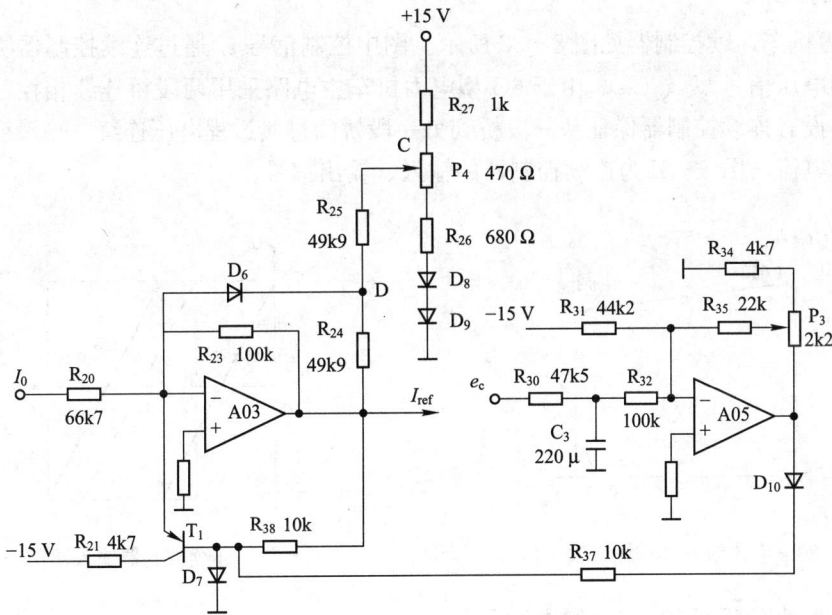

图 5-18 比例调节环节与基准电流限制环节

$$K=\frac{R_{23}/R_{24}}{R_{20}}=0.5$$

可见，通过运放 A03 接入二极管的导通与关闭，改变运放 A03 的反馈电阻值，进而改变 I_{ref} 与 I_0 之间的比例关系。所以当电流指令在接近达到额定值时，将以较慢的速率上升，对负载电机的安全运行工作较为有利。

3）基准电流限制环节

基准电流限制环节在牵引电机电枢电压从 0 上升到最大值 900 V 时，使电机电流从最大启动电流值 1 650 A 下降到 1 400 A，以提高牵引电机运行的可靠性。

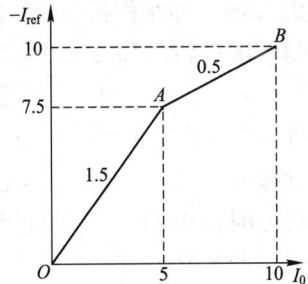

图 5-19 比例调节器输入输出信号

如图 5-18 所示，基准电流限制环节主要由晶体管 T_1 和运放 A05 组成。运放 A05 的反向输入端由 e_c 和 -15 V 两个输入信号，其中 e_c 代表电机电压信号，变化范围为 $0\sim-8.2$ V，则运放 A05 的输出电压为正值。由于电阻 R_{37} 和电阻 R_{38} 的阻值都为 10 kΩ，则当 A03 的输出的负电压的绝对值比 A05 输出的正电压大时，晶体管 T_1 的基极为负电位，即基极电位低于发射极电位时，于是 T_1 导通，限制了 A03 的输入电流，使输出的基准电流信号 I_{ref} 降低。而当 A03 的输出的负电压的绝对值比 A05 输出的正电压小时，晶体管 T_1 的基极为正电位，即基极电位高于发射极电位时，于是 T_1 截止，因此不进行分流 A03 的输出信号就直接决定基准电流。可见，运放 A05 的输出电压决定了基准电流的限制界限，形成基准电流限制环节，当 e_c 从 0 升到 $+8.2$ V 时，I_{ref} 从 -10 V 降到 -8.5 V，对应电机电枢电流从 1 650 A 降至 1 400 A。图 5-20 为电流限制环节的输入、输出信号。

2. 连续控制器

6G 电力机车连续控制器见图 5-22 所示。图中控制信号 e_c 通过连续控制器决定两段桥的直流控制电压信号 U_{c1}、U_{c2}。由于 6G 型电力机车主电路采用两段桥连续相控，则在控制系统中一般设有连续控制器保证从一段桥到另一段桥的过渡过程电压连续、平滑变化，并且不间断负载电流。图 5-21 为连续控制器的输入、输出信号。

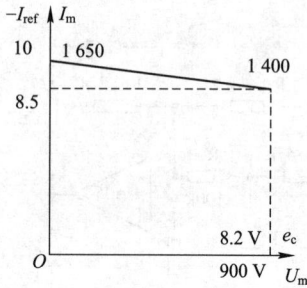

图 5-20 电流限制环节输入输出信号

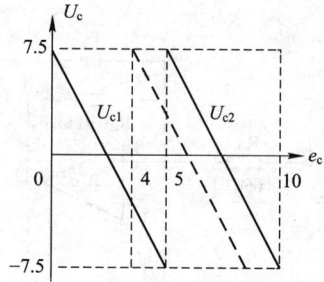

图 5-21 连续控制器输入输出信号

从 5.2.1 节分析可知，6G 型电力机车调压时，第一段桥 RM_1 先开放，第二段桥封锁，然后在第一段桥满开放时，再开始开放第二段半控桥 RM_2。而半控桥移相触发角 α 取决于直流控制电压 U_{c1} 和 U_{c2} 在大小，它们的变化范围为 $+7.5 \sim -7.5V$，对应于触发角从 $180°$ 变为 $0°$，即半控桥从闭锁到满开放。根据两段半控桥连续控制的要求，PI 调节器的输出电压 e_c 的变化范围为 $0 \sim 10V$，则它与两个直流控制电压的关系如图 5-21，当 e_c 为 $0 \sim 5V$，相对于牵引电机的端压 $0 \sim 450V$，第一段半控桥工作，直流控制电压 U_{c1} 从 $+7.5V$ 变到 $-7.5V$，第一段桥晶闸管的触发脉冲从 $180°$ 变化到 $0°$，而直流控制电压 U_{c2} 始终为 $+7.5V$，它的触发脉冲相位始终为 $180°$，则第二段桥闭锁；而当 e_c 在 $5 \sim 10V$ 之间变化时，相对于牵引电机的端压 $450 \sim 900V$，第一

图 5-22 6G 型电力机车连续控制器

段半控桥的直流控制电压 U_{c1} 保持在 $-7.5V$，第一段桥晶闸管的触发脉冲始终为 $0°$，则第一段桥保持满开放，而直流控制电压 U_{c2} 从 $+7.5V$ 变到 $-7.5V$，它的触发脉冲相位由 $180°$ 变为 $0°$，直至 e_c 等于 $10V$，直流控制电压 U_{c1} 和 U_{c2} 都等于 $-7.5V$，α_1 和 α_2 等于 $0°$，两段桥全部满开放，牵引电机端压到达额定值 $900V$。

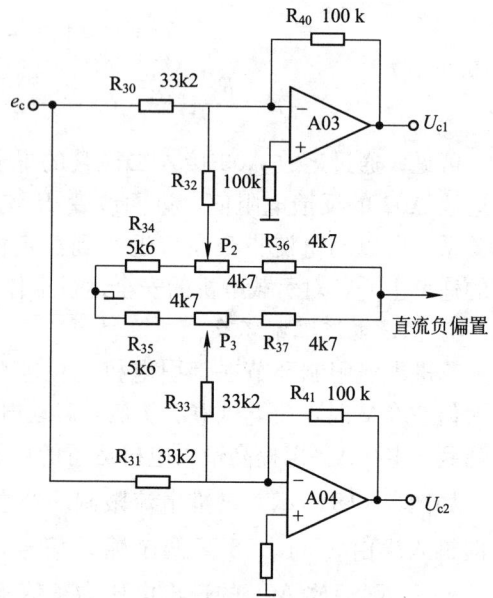

在控制系统中，e_c 与直流控制电压 U_{c1} 和 U_{c2} 之间关系是由连续控制器实现的。如图 5-22 所示 6G 连续控制器主要由运放 A03 和 A04 组成。控制信号 e_c 分别通过 R_{30}、R_{31} 送到运放 A03、A04 的反向输入端，另外随网压波动的成比例变化的直流负偏置电压信号也分别通过

电阻 R_{32}、R_{33} 送到运放 A03、A04 的反向输入端，运放 A03 的输出电压为直流控制电压 U_{c1}，A04 的输出电压为 U_{c2}。

根据理想运放的分析计算方法，分别列出运放 A03 和 A04 输入和输出之间的关系：

$$\frac{e_c}{R_{30}}+\frac{U_{P2}}{R_{32}}+\frac{U_{c1}}{R_{40}}=0 \tag{5-32}$$

$$\frac{e_c}{R_{31}}+\frac{U_{P3}}{R_{33}}+\frac{U_{c2}}{R_{41}}=0 \tag{5-33}$$

其中负偏置电压 $U_{P2}=U_{P3}=7.5$ V，$R_{30}=R_{31}=R_{33}=33.3$ kΩ，$R_{40}=R_{41}=R_{32}=100$ kΩ，则由式（5-32）和式（5-33）可得：

$$U_{c1}=7.5-3e_c \tag{5-34}$$

$$U_{c2}=3(7.5-e_c) \tag{5-35}$$

可以得出，输入 e_c 和输出 U_{c1} 和 U_{c2} 之间的如图 5-21 的关系。另外考虑到整流桥的换向重叠角期间整流输出电压为零，希望第二段桥提前投入工作，一般 U_{P1} 仍取 -7.5 V，而 U_{P2} 取 -6.5 V，则第二段桥就可以提前导通，从图 5-21 中可以看出图中的 U_{c2} 就向左平移，在控制信号 e_c 在 4~5 V 之间两段半控桥是重叠的，以保证牵引电机端电压平滑调节无冲击。

3. 晶闸管触发系统

相控电力机车是通过控制晶闸管的触发脉冲来进行调速的，则其控制系统中都包含晶闸管触发系统环节。晶闸管触发系统一般由移相、脉冲形成、脉冲整形、脉冲放大组成。晶闸管触发脉冲的触发角由直流控制电压 U_c 决定，U_c 首先经移相电路控制晶闸管触发脉冲的相位，然后再通过晶闸管的触发脉冲形成与放大电路产生晶闸管触发脉冲，送给半控桥的晶闸管元件触发其导通，从而达到调节电机端电压的目的。

1）交直叠加移相电路

在晶闸管触发电路中，为了控制或限制晶闸管触发脉冲的相位，可以采用各种移相电路，一般常用的移相电路有阻容移相、单结晶体管移相、交直叠加移相和锯齿波与直流叠加移相电路。前两种移相方式用于功率不大的整流装置，触发系统不经脉冲变压器，直接与主电路晶闸管门极相连。后两种用于大功率电力机车上，移相电路输出中间经脉冲信号形成电路和隔离变压器再送到晶闸管门极。6G 型电力机车采用交直流电压串联叠加移相电路。

图 5-23 所示为 6G 型电力机车的交直叠加移相电路，其中包括两个相位相差 180° 的移相脉冲电路，分别控制同一半控桥的两个晶闸管，u_r' 和 u_r 相差为 180°，其电路参数一致，工作原理相同，因此只以一个通道来进行说明。

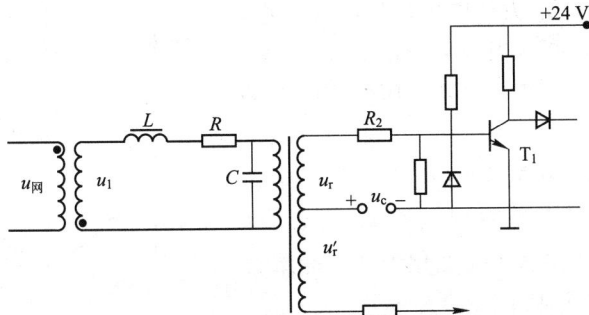

图 5-23　交直叠加移相电路

交直叠加移相电路分为同步电路和移相电路两部分。在交直型晶闸管调速系统中，触发系统的同步电压与电源电压要保持一定的相位关系，以保证仅在晶闸管承受正向电压的时候，产生移相触发脉冲进行移相控制，如图 5-24 所示，6G 型机车采用串联谐振电路来获得移相电路中的同步电压信号 u_r。串联谐振电路由 RLC 组成，在发生谐振时，电感上的电压 u_L 与电容上的电压 u_c 相互抵消，一般选取电容两端的电压为同步电压。如图 5-25，6G 型电力机车的网压为 $u_m\sin\omega t$，则通过同步变压器得到与网压反向 u_1，u_1 经过串联谐振电路得到 u_c，再通过变压器得到同步电压信号 u_r。从图 5-25 中可以看出 u_r 实际上超前网压 90°。另外 RLC 串联谐振电路还兼有滤波的作用，如果外加电源不是一个标准正弦波，则高次谐波大部分降落在电感上，电容上的端电压更接近正弦波。

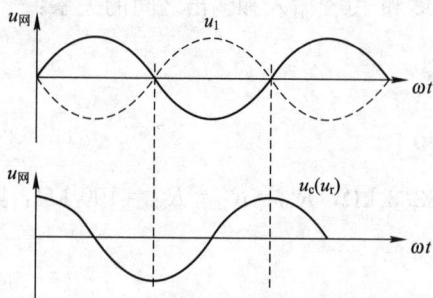
图 5-24　同步电路输入输出信号

6G 型电力机车中采用同步电压与可调直流控制电压相叠加的方法，改变输出电压为"0"态的相位，从而达到改变脉冲触发相位的目的。图 5-24 中 u_r 为得到的同步余弦电压信号，u_c 为直流控制电压，则晶体管 T_1 的基极电压

$$u_b = u_c + u_r$$

当 $u_b > 0$ 时，T_1 导通，T_1 集电极输出低电平；当 $u_b \leqslant 0$ 时，T_1 截止，T_1 集电极的输出电压跃变为高电平，脉冲的上升沿则决定了晶闸管的触发脉冲的相位。因此，通过改变直流控制电压 u_c 的大小和极性，就可以改变输出电压的 u_b 为"0"的相位，即可以改变晶闸管触发脉冲的相位。

在 6G 型电力机车中，同步电压 $u_r = 7.5\cos\omega t$，而直流控制电压是在 +7.5~-7.5 V 之间变化。当 $u_c = +7.5$ V 时，$u_b = 7.5\cos\omega t + 7.5$，如图 5-25 所示，晶体管 T_1 的基极电压为同步电压向上提升了 7.5 个单位得到，在 0°~180° 范围内，基极电位 u_b 始终为正，表示晶体管 T_1 一直维持导通，对应于晶闸管触发角为 180°，始终处于截止状态。当 $u_c = 0$ 时，$u_b = 7.5\cos\omega t$，使其 u_b 等于 0，可以得到 $\omega t = 90°$。从图 5-26 中可以看出，当 $u_c = 0$ 时，同步电压信号不变，则在 0°~90° 范围内，u_b 为正，晶体管一直导通，但在 $\omega t \geqslant 90°$ 时，u_b 为负电位，晶体管截止，所以晶闸管触发角为 90°。当 $u_c = -7.5$ V，$u_b = 7.5\cos\omega t - 7.5$，同理相当于把同步电压信号向下平移 7.5 个单位得到 u_b，当 $\omega t = 0°$ 时，u_b 就由正电位变为负电位，晶体管 T_1 由导通变为截止，即晶闸管触发角为 0°。因此，当直流控制电压 u_c 从 7.5~-7.5 V 时，$u_b = 0$ 的相位从 180° 变化到 0°，晶闸管的触发脉冲的移相范围为 180°。

交直移相电路主要优点为主电路输出电压与控

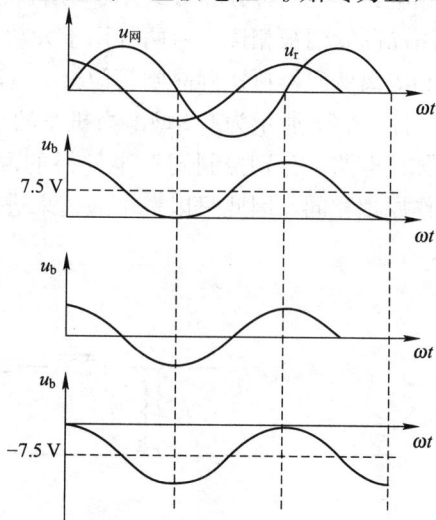
图 5-25　晶闸管触发脉冲触发角变化

制电压具有线性关系。通过上面分析，当同步余弦电压 u_r 与直流控制电压 u_c 相等

$$U_{rm}\cos\alpha = U_c \tag{5-36}$$

则

$$\cos\alpha = U_c/U_{rm} \tag{5-37}$$

如果主电路采用半控整流桥，整流电压为

$$u_d = U_{d0}\frac{1}{1+\cos\alpha} \tag{5-38}$$

可得：

$$U_d = \frac{U_{d0}}{2U_{rm}}U_c + \frac{U_{d0}}{2} \tag{5-39}$$

可以看出，主电路输出整流电压 U_d 与直流控制电压 U_c 具有简单的线性关系。但是电源电压波动和波形畸变都会影响控制角度的变化。为此在电力机车中通常采用由电感和电容组成的串联谐振电路来获得同步电压 U_r，避免网压畸变的影响。

2）脉冲形成与整形电路

图 5-26 为 6G 型电力机车脉冲形成电路，主要由晶体管 T_4、T_6、二极管 D_3 及阻容元件等组成，晶体管 T_2 是换相角限制环节，在换相期间 12 输出高电平使 T_2 导通，不形成触发脉冲。

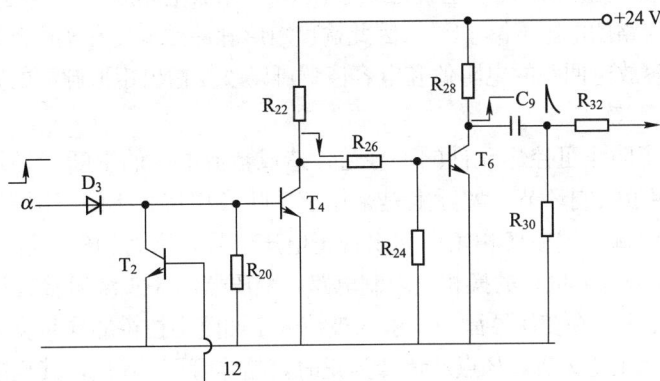

图 5-26　脉冲形成电路

当输入端为低电平时，晶体管 T_4 截止，其集电极输出高电平，晶体管 T_6 导通，电容 C_9 通过 R_{30} 被 T_6 短接，电阻 R_{30} 端无脉冲输出。当输入端为高电平时，T_4 导通，T_6 截止。则 +24 V 通过 R_{28} 和 R_{30} 对电容 C_9 进行充电，由于电容 C_9 与电阻 R_{30} 构成微分电路，电阻 R_{30} 端输出一个正脉冲电压，脉冲电压的幅值随电容 C_9 两端电压的建立而快速下降，因此形成一个正的尖脉冲。

由于脉冲形成电路形成的尖脉冲无法达到可靠触发晶闸管的要求，因此脉冲形成电路得到的尖脉冲还必须经过脉冲整形电路。如图 5-27 所示，脉冲整流电路就是由两个晶体管 T_8 和 T_{10} 组成的单稳触发电路，形成 6G 型电力机车的触发脉冲的宽度为 1.5 ms。

当整形电路没有输入信号时，二极管 D_{11} 导通，则晶体管 T_{10} 导通，其集电极为低电位，输出端为低电平。另外输出端通过电阻 R_{36}、R_{34} 使晶体管 T_8 的基极处于低电位，T_8 截止。+24 V 电源经过 R_{38}、C_{15}、D_{11}、R_{44} 充电，充电完毕后电容上的端电压左正右负。当输入端

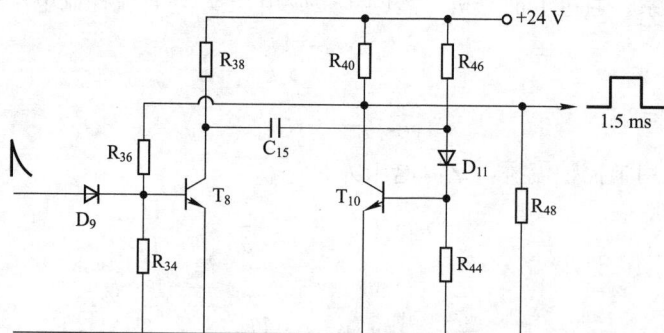

图 5-27 脉冲整流电路

输入尖脉冲信号，此时 T_8 导通，电容 C_{15} 端电压通过 T_8 反向加到二极管 D_{11} 上，则 D_{11} 截止，T_{10} 截止，输出端输出高电平。另一方面由于输入的窄脉冲持续时间短，而输出端通过 R_{36}、R_{34} 使晶体管 T_8 的基极继续保持为正电位，保持 T_8 继续导通。电容 C_{15} 经 T_8、+24 V、R_{46} 放电，放电完毕然后反向充电，电容上的电压变为右正左负，二极管 D_{11} 又重新导通，使得 T_{10} 重新导通，输出变为低电平，T_8 截止。

在上面的分析可知，输出端输出高电平的持续时间即脉冲宽度，为输入端输入尖脉冲的时刻开始一直到 T_8 重新截止的时间，也就是从电容 C_{15} 开始放电到放电完毕的整个过程。电容放电时间取决于放电回路的电阻 R_{46} 与 C_{15}，因此输出矩形脉冲的宽度和幅度与输入脉冲的形状与幅值无关，调节电容放电回路的电阻值和电容值就可以改变输出矩形脉冲的宽度。

3）换相角限制电路

在换相期间为了防止可控硅元件的不导通，造成整流电压的中断，必须采用换相角限制环节。6G 中的换相角限制环节，实际上是采用了反映换相角大小的正限制电压信号发生器，它使脉冲形成电路的输入端在换相角期间出现正电压信号，来封锁触发脉冲。

图 5-28 为 6G 型电力机车的换相角限制电路，变压器的原边绕组接在被控的半控桥交流电源上，端子 7、6、3 接在变压器副边，引入被控的主回路半控桥的同步交流电压。电路工作时，当 A 点的电压从正变为负，B 点从负变为正时，晶体管 T_1 截止，其集电极为高电平，经过电阻 R_4 给电容 C_1 充电，则 T_2 就延时导通，T_3 延时截止，端子 12 延时输出一正信号电压。当电源电压下半周，A 点从负变为正，B 点从正变为负时，由于换相关系，主变压器次边被短路，交流电压为零，也就是在换相期间 A 点的电压为零，T_1 仍处于截止状态，T_2 仍然导通，T_3 仍然截止，此时由于 C_2 的充电电压，输出端仍然维持输出一个正信号，从而在换相期间封锁触发脉冲。只有在换相角结束后，A 才能出现正电压，T_1 才导通，则同样 T_2 延时截止，T_3 延时导通，电容 C_2 经过 R_{10}、T_3 快速放电完毕，端子 12 才能输出低电平，这时触发脉冲才能出现，这样自动保证了桥臂晶闸管在自然换相之后才能触发导通。

4）脉冲功率放大电路

在 6G 型电力机车上，整流电路的各个桥臂都是由一定数量的整流元件并联运行的，为了保证并联的晶闸管能够同时触发，所以要求有一个前沿陡度、宽度和幅值足够大的触发脉冲，一般采用组合脉冲形式，6G 型电力机车采用组合脉冲，它由 2 级脉冲组成，第一个具有加强的前沿脉冲，以保证所有晶闸管准确可靠的导通，然后以较低的触发电压保持一定时间，使主电路阳极电流上升到维持电流以上。

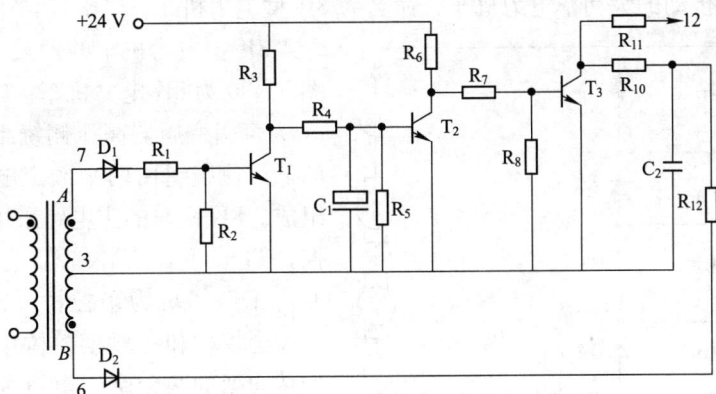

图 5-28　换相角限制电路

脉冲功率放大电路如图 5-29 所示由两个完全相同的通道组成，分别对应于正负半波电压轮流输出触发脉冲，以通道 I 为例介绍其工作原理。当输入端有触发脉冲时，晶体管 T_{12} 基极为高电平，则 T_{12} 导通，T_{14} 导通，T_{14} 导通以后首先电容上充好的 110 V 电压经脉冲变压器放电，则在脉冲变压器的次边绕组两端形成 16 V 的尖峰电压，而当电容电压放电小于 24 V 后，稳压直流电源可以保证有 2.9 V 的输出电压，直至 T_{14} 截止时为止。

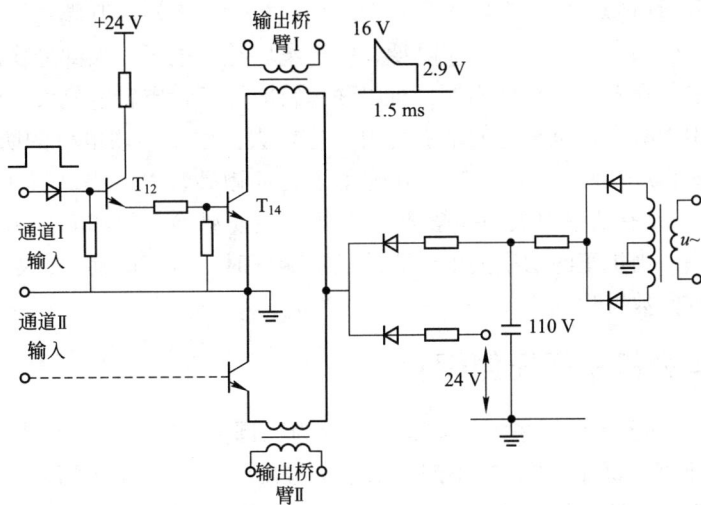

图 5-29　脉冲功率放大电路

5.3　8K 型电力机车

5.3.1　8K 型电力机车主电路

　　1984 年铁道部为了解决晋煤外运中铁路运输动力不足的问题，从法国原阿尔斯通公司（现已与英国通用电气公司合并，改名为 GEC ALSTHOM 公司）牵头的欧洲 50 赫兹集团进口的 8 轴交直流传动的大功率电力机车，命名为 8K 型电力机车。

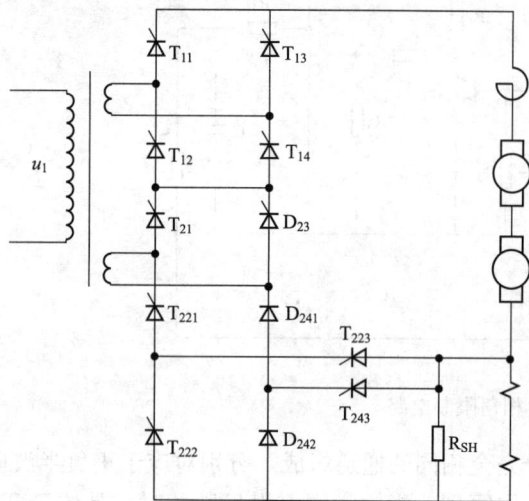

图 5-30   8K 电力机车主电路简图

8K 型电力机车的轴式为 2（B_0-B_0）。图 5-30 为 8K 电力机车主电路简图，其中 u_1 为牵引变压器高压侧绕组，牵引变压器的低压侧绕组由两个额定电压相等的绕组组成。8K 机车的主电路采用两段桥串联相控，T_{11}、T_{12}、T_{13}、T_{14} 为全控桥，T_{21}、T_{22}、D_{23}、D_{24} 为半控桥。机车在牵引时，一段全控桥和一段半控桥串联相控，向一个转向架的两台牵引电机独立供电；机车在再生制动时，全控桥进行逆变，半控桥作制动时的励磁电源。除了全控桥和半控桥以外，主电路中还包含由晶闸管 T_{223} 和 T_{243} 组成的弱磁桥，通过晶闸管相控的方式来平滑的调节牵引电机的励磁电流，实现无级磁场削弱。另外，8K 型电力机车的一个转向架上的两台牵引电机串联运行，机车的负载分配更为均匀，整流元件的耐压利用提高，减少了高压电器设备，降低了机车的造价，但是两台电机串联运行容易发生空转，当一台牵引电机发生空转，其端电压急剧变化，另一台没有发生空转的牵引电机端电压相应降低，整流电路输出电压将大部分作用在发生空转电机两端，导致电机的空转进一步加剧。电机串联运行时，不仅空转电机失去牵引力，还使与其串联的电机牵引力减少，机车总的牵引力损失比较大。由于串联电机的防空转性能较差，因此 8K 机车装备了灵敏的防空转系统，并配备了自动撒砂装置以提高机车的防空转性能。此外，8K 机车上还设有功率因数的补偿装置 AFP，主要滤除 3 次和 5 次谐波，所以 8K 机车的功率因数较高。当机车的功率大于 1/2 的额定功率时，机车的功率因数可达到 0.9，在持续功率时，功率因数可达 0.95。

5.3.2   8K 电力机车调压原理

8K 型电力机车的整流调压系统的调节过程分为三部分：第一部分首先开放全控桥，使整流电压从 0 上升到 $1/2U_d$，半控桥不向牵引电机输出电压，当全控桥满开放时调压的第一阶段结束；第二部分全控桥保持满开放，半控桥开始调压，使总的整流电压从 $1/2U_d$ 上升到 U_d；第三个部分当半控桥满开放以后，开始励磁分路晶闸管调节，实现无级磁场削弱，达到电机继续升速的目的。

1）全控桥调压阶段

8K 型电力机车为了实现再生制动主电路中采用一段全控桥整流电路，与半控桥相比全控桥的功率因数较低，因此 8K 型电力机车采用不对称触发控制来提高全控桥的功率因数。图 5-31 为全控桥牵引工况时元件导通图及波形图。其中晶闸管 T_{12} 和 T_{14} 为二极管工作状态，分别在 α_0 和 $\pi+\alpha_0$ 导通，α_0 为晶闸管最小触发角，而晶闸管 T_{11} 和 T_{13} 为晶闸管工作状态，分别在 α 和 $\pi+\alpha$ 导通，α 为晶闸管触发角。以下假设为理想整流且滤波电感为足够大的条件，整个工作过程分为四个工作状态。

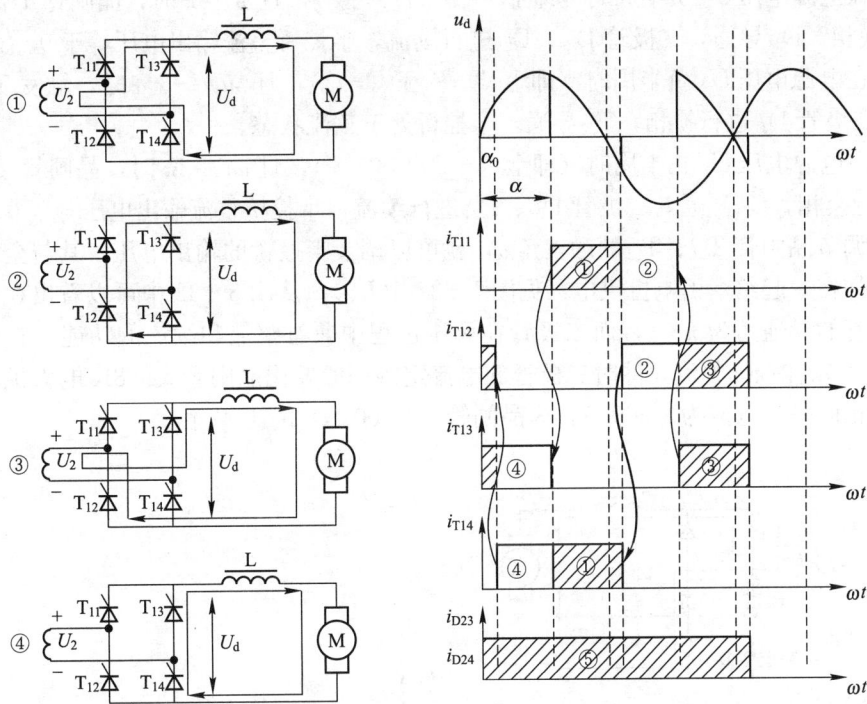

图 5 - 31　全控桥牵引工况调压原理图

（1）在电源电压 U_2 正半周时（即上"+"下"-"），且 $\omega t=\alpha$ 时，触发晶闸管 T_{11}，此时晶闸管 T_{14} 已经导通，负载电流的通路为 $T_{11}\rightarrow$ 滤波电感 L→牵引电机→T_{14}，所以 $I_{T11}=I_{T14}=I_d$，全控桥处于整流状态。

（2）在电源电压 U_2 负半周时（即上"-"下"+"），且 $\omega t=\pi+\alpha_0$ 时，触发晶闸管 T_{12}，晶闸管 T_{14} 和 T_{12} 进行换相，负载电流从 T_{14} 这条支路变到 T_{12} 支路，$I_{T11}=I_{T12}=I_d$，全控桥处于续流状态，整流输出电压等于 0。

（3）在电源电压 U_2 负半周时（即上"-"下"+"），且 $\omega t=\pi+\alpha$ 时，触发晶闸管 T_{13}，晶闸管 T_{13} 和 T_{11} 进行换相，负载电流重新流过牵引变压器次边绕组和晶闸管 T_{13} 和 T_{12}，$I_{T12}=I_{T13}=I_d$，全控桥处于整流状态。

（4）当电网电压 U_2 重新回到正半周（即上"+"下"-"），且 $\omega t=2\pi+\alpha_0$ 时，触发晶闸管 T_{14}，晶闸管 T_{14} 与 T_{12} 换流，$I_{T13}=I_{T14}=I_d$，全控桥处于续流状态，整流输出电压等于 0。

从上述分析可知，全控桥四个桥臂在牵引工况的导通角均为 180°，即以半控桥方式工作。其优点为四个桥臂负荷一致可以选择统一的元件容量规格。

2）半控桥调压阶段

当全控桥满开放之后，接着半控桥投入工作，其采用非对称半控桥工作方式。半控桥由两个晶闸管 T_{21}、T_{22} 和两个二极管 D_{23}、D_{24} 组成，工作过程元件导通图和波形图如图 5 - 32 所示。

（1）在电源电压 U_2 正半周时（即上"+"下"-"），且 $\omega t=\alpha$ 时，触发 T_{21}，则 T_{21}、D_{24} 导通，半控桥处于整流状态。

（2）在电源电压 U_2 负半周时（即上"－"下"＋"），且 $\omega t=\pi$ 时，晶闸管 T_{21} 和二极管 D_{23} 进行换相，D_{23} 导通，二极管 D_{23}、D_{24} 进行续流，半控桥整流输出电压等于 0。

（3）在电源电压 U_2 负半周时（即上"－"下"＋"），且 $\omega t=\pi+\alpha$ 时，触发 T_{22}，晶闸管 T_{22} 和二极管 D_{24} 进行换相，T_{22} 导通，半控桥处于整流状态。

（4）在电源电压 U_2 正半周时（即上"＋"下"－"），且 $\omega t=2\pi$ 时，晶闸管 T_{22} 和二极管 D_{24} 进行换相，D_{24} 导通，二极管 D_{23}、D_{24} 进行续流，半控桥整流输出电压等于 0。

通过调节晶闸管 T_{21}、T_{22} 的触发角 α，就可以调节半控桥的输出电压，其与全控桥的输出电压叠加在一起给牵引电机供电（见图 5-32 中 U_d）。从图 5-32 中可以看出在一个周期中，晶闸管的导通角为 $\pi-\alpha$，而二极管在调压过程中兼有整流和续流的功能，它的导通角为 $\pi+\alpha$，所以在选择整流元件时二极管的电流定额一般要比晶闸管大。8K 电力机车上整流二极管选正向平均电流为 2 500 A，为晶闸管（1 700 A）的 1.47 倍。

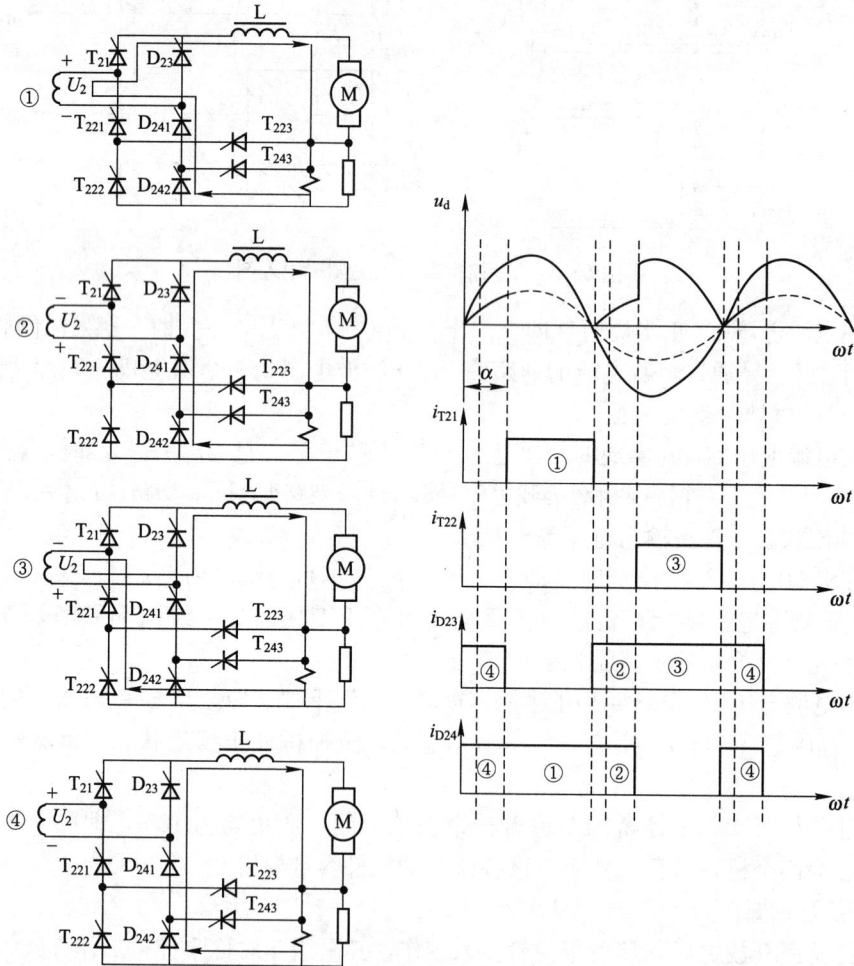

图 5-32 半控桥牵引工况调压工作原理

3）弱磁桥调压阶段

当电机端电压达到最高值后，还要继续提高机车的运行速度时，就要进行磁场削弱控制。SS1 型电力机车采用闭合接触器接入分路电阻的方式进行有级磁场削弱，这种有级磁场削弱使机车特性不连续，造成调速过程的电流冲击和牵引力冲击。8K 型电力机车的采用分路晶闸管来实现从满磁场到最深削弱磁场的连续平滑调节，改善了工作性能，提高了可靠性。

当半控桥达到满开放时，牵引电机的端电压达到最大值。在正半周内 T_{21}、D_{241}、D_{242} 导通，负半周 T_{221}、T_{222}、D_{23} 导通，整流电压加在平波电抗器和牵引电动机的两端，形成一个脉动电流。在没有进行磁场削弱时，励磁电流 I_f 按固定分路电阻 R_{SH} 形成一个固定磁场削弱系数 $\beta_0=96\%$，即整流电流直流分量以并联定律在电阻 R_{SH} 和 R_f 上进行电流分配，而交流分量几乎全部通过固定分路电阻。图 5-33 为 8K 电力机车无级磁场削弱原理图。分析中假定为理想整流器和直流平波电抗器电感足够大。

(1) 在电源电压 U_2 正半周时（即上"+"下"－"），且 $\omega t=\alpha$ 时，触发晶闸管 T_{243}、T_{243} 和二极管 D_{242} 进行换相，T_{243} 导通，励磁电流流过晶闸管 T_{243}、D_{241}，而不流过固定分路电阻 R_{SH} 和牵引电机的励磁绕组。因为半控桥处于满开放，在网压过零之后，T_{221}、T_{222} 被触发导通，D_{241}、T_{243} 自然关断，电枢电流就又通过 D_{23}、励磁绕组、T_{222}、T_{221}。

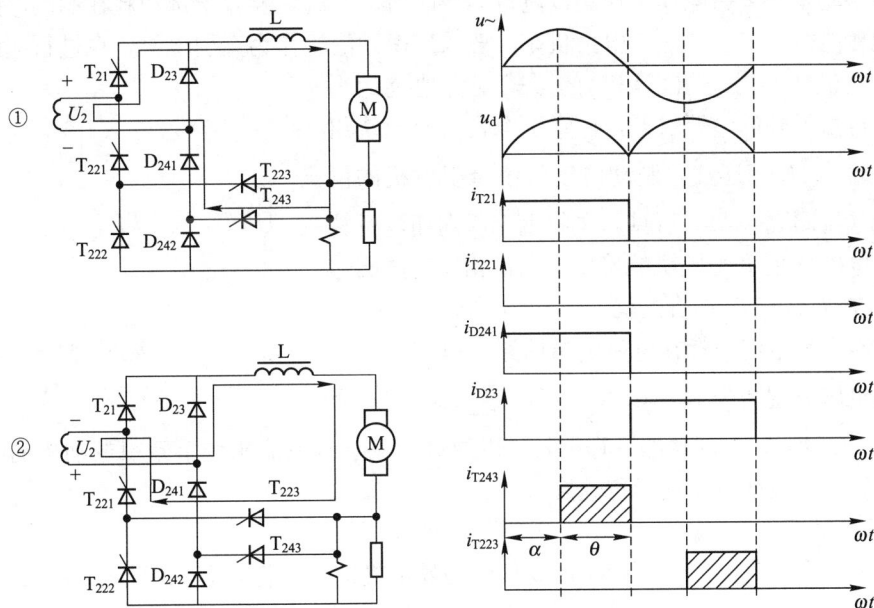

图 5-33　无级磁场削弱调节原理图

(2) 在电源电压 U_2 负半周时（即上"－"下"+"），且 $\omega t=\pi+\alpha$ 时，触发晶闸管 T_{223}，T_{223} 与晶闸管 T_{222} 进行换相，T_{223} 导通，励磁电流经 T_{223}、T_{221} 分流。在网压过零之后，二极管 D_{241}、D_{242} 导通，T_{223}、T_{221} 自然关断，电枢电流就又通过 T_{21}、励磁绕组、D_{242}、D_{241}。

从上面的分析可得，在磁场分路晶闸管导通之后，电枢电流就流过磁场分路晶闸管，而不流过电机的励磁绕组，如果连续地调节分路晶闸管的触发角就可以连续地调节励磁电流，实现无级励磁削弱。

5.3.3　8K 型电力机车再生制动

由于 8K 型电力机车的主电路中采用全控桥，机车在制动时能够实现再生制动。电力机车的制动一般可以分为机械制动和电气制动两种。电气制动与机械制动相比，其制动力随机车速度的增加而增大，从而保证列车在高速运行时的可靠制动，使机车可以获得良好的制动力调节特性，并能减少机械制动设备的磨耗。电力机车之所以能够实行电气制动，是由于牵引电机的工作状态是可逆的，即牵引电机不仅能在电动机状态下产生牵引力，而且也能在发电机状态下产生制动力。从能量变换的观点来看，电力机车在牵引状态下，它由接触网吸取电能，通过牵引电动机将电能转换为机械能，使机车加速或以一定的速度运行，当电力机车在制动状态时，牵引电动机又把列车的机械能变换为电能，并产生制动力使机车减速。电力机车上所采用的电气制动，根据制动能量（牵引电动机作为发电机运行时转换来的电能）利用方式不同，可以分为电阻制动和再生制动两种。

1）电阻制动

电阻制动是将牵引电动机作为发电机运行时所产生的电能，全部消耗在制动电阻上，将列车的机械能全部变为热能。电力机车一般采用串励电机作为牵引电机，在进行电阻制动首先将牵引电机的励磁绕组由串励的形式变为他励的形式，然后再由另外的电源供电，而牵引电机的电枢绕组与制动电阻 $\sum R$ 相连接，制动电流就由牵引电机的反电势提供（见图 5-34）。可见，电枢电流反向而电机转速不变，电磁转矩 T 与电机的旋转方向 n 相反，电磁转矩 T 变为制动转矩，电动机就变为发电机运行，把机车的机械能变为电能消耗在电机电枢回路的电阻上。牵

图 5-34　机车电阻制动原理简图

引电机的电压方程变为 $E = C_e \Phi n = I_z \cdot \sum R$，制动力矩等于 $T = C_T \Phi I_z$。在制动的过程中，可以通过调节励磁电流来调节牵引电动机的制动电流和制动力，从而改变机车的运行速度。

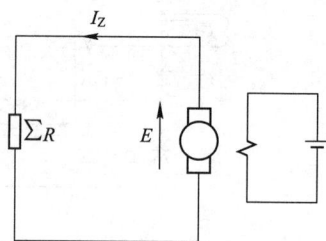

2）再生制动

电力机车在电气制动时，牵引电动机作为发电机运行，将列车在运行中所具有的机械能转换为电能回馈接触网，不仅具有制动列车的作用，而且还可以节约大量的电能。对于整流器式电力机车来说，由于牵引电动机在制动工况下运行时，所产生的电能是直流电，因此要实现再生制动，还必须解决如何把直流电转变为与接触网同频交流电的问题，把直流电变换为交流电称为逆变，可见整流器式电力机车的再生制动问题，实质上就是一个有源逆变问题，下面利用机车的简化电路图 5-35 来分析机车的三种运行工况。

机车在牵引时，变流装置进行整流，晶闸管触发角小于 90°，所以整流器输出的整流电压 U_d 为"正"，牵引电机作电动机运行，牵引电机的反电势 E 为"负"，则电机的牵引电流等于 $I_d = (U_d - E) / \sum R$。在能量方面，电网输出能量一部分消耗在电机电路的电阻上，以热能的形式散发到大气中去，其余的大部分能量由牵引电机吸收，转换为机械能牵引机车运行。

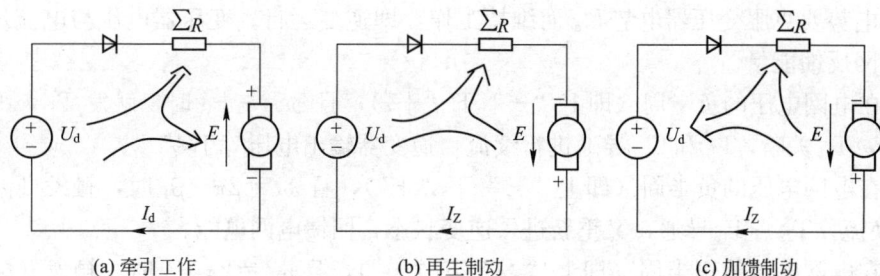

(a) 牵引工作　　　　　　(b) 再生制动　　　　　　(c) 加馈制动

图 5-35　机车三种工况简化原理图

机车在再生制动时，晶闸管的触发角大于 $90°$，变流装置进行逆变，输出电压 U_d 变为"负"，将电机电枢反接，而电机转向不变，则电机反电势 E 变为"正"，牵引电动机变换为牵引发电机运行，将机车的机械能转换为电能，所得到的制动能量一部分消耗在制动回路的电阻上变为热能，另一部分能量回馈到电网中。此时整个回路的电流方向不变，并且制动电流等于 $I_z = (E-U_d)/\sum R$。

由于电机制动回路的总电阻（包括电机、平波电抗器电阻和附加的稳定电阻）是基本不变的，制动电流 I_z 的调节可以通过两种方式实现：一是调节电机的磁通，也就是调节电机的励磁电流；另外一种方法就是调节逆变器的电压 U_d，即控制逆变器的触发角来实现。一般机车再生制动时大致可分为三个阶段：第一个阶段调节电机励磁电流 I_f，机车在高速进行再生制动，为了提高功率因数，一般保持逆变器电压 U_d 为最大值，通过改变励磁电流来调节制动电流 I_d，如图 5-36 中的 BC 段所示，随着机车速度的下降逐渐增大，直到额定励磁电流为止。第二阶段调节逆变器电压 U_d，当电机的励磁电流 I_f 调到额定值后，维持不变，通过控制晶闸管的触发角来逐渐减小逆变器电压 U_d，使其与电机反电势等比例下降，则制动电流维持不变，即制动力不变，见图 5-36 中的 AB 段，直到逆变器输出电压 U_d 等于 0 为止。第三阶段在低于 A 点的区域，逆变器输出电压 $U_d=0$，为了加快低速制动过程，可以采用加馈制动的方法。逆变器重新工作在整流状态，逆变器输出电压变为"正"，电机反电势也为"正"，此时电机的制动电流等于 $I_z = (U_d+E)/\sum R$，从式子中可以看出机车的制动电流 I_z 就由电机的反电势和整流电压共同产生，保证机车低速时制动力不变。图 5-36 中 AB' 就对应加馈制动的过程。从能量观点看，机车在进行加馈制动时，电网输出电能，牵引电机也处于发电机运行状态，也输出能量，则这两部分能量全部消耗在制动回路的的电阻中。

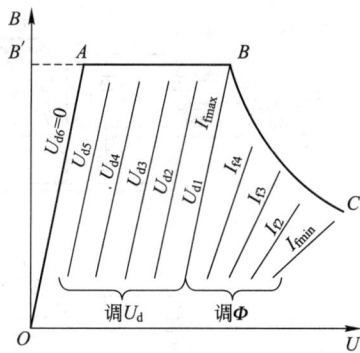

图 5-36　再生制动调节过程

3) 8K 机车再生制动

再生制动时，8K 型电力机车全控桥进行逆变。为了提供逆变时机车的功率因数，逆变电压的调节与牵引时一样，也采用不对称触发控制方式。8K 机车再生制动的调节过程也分为四个阶段：

(1) 在电网电压的正半周（即上"+"下"-"），且 $\omega t = \pi-\beta_0$ 时（其中 β_0 为最小逆变角），触发 T_{11}，T_{11} 和 T_{13} 进行换流，T_{13} 关断，T_{11}、T_{14} 维持导通，这时逆变器电压为负值，

发电机反电势要克服变压器电势 U_d 而维持工作，即逆变运行。变压器电压与电流反向，变压器向电网反馈能量。

(2) 在电网电压的负半周（即上"−"下"+"），且 $\omega t = \pi + \alpha$ 时，触发 T_{12}，T_{12} 和 T_{14} 进行换流，T_{14} 关断，T_{12} 和 T_{11} 导通进行续流，逆变器输出电压等于零。

(3) 在电网电压的负半周（即上"−"下"+"），且 $\omega t = 2\pi - \beta_0$ 时，触发 T_{13}，T_{13} 和 T_{11} 进行换流，T_{12}、T_{13} 导通，又重新进入逆变状态，回馈电网电能。

(4) 在电网电压的正半周（即上"+"下"−"），且 $\omega t = 2\pi + \alpha$ 时，触发 T_{14}，T_{12} 和 T_{14} 进行换流，T_{13} 和 T_{14} 进行续流。

通过分析可以画出再生制动时各个晶闸管的波形，从图 5-37 中我们可以看出逆变工况时，晶闸管 T_{11} 和 T_{13} 维持最小逆变角导通 β_0，而通过调节 T_{12} 和 T_{14} 的触发角 α 来控制逆变工况的结束时刻，从而达到调节逆变输出电压值，也就调节了制动电流。并且通过不对称触发，4 个桥臂的晶闸管的导通时间都是半波，与牵引工况时相同，各臂元件的负载是均匀的，在选择整流元件时可以选择同一规格的管子。

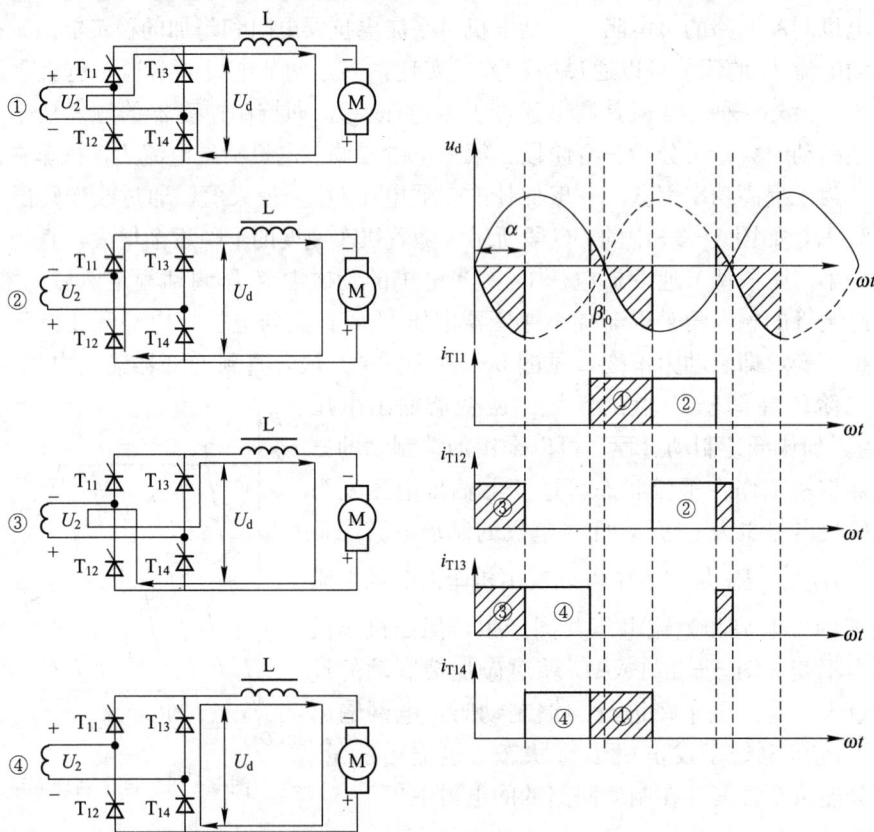

图 5-37　8K 型电力机车再生制动调压原理图

5.3.4　8K 电力机车控制系统

8K 型电力机车电子控制系统是按转向架设计成相互分开、完全独立的控制单元，每个控制单元的功能包括牵引制动控制、防空转防滑行控制、功率因数补偿装置的控制、辅助变流器控制和电子保护等单元。图 5-38 为 8K 型电力机车—节机车控制系统的框图，8K 型电力机车控制系统采用双闭环控制系统，内环是电流环，实现恒流无静差调节，而外环是速度环，实现准恒速控制。

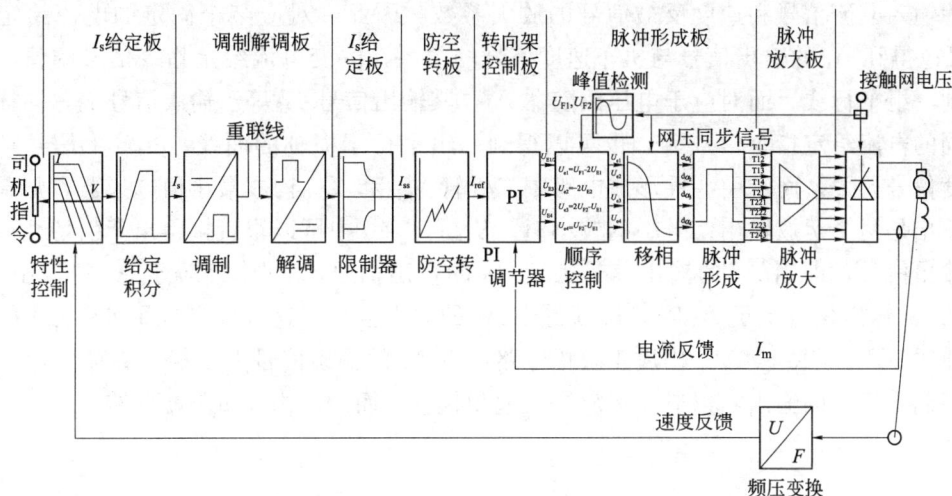

图 5-38　8K 型电力机车控制系统框图

如图 5-38 所示，8K 型机车控制系统可划分为两大部分：机车控制和转向架控制。8K 型电力机车机车控制系统采用单手柄特性控制器实现恒流和准恒速控制。司机控制器给出司机控制指令，与机车速度反馈信号一起输入机车特性控制器，由特性控制器形成电流给定值，经牵引与制动转换开关和积分缓冲电路得到电流指令信号 I_{s}，得到的电流指令信号由调制器进行定频调宽的 PWM 变换。调制后的电流给定值经由机车重联线送给各电子控制单元。在转向架控制中各重联的机车首先通过重联总线接收电流指令调制信号后独立进行解调重新获得电流指令信号 I_{ss}，经电流限制器和防空转系统形成参考电流 I_{ref}，与电机反馈电流相比较，当给定电流值与实际的电机电流有偏差时，由电流 PI 调节器得到直流控制电压 U_{E}，通过脉冲触发系统控制整流电路的晶闸管触发角，进而调节电机的电流，使电机电流随给定电流的变化而变化。

5.3.5　8K 电力机车控制系统典型单元电路

1. 牵引/制动特性曲线形成电路

8K 型电力机车采用单手柄特性控制器，单手柄既能调节机车的电流又能调节机车的速度，不仅满足控制机车的两项要求，而且简化了机车的操作。8K 型电力机车的单手柄控制器，机车在牵引工况时，手柄顺时针转动，共分为 0～11 级，而机车在制动工况时，手柄逆时针转动，也分为 0～11 级。当手柄位于一定的级位时就对应一定的电机电流和电机速度，如果手柄级位为 n，则它与机车启动电流指令值关系及机车速度关系分别为：

$$I=200n\ (A)$$
$$V\approx10n\ (km/h)$$

1）牵引特性曲线

图 5-39 为 8K 机车牵引特性曲线的形成电路，其由两个运放 A$_1$ 和 A$_2$ 组成的。A$_1$

用作比例调节器，电流给定信号 I_0 和速度反馈信号 $-U$ 加在其正相输入端；而 A_2 构成一个电压跟随器，只有一个电流给定 I_0 输入信号。在分析电路时首先假设电路在 A 点断开，对于运算放大器 A_1，其输入输出之间的函数关系为 $I_{A1}=K_1 I_0 - K_2 U$，其中 K_1、K_2 分别为输入电流信号和速度反馈信号的放大系数。因此，对应某个固定的电流给定指令 I_0，可以得到 A_1 的输出信号与机车速度信号的关系，改变电流给定指令信号的值，就可以得到一组平行线。而对应于电压跟随器 A_2，其输出信号 I_{A2} 等于输入信号 I_0，同样对应于不同的电流给定指令信号 I_0，也可以得到一组平行于横轴的曲线，其输出信号与机车的速度信号无关。而牵引特性形成电路中二极管 V_{456} 和 V_{458} 构成最小值选择器，则系统的最后输出是两个运放输出信号中的较小值。从图 5-40 中可以很直接得出牵引特性形成电路的输出信号，即当 A_1 的输出信号大于 A_2 的输出信号时，则 I_{S1} 等于 A_2 的输出信号，而当 A_1 的输出信号小于 A_2 时，I_{S1} 就等于 A_1 的输出信号，这样就形成了 8K 机车的特性形成曲线。R_{163}、R_{164}、V_{455} 构成正限幅电路，当 A_1 的输出信号大于某个值时，V_{455} 导通，从而限制了运放的输出，以避免运放进入饱和状态。而 V_{162} 构成负限幅电路。

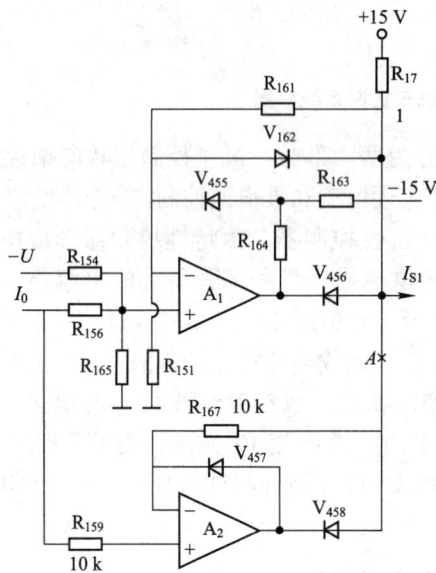

图 5-39　8K 型机车牵引特性控制

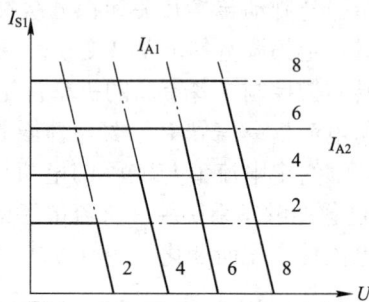

图 5-40　牵引特性曲线

2）制动特性曲线

如图 5-41 所示，8K 型电力机车制动特性曲线的形成电路由两个运放 A_3 和 A_4 组成。用同样的分析方法研究制动特性曲线的形成，假设电路在 A 点断开，A_4 的输入信号为恒定的 $+15$ V，则运放 A_4 的输出信号为常数，其对应于制动电流最小值 130 A。而对于运放 A_3，其输入输出之间的关系为 $I_{A3}=K_3 U - K_4 I_0 + C_1$，当改变司机控制器手柄的位置得到不同的电流指令信号 I_0，对应于不同的电流指令信号可以得到一组平行的曲线如图 5-41 所示。制动特性形成电路中二极管 V_{584}、V_{591} 构成最大值选择器，则系统最后输出就是取两个运放输出信号的最大值，则通过图 5-42 可以得出系统最后的输出信号。

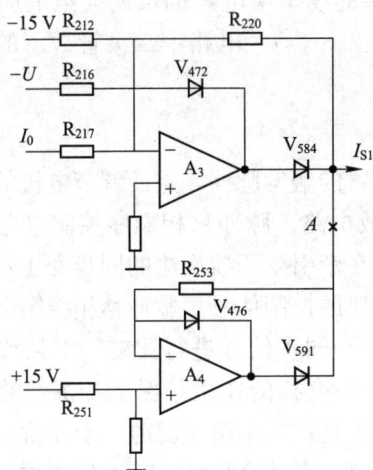

图 5-41　8K 型机车牵引特性控制　　　　图 5-42　制动特性曲线

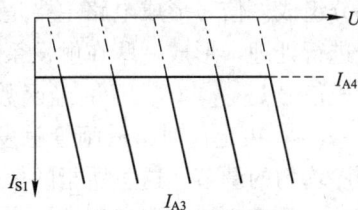

2. 积分延时电路

积分延时电路用于限制电机电流的变化速度,使其按照预先规定的速度上升和下降。如图 5-43 所示,8K 型电力机车的积分延时电路由两个运放 A5 和 A6 组成,其中 A5 为比例调节器,工作在饱和区,A6 用作积分器,并且将 A6 的输出信号 I_{S2} 反馈到运放 A5 的同相输入端,简化了电路结构。

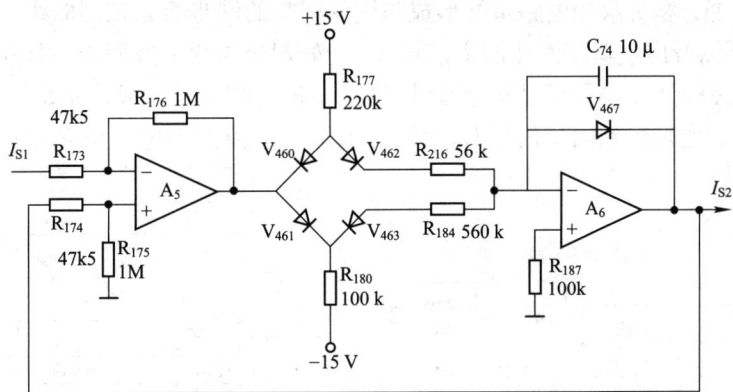

图 5-43　8K 机车积分延时电路

当输入信号 I_{S1} 突升后,A5 达到"负饱和",输出信号变为 -15 V,二极管 V_{461}、V_{462} 因承受反压而阻断,而二极管 V_{463}、V_{460} 承受正压导通,则 -15 V 通过 R_{180}、V_{463}、R_{184} 给电容 C_{74} 充电,运放 A6 的输出电压信号 I_{S2} 为"正",且线性增加。当 I_{S2} 增加到与输入信号 I_{S1} 相等时,运放 A5 脱离饱和状态,输出信号 I_{S2} 就不再增加。上升的速度取决于电容的充电回路的时间常数,由电容充电回路的电阻和电容决定,则时间常数 $R \cdot C = (R_{184} + R_{180}) \cdot C_{74} = 6.6$（s）。

而当输入信号 I_{S1} 突降后,手柄突然回零时,A5 达到"正饱和",输出正饱和电压 $+15$ V,二极管 V_{461}、V_{462} 因承受正压而导通,而二极管 V_{463}、V_{460} 承受反压截止,电容 C_{74} 电阻

R_{127}、R_{182}放电，则 I_{S2} 线性下降直到 0 为止。下降的速率由电容的反向充电的时间常数决定，它的时间常数为 $R \cdot C = (R_{182} + R_{177}) \cdot C_{74} = 2.8$（s）。电路中二极管 V_{467} 的作用为限幅，限制输出信号 I_{S2} 大于零，不低于负 0.7 V。

3. 晶闸管触发系统

晶闸管触发系统的主要作用是产生整流桥各桥臂的触发脉冲，进而调节电机的端压和电机电流。8K 型电力机车的触发单元主要由信号形成电路、脉冲移相顺序控制电路和脉冲形成电路三部分组成。信号形成电路主要是通过对接在牵引变压器次边的同步变压器送入的网压同步信号进行处理，形成一些在触发系统中所需要的控制信号。脉冲移相控制电路将脉冲移相控制电压信号 $U_{E1/2}$、U_{E3}、U_{E4} 经函数变换后，与同步信号进行比较，得到移相触发电平信号 $d_{\alpha 1} \sim d_{\alpha 4}$，决定何时给晶闸管触发脉冲。函数变换的作用是保证各桥臂的脉冲移相按要求的顺序均匀的调节，这里所指的桥臂开通顺序是：在牵引工况时，全控桥先开放，接着半控桥开放，最后磁场削弱桥开放；在制动工况时，调节全控桥。脉冲形成放大电路将由移相控制电路形成的移相触发电平信号与一些控制信号进行逻辑组合，产生触发脉冲列电路的脉冲，该脉冲由触发总线送到脉冲形成电路，经输出门电路进行脉冲分配，分配好的触发脉冲再经功率放大电路后送给晶闸管控制其通断。8K 型电力机车的触发脉冲是组合脉冲，触发脉冲的第一个脉宽为 40 μs，以后都是 20 μs，主要为了在第一个 40 μs 的脉冲作用下，晶闸管阳极电流大于维持电流，保证晶闸管可靠导通。

1）信号形成电路

通过同步变压器获得电网电压的同步信号 U_N，经过各种处理形成一些保持严格相位关系的控制信号，并通过积分移相电路最终形成与网压同步的同步余弦控制曲线，参见图 5 - 44。从这两个图中可以看出，对于网压同步信号 U_N 的处理分为两个方面，一是通过全波整流电路进行全波整流得到 $U_{o\pi}$，再经过积分器对信号 $U_{o\pi}$ 进行积分，形成同步余弦信号 U_α，再与网压峰值信号 U_F 比较得到同步信号 $U_F - U_\alpha$，通过与直流控制电压信号比较，两者的交点

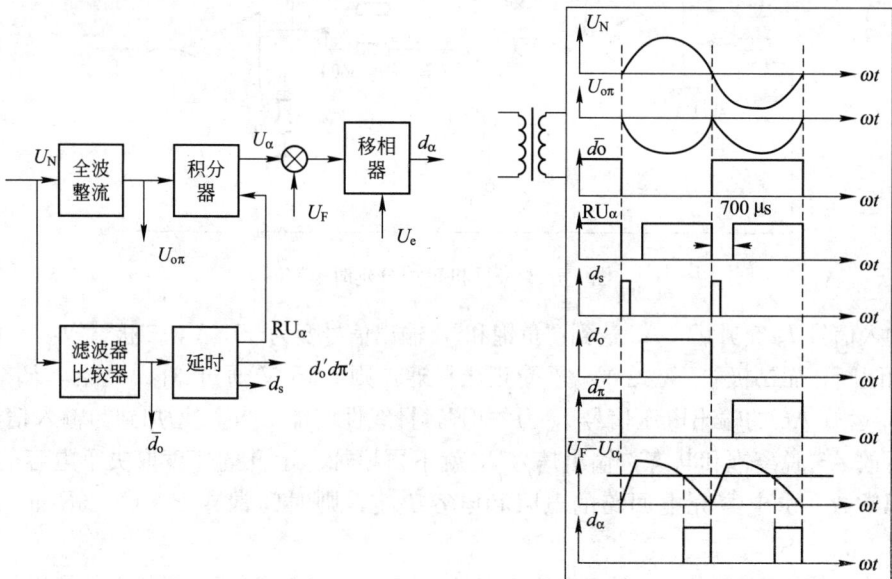

图 5 - 44　8K 信号形成电路与信号波形

决定了晶闸管控制角 $d\alpha$ 的大小。另一方面网压同步信号 U_N 通过滤波器和比较器得到同步方波信号 d_0 信号，再经过一些延时逻辑电路产生各种控制信号 RU_α、d_0'、d_π'、d_s。其中 d_s 是网压过零信号，当电网电压过零时 d_s 输出一正脉冲信号；RU_α 为同步信号的复位信号，当 RU_α 出现负脉冲时，网压同步余弦信号迅速回零；d_0'、d_π' 是正负半周分配信号，d_0' 对应网压正半周，d_π' 对应网压负半周，这两个信号是保证晶闸管承受正向阳极电压才允许获得触发脉冲。从图 5-44 中可以看出 d_0' 和 d_π' 之间有 $700\ \mu s$ 触发脉冲封锁时间，其作用是移相电路有充分的复位时间，另外在网压过零附近晶闸管正向阳极电压太低或存在不稳定的毛刺不应施加触发脉冲。

（1）全波整流电路

全波整流电路（图 5-45）由两个运放 A1、A2 构成整流电路对网压同步电压 U_N 进行全波整流，由二极管 D_1、D_2 形成最小值选择器，选取两个运放 A1、A2 的最小值。由于网压同步信号 U_N 输入 A1 的反相输入端，而输入 A2 的正相输入端，这样在网压正半周 A1 输出为"负"，A2 输出为"正"，则 U_o 取 A1 的输出信号；而在网压负半周，A1 输出为"正"，A2 输出为"负"，U_o 取 A2 的输出信号。所以网压同步信号通过二极管 D_1 和 D_2 取最小值，整流后的电压信号 U_o 是幅值为负的全波整流波形，输入输出电压波形如图 5-45 所示。

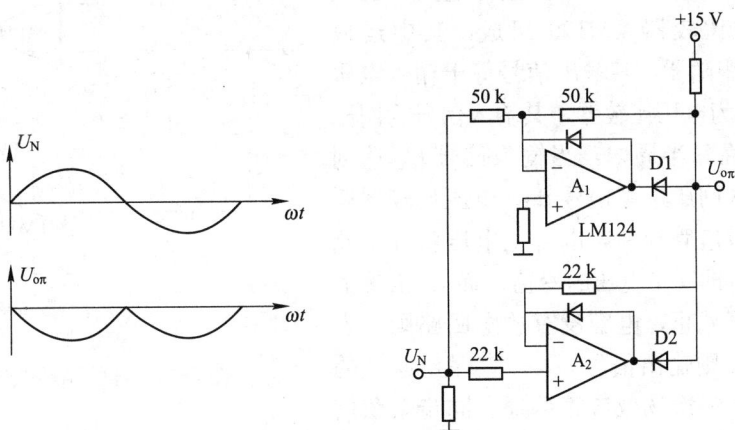

图 5-45　全波整流电路

（2）积分器

由全波整流电路得到的信号 U_o 之后要送入积分器。如图 5-46 所示，积分电路由两部分组成，运放 LM124 为积分器，积分电容 C 上并联一个放电场效应管。而 LM139 为电压比较器，当其正相输入端的输入电压高于反相输入端的电压值时，LM139 输出端为高电平，如果当其正相输入端的输入电压低于反相输入端的电压值时，LM139 输出端为低电平。

当同步信号的复位信号 RU_α 没有输入脉冲时，即其一直保持高电平，则电压比较器输出低电平，场效应管截止，这时运放 LM124 的输入信号 U_o 电容开始充电，则积分器对输入信号 U_o 积分，形成余弦输出信号 U_α。而当网压过零时，输入同步信号的复位信号 RU_α，则 LM139 的正相输出端的电压高于反相输入端的电压，输出信号变为高电平，场效应管的栅极电位为高，则场效应管导通，电容迅速放电回零，形成同步余弦信号。当 RU_α 没有负脉冲，场效应管截止，电容充电，当 $\omega t = \pi$ 时，同步余弦信号达到最大值，此时加入 RU_α 负脉冲，场效应管导通，使电容 C 迅速放电回零，V_{461} 受逻辑信号控制每半周导通放电一次，因此积分器的输出电压同步余弦信号 U 是半周重复的。

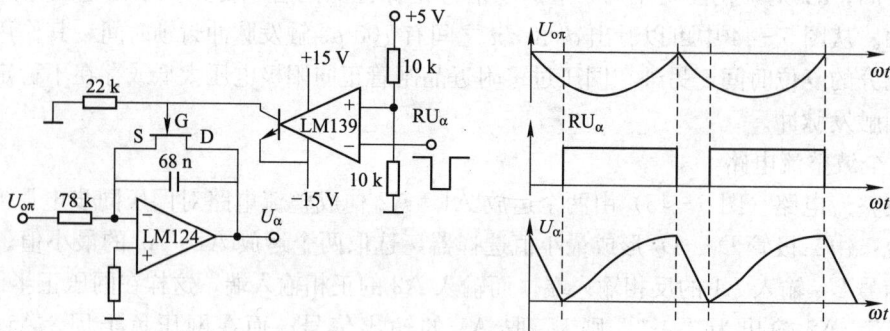

图 5 - 46　积分器

（3）网压峰值记忆电路

如图 5 - 47 所示，网压峰值记忆电路由运放 LM124 和电压比较器 LM139 组成，其中运放 LM124 为电压跟随器，其输出信号等于输入电压值。而 LM139 为电压比较器，其输入信号为网压过零信号 ds。在每半周内，当输入信号 U_α 达到最大值时，输入网压过零信号 ds，电压比较器输出高电平，场效应管导通，电容上电压就等于此时的输入电压，即同步电压的峰值。而 ds 信号消失后，场效应管截止，电容没有放电回路则电容上的电压不变，则输出信号 U_F 一直保持原来的电压值，直到下一次场效应管导通。同步余弦信

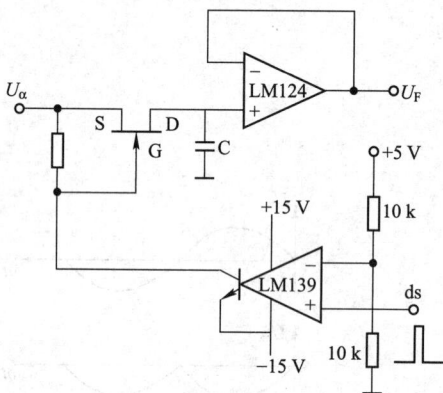

图 5 - 47　网压峰值记忆电路

号通过网压峰值记忆电路将电网电压的峰值采下来并一直保持住，输出波形为一条直线，输出电压值等于电网电压的最大值。

（4）$d\alpha$ 信号形成电路

如图 5 - 48 所示，$d\alpha$ 信号形成电路由一个 LM124 和一个 LM139 组成，其中 LM139 为电压比较器，LM124 为减法器。减法器有两个输入信号 U_α 和 U_F，分别输入运放 LM124 的正相和反相输入端，则减法器的输出信号为 $U_F - U_\alpha$，输入电压比较器的反相输入端，而比较器的正向输入端为移相直流控制电压信号 U_e，两者电压比较决定输出的触发脉冲信号。

当直流控制电压 U_e 低于同步信号 $U_F - U_\alpha$，$d\alpha$ 输出低电平，当直流控制电压 U_e 高于同步信号 $U_F - U_\alpha$，$d\alpha$ 输出高电平。8K 型电力机车也采用交直叠加的移相原理，即 $U_F - U_\alpha$ 和 U_e 的相交点决定晶闸管的触发角的大小，通过控制直流控制电压的大小可以调节晶闸管的触发角，直流控制电压与输出电压成正比，U_e 增大，输出信号 $d\alpha$ 向左平移，控制牵引电机的端电压。另外，电压比较器上的电阻和电容构成微分电路，用于增加输出信号的陡度。

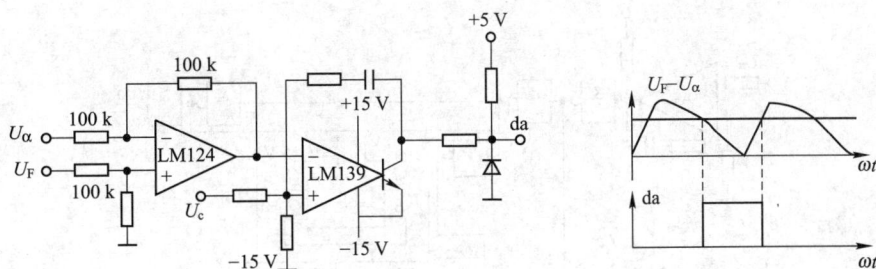

图 5 - 48　dα 信号形成电路

(5) 有源滤波器

如图 5 - 49 所示，网压同步信号 U_N 首先经过有源滤波器滤掉电网电压的谐波信号，其为带通滤波器，中心频率等于电网频率 50 Hz，滤波器的输出信号 U_π 为不含谐波成分并与同步电压信号反向的交流信号。电压比较器 LM139 构成过零比较器，当输入信号 $U_\pi > 0$ 时，输出低电平，而当 $U_\pi \leqslant 0$ 时，输出高电平。有源滤波器输出信号为与电网电压同步的方波信号，当电网电压正半周，d_0 输出高电平，而在电网电压的负半周，d_0 输出低电平。

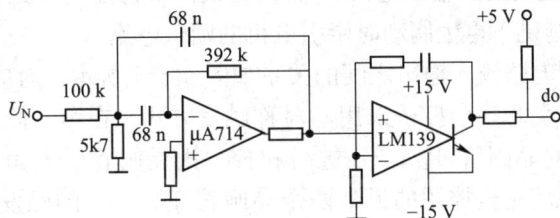

图 5 - 49　有源滤波器

(6) 逻辑延时环节

网压同步方波信号通过一些逻辑延时环节形成上面晶闸管触发系统中所需要的控制信号，如网压过零信号 ds，余弦同步信号的复位信号 RU_α 等，具体电路如图 5 - 50 所示。首先信号 U_π 通过比较器后获得一个频率为 50 Hz 占空比为 50% 的方波信号，方波信号送至后续的逻辑电路中即可获得所需的控制信号 RU_α、d_0'、$d\pi'$、ds。电路中的 D_1 和 D_2 为单稳电路 74HC4538，用于产生脉冲信号。当其同相触发端 A 有一个上升沿触发，同时其反向端 B 为高电平时，Q 输出一个脉冲信号，脉冲的宽度由其所接的电阻电容决定，脉冲宽度 $\tau = K \cdot RC$，其中 K 为脉冲常数，可以通过改变所接电阻电容的值就可以改变输出脉冲的宽度。电路中 $\tau_1 = 700\ \mu s$，$\tau_2 = 20\ \mu s$。

2) 脉冲移相顺序控制电路

8K 型电力机车主电路控制分为全控桥、半控桥和弱磁桥三段控制，其脉冲移相控制电路是由 4 条线性函数构成。脉冲移相顺序控制电路的输入信号是来自转向架控制板的移相控制电压信号 $U_{E1/2}$、U_{E3}、U_{E4} 以及前面信号形成电路中得到的网压峰值信号 U_{F1}、U_{F2}，经过连续控制器得到输出信号 $U_{e1/2}$、U_{e3}、U_{e4}，控制信号 U_{e1}、U_{e2} 与全控桥的余弦同步信号 U_1 比较，U_{e3}、U_{e4} 与半控桥的余弦同步信号 U_2 比较后得到移相出发电平信号 $d_{\alpha1}$、$d_{\alpha2}$、$d_{\alpha3}$ 和 $d_{\alpha4}$。机车在牵引时，$d_{\alpha1}$ 和 $d_{\alpha2}$ 用于控制全控桥，$d_{\alpha3}$ 用于控制半控桥晶闸管的触发角，$d_{\alpha4}$ 用

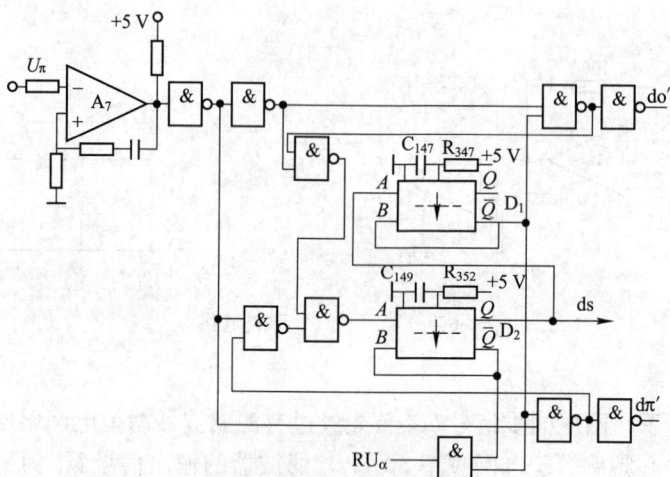

图 5-50   逻辑延时环节

于控制弱磁桥晶闸管的触发角；而机车在再生制动时，$d_{\alpha 1}$ 和 $d_{\alpha 2}$ 仍然用于控制全控桥，通过 $d_{\alpha 1}$ 和 $d_{\alpha 2}$ 的调节来改变逆变器的输出电压。$d_{\alpha 3}$ 被封锁，不再控制半控桥，半控桥改由 $d_{\alpha 4}$ 进行控制，通过 $d_{\alpha 4}$ 来控制机车再生制动时牵引电机的励磁电流。

脉冲移相顺序控制电路输入输出之间的关系如图 5-51 所示，对应机车在控制时实现三段连续控制，机车在牵引时，全控桥采用不对称触发方式，在第一段调压区中，$U_{e1}/U_{F1} = 1 \sim 0$，则 $d_{\alpha 1}$ 对全控桥的晶闸管 T_{11}、T_{13} 进行相控，则晶闸管触发角从 $180°$ 变化到 $0°$，而 U_{e2}/U_{F1} 始终等于 0，也就是全控桥的另外两个晶闸管 T_{12}、T_{14} 的触发角始终保持为 $0°$，即晶闸管 T_{12}、T_{14} 处于二极管的工作状态。而 U_{e3}/U_{F2} 和 U_{e4}/U_{F2} 都等于 1，半控桥和弱磁桥晶闸管的触发角都始终等于 $180°$，半控桥和弱磁桥处于封锁的状态，不参与调压；在第二个调压阶段，全控桥处于满开放阶段，则相应 U_{e1}/U_{F1} 和 U_{e2}/U_{F1} 都等于 0，晶闸管 T_{11}、T_{12}、T_{13}、T_{14} 都相当于二极管状态。在这个阶段中半控桥开放投入工作，U_{e3}/U_{F2} 从 1 变为 0，半

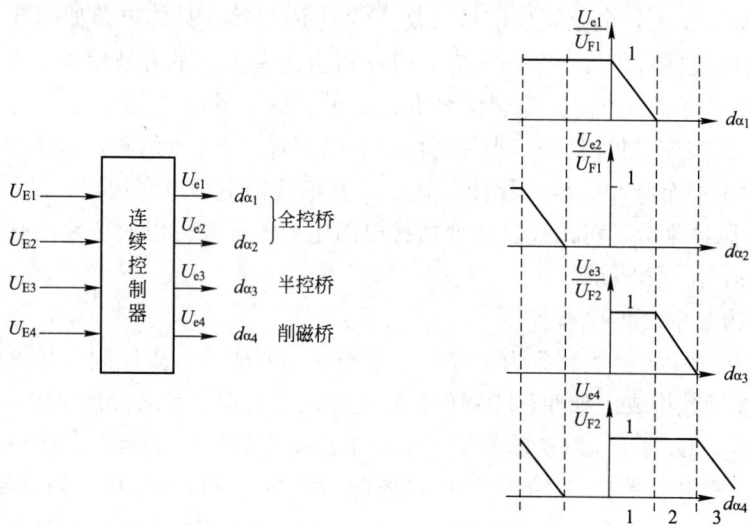

图 5-51   脉冲移相顺序控制电路

控桥从封锁状态变为满开放的状态，而弱磁桥仍然处于封锁状态，U_{e4}/U_{F2} 一直为 1；第三个调压阶段，全控桥和半控桥都处于满开放状态，则 $U_{e1}/U_{F1}=U_{e2}/U_{F1}=U_{e3}/U_{F2}=0$，此时开放弱磁桥，通过控制使 U_{e4}/U_{F2} 由 1 变为 0，相应磁场分路晶闸管的触发角从 180° 变为 0°，使牵引电机的励磁电流逐渐减小。

机车在再生制动时，工作在第二象限，U_{e2}/U_{F1} 从 1 变为 0，对全控桥的晶闸管 T_{12}、T_{14} 进行逆变工况控制，而 U_{e2}/U_{F1} 始终保持为 1，即 T_{13}、T_{14} 的触发角始终保持为 180°，即在最小逆变角 β_0 时刻导通，逆变器输出电压由最大负值变为 0。励磁电流由接成他励的半控桥提供，此时 d_{a3} 改由 U_{e4}/U_{F2} 控制，调整半控桥的控制角 180° 变化到 0°，牵引电机的励磁电流从最小值逐渐变化为最大值。通过连续控制器实现了 8K 机车的三段控制，由于顺序控制器就是通过运放搭成的运算电路，其工作原理较为简单，在这里就不具体介绍了。

3）脉冲形成与放大电路

图 5-52 为 8K 机车脉冲形成于放大电路。脉冲放大电路输入端，触发脉冲信号首先要经过门电路和三个二极管才送到 V_{160} 的发射极上，主要的作用是为了提高 V_{160} 导通的门槛电压，抑制干扰，防止由于温度影响、干扰脉冲、电源通断等干扰而产生的误触发现象。电容 C_{103} 在电路中起加速作用，用于加快 V_{161} 和 V_{162} 的导通和关断过程。当 V_{160} 从导通变为关断的瞬间，C_{103} 上已经有了 12 V 的初始电压，V_{160} 关断时，V_{160} 的集电极电压从 0 V 跳变为 −24 V，而电容 C_{103} 上的电压不能跳变，则 D 点的电位瞬间变为 −36 V，随着 −24 V 经电阻 R_{126} 对电容 C_{103} 充电，最后 D 点电位稳定在 −24 V，反之在 V_{160} 从关断到导通的瞬间，D 点的电位有一个从 0 到 −12 V 的变化过程，以上瞬态过程加快了 V_{161} 和 V_{162} 的开关的转换速度，增加了输出脉冲的上升沿和下降的陡度，有利于晶闸管的导通和降低功放管的开关损耗。

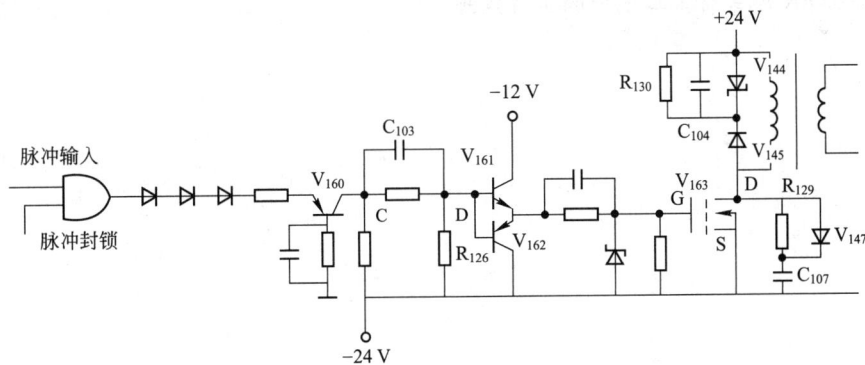

图 5-52　脉冲形成与放大电路

晶体管 V_{161}、V_{162} 构成电平转换电路，触发脉冲经 V_{161}、V_{164} 输出后，触发脉冲的高电平变为 −12 V，低电平变为 −24 V。当输入端有脉冲输入时，输入为高电平，此时 V_{160} 导通，V_{161} 饱和导通，V_{162} 截止，则功放管 V_{163}（绝缘栅型 N 沟道增强型场效应管）的 G（栅极）电压等于 −12 V，则 V_{163} 导通，+24 V 电源经脉冲变压器、V_{163} 的 D（漏极）、S（源极）与 −24 V 构成回路，在牵引变压器的次边感应出一脉冲电压将对应桥臂的晶闸管触发导通；当输入低电平时，V_{160} 截止，则 V_{161} 迅速关断，V_{162} 饱和导通，那么 V_{163} 的 G 极电压变为 −24 V，V_{163} 关断，输出端没有触发脉冲输出。

另外，R_{129}、C_{107}、V_{147} 组成功放管的缓冲电路，当 V_{163} 关断的瞬间，电容 C_{107} 经二极管

V_{147}迅速充电，这样使V_{163}的 D、S 极间电压上升率减小，而且可以减少输出端的过电压，同时由于 D、S 极间电压上升率减小，功放管的关断功率也可以减小。当V_{163}导通时，C_{107}经R_{129}、V_{163}放电，因此在该保护电路设计时，必须保证R_{129}、C_{107}放电时间小于V_{163}导通时间，以使C_{107}上的电荷在V_{163}导通期间能全部放完。在功放输出端接有过电压吸收电路和保护电路，为了防止功放管关断过程中因线路杂散电感产生较高的尖峰电压击穿功放管。V_{163}的 D 极加有一个过电压吸收电路，该电路由电阻R_{130}、C_{104}以及二极管V_{145}、V_{144}组成，其中V_{144}是齐纳二极管，其击穿电压额定值为 33 V，因此过电压保护值为$U=24+33+0.6=57.6$ V，其中 0.6 V 为V_{145}的正向电压。

复习参考题

【1】简述电力牵引控制系统的基本构成与工作原理。

【2】试分析电力牵引控制系统中各个环节的数学模型。

【3】试述双闭环自动调节系统在突加给定的调节过程。

【4】简述 6G 型电力机车控制系统基准电流组件的组成及作用。

【5】分析 6G 型电力机车控制系统交直移相电路工作原理。

【6】简述 8K 型电力机车主电路特点。

【7】利用简化电路分析机车运行的三种工况，并写出电流表达式以及能量关系式。

【8】8K 型电力机车晶闸管触发系统的基本组成及各部分的作用。

【9】分析 8K 机车特性控制器的工作原理。

第6章 交流电传动机车调速

【本章内容概要】

本章首先介绍异步电动机的基本特性和变频控制基础，重点分析异步电动机特性与机车特性之间的关系，然后进一步介绍异步电动机系统的标量控制技术、矢量控制技术和直接转矩控制技术。

【本章学习重点与难点】

学习重点：异步电机特性与机车特性的关系，机车两种恒功率控制策略，转差频率控制基本工作原理、矢量控制与直接力矩控制的区别。

学习难点：矢量控制与直接力矩控制工作原理。

交流电传动机车是采用各种变流器供电的异步电机或同步电机驱动的机车。目前存在两种交流电传动机车基本结构：带有中间直流环节的交直交变流器供电的异步电机系统和直接式交交变流器供电的同步系统。本章以应用最为广泛的异步电动机系统为主要的讲授内容。

6.1 交流电传动机车发展

交流电传动机车技术发展可分为早期发展阶段和近期发展阶段。

19世纪90年代至20世纪50年代初为交流传动机车技术的早期发展阶段。这个阶段应追溯到1881年在电车上所进行的试验。在这段实践中制造的交流传动试验机车是通过接触网直接提供三相交流电源，由两条架空线和一条轨道或者一侧安装的三根架空线提供三相交流电。牵引电机一般采用绕线式异步电机，通过调节转子电路中的电阻改变滑差进行控制。基于这些试验结果，在德国和意大利建造了一些三相交流制的铁路区段。但是由于费用过高，牵引特性差没有得到广泛推广。

从20世纪60年代开始，交流传动机车技术进入近期发展阶段。随着功率电子学和电子控制技术大发展，已经可以将单相交流电变换为适于牵引的三相交流电，为交流电传动机车的发展奠定了基础。1964年原联邦德国BBC公司提出逆变器的分谐波控制概念与方法，通过不断地试验和探索，1971年德意志联邦铁路上试运的第一批DE2500型交流传动内燃机车，充分证实了交流牵引高牵引力、高黏着利用、高制动性能、无磨损、少维修等特点。1980年，第一批5台4轴5 600 kW的交流传动干线电力机车BR120投入运行，标志着电力牵引正式进行交流传动时代。

20世纪80年代的整个十年是交流牵引系统迅速发展和成熟的十年，交流牵引系统迅速取代直流牵引系统成为技术的发展方向。进入20世纪90年代后欧洲各国相继停止了直流电传动机车的生产，交流传动机车全面取代了直流电传动机车。

交流电传动机车的发展与电力电子技术、现代控制理论、现代计算机技术和数字通信技术的发展的进步密不可分，成为交流电传动机车发展的技术保证。

交流电传动机车具有优越的运行性能，显著的节能效果、运营维护成本低和良好的可靠性。其主要特点如下。

（1）良好的牵引性能。合理地利用系统的调压、调频特性，可以实现宽范围的平滑调速，使高速列车的高速利用功率可以达到1，恒功率调速比大于2，能使列车启动时发挥出较大的启动力矩。

（2）电网功率因数高、谐波干扰小。电源侧采用脉冲整流器，通过PWM控制技术，可以调节电网输入电流的相位，并能在广泛的负载范围内使高速列车的功率因数接近于1，使所取电流接近正弦波形，谐波干扰小。

（3）单位质量体积的牵引功率大。由于异步电机无换向器，转速可达4 000 r/min或更高，且质量轻、体积小、单位质量体积的牵引功率大、运行可靠。

（4）动态性能和黏着利用好。由于交流异步电机有较硬的自然特性，其防空转（黏着利用）性能较好。特别是牵引控制采用矢量控制或直接力矩控制策略，不仅能使系统稳态精度高，而且能获得高的动态性能，可以使牵引力沿着轮轨之间蠕滑极限进行控制，更适合于高速、重载牵引的要求。

交流传动系统采用的新技术主要表现在以下几个方面。

（1）新型全控电力电子器件的应用。电力电子器件是牵引变流技术的基础和核心。诞生于20世纪80年代的新型全控电力电子器件IGBT是一种MOSFET与晶体管复合的器件，由于它既有易于驱动、控制简单、开关频率高的优点，又有功率晶体管的导通电压低、通态电流大、损耗小的显著优点，IGBT的发展及应用领域的拓展十分迅速。交流机车牵引变流器的功率电子器件大多采用大功率IGBT/IPM。

（2）牵引变流器PWM控制技术。交流调速传动系统中的变流器，无论是电源侧的整流器还是电机侧的逆变器都属于开关电流，电路中开关器件的周期性通断，从根本上破坏了交流电压、电流的连续性和正弦性。电压、电流中的高次谐波，一方面给交流电网带来严重危害，另一方面又使电机运行性能恶化。谐波电流产生的脉动力矩，会引起运动轴系振动，增大运行噪声，严重时还会使电机不稳定运行。减小谐波含量的有效办法是牵引变流器采用PWM技术。

（3）列车驱动控制技术。交流传动系统是一个多变量、非线性和强耦合的系统。通常电压（电流）和频率是可控的输入量，输出量则是转速、位置和力矩，它们彼此之间以及和气隙磁链、转子磁链、转子电流等内部量之间都是非线性耦合关系。

交流电传动机车可以采用交流同步电机或者交流异步电机，目前在干线铁路机车以及动车组和地铁、轻轨列车上的牵引系统基本采用的都是交流异步电动机。本章主要介绍常用的交流异步电机的工作原理及其控制技术。

6.2 交流异步电机工作原理

6.2.1 交流异步电机结构

异步电动机主要由固定的定子和旋转的转子两个基本部分组成，转子装在定子内腔里，借助轴承被支撑在两个端盖上。此外还有轴承端盖、轴承、机座、风扇等部件。为了保证转子能在定子内自由转动，定子和转子之间必须有一间隙，称为气隙。电机的气隙是一个非常重要的参数，其大小及对称性等对磁通及电机性能有很大影响。图 6-1 所示为三相鼠笼式异步电动机的组成部分。

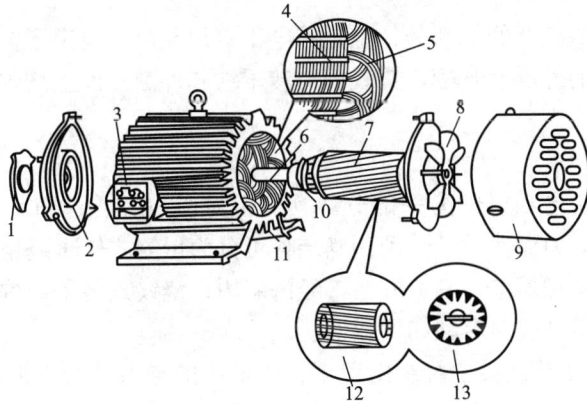

图 6-1　三相异步电机结构

1—压盖；2—轴承端盖；3—接线盒；4—定子铁芯；5—定子绕组；6—轴；
7—转子；8—风扇叶；9—罩壳；10—滚动轴承；11—电机座；12—绕组；13—转子铁芯

1. 定子

如图 6-2 所示，定子是由定子三相绕组、定子铁芯和机座组成。

1）定子三相绕组

定子三相绕组是异步电动机的电路部分，在异步电动机的运行中起着很重要的作用，是把电能转换为机械能的关键部件。定子三相绕组的结构是对称的，一般有 6 个出线端置于机座外侧的接线盒内，根据需要接成星形（Y）或三角形（△）。

2）定子铁芯

定子铁芯是异步电动机磁路的一部分，由于主磁场以同步转速相对于定子旋转，为减少在铁芯引起的损耗，铁芯采用 0.5 mm 厚的高导磁电

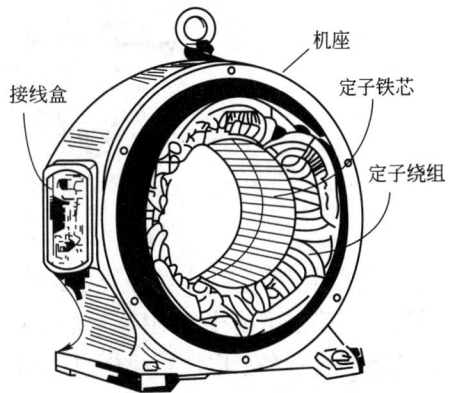

图 6-2　定子结构

工钢片叠成，电工钢片两面涂有绝缘漆以减少铁芯的涡流损耗。中小型异步电动机定子铁芯一般采用整圆的冲片叠成，大型异步电动机的定子铁芯一般采用扇形冲片拼成。在每个冲片内圆均匀地开槽，使叠装后的定子铁芯内圆均匀地形成许多形状相同的槽，用以嵌放定子绕组。槽的形状由电机的容量、电压及绕组的形式而定。绕组的嵌放过程在电机制造厂中称为下线。完成下线并进行浸漆处理后的铁芯和绕组成为一个整体一同固定在机座内。

3）机座

机座又称机壳，它的主要作用是支撑定子铁芯，同时也承受整个电机负载运行时产生的反作用力，运行时由于内部损耗所产生的热量也是通过机座向外散发。中小型电机的机座一般采用铸铁制成。大型电机因机身较大浇注不便，常用钢板焊接成型。

2. 转子

异步电动机的转子由转子铁芯、转子绕组及转轴组成。

1）转子铁芯

转子铁芯也是电机磁路的一部分，也是用电工钢片叠成。与定子铁芯冲片不同的是，转子铁芯冲片是在冲片的外圆上开槽，叠装后的转子铁芯外圆柱面上均匀地形成许多形状相同的槽，用以放置转子绕组。

2）转子绕组

转子绕组也是异步电动机的另一部分。其作用为切割定子磁场，产生感应电动势和电流，并在磁场作用下受力而使转子转动。其结构可分为鼠笼式转子绕组和绕线式转子绕组两种类型。鼠笼式转子结构简单，制造方便，经济耐用；绕线式转子结构复杂、价格贵、但转子回路可引入外加电阻来改善启动和调速性能。

如图6-3所示，鼠笼式转子绕组由置于转子槽中的导条和两端的端环构成。为节约用铜和提高生产率，小功率异步电动机的导条和端环一般都是熔化的铝液一次浇铸出来；大功率的电动机，由于铸铝质量不易保证，常用钢条插入转子铁芯槽中，再在两端焊上端环。鼠笼式转子绕组自行闭合，不必由外界电源供电，其外形像个鼠笼，故称鼠笼式转子。鼠笼式转子绕组的各相均由单根导条组成，其感应电势不大，加上导条和铁芯叠片之间的接触电阻较大，所以无须专门把导条和铁芯用绝缘材料分开。

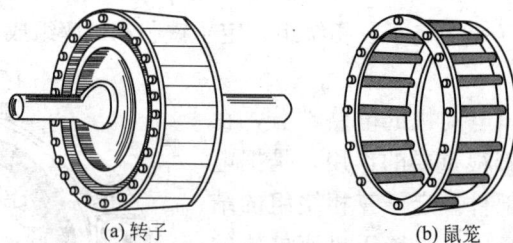

(a) 转子　　(b) 鼠笼

图6-3　转子结构

绕线式转子绕组是由绝缘导线组成，嵌放在转子铁芯槽内的三相对称绕组。三相一般为星形接法，三根引出线分别接到固定的转轴上并互相绝缘的3个集电环上，在通过安装在端盖上的电刷装置与集电环接触把电流引出来。这种转子的特点是可以通过集电环和电刷在转子回路中附加电阻，用以改善电动机的启动性能，或调节电动机的转速。有的绕线转子异步电动机还装有一种举刷短路装置，当电动机启动完毕而又不需要调节转速时，移动手柄使电刷被举起而集电环脱离接触，同时使 3 个集电环彼此短接起来，这样可以减少电刷与集电环间运行的可靠性也较差。因此，绕线转子异步电动机只用在要求启动电流小、启动转矩大，或需要调节转速的场合，例如用来拖动频繁启动的起重设备。

3) 转轴

转轴是整个转子部件的安装基础，又是力和机械的传输部件，整个转子靠转轴和轴承被支撑在定子铁芯内腔内。转轴一般由中碳钢或合金钢制成。

3. 其他部件

1) 端盖

端盖安装在机座的两端，它用的材料和加工方法与机座相同，一般为铸铁件。端盖上的轴承室里安装了轴承来支撑转子，以便定子和转子得到较好的同心度，保证转子在定子的内腔里正常运转。端盖除了起支撑作用外，还起着保护定、转子绕组的作用。

2) 轴承

轴承连接转动部分和不动部分，目前都采用滚动轴承以减少摩擦。轴承端盖用于保护轴承、使轴承内的润滑油不至溢出。风扇用于冷却电动机。

异步电机的气隙是很小的，中小型电机一般为 0.2～2 mm。气隙越大，磁阻越大。要产生同样大的磁场，就需要较大的励磁电流。由于气隙的存在，异步电机的磁路磁阻远比变压器要大，因此异步电动机的励磁电流要比变压器的励磁电流大得多。变压器的励磁电流约为额定电流的 3%，异步电动机的励磁电流约为额定电流的 30%。励磁电流是无功电流，因而励磁电流越大，功率因数越低。为提高异步电动机的功率因数，必须减少它的励磁电流，最有效的方法是尽可能缩短气隙长度。但是气隙过小会使装配困难，还有可能使定、转子在运行时发生摩擦或碰撞，因此气隙的最小值由制造工艺及运行安全可靠等因数来决定。异步电动机的主要优点是机构简单、容易制造、价格低廉、运行可靠、坚固耐用、运行效率较高和具有适用的工作特性。

6.2.2　交流异步电机工作原理

1. 异步电动机转动的一般原理

异步电动机转动的一般原理是基于法拉第电磁感应定律和载流导体在磁场中受到电磁力的作用这两个基本因素。图 6-4 中 N 和 S 是一对永久磁铁的磁极，这对磁极以 n_0 的转速按顺时针方向进行旋转，从而形成了一个转速为 n_0 的旋转场。当磁场转动时，放置在磁场当中的铜制线框上下两根导条与旋转磁场就有了相对运动并切割旋转磁场的磁力线，于是在这两根导条上就产生了感应电动势，其方向符合发电机右手定则，有：

$$E = Blv \qquad (6-1)$$

式中　E——感应电动势；

　　　B——磁感应强度；

　　　l——导线长度；

　　　v——导条切割磁力线的相对速度。

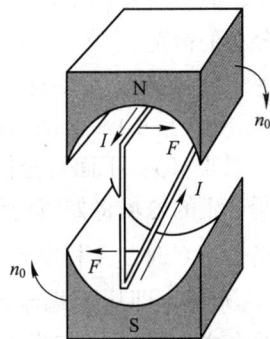

图 6-4　异步电机工作原理

由于铜制线框形成一个闭合回路，因此在感应电动势的作用下，线框的上下两根导体中就出现了如图 6-4 所示方向的感应电流。

在磁场中的载流导体将受到电磁力的作用，根据电动势的左手定则，上下两根导条所受电磁力的方向如图 6-4 所示。从图中可以看出，N 极下的导条受力方向向右，而 S 极下的导条受力方向向左。这一对力形成一顺时针方向的转矩。当然，如果磁场按逆时针方向旋转，转子也将按逆时针方向旋转。由此可见，转子的旋转方向同旋转磁场的旋转方向是相同的。

虽然转子同旋转磁场彼此隔离，但从上面的叙述可知，由于有了一个旋转的磁场，在转子的导条中产生了感应电流，而流过电流的导条又在磁场中受到电磁力的作用，产生电磁转矩，从而使转子转动起来。这就是感应式电动机转动的一般原理。

需要指出的是，转子的旋转速度 n（及电动机的旋转速度）比旋转磁场的旋转速度 n（一般称同步转速）要低一些。这是因为如果这两种转速相等，转子和旋转磁场就没有了相对运动，转子导条将不切割磁力线从而不能产生感应电动势，也就不能产生感应电流，这样就没有电磁转矩，转子将不会继续旋转。因此，若要转子旋转，旋转磁场和转子之间就一定存在转速差，即转子的旋转速度总要落后于旋转磁场的旋转速度。由于转子的旋转速度不同于且低于旋转磁场的转速，所以称这种电动机为异步电动机。

2. 旋转磁场的产生

若要异步电动机能够转动，首先应当有一个旋转磁场，在实际应用的异步电动机中，是不可能使用一个旋转的永久磁铁来产生旋转磁场的。

通常在三相异步电动机的定子铁芯中放置三相对称绕组 AX、BY 和 CZ，将三相绕组作星形连接，并接在三相正弦交流电源上，通入三相对称电流，这样，就在电动机的定子空间里产生一个以固定速度旋转的磁场。

为了简化起见，设每相绕组只有一个线匝，3 个绕组分别嵌放在定子铁芯圆周上空间位置上互差 120°对称分布的 6 个凹槽之中。A 相绕组的始端用大写英文字母 A 来表示，A 相绕组的末端用大写英文字母 X 来表示。另两相绕组的始末端分别为 BY 和 CZ。

现在将三相绕组的末端连接在一起，每一个绕组的始端分别接在三相对称的交流电源上，如图 6-5 所示。在图 6-6 中给出了流入定子绕组的三相电流的波形。根据各个不同瞬时每相绕组电流及其方向来分析定子铁芯磁场分布的情况。

为了分析方便，在这里作一规定，电流为正值时（在坐标横轴上方），从绕组的始端流入，从绕组的末端流出（图 6-6）。下面将分析在不同时间（角度）由三相电流所产生的磁场将如何变化。

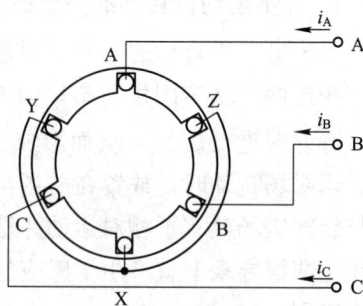

图 6-5　星形连接三相定子绕组

当 $\omega t = 0°$ 时，A 相电流 $i_A = 0$。C 相电流 i_C 为正值，即从 C 端流入，Z 端流出。B 相电流 为 i_B 负值，即从 Y 端流入，B 端流出。根据电流的流向，应用右手螺旋定则，由 i_C 和 i_B 产生的合成磁场如图 6-6（a）所示。

当 $\omega t = 60°$ 时，C 相电流 $i_C = 0$。A 相电流 i_A 为正值，即从 A 端流入，X 端流出。B 相

电流 i_B 为负值，即从 Y 端流入，B 端流出。由 i_A 和 i_B 产生的合成磁场如图 6 - 6（b）所示。可以看出，此时合成磁场同 $\omega t = 0°$ 时相比，按顺时针方向旋转了 60°。

当 $\omega t = 120°$ 时，B 相电流 $i_B = 0$。A 相电流 i_A 为正值，即从 A 端流入，X 端流出。C 相电流 i_C 为负值，即从 Z 端流入，C 端流出。由 i_A 和 i_C 产生的合成磁场如图 6 - 6（c）所示。由图可以看出，合成磁场同 $\omega t = 60°$ 时相比，又按顺时针方向旋转了 60°。同 $\omega t = 0°$ 时相比，按顺时针方向旋转了 180°。不难理解当 $\omega t = 180°$ 时，此时的合成磁场同 $\omega t = 0°$ 时相比，按顺时针方向旋转了 180°。根据这样的规律，当 $\omega t = 360°$ 时，合成磁场正好转了一周。

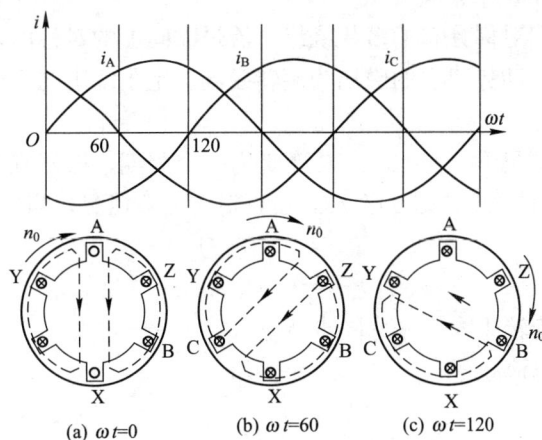

三相电流产生的旋转磁场（$p = 1$）

图 6 - 6　三相对称电流产生的旋转磁场

通过以上分析可知，当定子绕组中的对称三相电流随时间不断周而复始地变化时，由它们在电动机定子空间所产生的合成磁场随电流的变化而在不断旋转着。这就是使异步电动机转子能够转动所需的旋转磁场。这个旋转磁场同前面讲述三相异步电动机的一般原理中所使用旋转着的永久磁铁产生的旋转磁场所起的作用是一样的。

由此可见，磁场的转向与通入绕组的三相电流相序相关。任意对调两根三相电源接到定子绕组上的导线，就可以改变异步电动机的旋转方向。

3. 旋转磁场的转速

从前面的分析可知，对于图 6 - 6，三相电流从 $\omega t = 0°$ 变到 $\omega t = 60°$，旋转磁场也转动了 60° 空间角。当电流变化一周时，磁场恰好在空间旋转了一圈。设电流的频率为 f_1，则每分钟变化 $60 f_1$ 次，旋转磁场的转速为：

$$n_0 = 60 f_1$$

式中，n_0 的单位为 r/min。若 f_1 为 50 Hz 的工频交流电，则此时的旋转磁场的转速为 3 000 r/min。

上面所讨论的旋转磁场的转速是对应于一对磁极的情况（即 $p = 1$）。也就是分别只有一个 N 极和 S 极。如果电动机绕组由原来的三个绕组增至为 6 个绕组（为了理解方便，仍使用单匝绕组），每个绕组的始端（或末端）之间在定子铁芯的内圆周上按互差 60° 角的规律进行排列，并按相序编出绕组顺序编号如图 6-7（a）所示。6 个绕组的电气连线如图 6-7（b）所示。

参考图 6-4，分析图 6-7 的定子绕组磁场分布情况，容易发现，在定子铁芯内圆周上具有两对磁极（即 $p=2$），如图 6-7 所示。当电流也从 $\omega t=0°$ 到 $\omega t=60°$ 经历 60°时，而磁场在空间仅旋转了。就是说，当电流经历了一个周期（360°），磁场在空间仅仅能旋转半个周期（180°），由此可见，两对磁极的磁场旋转速度比一对磁极的磁场转速慢了一半，即 $n_0=30f_1$。

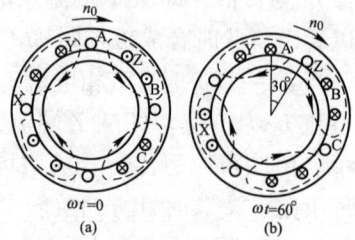

三相电流产生的旋转磁场（$p=2$）

图 6-7　两对磁极旋转磁场

因此可以得出，空间对称分布的多相绕组，流过时间上的对称的多相电流时，合成磁动势为旋转磁动势，由此磁动势建立的磁场为旋转磁场。定子绕组的主要功能在于建立旋转磁动势。

同理，在三对极的情况下（$p=3$），电流变化一个周期，磁场在空间仅旋转了 1/3 转，只是 $p=1$ 情况下的转速的 1/3，即 $60f_1/3$，所以对于一般情况，当旋转磁场具有 p 对极时，磁场的旋转速度为：

$$n_0=60f_1/p \tag{6-2}$$

式中　n_0——旋转磁场旋转速度（又称同步转速）；

　　　f_1——三相交流电流频率；

　　　p——磁极对数。

由上式可知，旋转磁场的转速 n_0 的大小与电流频率 f_1 成正比，与磁极对数 p 成反比。其中 f_1 是由异步电动机的供电电源频率决定，而 p 由三相绕组的各相线圈的串连多少决定。通常对一台具体异步电动机，f_1 和 p 都是确定的，所以磁极转速 n_0 为常数。

4. 三相异步电动机的转差率

从三相异步电动机的工作原理可知，虽然电动机的转动方向同旋转磁场的转动方向相同，但旋转磁场的转速 n_0 同电机转速 n 是不同的。电机的转速 n 低于旋转磁场的转速 n_0。

旋转磁场的转速 n_0（又称同步转速）与电机转速 n 之差（n_0-n），用符号 Δn 表示，称为转速差（简称转差）。转差与同步转速的比值叫做转差率，用 s 表示。

$$s=\frac{n_0-n}{n_0} \tag{6-3}$$

（1）在电机刚起步时，转子转速 $n=0$，则 $s=0$，转子导体切割旋转磁场的相对速度为最大转子中的电势及电流最大。如果电动机产生的电磁转矩足以克服机械负载的阻力转矩，转子就开始旋转，转速会不断上升。

（2）随着转子转速 n 的上升，转差率 s 减小，转子切割旋转磁场的相对速度减少，转子中电势及电流也最大。在额定状态下，转差率的数值通常都是很小的，中小型异步电动机的转差率约为 0.01~0.07，转子转速为与同步转速相差并不很大。而空载时，因阻力矩很小，转子转速 n 很高，转差率则更小，约为 0.004~0.007，可以认为转子转速近似等于同步转速。

（3）假设 $n=n_0$，则转差率 $s=0$，此时转子导体不切割旋转磁场，转子中就没有感应电势及电流，也不产生电磁转矩。可见，作电动机运行时，转速在 $0\sim n_0$ 的范围内变化，而转差率则在 $1\sim0$ 的范围内变化。

可见三相异步电机作为电动机运行时，$0<n<n_0$，转差率 $0<s<1$。

6.3　异步电机特性与机车特性

由于直流电动机控制技术非常成熟，而以前交流电机的调速控制系统无法与直流调速系统相匹敌，因此高性能可调速拖动都采用直流电机。但由于直流电机本身存在一些难以克服的缺点，比如直流电机的电压、电流的极限允许值对转速和功率的限制；直流电机体积大、质量大、转动惯性大、动态响应差；维护检修工作量大、成本高；应用环境受限制。特别是直流电机的换向问题，比如具有电刷和转向器，因而必须经常检查维修，换向火花使直流电机的应用环境受到限制，以及换向能力也限制直流电机的容量和速度。而交流电机虽然控制复杂，但交流电机本身与直流电机相比结构简单、成本低廉、工作可靠、维护方便、惯性小、效率高，特别是不存在换向的问题。所以用交流调速拖动系统代替直流调速拖动系统的呼声越来越强烈。随着交流电机控制技术的发展，交流调速拖动系统已经成为当前电力拖动控制的主要发展方向。

目前交流电机不但可以应用在风机、水泵等通用机械的一般性能调速，而且还用在高性能的交流调速系统和伺服系统。特别是 20 世纪 70 年代初发明了矢量控制技术，也称磁场定向控制技术。通过坐标变换，把交流电机的定子电流分解成转矩分量和励磁分量，用来分别控制电机的转矩和磁通，就可以获得和直流电机相仿的高动态性能，从而使交流电机的调速技术取得了突破性的进展。以后又陆续提出了直接转矩控制、解耦控制等方法，形成了一系列可以和直流调速系统媲美的高性能交流调速系统。还有特大容量、极高转速的交流调速，这是直流电机所不能胜任的。而直流电机换向能力限制了它的容量转速积不超过 10^6 kW·r/min，超过这一数值，其设计与制造就非常困难。而交流电机没有换向器，不受这种限制，因此特大容量的拖动设备，如厚板轧机、矿井卷扬机等，以及极高转速的拖动，如高速磨头、离心机等，都以采用交流调速为宜。

交流电机主要分为异步电动机（即感应电机）和同步电机两大类。按照能量的角度还可以分为转差功率消耗型调速系统、转差功率馈送型调速系统和转差功率不变型调速系统。按异步电动机常见的调速方法分类可以分为：降电压调速；转差离合器调速；转子串电阻调速；绕线电机串级调速或双馈电机调速；变极对数调速；变压变频调速等。其中变压变频（VVVF）调速是目前控制中最常用的。变压变频调速通过与电机容量相当的变压变频的输出，可构成高动态性能的交流调速系统，取代直流调速，应用最广。

总体说来，交流电动机比直流电动机的控制复杂得多，特别是高性能的交流传动系统，原因在于交流电机的动态特性、电机参数的变化，还需要频率可变的最佳功率变流器，以及对含有谐波的反馈信号的处理等。

6.3.1　异步电动机的机械特性

根据电机学原理，在忽略空间和时间谐波、忽略磁饱和、忽略铁损的 3 个假定条件下异步电动机的稳态等效电路如图 6-8 所示。

图中，R_s 为定子每相电阻；R'_r 为折合到定子侧的
转子每相电阻；L_{ls} 为定子每相漏感；L'_{lr} 为折合到定子
侧的转子每相漏感；L_m 为定子每相绕组产生气隙主
磁通的等效电感，即励磁电感；U_s 为定子相电压；ω_1
为供电角频率；s 为转差率。

图 6-8　异步电机的稳态等效电路

由图可以导出电流公式：

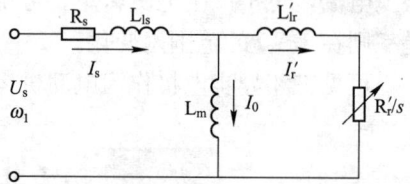

$$I'_r = \frac{U_s}{\sqrt{\left(R_s + C_1 \dfrac{R'_r}{s}\right)^2 + \omega_1^2 (L_{ls} + C_1 L'_{lr})^2}} \tag{6-4}$$

式中，$C_1 = 1 + \dfrac{R_s + j\omega_1 L_{ls}}{j\omega_1 L_m} \approx 1 + \dfrac{L_{ls}}{L_m}$

在一般情况下，$L_m \gg L_{ls}$，则 $C_1 \approx 1$ 这相当于将假定条件的忽略铁损改为忽略铁损和励
磁电流。这样，电流公式可简化为：

$$I_s \approx I'_r = \frac{U_s}{\sqrt{\left(R_s + \dfrac{R'_r}{s}\right)^2 + \omega_1^2 (L_{ls} + L'_{lr})^2}} \tag{6-5}$$

令电磁功率 $P_m = 3 I'^2_r R'_r / s$，同步机械角转速 $\omega_{m1} = \omega_1 / n_P$，式中，$n_P$ 为极对数，则异步
电动机的电磁转矩为：

$$T_e = \frac{P_m}{\omega_{m1}} = \frac{3n_P}{\omega_1} I'^2_r \frac{R'_r}{s} = \frac{3n_P U_s{}^2 R'_r / s}{\omega_1 \left[\left(R_s + \dfrac{R'_r}{s}\right)^2 + \omega_1^2 (L_{ls} + L'_{lr})^2\right]} \tag{6-6}$$

式（6-6）就是异步电动机的机械特性方程式。其表明，当转速或转差率一定时，电磁转矩
与定子电压的平方成正比。这样，不同电压下的机械特性如图 6-9 所示。

图中，U_{sN} 表示额定定子电压。异步电动机机械特性为：

将式（6-6）对 s 求导，并令 $\mathrm{d}T_e/\mathrm{d}s = 0$，可求出对应于最大转矩时的静差率和最大
转矩：

$$s_m = \frac{R'_r}{\sqrt{R_s^2 + \omega_1^2 (L_{ls} + L'_{lr})^2}} \tag{6-7}$$

$$T_{emax} = \frac{3n_p U_s^2}{2\omega_1 \left[R_s + \sqrt{R_s^2 + \omega_1^2 (L_{ls} + L'_{lr})^2}\right]} \tag{6-8}$$

由图 6-9 可见，带恒转矩负载工作时，普通鼠笼式异步电动机变电压时的稳定工作点
为 A、B、C，转差率 s 的变化范围为 $0 \sim s_m$，调速范围有限。如果带风机类负载运行，则工
作点为 D、E、F，调速范围可以大一些。为了能在恒转矩负载下扩大调速范围，并使电机
能在较低转速下运行而不致过热，就要求电机转子有较高的电阻值，这样的电机在变电压时
的机械特性如图 6-10 所示。

显然，带恒转矩负载时的变压调速范围增大了，堵转工作也不致烧坏电机，这种电机又
称作交流力矩电机。

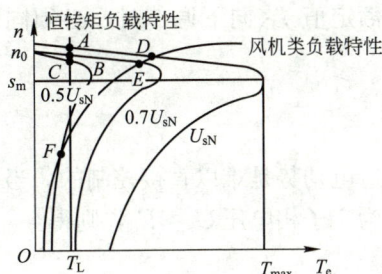

图 6-9　异步电机机械特性

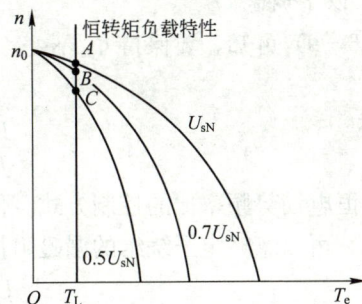

图 6-10　高转子电阻电机在不同电压下的机械特性

6.3.2　异步电动机变频控制

目前应用最广泛、调速性能最好的是异步电动机变压变频（VVVF）调速系统——转差功率不变型调速系统。异步电动机在进行 VVVF 调速时，要求对变频器的电压、电流、频率进行适当的控制。到目前为止，VVVF 调速控制的发展，大体分为以下 3 个阶段。

（1）普通功能型 U/f 控制方式的通用变频器。其转速开环控制，不具有转矩控制功能。

（2）高功能型的转差频率控制。其转速需要闭环检测，具有转矩控制功能，能使电机在恒磁通或恒功率下运行，能充分发挥电机的运行效率，其输出静态特性较 U/f 控制方式有较大改进。

（3）高性能矢量控制或直接力矩控制。其可以实现直流电动机的控制特性，具有较高的动态性能。

前两种方法都是基于异步电动机稳态数学模型建立的。而矢量控制是基于异步电动机动态数学模型的基础上建立的。

1. 变频调速的基本控制方式

在进行电机调速时，希望保持电机中每极磁通量 Φ_m 为额定值不变，如果磁通太弱，没有充分利用电机的铁芯；如果过分增强磁通，又会使铁芯饱和，从而导致过大的励磁电流，严重时会因绕组过热而损坏电机。对于直流电机，励磁电流是独立的，只要对电枢反应有恰当的补偿，Φ_m 保持不变是很容易做到的。交流异步电动机的磁通 Φ_m 由定子和转子磁势合成产生，要保持磁通恒定就比较麻烦。特别是在鼠笼型转子异步电动机中，转子电流难以直接检测和控制。

参见图 6-8 异步电动机的稳态等效电路，定子的每相电动势：

$$E_g = 4.44 f_1 N_s k_{Ns} \Phi_m \tag{6-9}$$

式中　E_g——气隙磁通在定子每相中感应电动势的有效值，V；

　　　f_1——定子频率，Hz；

　　　N_s——定子每相绕组串联匝数；

　　　k_{Ns}——基波绕组系数；

　　　Φ_m——每极气隙磁通量，Wb。

由上式可知，只要控制好 E_g 和 f_1，便可达到控制磁通 Φ_m 的目的，因此需要考虑基频（额定频率）以下和基频以上两种情况。

1）基频以下调速

由式（6-9）可知，要保持 Φ_m 不变，当频率 f_1 从额定值 f_{1N} 向下调节时，必须同时降低 E_g，使：

$$\frac{E_g}{f_1}=常值$$

即采用恒电动势频率比的控制方式。但绕组中的感应电动势是难以直接控制的，当电动势值较高时，可以忽略定子绕组的漏磁阻抗压降，而认为定子相电压 $U_s\approx E_g$，则得：

$$\frac{U_s}{f_1}=常值$$

这是恒压频比的控制方式。但是，在低频时 U_s 和 E_g 都较小，定子阻抗压降所占的分量就比较显著，不再能忽略。这时，需要人为地把电压 U_s 抬高一些，以近似的补偿定子压降。带压降补偿的恒压频比控制特性如图 6-11 所示。

2）基频以上调速

在基频以上调速时，频率从 f_{1N} 向上升高，但定子电压 U_s 却不可能超过额定电压 U_{sN}，最多只能保持 $U_s=U_{sN}$，这将迫使磁通与频率成反比地降低，相当于直流电机弱磁升速的情况。把基频以下和基频以上两种情况的控制特性组合在一起，如图 6-12 所示。

如果电机在不同转速时所带的负载都能使电流达到额定值，即都能在允许温升下长期运行，则转矩基本上随磁通变化，按照电力拖动原理，在基频以下，磁通恒定时转矩也恒定，属于"恒转矩调速"性质；而在基频以上，转速升高时转矩降低，基本上属于"恒功率调速"。

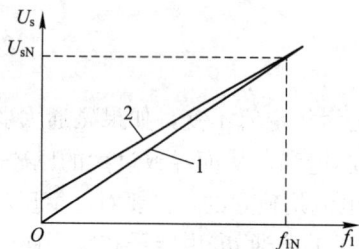

图 6-11　恒压频比控制特性

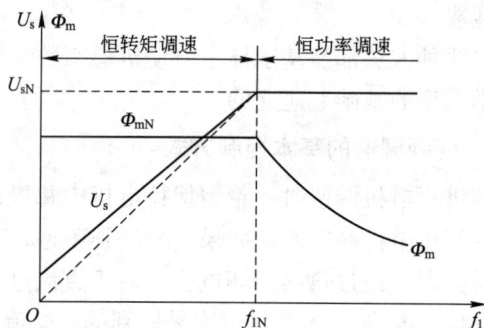

图 6-12　异步电机变压变频调速的控制特性

2. 异步电动机电压、频率协调控制的稳态机械特性

1）恒压恒频正弦波供电时异步电动机的机械特性

异步电动机在恒压恒频正弦波供电时的机械特性方程式，当定子电压 U_s 和电源角频率 ω_1 恒定时，可以改写成如下形式：

$$T_e=3n_p\left(\frac{U_s}{\omega_1}\right)^2\frac{s\omega_1 R_r'}{(sR_r'+R_r')^2+s^2\omega_1^2(L_{ls}+L_{lr}')^2}\tag{6-10}$$

当 s 很小时，可忽略上式分母中含 s 各项，则：

$$T_e=3n_p\left(\frac{U_s}{\omega_1}\right)^2\frac{s\omega_1}{R_r'}\propto s\tag{6-11}$$

也就是说，当 s 很小时，转矩近似与 s 成正比，机械特性是一段直线，如图 6-13 所示。当 s 接近于 1 时，可忽略式（6-7）分母中的 R_r'，则：

$$T_e = 3n_P \left(\frac{U_s}{\omega_1}\right)^2 \frac{\omega_1 R_r'}{s \left[R_s^2 + \omega_1^2 (L_{ls} + L_{lr}')^2\right]} \propto \frac{1}{s} \qquad (6-12)$$

即 s 接近于 1 时，转矩近似与 s 成反比，这时，机械特性曲线是对称于原点的一段双曲线；当 s 为以上两段的中间数值时，机械特性从直线段逐渐过渡到双曲线段，如图 6-13 所示。

2）基频以下电压-频率协调控制时的机械特性

由式（6-9）机械特性方程式可以看出，对于同一组转矩 T_e 和转速 n（或转差率 s）的要求，电压 U_s 和频率 ω_1 可以有多种配合。在 U_s 和 ω_1 的不同配合下机械特性也是不一样的，因此可以有不同方式的电压-频率协调控制。

（1）恒压频比控制（U_s/ω_1）

为了近似地保持气隙磁通不变，在基频以下须采用恒压频比控制。这时，同步转速 ω_1 自然要随频率变化。在式（6-12）所表示的机械特性近似直线段上，可以导出：

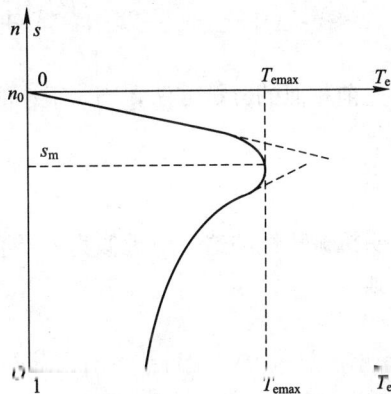

图 6-13　恒压恒频时异步电机的机械特性

$$s\omega_1 \approx \frac{R_r' T_e}{3n_p \left(\dfrac{U_s}{\omega_1}\right)^2} \qquad (6-13)$$

由此可见，当 U_s/ω_1 为恒值时，对于同一转矩 T_e，$s\omega_1$ 是基本不变的，因而 $\Delta n = sn_0$ 也是基本不变的。这就是说，在恒压频比的条件下改变频率 ω_1 时，机械特性基本上是平行下移，如图 6-14 所示。它们和直流他励电机变压调速时的情况基本相似。所不同的是，当转矩增大到最大值以后，转速再降低，特性就折回来了。而且频率越低时最大转矩值越小，得：

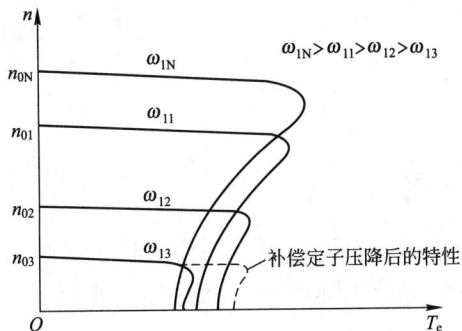

图 6-14　恒压频比控制时变频调速的机械特性

$$T_{emax} = \frac{3n_p}{2} \left(\frac{U_s}{\omega_1}\right)^2 \frac{1}{\dfrac{R_s}{\omega_1} + \sqrt{\left(\dfrac{R_s}{\omega_1}\right)^2 + (L_{ls} + L_{lr}')^2}} \qquad (6-14)$$

可见最大转矩 T_{emax} 是随着 ω_1 的降低而减少的。频率很低时，T_{emax} 太小将限制电机的带载能力，采用定子压降补偿，适当的提高电压 U_s，可以增强带载能力。

（2）恒 E_g/ω_1 控制

从图 6-8 的异步电动机稳态等效电路可知，如果在电压-频率协调控制中，恰当地提高电压 U_s 的数值，使它在克服定子阻抗压降以后，能维持 E_g/ω_1 为恒值（基频以下），则由式（6-9）可知，无论频率高低，每极磁通 Φ_m 均为常值。由等效电路可以看出：

$$I'_r = \frac{E_g}{\sqrt{\left(\dfrac{R'_r}{s}\right)^2 + \omega_1^2 L'^2_{lr}}} \tag{6-15}$$

代入电磁转矩关系式，得：

$$T_e = \frac{3n_P}{\omega_1} \frac{E_g^2}{\left(\dfrac{R'_r}{s}\right)^2 + \omega_1^2 L'^2_{lr}} \frac{R'_r}{s} = 3n_P \left(\frac{E_g}{\omega_1}\right)^2 \frac{s\omega_1 R'_r}{R'^2_r + s^2 \omega_1^2 L'^2_{lr}} \tag{6-16}$$

利用先前相似的分析方法，当 s 很小时，可忽略式（6-16）分母中含 s 项，则：

$$T_e \approx 3n_P \left(\frac{E_g}{\omega_1}\right)^2 \frac{s\omega_1}{R'_r} \propto s \tag{6-17}$$

这表明机械特性的这一段近似为一条直线。当 s 接近于 1 时，可忽略式（6-17）分母中 R'^2_r 项，则

$$T_e \approx 3n_P \left(\frac{E_g}{\omega_1}\right)^2 \frac{R'_r}{s\omega_1 L'^2_{lr}} \propto \frac{1}{s} \tag{6-18}$$

s 值为上述这两段的中间值时，机械特性在直线和双曲线之间逐渐过渡，整条特性与恒压频比特性相似。但是，对比式（6-16）和式（6-10）可以看出，恒 E_g/ω_1 特性分母中含 s 项的参数要小于恒 U_s/ω_1 特性中的同类型，s 值要更大一些才能使该项占有显著的份量，因此恒 E_g/ω_1 特性的线性段范围更宽。将式（6-16）对 s 求导，并令 $\mathrm{d}T_e/\mathrm{d}s = 0$，可得恒 E_g/ω_1 控制特性在最大转矩时的转差率和最大转矩为：

$$s_m = \frac{R'_r}{\omega_1 L'_{lr}} \tag{6-19}$$

$$T_{emax} = \frac{3}{2} n_P \left(\frac{E_g}{\omega_1}\right)^2 \frac{1}{L'_{lr}} \tag{6-20}$$

值得注意的是，在式（6-23）中，当 E_g/ω_1 为恒值时，T_{emax} 恒定不变，其稳定性能优于恒 U_s/ω_1 控制的性能。这正是恒 E_g/ω_1 控制中补偿定子压降所追求的目标，如图 6-15 所示。

（3）恒 E_r/ω_1 控制

如果把电压-频率协调控制中的电压再进一步提高，把转子漏抗上的压降也抵消掉，得到恒 E_r/ω_1 控制，可得出：

$$I'_r = \frac{E_r}{R'_r/s} \tag{6-21}$$

代入电磁转矩基本关系式，得机械特性：

$$T_e = \frac{3n_P}{\omega_1} \frac{E_r^2}{\left(\dfrac{R'_r}{s}\right)} \frac{R'_r}{s} = 3n_P \left(\frac{E_r}{\omega_1}\right)^2 \frac{s\omega_1}{R'_r} \tag{6-22}$$

不必再作任何近似就可知道，这时机械特性完全是一条直线，如图 6-16 所示。

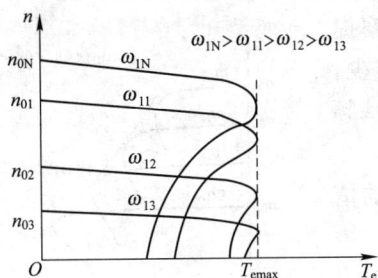

图 6-15　恒 E_g/ω_1 控制时变频调速的机械特性　　图 6-16　不同电压频率控制方式的机械特性

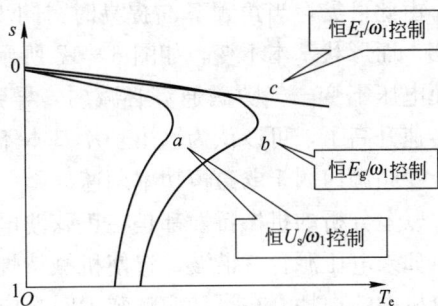

显然，恒 E_r/ω_1 控制的稳态性能最好，就可以获得和直流电机一样的线性机械特性。这正是高性能交流变频调速所要求的性能。问题是怎样控制变频装置的电压和频率才能获得恒定的 E_r/ω_1。按照式（6-9）电动势和磁通的关系，可以看出，当频率恒定时，电动势与磁通成正比。在式（6-9）中，气隙磁通的感应电动势 E_g 对应于气隙磁通幅值 Φ_m，那么，转子全磁通的感应电动势 E_r 就应该对应于转子全磁通幅值 Φ_{rm}。

$$E_r = 4.44 f_1 N_s k_{Ns} \Phi_{rm} \tag{6-23}$$

由此可见，只要能够按照转子全磁通幅值 Φ_m 等于恒值进行控制，就可以获得恒 E_r/ω_1 了。这正是矢量控制系统所遵循的原则，它是建立在异步电动机动态数学模型的基础上，按转子磁链定向的矢量控制系统。

（4）几种协调控制方式的比较

在正弦波供电时，按不同规律实现电压-频率协调控制可得不同类型的机械特性。

① 恒压频比（U_s/ω_1 恒值）控制最容易实现，它的变频机械特性基本上是平行下移，硬度也较好，能够满足一般的调速要求，但低速带载能力有限，须对定子压降实行补偿。

② 恒 E_g/ω_1 控制是通常对恒压频比控制实行电压补偿的标准，可以在稳态时达到 Φ_m 为恒值，从而改善了低速性能。线性调节范围比恒压频比宽，E_g/ω_1 为恒值时，T_{emax} 恒定不变，稳态性能优于恒 U_s/ω_1，但机械特性还是非线性的，产生转矩的能力仍受到限制。

③ 恒 E_r/ω_1 控制可以得到和直流他励电机一样的线性机械特性，比较理想。按照转子全磁通 Φ_{rm} 恒定进行控制，即得 E_r/ω_1 等于恒值，在动态中也尽可能保持 Φ_{rm} 恒定是矢量控制系统要实现的目标，当然实现起来是比较复杂的。

3）基频以上恒压变频时的机械特性

在基频以上变频调速时，由于定子电压 $U_s = U_{sN}$ 不变，式（6-10）的机械特性方程式可以写成：

$$T_e = 3n_P U_{sN}^2 \frac{sR_r'}{\omega_1 \left[(sR_s + R_r')^2 + s^2 \omega_1^2 (L_{ls} + L_{lr}')^2 \right]} \tag{6-24}$$

而式（6-21）的最大转矩表达式可改写成：

$$T_{emax} = \frac{3}{2} n_P U_{sN}^2 \frac{1}{\omega_1 \left[R_s + \sqrt{R_s^2 + \omega_1^2 (L_{ls} + L_{lr}')^2} \right]} \tag{6-25}$$

由此可见，当角频率 ω_1 提高时，同步转速 n 随之提高，最大转矩 T_{emax} 减少，机械特性上移，而形状基本不变，如图 6-17 所示。由于频率提高而电压不变，气隙磁通势必减弱，导致转矩的减少，但转速升高了，可以认为输出功率基本不变。所以基频以上变频调速属于弱磁恒功率调速。

以上分析的机械特性都是在正弦波电压供电下的情况。如果电压源含有谐波，将使机械特性受到扭曲，增加电机中的损耗。在设计变频装置时，应尽量减少输出电压中的谐波。

总之，电压 U_s 与频率 ω_1 是变频器-异步电动机调速系统的两个独立的控制变量，在变频调速时需要对这两个控制变量进行协调控制。在基频以下，有三种协调控制方式，采用不同的协调控制方式，得到的系统稳态性能不同，其中恒 E_r/ω_1 控制的性能最好。在基频以上，采用保持电压不变的恒功率弱磁调速方法。

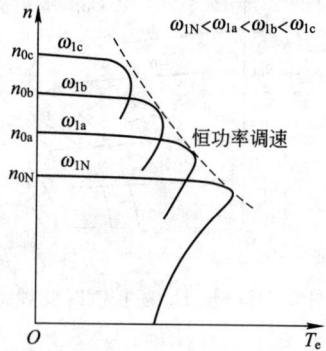

图 6-17 基频以上恒压变频调速时的机械特性

3. 列车牵引电动机及其运行特性

高速列车是以牵引电机为动力、将电能转变成机械能而驱动列车运行的。因此，牵引电机的转矩和转速分别决定了列车的牵引力和速度。

牵引电机的转速与列车运行速度成正比，计算公式为：

$$n_d = \frac{1\,000\mu_c}{60\pi D}v_k \qquad (6-26)$$

式中 n_d——电机的转速，r/min；

　　　　μ_c——齿轮传动比；

　　　　D——列车动轮直径，m；

　　　　v_k——列车运行速度，km/h。

牵引电机的转矩与列车牵引力成正比，计算公式为

$$T = \frac{D}{2\mu_c\eta_1 N}F_k \times 10^3 \qquad (6-27)$$

$$F_k = \frac{P_k \cdot 3.6}{v_k} \qquad (6-28)$$

式中 T——牵引电机的转矩，N·m；

　　　　F_k——牵引力，kN；

　　　　P_k——列车牵引功率，kW。

因此，牵引电机的转矩-速度特性决定着列车的牵引特性，无论采用什么类型的电机作牵引电机，都必须满足机车牵引的要求。高速列车采用交流传动系统，牵引电机有异步电动机和同步电动机两种选择，目前采用较多的是交流异步电动机，本节从理论上分析异步电动机的转矩-速度特性是如何满足机车牵引要求的。为与普通电动车相区别和对照，在这

里，牵引电机通常用 f_s 表示定子频率，$f_s = \dfrac{\omega_1}{2\pi}$；转差频率 $f_{sl} = \dfrac{\omega_s}{2\pi}$；$f_2$ 表示转子频率，$f_2 = \dfrac{\omega_r}{2\pi} = \dfrac{\omega_1 - \omega_s}{2\pi}$。

1）恒力矩启动

采用 U_s/f_s＝恒值控制，低频时适当提高 U_s，抵消定子电阻的影响，可以实现恒力矩控制（图6-11）；采用 E_s/f_s＝恒值（Φ_s＝恒值）控制，可以实现恒力矩控制。电机各参数与 f_s 的关系为：

$$\begin{cases} U_s \propto f_s（低频 U_s \uparrow） \\ E_s \propto f_s \\ T=恒值（f_{sl}=恒值） \\ T_{max}=恒值 \\ I_s=恒值 \end{cases} \tag{6-29}$$

2）恒功率运行

恒功率运行时列车运行速度高，定子和转子电阻可以忽略不计，$U_s \approx E_s$，可以推导出转矩公式和功率关系，有：

$$T = \frac{mp}{2\pi R_r'}\left(\frac{U_s}{f_s}\right)^2 f_{sl} \tag{6-30}$$

$$T f_s \propto U_s^2 \frac{f_{sl}}{f_s} \qquad P \propto T f_s \propto \frac{U_s^2}{f_s} f_{sl} \tag{6-31}$$

由式（6-28）可知，恒功率控制有两种不同的控制策略，即 U_s＝恒值，$s=f_{sl}/f_s$＝恒值恒电压、恒转差率控制；U_s^2/f_s＝恒值，f_{sl}＝恒值恒转差率控制。

（1）采用 U_s＝恒值，$s=f_{sl}/f_s$＝恒值控制

牵引电机重要的输入输出量与频率的关系如图6-18所示，用公式可表示为：

$$U_s=恒值；\quad T \propto 1/f_s；\quad T_{max} \propto 1；\quad I_s=恒值 \tag{6-32}$$

（2）采用 U_s^2/f_s＝恒值，f_{sl}＝恒值控制

牵引电机的重要的输入、输出量与频率的关系如图6-19所示，用公式可表示为：

$$U_s \propto \sqrt{f_s}；\quad T \propto 1/f_s；\quad T_{max} \propto 1/f_s^2；\quad I_s=恒值 \tag{6-33}$$

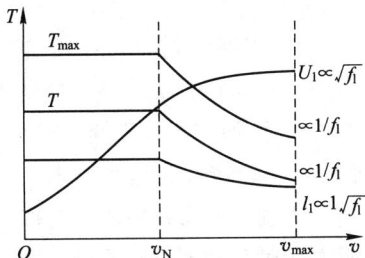

图6-18　第一种恒功运行参数关系

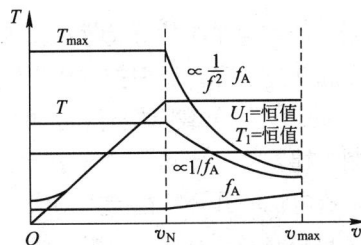

图6-19　第二种恒功运行参数关系

变频调速异步牵引电机的特性及基本理论，是列车实现牵引/制动特性、列车牵引控制（标量控制、矢量控制、直接转矩控制、逆变器的脉宽调制 PWM 控制）、逆变器和电机容量选择的最核心的理论基础。

6.4 标量控制技术

标量控制，就是仅仅只对变量的幅值进行控制，且忽略电机中的耦合效应。而后面讨论的矢量控制是对变量的幅值和相位都进行控制。标量控制的传动系统性能差一点，但实现起来容易，因此在传动系统中一度得到广泛的应用。

6.4.1 闭环控制的变压调速系统

采用普通异步机的变压调速时，调速范围很窄，采用高转子电阻的力矩电机可以增大调速范围，但机械性能又变软，因而当负载变化时静差率很大，开环控制很难解决这个矛盾。

1. 系统组成

对于恒转矩性质的负载，要求调速范围大于 2 时，往往采用带转速反馈的闭环控制系统，如图 6-20 (a) 所示。该系统并没有采用 V/F 控制，只是变压调速，而不是变压变频（VVVF）调速，是一种简单的闭环调速系统。

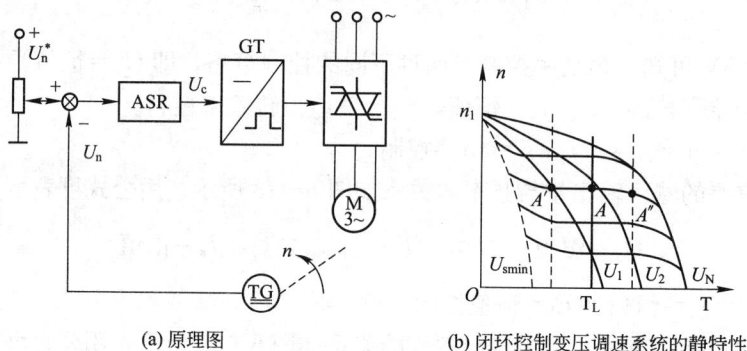

(a) 原理图　　　　(b) 闭环控制变压调速系统的静特性

图 6-20　带转速负反馈闭环控制的交流电压调速系统

2. 系统静特性

闭环控制变压调速系统的静特性如图 6-20 (b) 所示。当系统带负载在 A 点运行时，如果负载增大引起转速下降，反馈控制作用能提高定子电压，从而在右边一条机械特性上找到新的工作点 A''。同理，当负载降低时，会在左边的一条特性上得到定子电压低一些的工作点 A'。按照反馈控制规律，将 A''、A'、A 连接起来便是闭环系统的静特性。尽管异步电动机的开环机械特性和直流电机的开环特性差别很大，但是在不同电压的开环机械特性上各取一个相应的工作点，连接起来便得到开环系统静特性，这样的分析方法对两种电机是完全一致的。

尽管异步力矩电机的机械特性很软，但由系统放大系数决定的闭环系统静特性却可以很硬。如果采用 PI 调节器，照样可以做到无静差。改变给定信号，则静特性平行的上下移动，达到调速的目的。异步电动机闭环变压调速系统不同于直流电机闭环变压调速系统的地方是静特性左右两边都有极限，不能无限延长，它们是额定电压 U_{sN} 下的机械特性和最小输出电压 U_{smin} 下的机械特性。

当负载变化时，如果电压调节到极限值，闭环系统便失去控制能力，系统的工作点只能沿着极限开环特性变化。

3. 系统静态结构

根据图 6-20（a）所示的原理图，可以画出静态结构图 6-21。图中，$K_s = U_s/U_c$ 为晶闸管交流调压器和触发装置的放大系数；$\alpha = U_n/n$ 为转速反馈系数；ASR 采用 PI 调节器；$n = f(U_s, T_e)$ 是式（6-6）所表达的异步电动机机械特性方程式，它是一个非线性函数。稳态时，$U_n^* = U_n = \alpha n$，$T_e = T_L$。根据负载需要的 n 和 T_L 可由式（6-6）计算出或用机械特性图解法求出所需的 U_s 以及相应的 U_c。

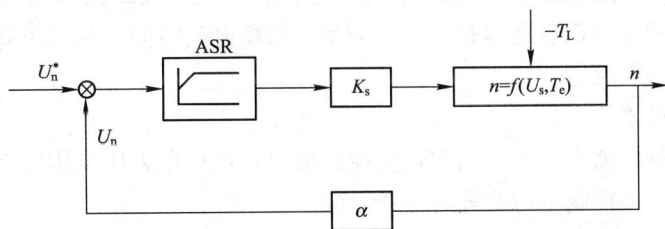

图 6-21　异步电机闭环变压调速系统的静态结构图

6.4.2　转速开环、恒压频比控制的变频调速系统

目前通用变频器大都是采用二极管整流和全控开关器件 IGBT 或功率块 IPM 组成的 PWM 逆变器，构成交-直-交电压型变频器，PWM 变压变频器的基本控制作用如图 6-22 所示。其根据异步电动机稳态模型来设计其控制系统，为了实现电压-频率协调控制，它采用转速开环、恒压频比、带低频电压补偿的控制方案。

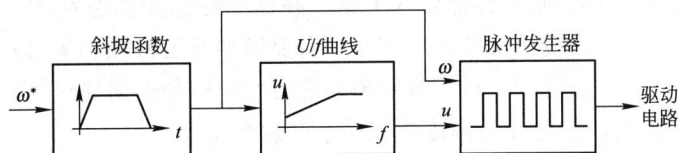

图 6-22　电压型逆变器的开环 V/F 速度控制

PWM 发生器的主要功能是通过产生相应的驱动脉冲来驱动电压型逆变器，将经过电压补偿后的 U_s^* 变成 U_a^*、U_b^*、U_c^*，然后送给电压型逆变器。根据公式如下：

$$\theta_1 = \int \omega_1^* \, dt$$

$$U_a^* = \sqrt{2}U_s \sin\theta_1$$

$$U_b^* = \sqrt{2}U_s \sin(\theta_1 - 120°) \tag{6-34}$$

$$U_c^* = \sqrt{2}U_s \sin(\theta_1 + 120°)$$

PWM 变频器主要包括以下功能。

1) 给定积分

由于系统本身没有自动限制启动、制动电流的作用，因此工作频率设定信号必须通过给定积分算法产生平缓升速或降速的信号，升速和降速的积分时间可以根据负载需要由操作人员选择。

2) 信号设定

主要是 U/f 特性。由于通用变频器-异步电动机系统是转速或频率开环、恒压频比控制系统，低频时由于线圈的电阻影响比较大，都得靠改变 U/f 函数发生器的特性来补偿，是系统达到 Φ_m 恒定的功能。因此称作"电压补偿"或"转矩补偿"，补偿方法主要有以下两种。

(1) 在微机存储多条不同斜率和折线段的 U/f 函数，用户根据需要选择最佳特性。

(2) 采用霍尔电流传感器检测定子电流或直流回路电流，按电流大小自动补偿定子电压。但无论如何都存在过补偿或欠补偿的可能，这是开环控制系统的不足之处。

此外需要设定的控制信息还包括：工作频率、频率升高时间、频率下降时间等，还可以有一系列特殊功能的设定。

3) PWM 信号的产生

可以由微机本身的软件产生，由 PWM 端口输出；也可以采用专用的 PWM 生成电路芯片。产生的控制信号去控制 IGBT 等的开关元件。

驱动电路中还包括检测与保护电路。由电压、电流、温度等检测信号经信号处理电路进行光电隔离、滤波、分压、放大等处理，再进入 A/D 转化器，输入给 CPU 作为控制算法，或者作为各种故障的保护依据，产生保护信号和显示信号。

目前 PWM 变频器的控制电路大都是以微处理器为核心的数字电路，其功能主要是接收各种设定信息和指令，再根据它们的要求形成驱动逆变器工作的 PWM 信号。微机芯片主要采用 8 位或 16 位的单片机，或用 32 位的 DSP，现在已有应用 RISC 的产品出现。

6.4.3　转速闭环、转差频率控制的变频调速系统

如果对调速范围和启动/制动性能要求更高，并提高静态和动态性能，可以采用转差频率控制的调速系统。其采用转速反馈闭环控制，需要增加速度检测和采集功能。从电力拖动理论可知，调速系统的动态性能就是控制转矩的能力，问题是如何通过控制电压（电流）和频率来控制电磁转矩 T_e，这是提高调速系统动态性能的关键。

1. 转差频率控制的基本原理

当在 s 值很小的稳态范围内，根据式（6-8）可以推导出：

$$T_e \approx K_m \Phi_m^2 \frac{\omega_s}{R_r'} \qquad (6-35)$$

式（6-35）表明，在 s 值很小的稳态范围内，如果能够保持气隙磁通 Φ_m 不变，异步电动机转矩 T_e 就近似与转差角频率 ω_s 成正比，如图 6-23 所示。因此在异步电动机中，控制转差频率 ω_s 就代表

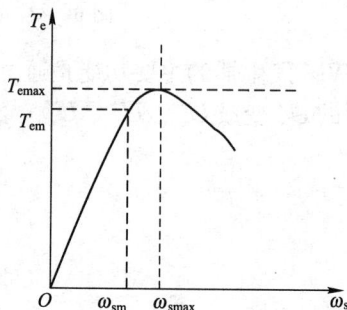

图 6-23　Φ_m 恒定控制的 $T_e = f(\omega_s)$ 特性

控制转矩。和直流电机控制电流一样，能够起到间接控制力矩的作用。

而上述规律是在保持 Φ_m 恒定的前提下才成立的。由式（6-12）可知，按恒 E_g/ω_1 控制时，就能保持 Φ_m 不变。同时由图 6-8 的异步电动机稳态等效电路可以推出：

$$U_s=f(\omega_1,\ I_s)=I_s(R_s+j\omega_1L_{ls})+E_g=I_g(R_s+j\omega_1L_{ls})+\left(\frac{E_g}{\omega_1}\right)\omega_1 \qquad (6-36)$$

要实现恒 E_g/ω_1 控制，须在 U_s/ω_1 恒值的基础上在提高电压 U_s 以补偿定子电阻压降。如果忽略电流相量相位变化的影响，不同定子电流时恒 E_g/ω_1 控制所需的电压-频率特性 $U_s=f(\omega_1,I_s)$，如图 6-24 所示。

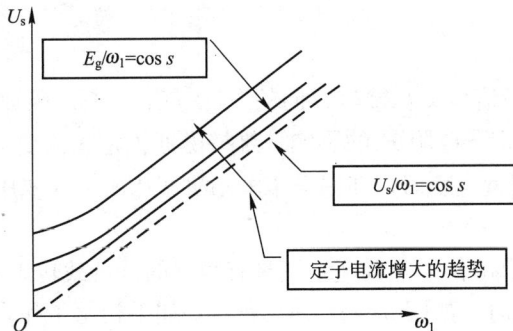

图 6-24　不同定子电流时，恒 E_g/ω_1 控制所需的电压-频率特性

经过推导可以证明，转差频率控制的规律是：

（1）在 $\omega_s\ll\omega_{sm}$ 的范围内，如图 6-23 所示，转矩 T_e 基本上与 ω_s 成反比，条件是气隙磁通 Φ_m 不变。

（2）在不同的定子电流值时，按图 6-24 的函数关系 $U_s=f(\omega_1,I_s)$ 控制定子电压和频率，就能保持气隙磁通 Φ_m 恒定。

2. 转差频率控制系统

如图 6-25 所示，为典型的实现转差频率控制规律的转速闭环变压变频调速系统的结构原理图。

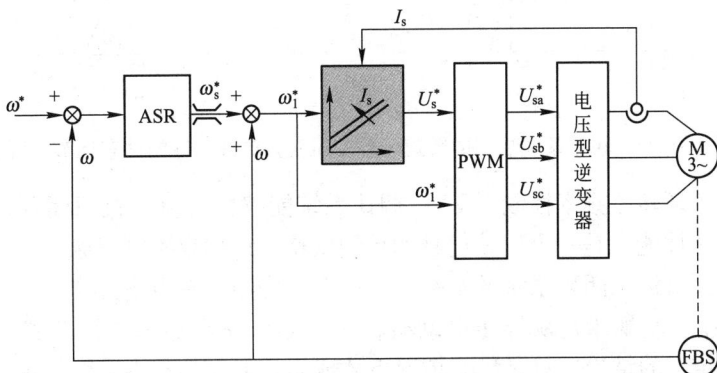

图 6-25　转差频率控制的转速闭环变压变频调速系统结构原理图

转差频率控制系统的控制过程主要包括以下内容。

1）频率控制

由于在恒定磁链下的转差率和输出转矩成正比，可认为该速度内环内存在一个转矩开环控制。转速调节器 ASP 的输出信号是转差频率给定 ω_s^*，与实测转速信号 ω_r 相加，即得定子频率给信号 ω_1^*，即 $\omega_s^* + \omega_r = \omega_1^*$，它表明在调速过程中，实际频率 ω_1 随着实际转速 ω_r 同步的上升或下降，如同水涨船高。因此，加、减速平滑而且稳定，这一关系是转差频率控制系统突出的特点。同时，在动态过程中转速调节器 ASP 饱和，系统能用对应于 ω_{sm} 的限幅转矩 T_{em} 进行控制，保证了在允许条件下的快速性。在阶跃速度给定下，电机的转差率限幅值对应于定子电流或转矩的限幅值。最终电机进入稳态运行，此时的转差率由稳态时负载的转矩决定。

2）电压控制

由 ω_1 和定子电流反馈信号 I_s 从微机存储的 $U_s = f(\omega_1, I_s)$ 函数中查得定子电压给定信号 U_s^*，在低速时为克服定子电阻 R_s 的影响，维持磁通恒定，需要对 U_s^* 进行电压补偿。用 U_s^* 和 ω_1^* 控制 PWM 电压型逆变器，即得异步电动机调速所需的变压变频电源。

3）系统特性

转差频率控制的转速闭环 V/F 调速系统具有很好的抗负载转矩和电网电压波动的能力。

（1）当负载转矩变化时，如图 6-26（a）所示，如果初始工作点在点 1，且负载转矩从 T_L 变为 T_L'，速度将会相应的降到点 2，但由于速度控制环的作用，频率将会上升，直到在点 3 处恢复到原来的速度。

（2）当电网电压变化时，如图 6-26（b）所示，由于没有磁链闭环控制，输入电压的变化将导致磁链改变。初始工作点为曲线上的点 1，输入电压时的下降将会减少磁链，从而工作点移到点 2 处，导致的速度降落将会作用在速度环上且使频率上升，最终恢复到曲线 c 上的点 1，该系统在弱磁情况下也能良好的工作。

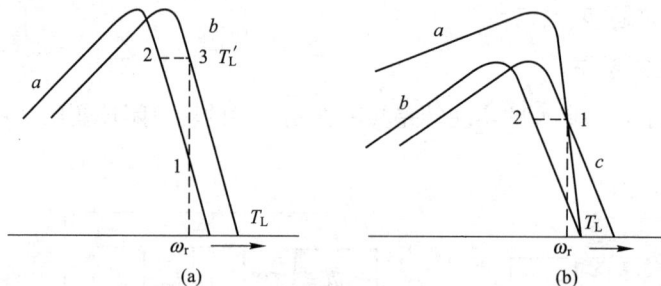

图 6-26 转差频率控制的转速闭环变压变频调速条件的动态调节过程

可见，转速闭环转差频率控制 VVVF 调速系统能够像直流电机双闭环控制系统那样具有较好的静、动态性能，是一个比较优越的控制策略，结构也不算复杂。但它的静、动态性能还不能完全达到直流双闭环系统的水平，差距存在的原因有以下几个方面。

（1）转差频率控制规律是从异步电动机稳态等效电路和稳态转矩公式出发的，所谓的"保持磁通 Φ_m 恒定"的结论也只是稳态情况下才成立，但在动态中不能保证 Φ_m 恒定。

（2）$U_s = f(\omega_1, I_s)$ 函数关系中只采用了定子电流的幅值，没有控制电流的相位，而在动态中的电流的相位也是影响转矩变化的因素，定子电流 I_s 的瞬时相位情况直接决定着瞬

时过程中的 I_0 分量（图 6 - 8）是否恒定。所以这种只控制电流大小而不控制其相位的方法称作标量控制。

（3）在频率控制环节中，取 $\omega_s + \omega_r = \omega_1$，使频率得以与转速同步升降，这本是转差频率控制的优点。但如果转速检测信号不准确或存在干扰，也就会直接给频率造成误差，因为所有这些偏差和干扰都以正反馈的形式毫无衰减地传递到频率控制信号上来了。

但转差频率控制的变频调速系统，已经与直流电动机双闭环系统性能很接近，实现了直接对转矩的控制，改善了系统的动态性能。

<h1>6.5　矢量控制技术</h1>

异步电动机是一个多变量的多输入输出系统，而电压、电流、频率、磁通、转速之间又互相有影响，所以是强耦合的多变量系统；针对异步电动机的动态数学模型也是一个高阶、非线性、强耦合的多变量模型。因此需要异步电动机具有高动态性能时，必须面对这样一个动态模型，为此产生了按转子磁链定向的矢量控制系统，简称 VC（Vector Control）系统。矢量控制传动系统的良好性能很受欢迎，导致标量控制的重要性日益下降。

6.5.1　矢量控制概述

1. 问题的提出

对于直流电动机，可以认为励磁电流 I_f 产生的主磁通 Φ 和电枢绕组电流 I_a 产生的转子磁场是互相独立的，电机设计保证了励磁磁势与电枢磁势互相垂直，可认为互相解耦，此时直流电动机的电磁转矩为：

$$T_e = K_T \Phi I_a = K_T' I_f I_a$$

利用补偿绕组可以对电枢电流变化引起主磁通的变化进行补偿，保证上述公式的正确性。单单控制电枢电流 I_a 就可以方便地控制电机的转矩。

但是异步电动机的情况比直流电动机复杂得多，磁场是定子电流和转子电流共同产生的，通过绕组的电流既有产生磁场的励磁分量也有产生转矩的有功（转矩）分量，二者纠缠在一起，单单控制电枢电流不能达到控制电磁转矩的目的，更何况鼠笼式异步电动机转子电流也难以直接测量和控制。

从电机理论可知，异步电动机的电磁转矩 $T_e = C_T \Psi_m I_r \cos \varphi_2$，它是气隙磁场 Ψ_m 和转子电流有功分量 $I_r \cos \varphi_2$ 相互作用产生的。其中 $\cos \varphi_2$ 是功率因数，是由于电枢绕组或鼠笼转子的短路绕组的电感导致每根笼条内的电流都将在时间上滞后于电动势。异步电动机矢量图如图 6 - 27 所示，可以看出，转子磁链 Ψ_r 和转子电流 I_r 在相位上互相垂直，而异步电动机的转子磁链 $\Psi_r = \Psi_m \cos \varphi_2$，因此可知 $T_e = C_T \Psi_m I_r$，在形式上和直流电机的

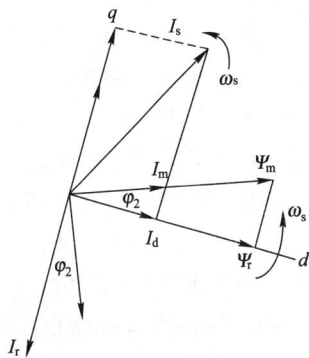

图 6 - 27　异步电机矢量图

转矩公式完全相似。如果能设法保持异步电动机转子磁链 Ψ_r 恒定，则只要控制转子电流 I_r 就能达到有效控制电机转矩的目的，这就是所谓以转子磁链定向的矢量控制。但对于三相鼠笼式异步电动机，转子电流 I_2 难以直接测量和控制，至于如何控制定子三相电流的瞬时值 i_A、i_B、i_C 以达到上述矢量控制的目的。

2. 坐标变换的基本概念

不同的电动机模型彼此等效的原则是：不同坐标下所产生的磁动势完全一致。通常产生旋转磁场有三种方法：三相旋转磁场、两相旋转磁场和旋转体的旋转直流磁场。如果这三种方法产生的旋转磁场完全相同（磁极对数相同、磁感应强度相等、转速相同），则认为这时的三相磁场系统、两相磁场系统和旋转直流磁场系统是等效的，因此这三种旋转磁场之间是可以进行等效变换的。

设旋转坐标系相对于静止三相坐标系 A—B—C 的转速为 ω，在使用时常取同步角速度 $\omega = \omega_1$，或转子角速度 $\omega = \omega_r$，经过变换后，三相交流电流 i_A、i_B、i_C，所产生的旋转磁场可用一组以同步旋转的二相绕组中通以相应直流电流 i_d、i_q 来等效。等效的交流电机绕组和直流电机绕组如图 6 - 28 所示。

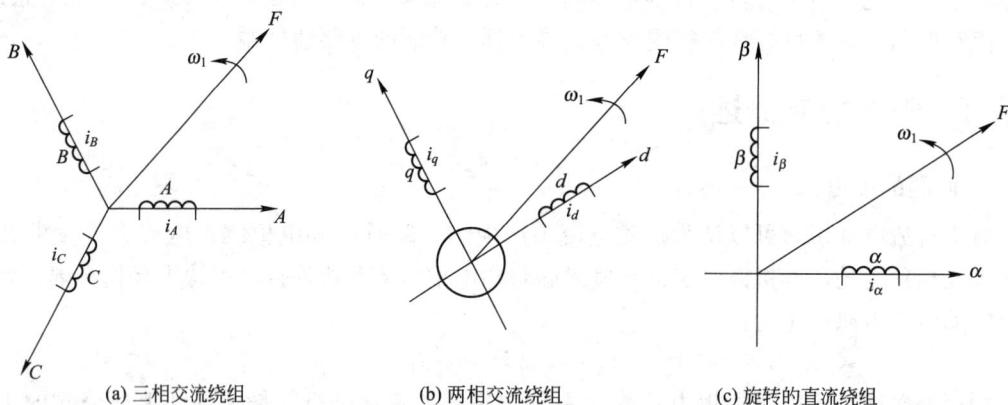

(a) 三相交流绕组   (b) 两相交流绕组   (c) 旋转的直流绕组

图 6 - 28　等效的交流电机绕组和直流电机绕组

但是三相交流绕组旋转磁场和直流旋转磁场之间，要进行直接变换比较困难，要以两相交流绕组旋转磁场为中间桥梁。因为三相交流绕组中线圈之间存在磁耦合；而两相交流绕组中，线圈相互之间不存在磁耦合。在三相交流绕组中，任何一相电流所产生的磁通，必将穿过另外两相，也就是说，三相绕组相互之间存在着磁的耦合。当线圈 A 中的电流变化将在线圈 B 中引起感应电动势，这种现象称为互感。所产生的感应电动势，称为互感电动势。两线圈因磁通而相互关联，这种现象称为磁耦合或耦合。但在两相交流绕组中，由于两个绕组处于垂直状态，任一相电流所产生的磁通，并不穿过另一相绕组，因此两相绕组互相间不存在磁耦合。

三相旋转磁场和两相旋转磁场由于都是多相交变磁场的合成结果，相互间容易变换。把三相变换为两相称为 3/2 变换；把两相变换为三相称为 2/3 变换。当进行 3/2 变换时，原来存在耦合的三相绕组被变换成没有耦合的两相绕组，绕组间的磁耦合被解除了，也称为解耦变换。

这样，两相旋转磁场和直流旋转磁场都是由两个相互正交的磁场构成，绕组间都没有磁的耦合，相互间也容易变换，称为交/直或直/交变换。

从静止的二相坐系变换到某一转速旋转的二相坐标系，就是所谓的旋转变换（VR）。

从两相静止坐标系 $\alpha-\beta$ 到两相旋转坐标系 $d-q$ 之间的变换称为两相-两相旋转变换，简称 2s/2r 变换。其中 s 表示静止，r 表示旋转。反之，从某一旋转的二相坐标系变换到静止的二相坐标系则称为旋转逆变换（VR^{-1}）或 2r/2s 变换。

各种坐标变换的公式推导如下。

1）对于 3/2 变换或 2/3 变换

$$\begin{bmatrix} i_\alpha \\ i_\beta \end{bmatrix} = \sqrt{\frac{2}{3}} \begin{bmatrix} 1 & -\frac{1}{2} & -\frac{1}{2} \\ 0 & \frac{\sqrt{3}}{2} & -\frac{\sqrt{3}}{2} \end{bmatrix} \begin{bmatrix} i_A \\ i_B \\ i_C \end{bmatrix} = \boldsymbol{C}_{3/2} \begin{bmatrix} i_A \\ i_B \\ i_C \end{bmatrix}, \quad \boldsymbol{C}_{3/2} = \begin{bmatrix} 1 & -\frac{1}{2} & -\frac{1}{2} \\ 0 & \frac{\sqrt{3}}{2} & -\frac{\sqrt{3}}{2} \end{bmatrix} \quad (6-37)$$

$$\begin{bmatrix} i_A \\ i_B \\ i_C \end{bmatrix} = \sqrt{\frac{2}{3}} \begin{bmatrix} 1 & 0 \\ -\frac{1}{2} & \frac{\sqrt{3}}{2} \\ -\frac{1}{2} & -\frac{\sqrt{3}}{2} \end{bmatrix} \begin{bmatrix} i_\alpha \\ i_\beta \end{bmatrix} = \boldsymbol{C}_{2/3} \begin{bmatrix} i_\alpha \\ i_\beta \end{bmatrix}, \quad \boldsymbol{C}_{2/3} = \sqrt{\frac{2}{3}} \begin{bmatrix} 1 & 0 \\ -\frac{1}{2} & \frac{\sqrt{3}}{2} \\ -\frac{1}{2} & -\frac{\sqrt{3}}{2} \end{bmatrix} \quad (6-38)$$

2）对于 2r/2s 或 2s/2r 变换

$$\begin{bmatrix} i_\alpha \\ i_\beta \end{bmatrix} = \begin{bmatrix} \cos\theta & -\sin\theta \\ \sin\theta & \cos\theta \end{bmatrix} \begin{bmatrix} i_d \\ i_q \end{bmatrix} = \boldsymbol{C}_{2r/2s} \begin{bmatrix} i_d \\ i_q \end{bmatrix}, \quad \boldsymbol{C}_{2r/2s} = \begin{bmatrix} \cos\theta & -\sin\theta \\ \sin\theta & \cos\theta \end{bmatrix} \quad (6-39)$$

$$\begin{bmatrix} i_\alpha \\ i_\beta \end{bmatrix} = \begin{bmatrix} \cos\theta & -\sin\theta \\ \sin\theta & \cos\theta \end{bmatrix} \begin{bmatrix} i_d \\ i_q \end{bmatrix} = \boldsymbol{C}_{2r/2s} \begin{bmatrix} i_d \\ i_q \end{bmatrix}, \quad \boldsymbol{C}_{2r/2s} = \begin{bmatrix} \cos\theta & -\sin\theta \\ \sin\theta & \cos\theta \end{bmatrix} \quad (6-40)$$

其中，θ 表示两相静止坐标系 α 轴与旋转坐标系 β 轴之间的夹角，$d-q$ 坐标系可以以任意速度 ω 旋转，如果磁场以 ω_1 的速度旋转，则 $\theta = \int \omega_1 dt$。

3）直角坐标-极坐标变换（K/P 变换）

设电流矢量 i_s 和 d 轴的夹角为 θ_s，已知 θ_d、θ_q，求 i_s 和 θ_s，就是直角坐标/极坐标变换，简称 K/P 变换，变换公式为：

$$i_s = \sqrt{i_d^2 + i_q^2}, \quad \theta_s = \arctan\frac{i_q}{i_d} \quad (6-41)$$

由于 θ_s，在 $0°\sim90°$ 之间变化时，$\tan\theta_s$ 的变换范围是 $0\sim\infty$，这个变化幅值太大，在数字变换器中很容易溢出，因此常改用下列表达式表示：

$$\tan\frac{\theta_s}{2} = \frac{\sin\frac{\theta_s}{2}}{\cos\frac{\theta_s}{2}} = \frac{\sin\frac{\theta_s}{2}\left(2\cos\frac{\theta_s}{2}\right)}{\cos\frac{\theta_s}{2}\left(2\sin\frac{\theta_s}{2}\right)} = \frac{\sin\theta_s}{1+\cos\theta_s} = \frac{i_q}{i_s + i_d}$$

则

$$\theta_s = 2\arctan\frac{i_q}{i_s + i_q} \quad (6-42)$$

4）由三相静止坐标系 $A-B-C$ 到任意二相坐标系 $d-q$ 上的变换（3s/2r 变换）

$$\begin{bmatrix} i_d \\ i_q \\ i_0 \end{bmatrix} = \begin{bmatrix} \cos\theta & \sin\theta & 0 \\ -\sin\theta & \cos\theta & 0 \\ 0 & 0 & 1 \end{bmatrix} \begin{bmatrix} i_\alpha \\ i_\beta \\ i_0 \end{bmatrix} = \sqrt{\frac{2}{3}} \begin{bmatrix} \cos\theta & \sin\theta & 0 \\ -\sin\theta & \cos\theta & 0 \\ 0 & 0 & 1 \end{bmatrix} \begin{bmatrix} 0 & -\frac{1}{2} & -\frac{1}{2} \\ 0 & \frac{\sqrt{3}}{2} & -\frac{\sqrt{3}}{2} \\ \frac{1}{\sqrt{2}} & \frac{1}{\sqrt{2}} & \frac{1}{\sqrt{2}} \end{bmatrix} \begin{bmatrix} i_A \\ i_B \\ i_C \end{bmatrix} = \boldsymbol{C}_{3s/2r} \begin{bmatrix} i_A \\ i_B \\ i_C \end{bmatrix}$$

$$(6-43)$$

$$C_{3s/2r} = \sqrt{\frac{2}{3}} \begin{bmatrix} \cos\theta & \sin\theta & 0 \\ -\sin\theta & \cos\theta & 0 \\ 0 & 0 & 1 \end{bmatrix} \begin{bmatrix} 0 & -\dfrac{1}{2} & -\dfrac{1}{2} \\ 0 & \dfrac{\sqrt{3}}{2} & -\dfrac{\sqrt{3}}{2} \\ \dfrac{1}{\sqrt{2}} & \dfrac{1}{\sqrt{2}} & \dfrac{1}{\sqrt{2}} \end{bmatrix}$$

$$= \sqrt{\frac{2}{3}} \begin{bmatrix} \cos\theta & \cos(\theta-120°) & \cos(\theta+120°) \\ -\sin\theta & -\sin(\theta-120°) & -\sin(\theta+120°) \\ \dfrac{1}{\sqrt{2}} & \dfrac{1}{\sqrt{2}} & \dfrac{1}{\sqrt{2}} \end{bmatrix}$$

$$C_{2r/3s} = C_{3s/2r}^{-1} = C_{3s/2r}^{T} = \sqrt{\frac{2}{3}} \begin{bmatrix} \cos\theta & -\sin\theta & \dfrac{1}{\sqrt{2}} \\ \cos(\theta-120°) & -\sin(\theta-120°) & \dfrac{1}{\sqrt{2}} \\ \cos(\theta+120°) & -\sin(\theta+120°) & \dfrac{1}{\sqrt{2}} \end{bmatrix} \qquad (6-44)$$

其中 i_0 是为将变换阵增广成可逆方阵，而在两相系统上人为地增加一项零轴磁动势 $N_2 i_0$，并定义为 $i_0 = K\dfrac{N_3}{N_2}(i_A + i_B + i_C) = \dfrac{1}{\sqrt{3}}(i_A + i_B + i_C)$，因此 d—q 坐标系也可以称为 d—q—O 坐标系。

6.5.2　异步电动机在 M—T 坐标系上的数学模型

1. 异步电动机在三相坐标系上的数学模型

　　无论电动机的转子是绕线形还是鼠笼形的，在理想条件下，都将它等效成三相绕线转子，并折算到定子侧，折算后的定子和转子绕组匝数都相等。如图 6-29 所示，以 A 轴为参考坐标轴，定子三相绕组轴线 A、B、C 在空间上是固定的，转子绕组轴线 a、b、c 随转子旋转，转子 a 轴和定子 A 轴之间的电角度 θ 为空间角位移变量，同时规定各绕组电压、电流、磁链的正方向符合电动机惯例和右手螺旋定则。

　　图中，u_A、u_B、u_C、u_a、u_b、u_c 为定子和转子相电压的瞬时值；i_A、i_B、i_C、i_a、i_b、i_c 为定子和转子相电流的瞬时值；Ψ_A、Ψ_B、Ψ_C、Ψ_a、Ψ_b、Ψ_c 为各相绕组的全磁链；Ψ_s 和 Ψ_r 为定子绕组和转子绕组的磁链列阵；u_s 和 u_r 为定子和转子电压的列阵；i_s 和 i_r 为定子和转子电流的列阵。

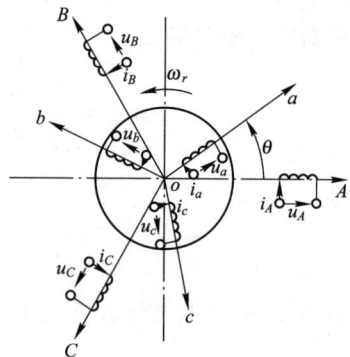

图 6-29　三相异步电动机物理模型

$$\Psi_s = \begin{bmatrix} \Psi_A \\ \Psi_B \\ \Psi_C \end{bmatrix}, \quad \Psi_r = \begin{bmatrix} \Psi_a \\ \Psi_b \\ \Psi_c \end{bmatrix}, \quad u_s = \begin{bmatrix} u_A \\ u_B \\ u_C \end{bmatrix}, \quad u_r = \begin{bmatrix} u_a \\ u_b \\ u_c \end{bmatrix}, \quad i_s = \begin{bmatrix} i_A \\ i_B \\ i_C \end{bmatrix}, \quad i_r = \begin{bmatrix} i_a \\ i_b \\ i_c \end{bmatrix}$$

1）磁链方程

$$\begin{bmatrix}\boldsymbol{\Psi}_s \\ \boldsymbol{\Psi}_r\end{bmatrix}=\begin{bmatrix}L_{ss} & L_{sr} \\ L_{rs} & L_{rr}\end{bmatrix}\begin{bmatrix}i_s \\ i_r\end{bmatrix} \tag{6-45}$$

$$\boldsymbol{L}_{ss}=\begin{bmatrix}L_{ms}+L_{1s} & -\frac{1}{2}L_{ms} & -\frac{1}{2}L_{ms} \\ -\frac{1}{2}L_{ms} & L_{ms}+L_{1s} & -\frac{1}{2}L_{ms} \\ -\frac{1}{2}L_{ms} & -\frac{1}{2}L_{ms} & L_{ms}+L_{1s}\end{bmatrix} \quad \boldsymbol{L}_{rr}=\begin{bmatrix}L_{ms}+L_{1r} & -\frac{1}{2}L_{ms} & -\frac{1}{2}L_{ms} \\ -\frac{1}{2}L_{ms} & L_{ms}+L_{1r} & -\frac{1}{2}L_{ms} \\ -\frac{1}{2}L_{ms} & -\frac{1}{2}L_{ms} & L_{ms}+L_{1r}\end{bmatrix}$$

$$\boldsymbol{L}_{rs}=\boldsymbol{L}_{sr}^{T}=L_{ms}\begin{bmatrix}\cos\theta & \cos(\theta-120°) & \cos(\theta+120°) \\ \cos(\theta+120°) & \cos\theta & \cos(\theta-120°) \\ \cos(\theta-120°) & \cos(\theta+120°) & \cos\theta\end{bmatrix}$$

式中，L_{ms} 为定子互感；L_{ss} 为转子互感；L_{1s} 为定子漏感；L_{1r} 为转子漏感。

2）电压方程

$$\begin{bmatrix}u_b \\ u_r\end{bmatrix}-\begin{bmatrix}R'_s & 0 \\ 0 & R'_r\end{bmatrix}\begin{bmatrix}i_n \\ i_r\end{bmatrix}+p\begin{bmatrix}\boldsymbol{\Psi}_s \\ \boldsymbol{\Psi}_r\end{bmatrix}=\begin{bmatrix}R'_s & 0 \\ 0 & R'_r\end{bmatrix}\begin{bmatrix}i_s \\ i_r\end{bmatrix}+p\begin{bmatrix}L_{ss} & L_{sr} \\ L_{rs} & L_{rr}\end{bmatrix}\begin{bmatrix}i_s \\ i_r\end{bmatrix} \tag{6-46}$$

$$\boldsymbol{R}'_s=\begin{bmatrix}R_s & 0 & 0 \\ 0 & R_s & 0 \\ 0 & 0 & R_s\end{bmatrix}, \quad \boldsymbol{R}'_r=\begin{bmatrix}R_r & 0 & 0 \\ 0 & R_r & 0 \\ 0 & 0 & R_r\end{bmatrix}$$

3）电磁转矩方程

$$T_e=n_P L_{ms}\big[(i_A i_a+i_B i_b+i_C i_c)\sin\theta+(i_A i_b+i_B i_c+i_C i_a)\cdot\sin(\theta+120°)+$$
$$(i_A i_c+i_B i_a+i_C i_b)\sin(\theta-120°)\big] \tag{6-47}$$

此公式是在线性磁路、磁动势在空间按正弦分布的假定条件下得出的，但对定子、转子电流对时间的波形未作任何假定，式中的电流 i 都是实际瞬时值。因此上述电磁转矩方程完全适用于电压变频器供电的含有电流谐波的三相异步电动机调速系统。

4）电力拖动系统运动方程

在忽略电力拖动系统传动机构中的黏性摩擦和扭转弹性，系统的运动方程为：

$$T_e-T_L=\frac{J}{n_P}\frac{d\omega}{dt} \tag{6-48}$$

式中　T_e——电磁转矩；

T_L——负载阻转矩；

ω——转子角速度$\left(\omega=\dfrac{d\theta}{dt}\right)$。

2. 按转子磁链定向的矢量控制方程

异步电动机有任意二相旋转坐标系上的数学模型、二相静止坐标系上的数学模型和二相同步旋转坐标系上的数学模型。其中最常用的一种旋转坐标系，如图 6-30 所示，是取 $d-q$ 坐标系以同步转速 ω_1 旋转，同时规定 d 轴沿着转子总磁链矢量 $\boldsymbol{\Psi}_r$ 的方向，称之为 M（Magnetization）轴，而 q 轴则逆时针旋转 $90°$，垂直于 $\boldsymbol{\Psi}_r$，称之为 T（Torque）轴，这种旋转坐标系称为 $M-T$ 坐标系，即按转子磁场定向的坐标系。

　　$M-T$ 坐标系的同步旋转保证了当三相坐标系的电压和电流都是交流正弦波时，变换到 $M-T$ 坐标系上就成为直流；因为 Ψ_r 本身就是以同步转速 ω_1 旋转的矢量，同时 $M-T$ 坐标系按照磁链 Ψ_r 定向还可以减少同步旋转坐标系数学模型的多变量之间的耦合关系，使数学模型进一步得到简化。

　　目前最常用的矢量控制方案，就是按转子磁场的方向定向的矢量控制。如图 6-30 所示，静止轴的 α 轴与三相轴系的 A 轴一致，M 轴与 A 轴（α 轴）之间的相角为 φ。定子电流 i_s 在 $M-T$ 坐标系上分解为 i_{sm} 和 i_{st}，其夹角 θ_s 为力矩角。

　　当把异步电动机定子和转子的各物理量，如电压、电流和磁链等均经过坐标变换，变换到 $M-T$ 坐标系上时，通过数学推导可以得到矢量控制系统中，异步电动机在 $M-T$ 坐标系上的各物理量之间的关系式：

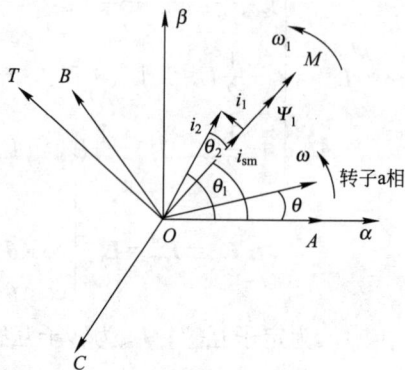

图 6-30　$M-T$ 坐标系的空间矢量图

$$T_e = n_P \frac{L_m}{L_r} \Psi_r i_{st} \text{ 或 } i_{st} = \frac{L_r}{n_P L_m \Psi_r} T_e \qquad (6-49)$$

$$\Psi_r = \frac{L_m}{T_r p + 1} i_{sm} \text{ 或 } i_{sm} = \frac{T_r p + 1}{L_m} \Psi_r \qquad (6-50)$$

$$\omega_s = \omega_1 - \omega = \frac{L_m}{T_r \Psi_r} i_{st} \text{ 或 } i_{st} = \omega_s \frac{T_r}{L_m} \Psi_r \qquad (6-51)$$

$$i_s = \sqrt{i_{sm}^2 + i_{st}^2} \qquad (6-52)$$

$$\theta_s = \arctan \frac{i_{st}}{i_{sm}} = 2\arctan \frac{i_{st}}{i_s + i_{sm}} \qquad (6-53)$$

$$\varphi = \int \omega_1 \mathrm{d}t \qquad (6-54)$$

$$\theta_1 = \varphi + \theta_s = \int \omega_1 \mathrm{d}t + \theta_s \qquad (6-55)$$

　　式中，T_e 为电磁力矩；L_r 为转子电感，$L_r = L_m + L_{r\sigma}$（L_m 为 $d-q$ 坐标系定子与转子同轴等效绕组间的互感，$L_{r\sigma}$ 为转子漏感）；T_r 为转子电磁时间系数，$T_r = \frac{L_r}{R_r}$；p 为微分算子，$p = \frac{\mathrm{d}}{\mathrm{d}t}$；$\omega_1$ 为定子频率的同步角速度；ω 为转子速度；φ 为转子磁链 Ψ_r 的相位角；θ_s 为定子电流矢量 i_s 与 M 轴的夹角；θ_1 为定子电流 i_s 的相位。

　　可以看出，在转子磁场定向中，在 M 轴上，只要保持 i_{sm} 不变，则转子磁链 Ψ_r 保持不变，它的大小只决定于定子磁化电流分量 i_{sm}；则电磁转矩 T_e 仅与定子电流有功分量 i_{st} 成正比，没有任何滞后。这样，在定子电流的两个分量间实现了解耦，i_{sm} 只决定磁链，i_{st} 只影响力矩，和直流电机控制完全类似。这样只要保持定子磁化电流分量 i_{sm} 恒定不变，控制定子电流中的转矩电流分量 i_{st}，就能有效地控制异步电动机的瞬时转矩。当知道了所需的定子电流磁化分量 i_{sm} 和转矩分量 i_{st} 以后，利用二相到三相的反变换式（$\mathbf{C}_{2r/3s}$），就不难求出实际需要控制的定子三相瞬时电流值 i_a、i_b、i_c。

6.5.3 异步电动机矢量控制的基本原理

矢量控制的基本原理是认为异步电动机与直流电机具有相同的转矩产生机理。因为直流电动机的励磁电流和电磁转矩电流是独立的、解耦的。异步电动机的矢量控制就是仿照直流电机解耦控制的思路，把定子电流分解为磁场电流分量和力矩电流分量，并加以控制。实际上是借助坐标等效变换，把异步电动机的物理模型等效地变换成类似于直流电机的物理模型，变换前后在不同的坐标系下电动机模型的功率相同及电动势不变，如图 6-31 所示。

图 6-31 中，3/2 为三相/两相变换；VR 为同步旋转变换；φ 为 M 轴与 α 轴（A 轴）的夹角，在三相坐标系上的定子交流电流 i_A、i_B、i_C，通过 3/2 变换可以等效成两相静止坐标系上的交流电流 $i_{s\alpha}$、$i_{s\beta}$，再通过同步旋转变换 VR，可以等效成同步旋转 $M-T$ 坐标系上的直流电流 i_{sm} 和 i_{st}，产生同样的旋转磁动势。如果观察者站到铁芯上与坐标系一起旋转，他所看到的便是一台直流电机。可以控制使交流电机的转子总磁通 Φ_r 就是等效直流电机的磁通，T 绕组相当于伪静止的电枢绕组，i_{st} 相当于与转矩成正比的电枢电流，且 i_{sm} 和 i_{st} 都是直流电流。

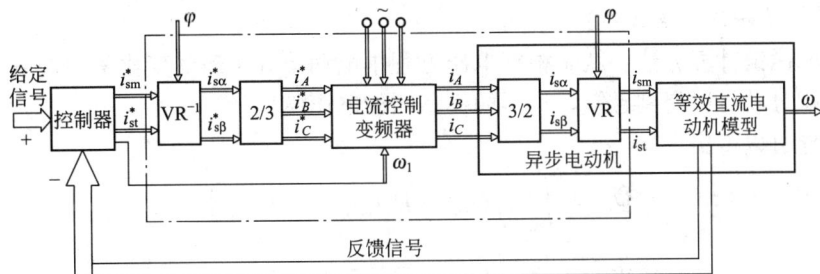

图 6-31 矢量控制系统原理结构图

从整体上看，输入为 A、B、C 三相电压，输出为转速 ω，是一台异步电动机。从内部看，经过 3/2 变换和 VR 变换，变成一台由 i_{sm} 和 i_{st} 输入，由 ω 输出的直流电机。既然异步电动机经过坐标变换可以等效成直流电机，那么模仿直流电机的控制策略，得到直流电机的控制量，经过相应的坐标反变换，就能够控制异步电动机了。

若给定和反馈信号经过类似于直流调速系统所用的控制器，产生励磁电流给定值 i_{sm}^* 和电枢电流给定值 i_{st}^*，经过反向旋转变换器 VR^{-1} 得到 $i_{s\alpha}^*$ 和 $i_{s\beta}^*$，再经过 2/3 变换得到 i_A^*、i_B^*、i_C^*。由这 3 个电流控制信号和由控制器直接得到的频率控制信号 ω_1，就可以输出异步电动机所需的三相变频电流。

在设计矢量控制系统时，可以认为，在控制器后面引入的反转变换器 VR^{-1} 与电机内部的旋转环节 VR 抵消，2/3 变换与电机内部的 3/2 变换环节抵消，如果再忽略变频器中可能产生的滞后，则图 6-31 中的虚线框内的部分可以完全删去，虚线框外就是一个直流调速系统了。所以矢量控制交流变频调速系统的动、静态特性完全能够和直流调速系统相媲美。

在按转子磁场定向的矢量控制中，关键是要获得转子磁链 Ψ_r 信号（磁链观测）。矢量控制总是以转子磁链 Ψ_r 定向，为此测出 Ψ_r 的大小及在静止 $\alpha-\beta$ 坐标系的相位，即 Ψ_r 相对 α 轴的相位角 φ（图 6-30）是矢量控制的前提。同时还可以供磁链反馈以及除法环节的需要。根据求得磁链向量所用的不同方法可以分为两类：直接检测法和磁链计算法，磁链计算法通常称为磁链观测法。

1. 直接检测法

在开始提出矢量控制系统时，曾尝试直接检测磁链的方法。直接检测法一种是在电机槽内埋没探测线圈，另一种是利用贴在定子内表面的霍尔元件或其他磁敏元件。利用诸如霍尔元件之类的磁敏传感器直接测量电机气隙中相差 90°电角度的两点，即选作 α、β 轴线位置上的气隙磁场，然后通过计算推算出转子的总磁链，从理论上说，直接检测法应该比较准确，但实际上会遇到不少工艺和技术问题，而且由于齿槽的影响，即受气隙齿谐波磁场的影响，使检测信号中含有较大的脉动分量，越到低速时影响越严重。因此测量误差较大，实际使用较少。

2. 磁链计算法

现代实用的矢量控制系统中，多采用间接观测磁链的方法，即间接计算法。利用容易测得的电压、电流或转速等信号，利用转子磁链模型，实时计算出转子磁链 Ψ_r 的幅值和相位。转子磁链的观测模型是建立在异步电动机动态数学模型的基础上，具体还分为电压模型和电流模型。

1) 计算转子磁链的电压模型

最简单的磁链计算方法，就是根据电压方程中电动势等于磁链变化率的关系，对电机的电动势进行积分就可以得到磁链，这样的模型叫做电压模型。

经过推导可以得出：

$$\Psi_{r\alpha} = \frac{L_r}{L_m}\left[\int (u_{s\alpha} - R_s i_{s\alpha})\mathrm{d}t - \sigma L_s i_{s\alpha}\right] \qquad (6-56)$$

$$\Psi_{r\beta} = \frac{L_r}{L_m}\left[\int (u_{s\beta} - R_s i_{s\beta})\mathrm{d}t - \sigma L_s i_{s\beta}\right] \qquad (6-57)$$

式中，L_m 为 d—q 坐标系定子和转子同轴等效绕组间的互感；L_s 为 d—q 坐标系定子等效两相绕组的自感；L_r 为 d—q 坐标系转子等效两绕组的自感；σ 为漏磁系数，$\sigma = 1 - \dfrac{L_m^2}{L_s L_r}$。

从公式可以看出，它只需要实测的电压、电流信号，不需要转速信号，且算法与转子电阻 R_r 无关，只与定子电阻 R_s 有关，而 R_s 容易测得。$u_{s\alpha}$、$u_{s\beta}$、$i_{s\alpha}$、$i_{s\beta}$ 等电量很容易由测量得到的电机定子三相电压、电流经过 3/2 变换得到。因此算法简单，便于应用，电压模型受电动机参数变化的影响较小。但是，由于电压模型中包含纯积分项，积分的初始值和累积误差都影响计算结果；在低速时，定子电阻压降变化的影响也较大。因此电压模型计算法低速时测量精度可能不高，而适用于中、高速范围。

2) 计算转子磁链的电流模型

它是根据定子电流和转子转速信号求得的。利用能够实测的物理量的不同组合，可以获得多种转子磁链模型，现在给出两个典型的模型。

（1）在两相静止坐标系 α—β 上的转子磁链模型

由实测的三相定子电流通过 3/2 变换很容易得到两相静止坐标系上的电流 $i_{s\alpha}$ 和 $i_{s\beta}$，可以推出转子磁链在 α、β 轴上的分量为：

$$\Psi_{r\alpha} = L_m i_{r\alpha} + L_r i_{r\alpha} \qquad (6-58)$$

$$\Psi_{r\beta} = L_m i_{r\beta} + L_r i_{r\beta} \qquad (6-59)$$

$$i_{r\alpha} = \frac{1}{L_r}(\Psi_{r\alpha} - L_m i_{s\alpha}) \tag{6-60}$$

$$i_{r\beta} = \frac{1}{L_r}(\Psi_{r\beta} - L_m i_{s\beta}) \tag{6-61}$$

进一步还可以推出转子磁链模型：

$$\Psi_{r\alpha} = \frac{1}{T_r p + 1}(L_m i_{s\alpha} - \omega T_r \Psi_{r\beta}) \tag{6-62}$$

$$\Psi_{r\beta} = \frac{1}{T_r p + 1}(L_m i_{s\beta} + \omega T_r \Psi_{r\alpha}) \tag{6-63}$$

两相静止坐标系上，按式（6-62）和式（6-63）构成的转子磁链模型的运算框图6-32。有了 $\Psi_{r\alpha}$ 和 $\Psi_{r\beta}$，要计算 Ψ_r 的幅值和相位就很容易了。转子磁链模型适合于模拟控制，用控制放大器和乘法器就可以实现。采用微机数字控制时，由于 $\Psi_{r\alpha}$ 和 $\Psi_{r\beta}$ 之间有反馈关系，离散计算时可能不收敛，不如采用下面第二种模型。

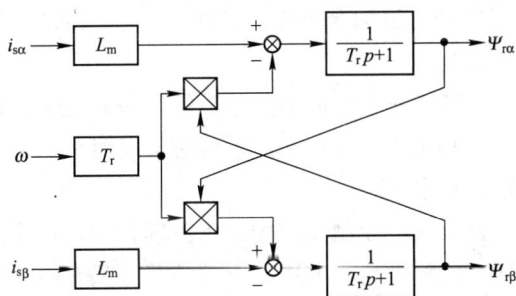

图 6-32 在两相静止坐标系上计算转子磁链的电流模型

（2）按磁场定向两相旋转坐标系 $M-T$ 上的转子磁链模型

如图 6-33 所示，是另一种转子磁链模型的运算框图。三相定子电流 i_A、i_B、i_C 经 3/2 变换变成两相静止坐标系电流 $i_{s\alpha}$、$i_{s\beta}$，再经过同步旋转变换并按转子磁链定向，得到 $M-T$ 坐标系上的电流 i_{sm}、i_{st}，利用矢量控制方程式（6-50）和式（6-51）可以获得 Ψ_r 和 ω_s 信号，由 ω_s 与实测转速 ω 相加得到定子频率信号 ω_1，再经积分即为转子磁链的相位角 φ，它也就是同步旋转变换的旋转相位角。和第一种模型相比，这种模型更适合于微机实时计算，容易收敛，也比较准确。

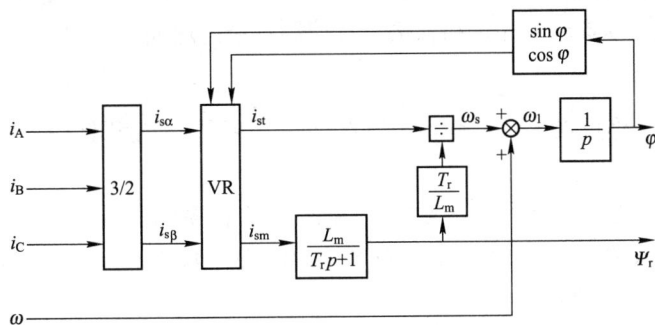

图 6-33 在按转子磁链定向两相旋转坐标系上计算转子磁链的电流模型

上述两种转子磁链电流模型的应用都比较普遍，都需要实测的电流和转速信号，但也都受电机参数变化的影响，例如电机温升和频率变化都会影响转子电阻 R_r，从而改变时间常数 T_r；磁饱和程度将影响电感 L_m 和 L_r，从而 T_r 也改变。这些影响都将导致磁链幅值与相位信号失真，而反馈信号的失真必然使磁链闭环控制系统的性能降低。这是电流模型的不足之处。尤其是当转子频率变化时，由于集肤效应的影响，电感 L_r 和电阻 R_r 朝着不同方向变化、频率增高、电阻 R_r 增加、电感 L_r 减少，T_r 变化较大，为弥补这个缺点，现在采用参数实时在线辨识的方法，对 T_r 的值进行实时测量，实时对磁通观测器的参数加以校正，这样使系统更复杂了。也可以把转子磁链的电压模型和电流模型结合起来，在低速时采用电流模型，在中、高速时，采用电压模型，可以提高整个运行范围内计算转子磁链的准确度。

6.5.4 异步电动机的矢量控制系统

对于矢量控制系统将定子磁化电流 i_{ds} 定向在转子磁链 Ψ_r、气隙磁链 Ψ_m 或定子磁链 Ψ_s 都可以实现矢量控制。转子磁链定向可以得到自然的解耦控制，而气隙磁链 Ψ_m 或定子磁链 Ψ_s 定向会产生耦合效应，必须通过解耦的补偿电流实施补偿，本书只介绍转子磁链定向的矢量控制。

按转子磁链定向的矢量控制，按有无磁链的闭环反馈，可分为直接矢量控制系统和间接矢量控制系统；按有无速度传感器又可分为带速度传感器的矢量控制系统和无速度传感器的矢量控制系统。

直接矢量控制又称为磁场反馈控制，在系统中有磁链闭环，必须获得磁链反馈信号方可实现。可利用定子电压、电流或定子磁链 Ψ_s 的实际值进行解算实现矢量控制，因此转速、磁链闭环控制的矢量系统又称为直接矢量控制系统。但由于转子磁链 Ψ_r 反馈信号是由磁链模型获得的，幅值和相位受到电机参数 T_r 和 L_m 变化的影响，造成控制的不准确性。

间接矢量控制又称为转差频率矢量控制或磁场前馈控制，系统中无磁链闭环，转矩和磁链的幅值和相角由控制系统给定值计算出来，靠矢量控制方程保证，因此磁链开环转差型矢量控制系统又称为间接矢量控制系统。它既继承了稳态模型转差频率控制系统的优点，又利用基于动态模型的矢量控制规律克服了其大部分不足之处。目前高速列车上一般使用间接矢量控制策略。

二者本质的区别在于转子磁链 Ψ_r（M 轴）相对于 α 轴的相位角 φ 是如何产生的。直接矢量控制的 φ 是通过磁链观测模型获得的磁链反馈信号（$\Psi_{r\alpha}$、$\Psi_{r\beta}$）计算得到的；间接矢量控制除了 φ 角以前馈方式产生外，和直接矢量控制本质上是相同的。

1. 直接矢量控制

直接矢量控制又称反馈矢量控制，比较典型的是专属和磁链闭环的电流滞环型 PWM 变频调速系统，如图 6-34 所示。

通过磁链观测模型可以得到转子磁链 Ψ_r 在 α—β 坐标系的分量 $\Psi_{r\alpha}$、$\Psi_{r\beta}$，因为 α—β 坐标的 M 轴定向在转子磁链 Ψ_r 上，因此通过对 $\Psi_{r\alpha}$、$\Psi_{r\beta}$ 进行 K/P 变换，可以从以下公式中计算出 M 轴相对于 α 轴的相位角 φ 等参数。

$$\Psi_r = \sqrt{\Psi_{r\alpha}^2 + \Psi_{r\beta}^2} \qquad (6-64)$$

$$\cos \varphi = \frac{\Psi_{r\alpha}}{\Psi_r}, \quad \sin \varphi = \frac{\Psi_{r\beta}}{\Psi_r} \qquad (6-65)$$

$$T_e = \frac{3n_P}{4} \frac{L_m}{L_r} (\Psi_{s\alpha} i_{s\beta} - \Psi_{s\beta} i_{s\alpha}) \qquad (6-66)$$

知道了 $\cos \varphi$ 和 $\sin \varphi$ 后，才可以进行 VR 变换等，将矢量控制系统中的磁链指令 Ψ_r^* 和转速指令 ω_r^* 所产生的定子电流的励磁分量 i_{sm}^* 和定子电流的转矩分量 i_{st}^*，经过 2r/3s 变换，

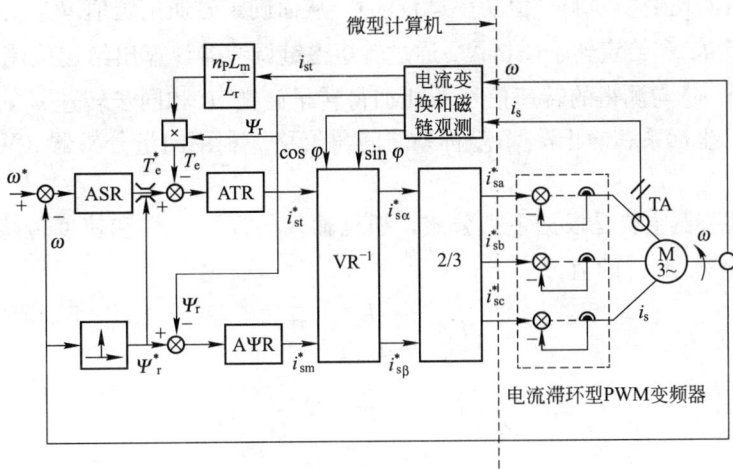

图 6-34　带转矩内环的转速、磁链闭环矢量控制系统

变成为 i_{sa}^*、i_{sb}^*、i_{sc}^* 给逆变器。转速调节器 ASR 的输出作为转矩给定信号，弱磁时它还受到磁链给定信号的控制。磁链给定信号由函数产生程序获得。此外系统在转速环内增设转矩控制内环，以提高转速和磁链闭环控制系统解耦性能。在转矩内环中，磁链对控制对象的影响相当于一种扰动作用，因而受到转矩内环的控制，从而改造了转速子系统，使其少受磁链变化的影响。

2. 间接矢量控制

图 6-35 为转速和电流采用闭环控制的间接矢量控制系统，也属于磁链开环、转差型矢量控制。

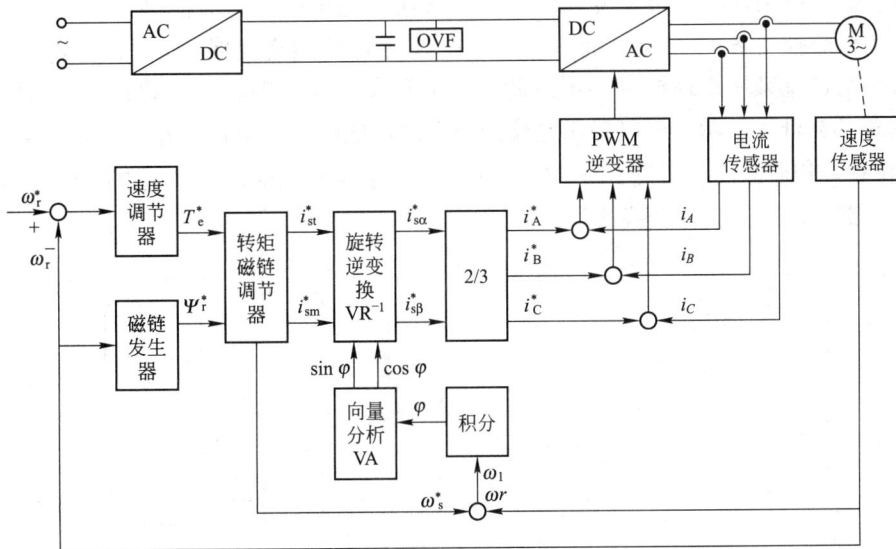

图 6-35　电流和转速闭环的矢量控制系统

速度偏差信号（$\omega_r^* - \omega_r$）经速度调节器产生力矩给定值 T_e^*，而转速信号 ω_r 送到磁通发生器，该发生器在基速以下提供恒定磁通和恒定的转子磁化电流给定值（恒力矩运行区），

在超过基速以后实现磁场削弱（恒功率运行区），从而确定磁通给定值 Ψ_r^*。

由给定力矩 T_e^* 和给定转子磁链 Ψ_r^* 通过转矩磁链调节器计算出给定电流 i_{sm}^*、i_{st}^* 和给定转差角频率 ω_s^*。ω_s^* 与测得的转速信号 ω_r 相加得转子磁链 Ψ_r 和同步转速 ω_1，ω_1 经积分后得同步旋转 $M-T$ 坐标系和静止 $\alpha-\beta$ 坐标系之间角位移 φ 利用向量分析器（VA）可得 $\cos\varphi$ 和 $\sin\varphi$。

转速磁链调节器主要是根据下列公式，根据输入的 T_e^*、Ψ_r^* 和速度传感器采集的电机转速 ω_r，计算出 i_{sm}^* 和 i_{st}^* 的值。

$$i_{st}^* = \frac{L_r}{n_P L_m \Psi_r^*} T_e^* \tag{6-67}$$

$$i_{sm}^* = \frac{T_r p + 1}{L_m} \Psi_r^* \tag{6-68}$$

$$\omega_s^* = \omega_1 - \omega = \frac{L_m}{T_r \Psi_r^*} i_{st}^* \tag{6-69}$$

$$\varphi = \int \omega_1 \mathrm{d}t = \int (\omega_r + \omega_s^*) \mathrm{d}t \tag{6-70}$$

然后把 i_{sm}^*、i_{st}^* 和 $\cos\varphi$、$\sin\varphi$ 送入向量旋转器 VR^{-1} 后，可得 $i_{s\alpha}^*$ 和 $i_{s\beta}^*$，再经 2/3 变换，则产生 i_A^*、i_B^*、i_C^*，作为可控电流 PWM 逆变器的三相电流控制信号。

此外，通过对 i_{sm}^*、i_{st}^* 进行 K/P 变换还可以计算出定子电流 i_s 幅值、力矩值 θ_s 和定子电流相位角 θ_1（图 6-30），定子电流相位的控制也很重要，如果幅值很大，但相位落后 90°，所产生的转矩仍然是 0。

由以上特点可以看出，间接矢量控制的磁场定向由磁链和转矩的给定信号 T_e^*、Ψ_r^* 确定，靠矢量方程保证，并没有用磁链模型控制实际计算转子磁链 Ψ_r，特别是相位角 φ。

矢量控制可以用在电压型逆变器的传动系统中，也可以用在电流型逆变器的传动系统中。一般用电流控制来实现矢量控制较为简单。对于电流型逆变器，如图 6-36（a）所示，可以直接采用直流滞环跟踪控制，不过此时直流环节应该是串联大电感；对于电压型逆变器，如图 6-36（b）所示，可以采用电流内环控制，把给定电流 i_A^*、i_B^*、i_C^* 与实际电流 i_A、i_B、i_C 相比较，相应的误差通过 PI 调节器 ACR 产生电压型逆变器的给定电压 u_A^*、u_B^*、u_C^*。两种逆变器都是由电流进行直接或间接控制。

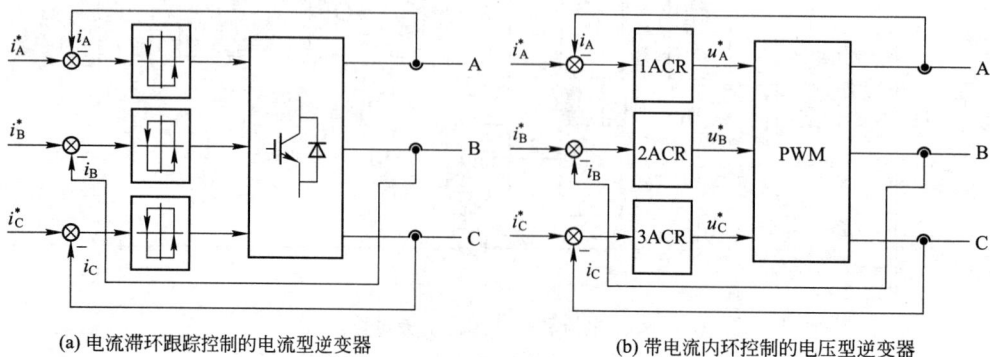

(a) 电流滞环跟踪控制的电流型逆变器　　　　(b) 带电流内环控制的电压型逆变器

图 6-36　电流型和电压型逆变器

电流的控制采用滞环比较的方法，缺点是其谐波含量不是最优的，当电机速度较高时，由于存在较高的反电动势，电流控制器在某些时段内会趋于饱和，此时基波电流的幅值和相位将不能跟踪给定电流，从而导致矢量控制失效。因此需要对逆变器的瞬时电流进行控制。在电机调速范围较宽时，可采用同步电流控制策略来解决，也称为直流电流控制，如图 6-37 所示。

图中，d—q 坐标系相对于 α—β 坐标系以 ω_1 的速度旋转，电流指令 i_{ds}^* 和 i_{qs}^* 分别与通过静止 3/2 变换和矢量旋转变换（VR）产生的 i_{ds} 和 i_{qs} 进行比较，相应的误差通过 PI 调节后产生电压给定 u_{ds}^* 和 u_{qs}^*，再将电压给定值转换为二相或三相静止坐标系下的电压。采用 PI 控制器的同步坐标系下的电流控制可以保证电流幅值和相位的及时跟踪，即使当 PWM 控制器进入了过调制区域。

反馈环的引入会带来一些耦合效应。图 6-37 中（$\Psi_{\alpha s}^*$，$\Psi_{\beta s}^*$）为定子磁链，为了提高电流环的响应速度，在各个环中可加入前馈反电动势，即信号 $\omega_1 \Psi_{ds}$ 加入到 i_{qs} 环，而在 i_{ds} 环中减去信号 $\omega_1 \Psi_{qs}$。

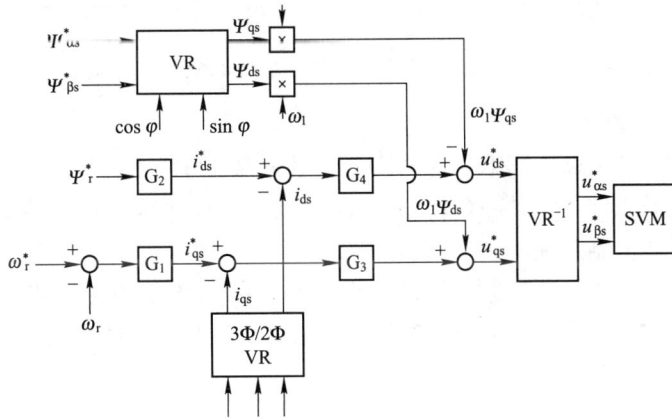

图 6-37　带前馈反电动势的同步电流控制

3. 速度传感器

在转差闭环的控制系统中，电机速度信号是一个关键的量，要求采用高精度和高分辨率的检测装置。目前普遍采用的是速度脉冲传感器，也称为脉冲发生器，简称 PG（Pulse Generator）。

例如，CRH_2 型动车组在牵引电机的非传动控制系统提供速度信号，便于逆变器控制和制动控制。下面以 CRH_2 型动车组的速度传感器为例，说明速度传感器的功能和原理。

1）CRH_2 型动车组速度传感器的功能

（1）各车轮直径大小不一致造成转速存在差异，此差异可以通过设定控制牵引电机的逆变器频率予以消除。逆变换频率设定依据：

牵引工况时按 4 台并联电机中转数最低的电机设定频率；

制动工况时按 4 台并联电机中转数最高的电机设定频率。

（2）空转检测。

（3）控制制动器。

（4）运行方向检测和控制主电路。

2）速度传感原理

速度传感器工作原理和输出信号如图 6-38 所示。齿轮接近磁铁时，磁力线就会集中到齿轮的齿部，并随齿轮旋转发生变化。磁力线移动变化经磁阻元件检测、电路处理后作为脉冲输出。传感器的 A 相、B 相的相位相差 90°，可以用来判断电机的旋转方向。例如当电机正转时，A 相超前 B 相 90°；当电机反转时，A 相落后 B 相 90°。而每个周期内脉冲的个数可以反映出电机的运行速度。还可以通过数字逻辑电路将 A 相、B 相变换成一路输出脉冲，一路输出高、低电平，这样更容易检测出电机旋转方向。

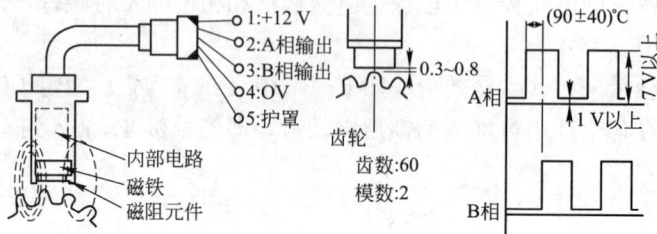

图 6-38　速度传感器原理图

3）速度检测及处理原理

为更好的说明问题，以国产第一台 AC4000 型交流电力机车为例，来说明速度传感器检测和处理的一般工作原理。它是一台转差-电流控制的闭环系统，是一种采用速度外环控制和电流内环的双闭环控制系统。

在 AC4000 型交流电力机车上，每台异步电动机的非传动轴端安装一台速度脉冲传感器。如图 6-39 所示，是机车一个转向架的速度信号检测与处理装置的原理图，包括以下处理环节。

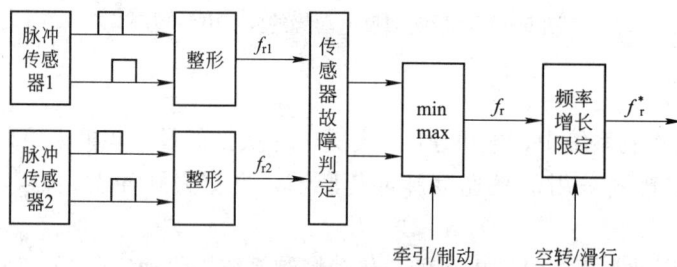

图 6-39　速度检测及处理原理图

（1）整形环节：信号经脉冲整形环节得到两台电机转子频率（转速）值 f_{r1}、f_{r2}。

（2）最小最大（min，max）运算处理环节：正常运行时，两路速度信号经取最小（牵引工况）和最大（制动工况）环节得到速度反馈信号 f_r，取最小和最大运算处理是为了抑制转向架发生单轴滑行和空转。

（3）传感器故障判定环节：应该注意的电力机车在采用转差频率控制时，速度的检测及速度传感器的作用是非常重要的。另外，还需对两路信号进行故障判定，如一旦发现某一路出现故障，则迅速用另一路信号取代。

(4) 频率增长限定环节：在速度处理单元还经常设置频率增长限定环节，该环节受到来自空转/滑行信号控制。正常情况下 $f_r = f_r^*$（$\omega_r = 2\pi f_r$），当空转/滑行电路检测到轮对空转/滑行已经发生时，该环节使 f_r^* 不随 f_r 而变化，这样控制频率 $f_1^* = f_r^* + f_{s1}^*$（$\omega_1^* = 2\pi f_1^*$，$\omega_s^* = 2\pi f_s^*$）也保持不变，电动机仍然在稳定区段上运行。

4. 无速度传感器矢量控制系统

交流传动系统中的速度传感器，一般采用磁或光电码盘等脉冲发生器（PG）进行速度检测，并反馈速度信号，然后进行速度的闭环控制。但已经成为进一步提高运用可靠性、改进控制性能、减少维修工作量的技术障碍。因此近年来出现了无速度传感器矢量控制。

与有速度传感器矢量控制相比，无速度传感器矢量控制具有以下优点。

(1) 提高牵引电动机输出功率，使牵引电机小型轻量化。交流电动机组的控制部件主要都在车下，空间有限，因此增加电机的功率比较困难。如果取消速度传感器，仅此一点就可以增大电机功率，降低车重。安装在牵引电动机轴端的速度传感器厚度约为 40 mm，牵引电动机铁芯叠片的厚度约为 200 mm。如果涉及时省去速度传感器，预计可提高转矩约为 20%。在电机功率不变的情况下，去掉速度传感器可使牵引电机小型轻量化。

(2) 提高系统可靠性。在运营中，速度传感器故障要占各种传感器故障的一半，去掉速度传感器，则免除了由于断线必须切除电机的不正常状态，也消除了速度传感器信号引起的噪声干扰。

(3) 可维护性提高，成本也降低。使电机轴向体积减少，便于电机维修，同时安装电机简单坚固，增加了系统的机械鲁棒性；也不必考虑速度传感器的维修，以及故障响应对策等。

(4) 可提高黏着控制。电信号相应速度明显高于使用速度传感器时的检测速度，因此无速度传感器矢量系统滞后时间短，空转/滑行的检测、处理时间可以缩短。

(5) 降低系统成本。越高精度的速度传感器价格也越贵。

无速度传感矢量控制系统除了采用速度估计器代替速度传感器对电机转速进行估算外，基本与带速度传感器的控制系统相同，一般并不增加控制硬件，仅改变相应的控制软件。它的核心问题是通过检测定子电流、电压等参数来估算 ω_r。

采用无速度传感器矢量控制的电动机已经试验和运行在日本轻轨和地铁线路上。

总之，矢量控制系统有如下特点。

(1) 在按转子磁链定向的 d—q 同步旋转坐标系（两相旋转坐标按转子磁链定向）上，使定子电流的转矩分量与磁链分量解耦。把定子电流分解为其励磁分量和转矩分量，得到类似于直流电机的动态模型。

(2) 解耦成独立的转速子系统和转子磁链子系统，分别用 PI 调节器进行连续控制。

(3) 如选用高性能的 DSP 和高精度的光电码盘等速度传感器，系统的调速范围可达 1∶1 000。

(4) 可获得很好的动态性能、调节范围宽。

矢量控制的不足：矢量控制强调转矩和磁链的解耦，有利于分别设计转速和磁链调节器，可获得较宽的调速范围。但缺点是按转子磁链定向易受电机参数（如转子电阻）变化的影响而失真，从而降低了系统的调速性能，而且旋转坐标变换较复杂。解决办法一是提高参数辨识的准确度；二是采用智能控制方法以提高控制系统的鲁棒性。

此外，直接力矩控制（DTC）系统是继矢量控制系统之后发展起来的，也是基于异步电动机的动态模型，并按定子磁链 Ψ_s 控制的另一种高动态性能的交流 VVVF 调速系统。下一节中将着重介绍直接力矩控制系统的工作原理。

6.6　直接转矩控制技术

直接转矩控制简称 DTC（Direct Torque Control）或 DSC（Direct Self - Control，直接自控制），是 20 世纪 80 年代中期继矢量控制系统之后出现的另一种高动态性能的异步电动机控制方法。与矢量控制采用的解耦方式不同，DTC 通过快速改变转差频率，直接控制异步电动机的转矩和转矩增长率。在 DTC 系统中，采用电机定子侧参数计算出磁通和转矩，并用两点式调节器直接控制逆变器的开关状态，对电机磁通和转矩进行直接自调整控制，不仅能获得快速的动态响应，而且具有最佳的开关频率和最小的开关损耗。

6.6.1　直接转矩控制思想

直接转矩控制，是将逆变器的控制模式和电机运行性能作为一个整体来考虑的，它具有两层含义：一是保持定子总磁链基本恒定；二是对电机转矩进行直接控制。通过对逆变器的开关控制，既能实现磁链的幅值控制，又能实现电机转矩的控制，两者均通过闭环控制实现。

目前电机与逆变器控制功能包括电机闭环控制和逆变器的 PWM 控制两个部分。在牵引领域运用的电机闭环控制策略主要有转差电流控制、磁场定向控制以及直接转矩控制。在采用前两种控制方法时，电机闭环控制和 PWM 控制的任务是分开的；而在采用直接转矩控制方法时，逆变器的开关动作是直接由磁通和转矩控制器产生的，不需要另外的 PWM 控制器。

异步电动机定子磁链的控制是通过控制电机的输入电压来实现的，当对称三相正弦波电压加于对称三相绕组时，电机的气隙中将产生具有恒定幅值和恒定旋转速度的磁通。当电机由一个三相逆变器供电时，电机的输入电压完全取决于逆变器的开关切换模式，而电机的磁通又取决于电压模式。直接转矩控制的目标之一就是建立磁链和逆变器开关模式之间的关系，通过逆变器开关的电压空间矢量脉宽调制控制（SVPWM）或称磁链跟踪控制技术，使电机获得一个准圆形的气隙磁场。因此，从总体控制结构上看，DTC 和 VC 都能获得较高的静、动态特性。

6.6.2　直接转矩控制的异步电动机

1. 逆变器的电压空间矢量

如图 6 - 40 所示的两点式逆变器可以组成 8 个开关状态，用开关量 S_a、S_b 和 S_c 分别代表三个支路开关元件的状态，等于 1 表示上部开关元件导通，等于 0 表示下部开关元件导通。逆变器直流输入电压为 U_d，则其输出三相相电压为：

$$\begin{cases} U_{an}=\dfrac{U_d}{3}(2S_a-S_b-S_c) \\[2mm] U_{bn}=\dfrac{U_d}{3}(-S_a+2S_b-S_c) \\[2mm] U_{cn}=\dfrac{U_d}{3}(-S_a-S_b+2S_c) \end{cases} \qquad (6-71)$$

8 组开关状态对应 S_a、S_b 和 S_c 的 8 种代码，代入式（6-71）就代表 8 组三相相电压。可以把这 8 组电压变换成 8 个电压空间矢量 u_0，u_1，…，u_7。在幅值不变的原则下，三相电压的 Park 矢量表示式为：

$$u_a=\frac{2}{3}U_d(S_a+aS_b+a^2S_c) \qquad (6-72)$$

式中，a 为矢量旋转因子，$a=e^{j2\pi/3}$。

以定子绕组轴线为空间坐标系，在空间建立静止三相坐标系 a—b—c，同时建立正交二相坐标系 α—β，使 a 轴和 α 轴重合。按式（6-72）就可以画出 8 个电压空间矢量，如图 6-41 所示，其中 u_0，u_7 为零电压矢量，u_1，u_2，…，u_6 为非零电压矢量。

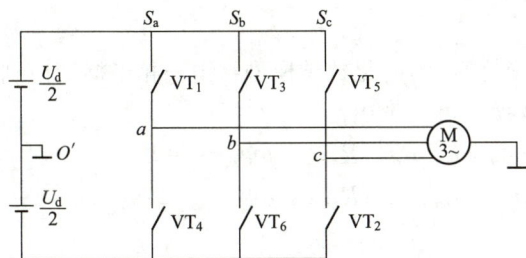

图 6-40　异步电动机两点式逆变器　　　　　图 6-41　电压空间矢量图

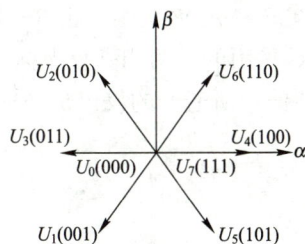

由空间矢量理论可以得到以下结论。

（1）定子磁链空间矢量顶点的运动方向和轨迹（以下简称为定子磁链的运动方向和轨迹，或 Ψ_s 的运动方向和轨迹）对应于相应的电压空间矢量 U_s 的作用方向，Ψ_s 的运动轨迹平行于 U_s 指示的方向。只要定子电阻压降与 U_s 的幅值相比足够小，那么这种平行就能得到很好的近似。

（2）在电源频率较高时，依次给出定子电压空间矢量 U_s，则定子磁链的运动轨迹形成正六边形的磁链。

（3）低频时，利用电压空间矢量 8 个开关状态的线性组合，构成一组等幅不同相的电压空间矢量，可形成准圆形的旋转磁场。

（4）若电压空间矢量为零电压矢量 U_s（111）或 U_s（000）时，忽略定子电阻影响，磁链空间矢量 Ψ_s 在空间保持不变。显然，利用逆变器的 8 种工作开关状态，可以得到圆形或正六边形的磁链轨迹来控制电动机，这种方法就是直接转矩控制 DTC 控制的基本思想。

2. 异步电动机的数学模型

1）异步电动机的数学模型

异步电动机在静止 α—β 坐标系下的 Γ 型等效电路，如图 6-42 所示。其数学模型如下：

$$u_s = R_s i_s + \frac{\mathrm{d}\Psi_s}{\mathrm{d}t} \tag{6-73}$$

$$R_r i_r - \frac{\mathrm{d}\Psi_r}{\mathrm{d}t} + \mathrm{j}\omega\Psi_r = 0 \tag{6-74}$$

$$\Psi_s = L(i_s - i_r) \tag{6-75}$$

$$\Psi_r = \Psi_s - L_\sigma i_r \tag{6-76}$$

$$T_e = \frac{3}{2}n_P \frac{1}{L_\sigma} I_m (\Psi_s \times \Psi_r^*) \tag{6-77}$$

$$\frac{\mathrm{d}\omega}{\mathrm{d}t} = \frac{n_P}{J}(T_e - T_L) \tag{6-78}$$

式中，R_s 为定子电阻；R_r 为转子电阻；L 为定子自感；L_σ 为漏感；ω 为电机旋转电角频率；n_P 为电机极对数；T_e 为电机转矩；T_L 为负载转矩；J 为转动惯量；Ψ_s 为定子磁链空间矢量；Ψ_r 为转子磁链空间矢量；I_m 为取负数的虚部；Ψ_r^* 为 Ψ_r 的共轭复数。

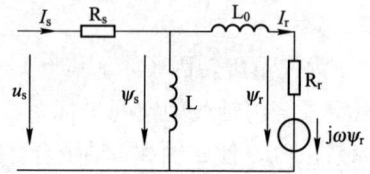

图 6-42　异步电动机 Γ 型等效电路

2）定子磁链 Ψ_s 模型（图 6-43）

DTC 采用的是两相静止坐标（α—β 坐标），为简化数学模型，由三相坐标变换到两相坐标是必要的，所避开的仅仅是坐标旋转变换。可以推出：

$$u_{s\alpha} = R_s i_{s\alpha} + L_s p i_{s\alpha} + L_m p i_{r\alpha} = R_s i_{s\alpha} + p\Psi_{s\alpha}$$

$$u_{s\beta} = R_s i_{s\beta} + L_s p i_{s\beta} + L_m p i_{r\beta} = R_s i_{s\beta} + p\Psi_{s\beta}$$

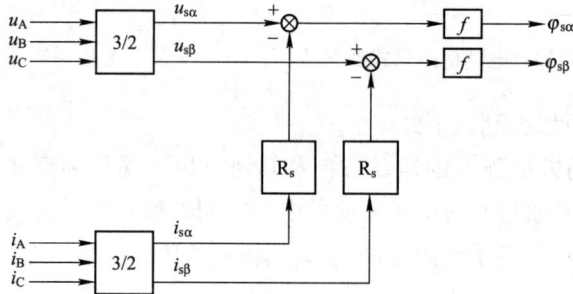

图 6-43　定子磁链模型结构框图

定子磁链计算公式移项并积分后得：

$$\Psi_{s\alpha} = \int (u_{s\alpha} - R_s i_{s\alpha})\mathrm{d}t \tag{6-79}$$

$$\Psi_{s\beta} = \int (u_{s\beta} - R_s i_{s\beta})\mathrm{d}t \tag{6-80}$$

$$|\Psi_s| = \sqrt{\Psi_{s\alpha}^2 + \Psi_{s\beta}^2} \tag{6-81}$$

3）转矩 T_e 模型

可以推出，在静止两相坐标系 α—β 上的电磁转矩表达式为：

$$T_e = n_P L_m (i_{s\beta} i_{r\alpha} - i_{s\alpha} i_{r\beta}) \tag{6-82}$$

还可以推出：

$$i_{r\alpha} = \frac{1}{L_m}(\Psi_{s\alpha} - L_s i_{s\alpha}) \tag{6-83}$$

$$i_{r\beta} = \frac{1}{L_m}(\Psi_{s\beta} - L_s i_{s\beta}) \tag{6-84}$$

$$T_e = n_P (i_{s\beta} \Psi_{s\alpha} - i_{s\alpha} \Psi_{s\beta}) \tag{6-85}$$

6.6.3　直接转矩控制基本原理

DTC 系统的核心就是转矩 T 和定子磁链 Ψ_s 反馈信号的计算模型，并利用空间电压矢量的概念，用两个控制器的输出信号来控制产生电压空间矢量的 SVPWM 波形和对逆变器的开关元件的开通和关断进行综合控制，从而避开了将定子电流分解成转矩和磁链分量，省去了旋转变换和电流控制，简化了控制器的结构；同时选择定子磁链 Ψ_s 作为被控制量，而不像 VC 系统中那样选择转子磁链 Ψ_r，需要知道转子的电阻和电感，可以不受转子参数的变化的影响，提高了控制系统的鲁棒性；控制电机的磁链与转矩运算均在定子坐标系中进行，省掉了矢量旋转变换等复杂的变换与计算，信号处理工作简单；虽然按定子磁链控制要比按转子磁链定向控制要复杂，但由于采用 Band-Band 控制，追求转矩控制的快速性和准确性，这种复杂性对控制器并没有影响。

如图 6-44 所示，为按定子磁链控制的直接转矩控制系统（DTC）的原理框图。和矢量控制（VC）系统一样，它也是分别控制异步电动机的转速和磁链。转速调节器 ASR 的输出作为电磁转矩的给定信号 T_e^*，在 T_e^* 的后面设置转矩控制内环，它可以抑制磁链变化对转速子系统的影响，从而使转速和磁链子系统实现了近似的解耦。

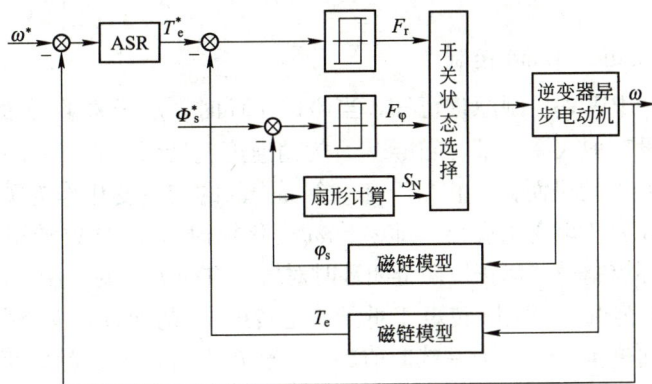

图 6-44　直接转矩控制系统

控制过程：逆变器输出的三相电源输出给异步电动机，从电动机可以检测出定子电流 i_A、i_B、i_C，通过 3/2 变换得到 $i_{s\alpha}$、$i_{s\beta}$；由逆变换输出电压 u_A、u_B、u_C 也可以计算出 $u_{s\alpha}$、$u_{s\beta}$。再由定子磁链模型可以得到 $\Psi_{s\alpha}$、$\Psi_{s\beta}$，进行数学变换后可以得到定子磁通幅值并与给定值比较后可以得到 H_Ψ；将 $i_{s\alpha}$、$i_{s\beta}$、$\Psi_{s\alpha}$、$\Psi_{s\beta}$ 送入转矩模型可以得到实际转矩 T_e，与给定

值 T_e^* 相比较，得到 H_T；扇区计算是根据磁链 $\Psi_{s\alpha}$、$\Psi_{s\beta}$ 在三相坐标的投影 Ψ_A、Ψ_B、Ψ_C 计算出磁链所在的扇区 S_N。最后由 H_Ψ、H_T、S_N 三个输入量通过开关状态选择，用查表的方式，查找电压矢量表就可以为逆变器产生适当的控制电压矢量，即控制电力器件的开关状态，最终得到逆变器所需要的 SVPWM 波形，从而实现异步电动机的直接转矩控制。

DTC 控制主要由磁链两点式控制和转矩两点式控制组成。

1. 磁链两点式 Band - Band 控制

磁链轨迹准圆形控制的基本思想是：实际定子磁链空间矢量 Ψ_s 的端点轨迹不允许超出以给定磁链幅值为中心圆半径的圆形偏差带，即应满足不等式 $|\Psi_s^* - \Psi_s| \leqslant \varepsilon_\Psi$。

在磁链旋转过程中，除了考虑磁链偏差的大小，同时还要考虑磁链的方向，以此选择合适的电压空间矢量来减少或增大磁链。通过选择和切换合适的电压空间矢量输出，就可以构成 Ψ_s 的二维偏差带控制。实现这一控制方法的装置称为滞环比较器，或称两点式 Band - Band 调节器。至于旋转速度的调节，则需要在上面所述的非零矢量控制的基础上，靠适当插入一些零矢量来加以控制。磁链控制规则如表 6 - 1 所示，Ψ_s 为实测磁链幅值；Ψ_s^* 为给定磁链幅值，ε_Ψ 为磁链幅值允许偏差，$\varepsilon_\Psi = \dfrac{\Delta\Psi_s}{2}$；$H_\Psi$ 为描述磁链调节器输出状态而设置的状态量。

表 6 - 1　磁链控制规则

磁链偏差情况	H_Ψ 取值	输出电压矢量性质
$\Psi_s^* - \Psi_s \geqslant \varepsilon_\Psi$	1	使磁链模增大的电压矢量
$\Psi_s^* - \Psi_s \leqslant -\varepsilon_\Psi$	−1	使磁链模减小的电压矢量
$\|\Psi_s^* - \Psi_s\| < \varepsilon_\Psi$	保持不变	维持原状态不变

适当选择各段时间里的电压空间矢量，使磁链空间矢量 Ψ_s 的幅值变化限定在给定值和允许偏差 $\pm\varepsilon_\Psi$ 范围内，以保持其平均值不变，从而能实现 Ψ_s 的准圆形旋转磁场，如图 6 - 47 所示。

2. 转矩两点式 Band - Band 控制

由电压空间矢量 PWM 控制原理可知，当磁链闭环时，定子磁链 Ψ_s 的顶端轨迹为正多边形或准圆形。若没有加入零矢量，磁链以 ω_1 为角速度旋转，且在 $t = t_0$ 时刻，转子旋转角速度为 ω_r，则对异步电动机而言，相当于有一个 $\omega_1 - \omega_r$ 的转差变化作为励磁，使转矩增长。此时，如果不适时改变转矩变化规律（即 $\omega_1 - \omega_r$ 变化规律），将导致转矩严重偏离给定值。因此，必须引入闭环控制来"修正"磁链闭环时对电压空间矢量的控制。以异步电动机正转牵引情况（$T^* > 0$）为例：当实际转矩 T 低于给定转矩 T^* 的允许偏差下限时，按磁链控制得到相应的电压空间矢量，使定子磁链向前旋转，转矩上升；当实际转矩 T 达到给定转矩 T^* 允许偏差上限时，立即切换到零电压矢量，使定子磁链静止不动，转矩下降。稳态时，上述情况不断重复，使转矩波动控制在允许范围之内；在加速、减速或负载变化的动态过程中，可以获得快速的转矩响应。

零矢量 $U_s(111)$ 和 $U_s(000)$ 的选择，按开关变化的次数最少原则来确定。因此，在电压空间矢量按磁链控制的同时，也接受转矩的 Band - Band 控制，如图 6 - 45 所示。在具体旋转定子输入电压矢量 $U_s(S_a、S_b、S_c)$ 时，要注意同时兼顾保持转矩 T_e 在偏差 $\pm\varepsilon_T$ 之内和

保持磁链在偏差 $\pm\varepsilon_\Psi$ 之内。即当给定转矩 T^* 和实际测得的
电机输出转矩 T 之差大于允许偏差 ε_T 时，让逆变器由磁链
环来控制其输出状态；当两者偏差小于负的允许偏差 $-\varepsilon_T$
时，让逆变器输出零电压矢量；在允许偏差范围内，则维持
原控制状态不变。转矩控制规则如表 6-2 所示，其中 T^* 为
给定转矩；T 为实测转矩；ε_T 为允许偏差；H_T 为描述转矩
调节器输出而设置的状态量。

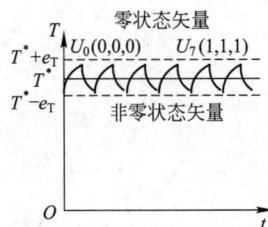

图 6-45　转矩控制图

表 6-2　两电平转矩控制规则

磁链偏差情况	H_Ψ 取值	输出电压矢量性质
$T^*-T \geqslant \varepsilon_T$	1	由磁链环控制
$T^*-T \leqslant -\varepsilon_T$	-1	输出零电压矢量
$\lvert T^*-T \rvert < \varepsilon_T$	保持不变	维持原状态不变

因此，将磁链调节器和转矩调节器连接起来，共同控制逆变器的开关状态，既保证了电
机的磁链空间矢量近似为一个旋转的圆，又能让电机的输出转矩快速跟随给定值而变化，从
而使调速系统获得很高的动态性能。

此外近年来还出现了三电平输出的转矩控制环，控制规则如表 6-3 所示。

表 6-3　三电平转矩控制规则

磁链偏差情况	H_Ψ 取值	输出电压矢量性质
$T^*-T \geqslant \varepsilon_T$	1	需要非零相量增加转矩
$T^*-T \leqslant -\varepsilon_T$	-1	需要非零相量减小转矩
$\lvert T^*-T \rvert < \varepsilon_T$	0	需要零电压矢量改变转矩方向

3. 电压矢量的选择

下面以三电平转矩控制环为例，具体说明电压矢量选择的过程。

由式（6-73）的定子电压和定子磁链的关系可知，忽略定子电阻 R_s，得到：

$$U_s = \frac{\mathrm{d}\Psi_s}{\mathrm{d}t} \tag{6-86}$$

或者

$$\Delta\Psi_s = U_s \Delta t \tag{6-87}$$

上式表明，定子磁链矢量 Ψ_s 的增量为电压矢量 U_s 与时间增量 Δt 的乘积，也就是说它
与逆变器的 6 个非零矢量 $U_1 \sim U_6$ 存在一定的对应关系，例如 $\Delta\Psi_1 = U_s \Delta t_1$，$\Delta\Psi_2 = U_s \Delta t_2$，
$\cdots$，$\Delta\Psi_6 = U_s \Delta t_6$ 等，如图 6-46 所示。

电机刚通电时，在直流电压的作用下，电机的磁链沿着图 6-47 中的 S_1 扇区中多个箭
头所指的轨迹逐渐建立起来，当额定磁链被建立起来以后，系统发出给定转矩命令，给定磁
链 Ψ_s^* 会沿着图中曲线的半径旋转，而实际磁链 Ψ_s 可以通过选择合适的电压矢量作用于系
统，其电压矢量同时对系统的转矩和磁链进行控制。对于三电平输出的转矩控制环的电压矢
量开关表，如表 6-4 所示。

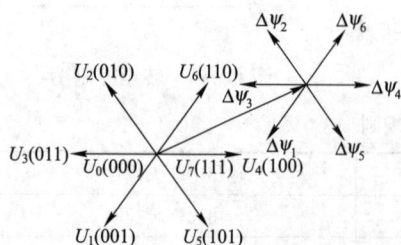

图 6-46 逆变器电压矢量及 Δt 时间内的 $\Delta \Psi_s$

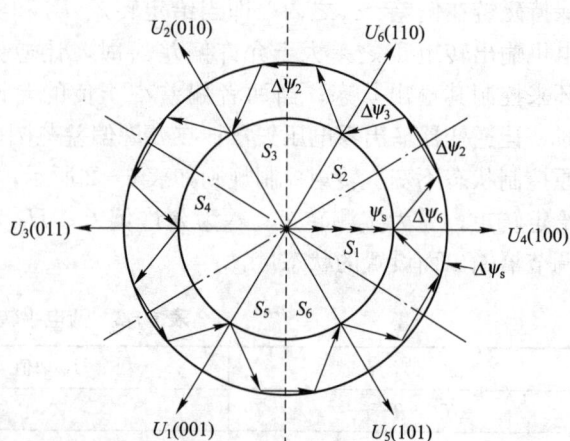

图 6-47 DTC 控制下定子磁链 Ψ_s 的轨迹

表 6-4 逆变器电压矢量开关表

H_Ψ	H_T	S_1	S_2	S_3	S_4	S_5	S_6
	1	$U_6(110)$	$U_2(010)$	$U_3(011)$	$U_1(001)$	$U_5(101)$	$U_4(100)$
1	0	$U_7(111)$	$U_0(000)$	$U_7(111)$	$U_0(000)$	$U_7(111)$	$U_0(000)$
	-1	$U_5(101)$	$U_4(100)$	$U_6(110)$	$U_2(010)$	$U_2(010)$	$U_1(001)$
	1	$U_2(010)$	$U_3(011)$	$U_1(001)$	$U_5(101)$	$U_4(100)$	$U_6(110)$
-1	0	$U_0(000)$	$U_7(111)$	$U_0(000)$	$U_7(111)$	$U_0(000)$	$U_7(111)$
	-1	$U_1(001)$	$U_5(101)$	$U_4(100)$	$U_6(110)$	$U_2(010)$	$U_3(011)$

在确定 H_Ψ、H_T 之后，在进行开关状态选择前，还必须进行扇区计算，来确定当前定子 Ψ_s 所在扇区。可以将磁链 $\Psi_{s\alpha}$、$\Psi_{s\beta}$ 进行 2/3 变换，求出在三相坐标的 Ψ_A、Ψ_B、Ψ_C，根据它们的正负号来确定磁链 Ψ_s 所在的扇区，并计算出扇区号 S_N。最后 H_Ψ、H_T、S_N 三个输入通过查找电压矢量开关表，就可以为逆变器产生适当的控制电压矢量。

另外，零电压矢量（U_0、U_7）的选择应以最小开关损耗为原则，即每个小区间虽有多次开关状态的切换，但每次切换只涉及一个功率开关器件，因而开关损耗小。此外，零矢量（U_0、U_7）使电机终端短路，此时保持磁链和转矩不变。但由于存在一定的定子电阻 R_s 压降，转矩和磁链在电机终端短路时会略有减少。

6.6.4 直接转矩控制在列车牵引中的应用

为满足机车牵引的要求，电力牵引中的转矩控制系统在低频采用间接转矩控制；在较高频段采用直接转矩空间控制；高频段采用磁场削弱直接转矩控制。

1. 列车启动时的控制方法

列车启动时，即在定子频率接近于零的低速范围内，由于变流器开关器件最小导通时间的限制，如果只通过转矩的 Band-Band 控制来变换有效电压空间和零电压矢量，很难获得所希望的足够小的电压。并且由于定子电阻的影响，在低速时定子磁链的运动轨迹产生较为严重的畸变。为了提高黏着作用，要求电动机提供更加平直的转矩，尽可能减少转矩的脉动分量，逆变器需要产生更加接近正弦波形的输出电压。因此在较低频率的运行区段，宜采用圆形磁链定向的方式，与六边形的磁链空间矢量端点运行轨迹相比，此时的最佳运动轨迹是圆形的。电机所需的电压值可通过定子磁链、电磁转矩及转子机械转速来计算得到，这种方法称为间接转矩控制，控制原理如图 6-48 所示。

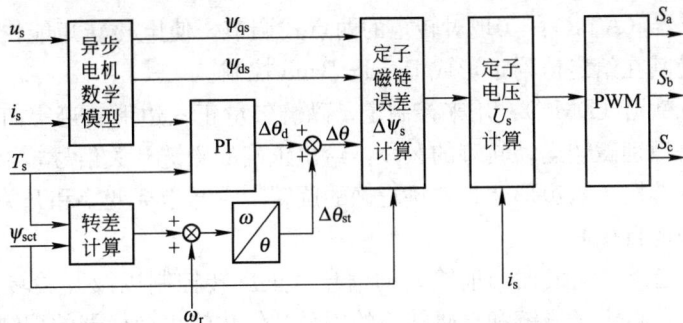

图 6-48 低速下间接转矩控制原理框图

图中，定子磁链角度的变化值由静态分量 $\Delta\theta_{st}$ 和动态分量 $\Delta\theta_d$ 两部分组成。静态分量由转子机械转速及转差来计算得到，动态分量由转矩控制器得到。

定子电压 U_s 计算单元计算出定子磁链 Ψ_s 沿圆形轨迹运动且保证电动机转矩等于给定值时所需的端电压，并采用电压空间矢量脉宽控制技术（SVPWM），形成逆变器的控制信号。

2. 列车在高速范围内（较高频段）的控制方法

列车在额定速度及其以下的运行范围内，通过控制电机定子磁链，以六边形轨迹运动，在 6 个有效电压矢量中均匀地加入零电压矢量，实现对转矩控制的目的，其控制原理如图 6-49 所示。

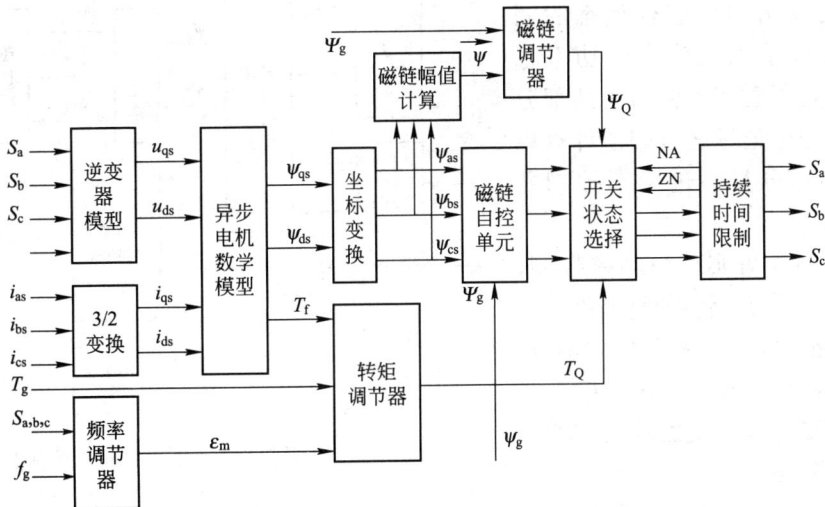

图 6-49 高速范围内的直接转矩控制框图

控制框图中各部分的功能如下。

（1）逆变器模型（INV）：根据输出状态计算电动机端电压矢量。

（2）异步电动机数学模型：输出定子磁链和电磁转矩。

（3）磁链调节器（AΨR）：控制定子磁链的幅值等于给定值。为了减小定子电压压降对定子磁链的影响，根据定子磁链当前所在的区域，选择合适的电压矢量，使磁链值快速增加，确保磁链幅值在一定的容差范围内。

（4）转矩调节器（ATR）：实现对转矩的两点式调节，使电磁转矩能快速准确地跟踪给定转矩的变化，使其在给定值附近形成 Band - Band 控制。

（5）磁链自控单元（DMC）：用来控制定子磁链矢量正六边形轨迹定向和确定定子磁链当前位置。也就是识别磁链运动轨迹的区段，给出正确的磁链开关信号，以产生相应的电压空间矢量，控制磁链按正六边形运行轨迹正确的旋转。它与坐标变换和开关状态选择的单元共同配合来完成磁链自控。

（6）开关状态选择：将根据当前输入的信息，正反转控制以及开关转换次数最少的原则，并根据电压矢量对定子磁链和电磁转矩的关系，优化输出逆变器的控制信号，对定子磁链和转矩实行直接控制。

（7）开关持续时间限制：对于大功率调速系统，为了减少开关器件的发热损耗，必须将其开关频率限制在一定的范围内，需要满足变流器最小开关持续时间的要求。

（8）频率调节器（AFR）：动态调节转矩调节器的容差带，充分利用开关频率。根据检测到的开关频率与给定开关频率的差值，实现对开关频率的控制。

3. 列车在磁场削弱区（高频段）内的控制方法

当列车的速度达到额定速度值以上时，对电机实行恒功控制，电机激励电压保持恒定，若要提高电机的转速，必然减少定子磁链 Ψ_s 的幅值，即电动机弱磁运行，来实现对列车速度的控制。磁场削弱区内的控制方法如图 6 - 50 所示。

通过动态改变磁链的给定值，可以对电机的输出功率进行动态的调节，从而保证了电机输出的功率稳定。其中，定子磁链的幅值由两部分组成，稳态分量通过磁链幅值计算单元得到，动态分量通过功率控制器得到。

功率控制器可实现恒功率控制，并输出定子磁链 Ψ_s 幅值的给定值。

通过磁链比较器，把给定磁链 Ψ_g 与电机数学模型计算出的定子磁链相比较，可直接得到逆变器的三相控制信号 S_a、S_b 和 S_c。

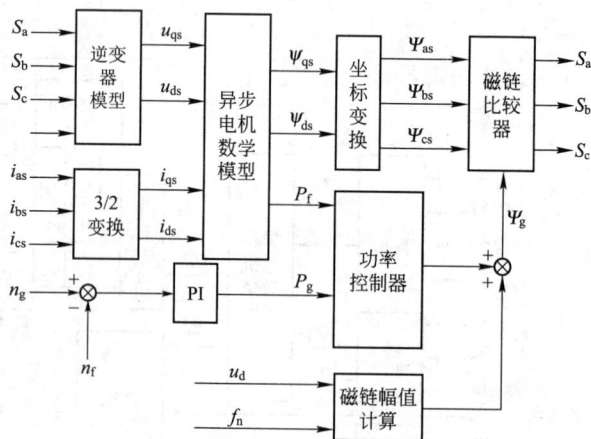

图 6 - 50　弱磁范围内的直接转矩控制框图

仿真和实验波形表明，在低速间接转矩控制区域，定子磁链 Ψ_s 以圆形轨迹运动，定子电流正弦性好；在高速直接转矩控制区域，Ψ_s 以六边形轨迹运动；在弱磁控制区域，磁链为缩小了的六边形。并且在全部运行区域内，电动机的转矩阶跃响应很快，稳定性能都很好。

理论和实验也证明，间接转矩控制可以避免直接转矩控制在低速区域工作时的不利结果，即开关器件最小导通时间限制而造成的较大的转矩脉动，以及定子电阻引起的磁链轨迹畸变。但是间接转矩控制不适合于较高频率区域，因为随着运行频率的增高，转矩脉动增大，而这时的转矩控制可充分利用器件的开关频率，降低转矩脉动，并且动态响应更为优异。因此这两个方案结合起来比较理想。当工作于弱磁范围时，功率调节器控制定子磁链给定，一方面是实现恒功控制，另一方面实现动态弱磁，加速转矩的动态相应。

6.6.5　直接转矩控制的特点

1. 直接转矩控制的优点

（1）概念新颖，无须坐标变换，控制结构简单，易于实现。直接力矩控制直接在定子坐标系下分析交流电动机的数学模型、控制电机的磁链和转矩；直接力矩控制采用定子磁场定向，便于计算；按定子磁链控制，避免了转子参数变化的影响。直接力矩控制对转矩进行直接控制，采用离散的电压状态、六边形轨迹或近似圆形磁链轨迹的概念，把转矩直接作为被控量，不极力获得理想的正弦波，也不专门强调磁场的圆形轨迹。

（2）完全的瞬时控制，反馈信号处理相当简便，无须特殊处理，可直接用于控制系统各环节的计算。因此结构简单，便于实现全数字化。

（3）定子磁链的计算受到电动机定子电阻的影响，但实际控制系统中，定子参数易于测量、修正、补偿。

（4）在恒功弱磁工况下，采取所谓"动态弱磁控制"，简单易行，且动态响应与恒磁通工况结果一样快速。

（5）在采用 Band - Band 控制转矩的同时，又直接形成了 PWM 信号，可充分利用开关频率。Band - Band 控制属于 P 控制，可以获得比 PI 控制更快的动态转矩响应。

（6）在启动和低速阶段，由于开关器件最小导通时间的限制，如果只通过转矩的 Band - Band 控制来变换有效电压矢量和零矢量，不可能得到所希望的较小的平均输出电压；另外，由于定子电阻的影响，六边形定子磁链轨迹将产生较为严重的畸变。因此，只能采用不同的控制方案——以圆形磁链定向的"间接定子量控制"。

（7）随着电力电子技术的发展，高压、大功率开关器件的开关速度越来越快。由于控制系统中微机处理速度有限，若在充分利用开关频率的前提下仍采用转矩 Band - Band 控制，会影响控制精度。目前的解决方法是采用"间接定子量控制"，在这一点上，显示出直接转矩控制的多样性。

2. 直接转矩控制的不足

（1）Band - Band 控制会引起转矩在上下限脉动，不是完全恒定的。

（2）带积分环节的电压型磁链模型在低速时误差大，积分初值、累积误差和定子电阻的变化都会影响磁链计算的准确度，这两个问题的影响在低速时比较显著，因而使 DTC 系统的调速范围受到限制，解决方法：低速时改用电流型磁链模型，可减小磁链误差，但又受转子参数变化的影响，牺牲了鲁棒性。

3. 直接转矩控制（DTC）与矢量控制（VC）的比较

（1）二者的数学模型本质相同，仅仅是所突出的状态变量不完全相同。DTC 选用转速＋

定子磁链＋定子电流，选用 ω_s-Ψ_s-i_s 方程；VC 选用转速＋转子磁链＋定子电流，选用 ω_s-Ψ_r-i_s 方程。

（2）矢量控制和直接转矩控制都采用输出量转速、磁链分别控制，因而都需要解耦。矢量控制：两相旋转坐标系按转子磁链方向，使定子电流的转矩分量与磁链分量解耦。直接转矩控制：转矩控制环处于转速环的内环，可抑制磁链变化对转速子系统的影响，使转速和磁链子系统近似解耦。

（3）两种方案都适用于高性能异步牵引电动机的调速控制。矢量控制更适用于宽范围调速系统和伺服系统；直接转矩控制更适用于需要快速转矩影响（特别在弱磁范围）的大惯量运动控制系统。但两种方法都可用于牵引控制。

（4）两种控制策略都有一些不足之处，研究和开发工作都朝着克服其缺点的方向发展。DTC 控制理论自问世，已成功地应用于大功率交-直-交传动领域，德国的 Ruhr 大学和 ABB 合作，成功地将该技术应用在电力牵引系统中。DTC 在电力牵引领域表现出发展态势是其他控制方法无法比拟的，DTC 的电力牵引交流传动系统将越来越广泛的应用于铁路机车车辆。

复习参考题

【1】交流电传动机车的主要特点是什么？

【2】变频调速的基本控制方式是什么？

【3】交流传动机车如何实现恒力矩启动恒功率运行？

【4】异步电机变频 VVVF 调速控制的发展的三个阶段是什么？

【5】试比较异步电机基频三种电压-频率协调控制方式。

【6】试分析转速闭环转差频率控制 VVVF 调速系统的不足。

【7】试分析异步电动机矢量控制的基本原理。

【8】什么是直接矢量控制和间接矢量控制？

【9】试分析直接力矩控制的工作原理与特点。

【10】试比较矢量控制与直接力矩控制。

【11】试分析直接转矩控制在列车牵引中的实现方法。

第7章 交流电传动机车及其控制系统

【本章内容概要】

首先介绍了交流电传动机车的主电路典型结构，重点分析了四象限脉冲整流器、中间直流环节和牵引逆变器的工作原理，并在此基础之上介绍了国内外的主流交流电传动机车的基本结构和控制原理。

【本章学习重点与难点】

学习重点：①交流传动机车主电路结构；②典型国内外交流传动机车的主电路与控制方法；③列车控制网络的基本组成。

学习难点：①四象限脉冲整流器和牵引逆变器工作原理；②CRH₂ 主电路及其控制系统工作原理。

高速交流电传动机车牵引控制系统的主要控制目的为使网侧功率因数接近于1，电流畸变小；在网压波动时中间直流电压保持稳定；在负载或供电电压波动时具有快速响应的动态性，保持良好的稳态运行能力；启动平稳，谐波转矩小，启动力矩恒定；在宽广的速度范围内实现恒功率控制。根据上述目标，交流牵引系统的控制包含了三部分的内容，即四象限变流器控制、中间直流环节控制和逆变器控制。控制系统根据列车运行的状态不断地调整这三部分的控制，以达到所要求的控制性能和控制目标。

7.1 交流电传动机车主电路

7.1.1 交流传动机车主电路结构

由四象限变流器和 PWM 逆变器组成的电压型牵引变流器已成为交流供电的电力机车、电动车组主变流器的基本电路形式。交流传动机车的牵引变流器的主要功能为在接触网（电力机车）或柴油发电机（内燃机车）与牵引电机间进行电能变换；必须能根据牵引与制动状态而改变能量的流向；易于高效率地调节牵引力和速度；具有较高的开关频率，可以有效地降低电压、电流的谐波成分，减小电机的力矩脉动，减小滤波电容和滤波电感。

交流传动系统的结构如图 7-1 所示。在现代交流传动电力机车上，来自接触网的单相交流电在牵引变压器中变换成所需大小的合适电压，经整流器整流后供给中间电路。从传动特性来说，希望得到尽可能恒定的功率，从而得到尽可能恒定的转矩。所以，中间回路首先是一个能量存储和变换装置，但其又是滤波器，在平衡功率波动方面起着决定性的作用。现在存在两种具有储能特性的无源元件：电容和电感。根据选择的储能元件，交流传动分为两种基本系统：电压型系统和电流型系统。

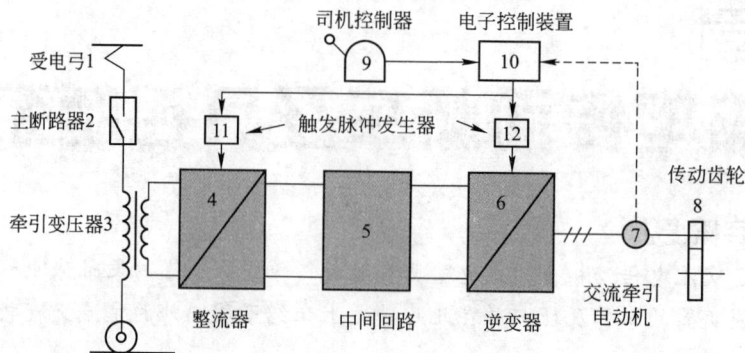

图 7-1　交流传动系统结构示意图

7.1.2　网侧变流器原理及控制

脉冲整流器是列车牵引传动系统电源侧变流器。在牵引时作为整流器，将单相交流电转变成直流电，再生制动时作为逆变器，将直流电转变为单相交流电，可以方便地运行于电压电流平面的四个象限，因此称为四象限脉冲整流器。

1. 脉冲变流器基本工作原理

脉冲整流器的模型电路如图 7-2 所示，由交流回路、功率开关桥及直流回路组成。其中交流回路包括变压器牵引绕组的输出电压 u_N 和漏电感 L_N 组成。直流回路包括二次滤波环节 L、C 和中间支撑电容 C_d。脉冲整流器的简化电路如图 7-3 所示。

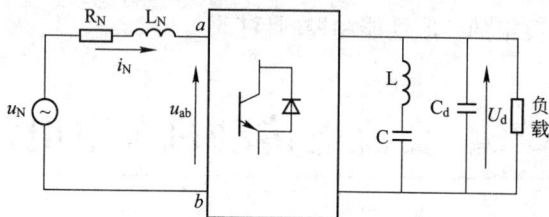

图 7-2　脉冲整流器模型电路

脉冲整流器的电压矢量平衡方程式为：

$$\dot{U}_N = \dot{U}_{ab} + j\omega L_N \dot{I}_{N1} \tag{7-1}$$

式中　$\dot{U}_N$——二次侧牵引绕组电压相量；

　　　$\dot{I}_{N1}$——二次侧牵引绕组电流的基波相量；

　　　$\dot{U}_{ab}$——调制电压的基波相量。

当二次侧牵引绕组电压 $\dot{U}_N$ 一定时，$\dot{I}_N$ 的幅值和相位仅由 $\dot{U}_{ab}$ 的幅值及其与 $\dot{U}_N$ 的相位差来决定。改变基波的幅值和相位，就可以使 $\dot{I}_N$ 与 $\dot{U}_N$ 同相位或反相位。在牵引工况下，$\dot{I}_N$

和 $\dot{U}_N$ 的相位差为 0°，该工况下的矢量图如图 7-4（a）所示，此时 $\dot{U}_{ab}$ 滞后 $\dot{U}_N$；而对于再生制动工况下，$\dot{I}_N$ 和 $\dot{U}_N$ 的相位差为 180°，该工况下的矢量图如图 7-4（b）所示，此时 $\dot{U}_{ab}$ 超前 $\dot{U}_N$，电机通过脉冲整流器向接触网反馈能量。

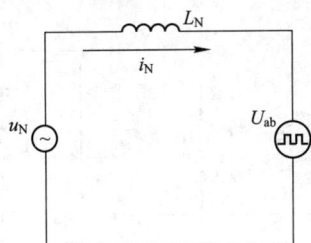

图 7-3　脉冲整流器的简化等效电路　　　图 7-4　脉冲整流器简化基波相量图

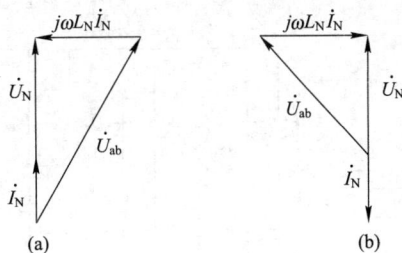

由图 7-4 可以得到下式：

$$\begin{cases} U_{ab}=U_d \cdot M_a/\sqrt{2} \\ U_{ab}^2=U_N^2+(\omega L_N I_N)^2 \\ \omega L_N I_N = K U_N \end{cases} \qquad (7-2)$$

式中　U_d——直流侧电压；

M_a——变压器的调制深度 0.8~0.9；

K——短路阻抗标幺值 0.3~0.35。

由式（7-2）可得：

$$U_d = U_N \cdot \sqrt{2}(1+K)/M_a \qquad (7-3)$$

式（7-3）表明了中间直流电压 U_d 与变压器牵引绕组电压 U_N、变压器短路阻抗标幺值 K 及调制深度 M_a 的关系。

由图 7-4 可知，如果保持 $\dot{I}_N$ 与 $\dot{U}_N$ 同方向，即功率因数为 1，则 $\dot{U}_{ab}$ 随负载电流变化。显而易见，当 $\dot{I}_N=0$ 时，$\dot{U}_{abmin}=\dot{U}_N$，这时调制深度 M_a 为最小，即 $M_{amin}=\sqrt{2}U_{abmin}/U_d=\sqrt{2}U_N/U_d$。而 M_a 的最大值主要取决于元件的开关频率及调制比。

2. 两电平脉冲整流器

1）结构与工作原理

单相两电平脉冲整流器主电路如图 7-5 所示，L_N 和 R_N 分别是牵引绕组漏电感和电阻，开关管 T_1、T_2、T_3、T_4 组成一个全控桥，L_2 和 C_2 为二次滤波器，C_d 为中间直流侧支撑电容。

为了便于分析，定义理想开关函数 S_A 和 S_B 如式（7-4）和式（7-5）所示。采用理想开关函数并忽略牵引绕组电阻，则图 7-5 所示的两电平脉冲整流器主电路可以等效为图 7-6 所示的电路。

$$S_A=\begin{cases} 1 & T_1 \text{ 导通} \\ 0 & T_2 \text{ 导通} \end{cases} \qquad (7-4)$$

$$S_B=\begin{cases} 1 & T_3 \text{ 导通} \\ 0 & T_4 \text{ 导通} \end{cases} \qquad (7-5)$$

由于上桥臂与小桥臂不允许直通，则 $S_i(i=A, B)$ 与 S_i'（为下桥臂的开关函数）必须满足 $S_i'=1-S_i$。于是 u_{ab} 的取值有 U_d、0、$-U_d$ 三种电平，$S_A S_B$ 有 00、01、10、11 四种逻辑组合，则 u_{ab} 可表示为：

$$u_{ab}=(S_A-S_B)U_d$$

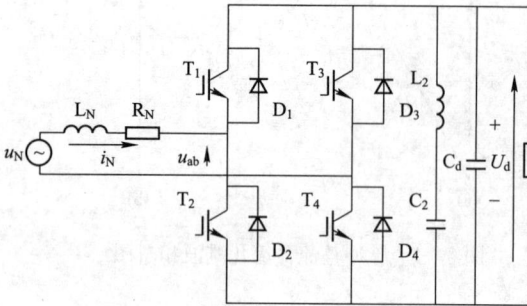

图 7-5 两电平脉冲整流器主电路

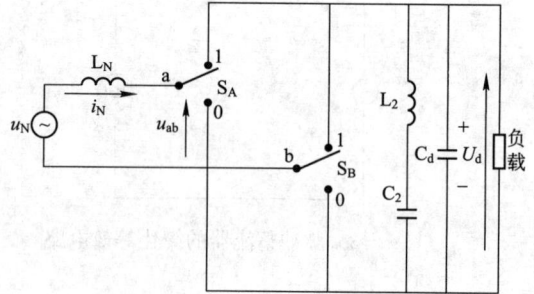

图 7-6 两电平脉冲整流器开关等效图

对应于 4 个开关的不同状态，电路共有以下 3 种工作模式：

工作模式 1：$S_A S_B=00$ 或 $S_A S_B=11$，即上桥臂或下桥臂开关全部导通，此时 $u_{ab}=0$，电容 C_d 向负载供电，直流电压通过负载形成回路释放能量，直流电压下降；另一方面，牵引绕组两端电压 u_N 直接加在电感 L_N 上，对电感 L_N 充放电：当 $u_N>0$，D_1 与 T_3 导通或者 T_2 与 D_4 导通，电感电流 i_N 上升，电感 L_N 储存能量；当 $u_N<0$，D_3 与 T_1 导通或者 T_4 与 D_2 导通，电感电流 i_N 下降，电感 L_N 释放能量。

$$u_N=L_N\frac{di_N}{dt}$$

工作模式 2：$S_A S_B=01$，等效电路如图 7-7（a）所示，此时 $u_{ab}=-U_d$，T_1 和 T_4 同时关断，由于 D_2 和 D_3 导通形成回路，$u_N<0$，电流流向与电流 i_N 的参考方向相反，并对电感充电储能，电流 i_N 上升，满足如下关系式：

$$L_N\frac{di_N}{dt}=u_N+U_d$$

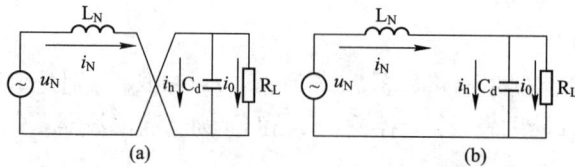

图 7-7 不同开关模式下的等效电路

工作模式 3：$S_A S_B=10$，等效电路如图 7-7（b）所示，此时 $u_{ab}=U_d$，T_3 和 T_2 同时关断，由于 D_1 和 D_4 导通形成回路，$u_N>0$，储存在电感中的能量向负载 R_L 和电容 C_d 释放，电感电流 i_N 下降，一方面给电容充电，使直流电压上升，保证直流电压稳定，同时高次谐波电流通过电容形成低阻抗回路；另一方面给负载提供恒定的电流，满足如下关系式：

$$L_N\frac{di_N}{dt}=u_N-U_d$$

在任意时刻，处于整流状态的脉冲整流器都只能工作在 3 种模式中的一种，在不同的时间段，通过 3 种工作模式的切换，实现直流负载侧负载电压的稳定和负载电流的双向流动。在上述工作模式中，均只分析了当电压 $u_N>0$ 时，网流 $i_N>0$ 和 $i_N<0$ 的情况下每种工作模式对应的开关状态，没有分析当电压 $u_N<0$ 时，网流 $i_N>0$ 和 $i_N<0$ 的情况下每种工作模式对应的开关状态，但其结构在表 7-1 中已详细列出。表 7-1 列出了脉冲整流器的 3 种工作模式下所有可能的开关状态，从中还可以看出交流电源、附加电抗器（一般为变压器漏电抗）和直流侧电路之间的能量转移关系。在表 7-1 中，不论是牵引工况还是再生制动工况，各自都被分为 6 种开关状态，一共有 $2\times2\times3=12$ 种开关状态，每种开关状态的能量转换关系是互不相同的。

表 7-1　两电平脉冲整流器的工作模式

u_N	i_N	u_{ab}	u_{LN}	导通的器件	i_N 的变化	工作状态	能量传送
>0	>0	0	U_N	D_1T_3/T_2D_4	↗	电源短接	$u_N\rightarrow L_N$
		$+U_d$	U_N-U_d	D_1D_4	↘	整流	$u_N+L_N\rightarrow$直流侧
		$-U_d$	U_N+U_d	T_3T_2	↗	反馈	u_N+直流侧$\rightarrow L_N$
	<0	0	U_N	T_1D_3/D_2T_4	↘	电源短接	$L_N\rightarrow u_N$
		$+U_d$	U_N-U_d	T_1T_4	↗	反馈	直流侧$\rightarrow -u_N+L_N$
		$-U_d$	U_N+U_d	D_2D_3	↘	整流	$L_N\rightarrow u_N+$直流侧
<0	>0	0	U_N	D_1T_3/T_2D_4	↘	电源短接	$L_N\rightarrow u_N$
		$+U_d$	U_N+U_d	D_1D_4	↘	整流	$u_N\rightarrow L_N+$直流侧
		$-U_d$	U_N-U_d	T_3T_2	↗	反馈	直流侧$\rightarrow u_N+L_N$
	<0	0	U_{LN}	T_1D_3/D_2T_4	↗	电源短接	$u_N\rightarrow L_N$
		$+U_d$	U_N+U_d	T_1T_4	↗	反馈	u_N+直流侧$\rightarrow L_N$
		$-U_d$	U_N-U_d	D_2D_3	↘	整流	$u_N+L_N\rightarrow$直流侧

2）SPWM 调制原理

两电平脉冲整流器采用 SPWM 调制，其调制方式如图 7-8 所示。当 $u_a>u_{ca}$ 时，S_A 为 1，否则为 0。b 相与 a 相调制方式相同，但 u_b 与 u_a 相位相差 180°，u_{cb} 与 u_{ca} 相同。图 7-9 为两电平脉冲整流器 SPWM 调制波形。

3. 单相三电平四象限脉冲整流器

1）结构与工作原理

三电平脉冲整流器的主电路结构如图 7-10 所示，图中 u_1 为直流侧支撑电容 C_1 上的电压，u_2 为直流侧支撑电容 C_2 上的电压。为了便于分

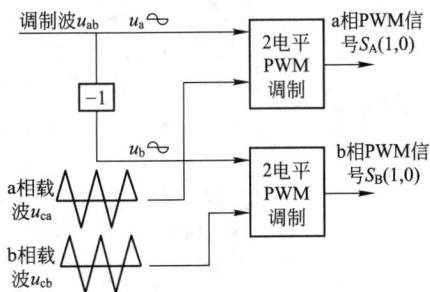

图 7-8　两电平脉冲整流器的单极性 SPWM 调制示意图

析，定义理想开关函数 S_A 和 S_B 如式（7-6）、式（7-7）所示。采用理想开关函数并忽略牵引绕组电阻，则图 7-10 所示的三电平脉冲整流器主电路可以等效为图 7-11 所示的电路。

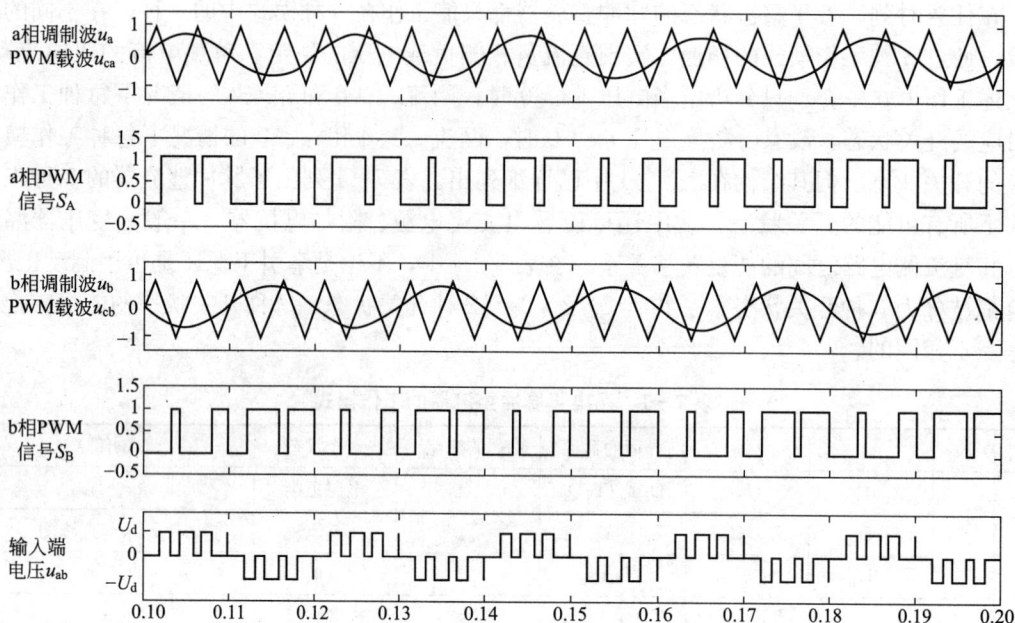

图 7-9　两电平脉冲整流器的单极性 SPWM 调制波形

$$S_A = \begin{cases} 1 & T_1 \text{ 和 } T_2 \text{ 导通} \\ 0 & T_2 \text{ 和 } T_3 \text{ 导通} \\ -1 & T_3 \text{ 和 } T_4 \text{ 导通} \end{cases} \tag{7-6}$$

$$S_B = \begin{cases} 1 & T_1 \text{ 和 } T_2 \text{ 导通} \\ 0 & T_2 \text{ 和 } T_3 \text{ 导通} \\ -1 & T_3 \text{ 和 } T_4 \text{ 导通} \end{cases} \tag{7-7}$$

显然，由 S_A 和 S_B 组成的开关状态有 $3^2 = 9$ 种组合，对应主电路的 9 种稳态工作模式。

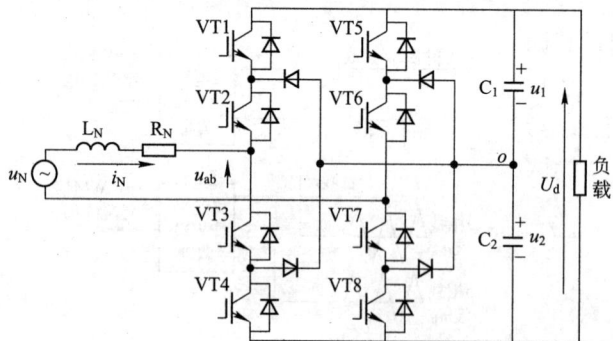

图 7-10　三电平脉冲整流器主电路

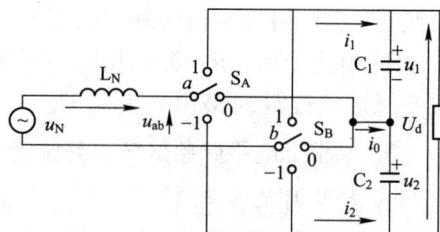

图 7-11　脉冲整流器开关等效电路图

工作模式 1：（$S_A = 1$，$S_B = 1$）开关管 VT1 和 VT2 导通，VT5 和 VT6 导通，VT3、VT4、VT7、VT8 关断，网侧端电压 $u_{ao} = u_1$，$u_{bo} = u_1$，$u_{ab} = 0$。如果网侧电源电压 $u_N > 0$，则网侧电流 i_N 增加，电容 C_1 和 C_2 通过负载电流放电。

工作模式 2：（$S_A = 1$，$S_B = 0$）开关管 VT1 和 VT2 导通，VT6 和 VT7 导通，VT3、

VT4、VT5、VT8 关断，网侧端电压 $u_{ao}=u_1$，$u_{bo}=0$，$u_{ab}=u_1$。如果正向电源电压 u_N 大于（或小于）直流侧电压 U_d 的一半，则网侧电流 i_N 增大（或减小），网侧电流对电容 C_1 进行充电，而电容 C_2 通过负载电流放电。

工作模式 3：（$S_A=1$，$S_B=-1$）开关管 VT1、VT2、VT7、VT8 导通，VT3、VT4、VT5、VT6 关断，网侧端电压 $u_{ao}=u_1$，$u_{bo}=-u_1$，$u_{ab}=u_1+u_2$。正向网侧电流 i_N 减小，正向网侧电流对电容 C_1 和 C_2 充电。

工作模式 4：（$S_A=0$，$S_B=1$）开关管 VT2、VT3、VT5、VT6 导通，VT1、VT4、VT7、VT8 关断，网侧端电压 $u_{ao}=0$，$u_{bo}=u_1$，$u_{ab}=-u_1$。如果反向的电源电压 u_N 大于（或小于）直流侧电压 U_d 的一半，则网侧电流 i_N 减小（或增大），反向网侧电流对电容 C_1 进行充电，而电容 C_2 通过负载电流放电。

工作模式 5：（$S_A=0$，$S_B=0$）开关管 VT2、VT3、VT6、VT7 导通，VT1、VT4、VT5、VT8 关断，网侧端电压 $u_{ao}=0$，$u_{bo}=0$，$u_{ab}=0$，如果网侧电源电压 $u_N>0$，则正向网侧电流 i_N 增大，电容 C_1 和 C_2 通过负载电流放电。

工作模式 6：（$S_A=0$，$S_B=-1$）开关管 VT2、VT3、VT7、VT8 导通，VT1、VT4、VT5、VT6 关断，网侧端电压 $u_{ao}=0$，$u_{bo}=-u_2$，$u_{ab}=u_2$。如果正向电源电压 u_N 大于（或小于）直流侧电压 U_d 的一半，则网侧电流 i_N 增大（或减小），网侧电流对电容 C_2 进行充电，而电容 C_1 通过负载电流放电。

工作模式 7：（$S_A=-1$，$S_B=1$）开关管 VT3、VT4、VT5、VT6 导通，VT1、VT2、VT7、VT8 关断，网侧端电压 $u_{ao}=-u_2$，$u_{bo}=u_1$，$u_{ab}=-u_1-u_2$，反向网侧电流 i_N 减小，反向网侧电流对电容 C_1 和 C_2 进行充电。

工作模式 8：（$S_A=-1$，$S_B=0$）开关管 VT3、VT4、VT6、VT7 导通，VT1、VT2、VT5、VT8 关断，网侧端电压 $u_{ao}=-u_2$，$u_{bo}=0$，$u_{ab}=-u_2$，如果反向的电源电压 u_N 大于（或小于）直流侧电压 U_d 的一半，则网侧电流 i_N 减小（或增大），反向网侧电流对电容 C_2 进行充电，而电容 C_1 通过负载电流放电。

工作模式 9：（$S_A=-1$，$S_B=-1$）开关管 VT3、VT4、VT7、VT8 导通，VT1、VT2、VT5、VT6 关断，网侧端电压 $u_{ao}=-u_2$，$u_{bo}=-u_2$，$u_{ab}=0$，如果网侧电源电压 $u_N>0$，则正向网侧电流 i_N 增大，电容 C_1 和 C_2 通过负载电流放电。

三电平整流器工作状态及相应的电压见表 7-2。

表 7-2　三电平整流器工作状态及相应的电压

VT1	VT2	VT3	VT4	VT5	VT6	VT7	VT8	S_A	S_B	u_{ao}	u_{bo}	u_{ab}	模式
1	1	0	0	1	1	0	0	1	1	u_1	u_1	0	1
1	1	0	0	0	1	1	0	1	0	u_1	0	u_1	2
1	1	0	0	0	0	1	1	1	-1	u_1	$-u_2$	u_1+u_2	3
0	1	1	0	1	1	0	0	0	1	0	u_1	$-u_1$	4
0	1	1	0	0	1	1	0	0	0	0	0	0	5
0	1	1	0	0	0	1	1	0	-1	0	$-u_2$	u_2	6
0	0	1	1	1	1	0	0	-1	1	$-u_2$	u_1	$-u_1-u_2$	7
0	0	1	1	0	1	1	0	-1	0	$-u_2$	0	$-u_2$	8
0	0	1	1	0	0	1	1	-1	-1	$-u_2$	$-u_2$	0	9

2) 调制原理

三电平脉冲整流器采用 SPWM 调制方式，其理想开关函数如式（7-8）所示，单极性三电平 SPWM 调制方式如图 7-12 所示。当 b 相调制波 u_b 与 a 相相差 180°相位时，其与 b 相载波 u_{cb} 之间的关系与上述关系相同，为减少高次谐波，b 相载波需要偏离 a 相载波 180°相位。

$$S_A = \begin{cases} u_{ra} > u_{za}（正侧载波）> u_{za}（负侧载波）时，S_A = 1 \\ u_{za}（正侧载波）> u_{ra} > u_{za}（负侧载波）时，S_A = 0 \\ u_{za}（正侧载波）> u_{za}（负侧载波）> u_{ra}时，S_A = -1 \end{cases} \tag{7-8}$$

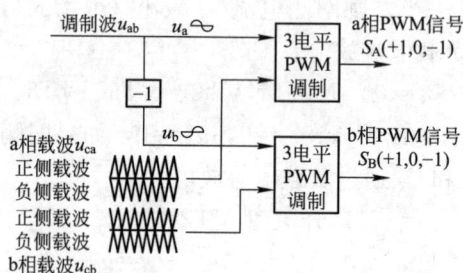

图 7-12　单极性三电平 SPWM 调制方式

三电平脉冲整流器利用上述调制方式进行切换动作，得到的 SPWM 调制和动作波形如图 7-13 所示，u_{ab} 是采用 U_d、$U_d/2$、0、$-U_d/2$、$-U_d$ 这 5 种电平来等效的正弦波。与两电平脉冲整流器相比，这样可以有效地减少网侧输入端电流 i_N 的谐波。

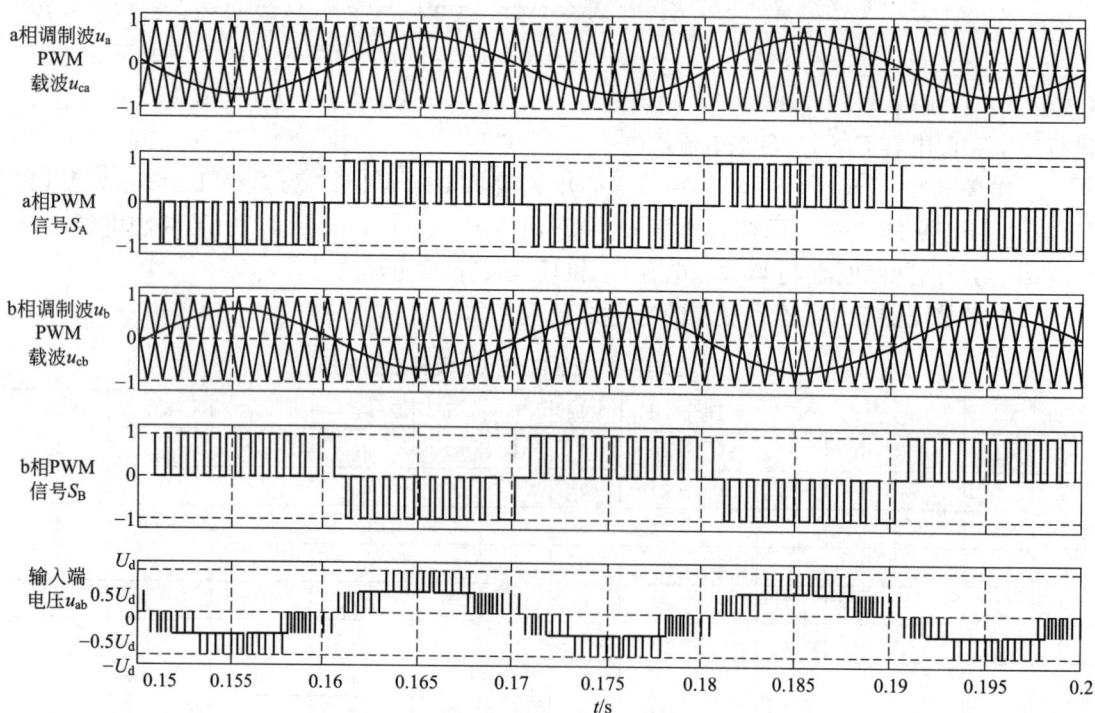

图 7-13　单极性三电平 SPWM 调制波形

7.1.3　中间直流环节工作原理

在交直交变流器中，中间直流回路属于储能环节。在电压型脉冲整流器中，其组成部分包括：相应于 2 倍电网频率的串联谐振电路，支撑电容器和过压限制电路。

1. 二次串联谐振电路

由于脉冲整流器输出的电流含有大量的高次谐波，其中二次谐波对系统的性能影响最大。二次串联谐振电路的作用就是消除二次谐波，下面首先分析二次谐波产生的机理。

交流电源提供的瞬时功率为：

$$P_N(t)=u_N(t)\times i_N(t)=\sqrt{2}U_N\sin\omega_N t\times\sqrt{2}I_N\sin\omega_N t=U_N I_N-U_N I_N\cos 2\omega_N t \quad (7-9)$$

其中包含一个恒定分量和一个以 2 倍电源频率脉动的交变分量。

变压器漏抗上的瞬时无功功率为：

$$Q_{LN}(t)=u_{LN}(t)\times i_N(t)=\sqrt{2}U_{LN}\sin\omega_N t\times\sqrt{2}I_N\sin\left(\omega_N t+\frac{\pi}{2}\right)=U_{LN}I_N\sin 2\omega_N l \quad (7-10)$$

变流器输入瞬时功率为：

$$P_s(t)=u_{ab}(t)\times i_N(t)=\sqrt{2}U_{LN}\sin(\omega_N t-\varphi)\times\sqrt{2}I_N\sin\omega_N t$$

$$=U_N I_N-U_N I_N\cos 2\omega_N t-U_{LN}\sin 2\omega_N t \quad (7-11)$$

变流器输出电流可根据变流器为无损耗和无储能器件的简化假设，由以上功率平衡关系求得：

$$i_N(t)u_{ab}(t)=i_{dc}(t)U_d \quad (7-12)$$

则

$$i_{dc}=\frac{\sqrt{2}U_{ab}\sin(\omega_N t-\varphi)\times\sqrt{2}I_N\sin\omega_N t}{U_d}=\frac{U_{ab}I_N}{U_d}[\cos\varphi-\cos(2\omega_N t-\varphi)] \quad (7-13)$$

从式（7-13）中可知，变流器的输出电流包含直流分量和 2 倍于供电频率的交流两个重要的分量，其中直流分量 $U_{ab}I_N\cos\varphi/U_d$ 流入负载，幅值为 $U_{ab}I_N/U_d$ 的二次谐波电流分量从串联谐振电路流过，而串联谐振电路吸收漏抗产生的无功功率，因而可以降低电源瞬时功率的脉冲分量。

脉冲整流器输出的瞬时功率为：

$$P_d(t)=i_{dc}(t)\times U_d=U_{ab}I_N\cos\varphi-U_{ab}I_N\cos\varphi\cos 2\omega t-U_{ab}I_N\sin\varphi\sin 2\omega t$$

$$=U_N I_N-U_N I_N\cos 2\omega t-U_{LN}I_N\sin 2\omega t \quad (7-14)$$

从对式（7-9）～式（7-14）的分析，可以得出以下结论。

（1）因为串联谐振电路对两倍网频调谐，所以幅值为 $U_{ab}I_N\cos\varphi/U_d$ 流入负载。

（2）2 倍网频的串联谐振电路的无功功率，来自与漏电抗 L_N 的功率交换，并因此降低电源的瞬时功率的脉动分量。

（3）在式（7-10）、式（7-11）和式（7-13）中，无功功率分量（$U_{LN}I_N\sin 2\omega t$）的不同符号，表示电源的感性的无功功率需要一个容性的无功功率来加以平衡。所以，从电源侧来看，脉冲整流器可以用一个可变电容和一个可变电阻的并联电路来等效地表示。可变电容代表其与漏电感式 L_N 交换无功功率的那个部分，而可变电阻代表不同负载所要求的有功功率。

在选择串联谐振电路的电感和电容值时，除了考虑很大的谐振电流可能在电容器上产生过电压的危险外，还必须考虑电抗器的结构尺寸与电感值、持续电流和最大电流有关，而电容器的结构尺寸与电容值、最大电压和充电损耗有关。所以，适当选择参数，将有助于减少总成本。

2. 支撑电容

在理想情况下，特别是当负载纯粹是一个电阻时，是不需要另外一个存储器的。因为反映漏电感和脉冲整流器之间无功功率交换的二次谐波电流从串联谐振电路上流过，而流到负载上去的是一个纯直流分量。但是实际上，由于以下原因，在脉冲整流器的输出端，或者说在中间直流回路中，由电容器构成的另一个存储器是必不可少的。

（1）与脉冲整流器、逆变器交换无功功率和谐波功率。它们是在脉冲调制过程中产生的。

（2）与异步电动机交换无功功率。

（3）由于实际串联谐振电路中存在线路阻抗 R_2，二次谐波电流并非全部通过串联谐振电路，而是由串联谐振电路 $R_2-L_2-C_2$ 和支撑电容器 C_d 分流。流过支撑电容器 C_d 的二次谐波分量为：

$$I_{C(2)}=\frac{R_2}{R_2+\frac{1}{\mathrm{j}2\omega C_d}}I_2 \tag{7-15}$$

所以，从这个角度出发来说，支撑电容器 C_d 也起着与变压器漏电感交换无功功率的作用。

（4）支撑中间直流回路电压，使其保持稳定。如果这个电容器太小，脉冲整流器的控制将变得相当困难。因为控制稍有一点误差，中间直流回路的电压就会出现很大的波动。在电压源型变流器中，支撑电容器作为储能器可以支撑中间回路电压并使其保持稳定。支撑电容 C_d 值的大小直接决定着中间直流环节的工作性质，因此合理选择 C_d 的值十分重要。由于中间回路与两端变流器之间存在着复杂的能量交换过程，还没有简单使用的方法来选择合适的支撑电容。但可以通过系统仿真，按照以下准则来选择：

- 中间回路直流电压保持稳定，峰峰波动值不超过规定的允许值；
- 中间回路直流电流是连续的，没有间断，其峰峰波动值不超过规定的许可值；
- 中间回路的损耗保持最小；
- 所选择的电容的参数不会影响整个系统的稳定性；
- 应当成功地抑制逆变器和电机中发生的暂态过程，保持系统稳定；
- 防止高频电流可能引起的对通信和信号系统的电磁干扰。

7.1.4　牵引逆变器工作原理

牵引变流器可以分为电压型和电流型两种，为同步电机供电的大多采用电流型逆变器，为异步电机供电的大多是电压型逆变器。根据输出电平数的不同，电压型牵引逆变器又可分为两电平和三电平两种。

1. 两电平牵引逆变器

1）主电路结构及工作状态

两电平牵引逆变器主电路如图 7 - 14 所示，其拓扑结构是由开关管 T_1、T_2、T_3、T_4、T_5、T_6 构成三相全桥。为了分析方便，首先定义三个理想开关函数 S_A、S_B 和 S_C 如式（7 - 16）、式（7 - 17）和式（7 - 18）所示。

$$S_A = \begin{cases} 1 & T_1 \text{ 导通} \\ 0 & T_4 \text{ 导通} \end{cases} \tag{7 - 16}$$

$$S_B = \begin{cases} 1 & T_3 \text{ 导通} \\ 0 & T_6 \text{ 导通} \end{cases} \tag{7 - 17}$$

$$S_C = \begin{cases} 1 & T_5 \text{ 导通} \\ 0 & T_2 \text{ 导通} \end{cases} \tag{7 - 18}$$

逆变器采用理想开关等效，牵引电机采用感抗等效，且假设 $Z_a = Z_b = Z_c$，则图 7 - 14 所示的两电平牵引逆变器主电路可以等效为图 7 - 15 所示的电路。

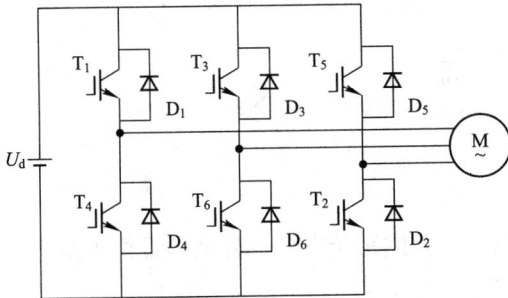

图 7 - 14　两电平牵引逆变器主电路图　　　　图 7 - 15　两电平牵引逆变器开关等效图

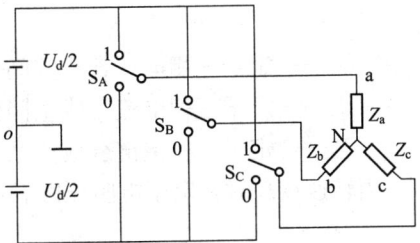

显然，由 S_A、S_B 和 S_C 组成的电路共有 $2^3 = 8$ 种组合，对应主电路有 8 种工作模式。其开关状态及相应的电压值见表 7 - 3。每个时刻都有 3 个开关管导通，从而获得三相对称输出电压波形。

表 7 - 3　两电平牵引逆变器工作状态及相应的电压值

模式	S_A	S_B	S_C	u_{aN}	u_{bN}	u_{cN}	u_{ab}	u_{bc}	u_{ca}
0	0	0	0	0	0	0	0	0	0
1	0	0	1	$-U_d/3$	$-U_d/3$	$2U_d/3$	0	$-U_d$	U_d
2	0	1	0	$-U_d/3$	$2U_d/3$	$-U_d/3$	$-U_d$	U_d	0

模式	S_A	S_B	S_C	u_{aN}	u_{bN}	u_{cN}	u_{ab}	u_{bc}	u_{ca}
3	0	1	1	$-2U_d/3$	$U_d/3$	$U_d/3$	$-U_d$	0	U_d
4	1	0	0	$2U_d/3$	$-U_d/3$	$-U_d/3$	U_d	0	$-U_d$
5	1	0	1	$U_d/3$	$-2U_d/3$	$U_d/3$	U_d	$-U_d$	0
6	1	1	0	$U_d/3$	$U_d/3$	$-2U_d/3$	0	U_d	U_d
7	1	1	1	0	0	0	0	0	0

　　2）两电平逆变器控制

　　牵引逆变器采用 SPWM 控制方式，包括正弦 PWM、特定谐波消除 PWM 和空间矢量 PWM。空间矢量 PWM 是通过对电压矢量进行适当的切换控制，就可以用尽可能多的多边形磁通轨迹来接近理想的磁通圆形轨迹。轨迹越接近于圆，引起电流、转矩波动越小，谐波损耗也会下降，电机运行性能也越好。

　　当逆变器向电动机供电时，可以利用空间矢量概念，建立逆变器开关模式及其输出电压和电动机磁链之间的关系。然后根据要跟踪的磁链空间矢量的运动轨迹，选择逆变器的开关模式，使逆变器输出适当波形的电压，这就是空间矢量 PWM 的基本原理。

　　在复平面建立电压空间矢量：$U_s = \dfrac{2}{3}(u_{sa} + au_{sb} + a^2 u_{sc})$ 　　　　　　　(7-19)

　　定子磁链空间矢量：$\Psi_s = \dfrac{2}{3}(\psi_{sa} + a\psi_{sb} + a^2 \psi_{sc})$ 　　　　　　(7-20)

　　转子磁链空间矢量：$\Psi_r = \dfrac{2}{3}(\psi_{ra} + a\psi_{rb} + a^2 \psi_{rc})$ 　　　　　　(7-21)

　　异步电动机电子电压空间矢量方程式为：

$$U_s = R_s I_s + \frac{d\Psi_s}{dt} \tag{7-22}$$

式中　U_s——定子三相电压合成空间矢量；

　　　I_s——定子三相电流合成空间矢量；

　　　Ψ_s——定子三相磁链合成空间矢量。

　　当转速较高时，定子电阻压降较小，可忽略不计，则定子电压和磁链的近似关系为：

$$U_s \approx \frac{d\Psi_s}{dt} \quad \text{或} \quad \Psi_s \approx \int U_s dt \tag{7-23}$$

　　在三相平衡电压供电时，电机定子磁链空间矢量为：

$$\Psi_s = \Psi_{sm} e^{j\omega_s t} \tag{7-24}$$

　　式中，Ψ_{sm} 为 Ψ_s 的幅值，ω_s 为其旋转角速度。

　　磁链矢量顶端的运动轨迹形成圆形的空间旋转磁场（一般简称为磁链圆）。由式（7-23）和式（7-24）可得：

$$U_s = \frac{d}{dt}(\Psi_{sm} e^{j\omega_s t}) = j\omega_s \Psi_{sm} e^{j\omega_s t} = \omega_s \Psi_{sm} e^{j(\omega_s t + \pi/2)} \tag{7-25}$$

　　由式（7-25）可见，当磁链幅值 Ψ_{sm} 一定时，U_s 的大小与 ω_s（或供电电压频率 f_s）成正比，其方向为磁链圆形轨迹的切线方向。当磁链矢量的空间旋转一周时，电压矢量也连续地沿磁链圆的切线方向运动 2π 弧度，其轨迹与磁链圆重合，其轨迹与磁链圆重合。这样电机旋转磁场的形状问题就可转化为电压空间矢量运动形状问题。

由于两电平牵引逆变器一共有 8 个工作状态，对于每一个有效的工作状态，相电压都可用一个合成矢量表示，其幅值相等，只是相位不同而已。如以 U_{s1}，U_{s2}，$\cdots$，U_{s6} 依次表示 100，110，$\cdots$，101 六个有效工作状态的电压空间矢量，它们的相互关系如图 7 - 16 所示。设逆变器的工作周期从 100 状态开始，其电压空间矢量 U_{s1} 与 x 轴同方向，它所存在的时间为 π/3。在这段时间以后，工作状态转为 110，电机的电压空间矢量为 U_{s2}，它在空间上与 U_{s1} 相差 π/3 rad。随着逆变器工作状态的不断切换，电机电压空间矢量相位也作相应的变化。到一个周期，U_{s6} 的顶端恰好与 U_{s1} 的尾端衔接，一个周期的六个电压空间矢量共转过 2π rad，形成一个封闭的正六边形。至于 111 与 000 这两个工作状态，可分别冠以 U_{s7} 和 U_{s0}，并称之为零矢量，它们的幅值为 0，也无相位，可认为坐落在六边形的中心点上。

交流电机定子磁链矢量端点的运动轨迹。设在逆变器工作的第一个 π/3 期间，电机的电压空间矢量为图 7 - 17 中的 U_{s1}，此时定子磁链为 Ψ_{s1}。逆变器进入第二个 π/3 期间，电压空间矢量变为 U_{s2}，按式（7 - 19），可写作：

$$U_s \Delta t = \Delta \Psi_s \tag{7-26}$$

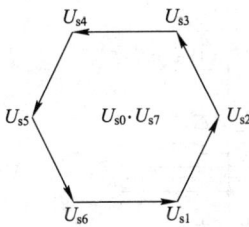

图 7 - 16　三相电机的电压空间矢量　　　图 7 - 17　电压空间矢量与磁链矢量的关系

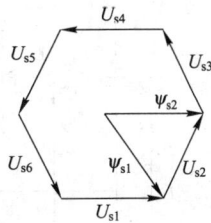

此处 U_s 是 $U_{s1} \sim U_{s6}$ 的广义表示。就第二个工作期间而言，式（7 - 26）表明在 $\Delta \Psi_s$ 对应的 π/3 期间内，在 U_{s2} 的作用下，Ψ_{s1} 产生增量 $\Delta \Psi_1$，其 $|U_{s1}|\Delta t$ 方向与 U_{s2} 一致。最终形成新的磁路矢量 $\Psi_{s2} = \Psi_{s1} + \Delta \Psi_{s1}$，依次类推，可知磁链矢量的顶端运动轨迹也是一个正六边形。

（1）近似圆形旋转轨迹

常规六拍逆变器供电的异步电机只产生正六边形的旋转磁场，显然这不利于电机的匀速旋转。如果想获得更多边形或逼近圆形的旋转磁场，就必须有更多的逆变器开关状态，以形成更多的空间电压矢量。为此，必须对逆变器的控制模式进行改造。可以利用基本空间电压矢量的线性组合，以获得更多的与 U_{s0}、U_{s7} 相位不同的新的空间电压矢量，最终构成一组等幅、不同相的空间电压矢量，从而形成尽可能逼近圆形旋转磁场的磁链多边形。这样，在一个周期内，逆变器的开关状态会多次重复出现，逆变器的输出电压是一系列等幅不等宽的脉冲波，这就形成了空间电压矢量控制的 PWM 逆变器。

（2）控制模式的应用

在大功率牵引领域，由于功率开关元件的开关频率有限，因而在整个调速范围内，须应用空间电压矢量脉宽调制策略构成多种调制方式，以满足控制要求。在低频启动区段采用异步调制可充分利用开关器件允许的开关频率，使磁链轨迹逼近理想圆，转矩脉动小；在输出频率较高时，为了保证三相输出电压、电流间的对称性，消除寄生谐波，宜采用同步调制。

同步调制时，不同矢量拟合方式将得到不同的多边形磁链轨迹和输出结果，所以应选择磁链对称高的矢量拟合方式。当逆变器由 3 脉冲工况直接进入方波工况时，输出电压的基波分量将突然增大，该增量加在电机定子漏抗上，使电机电流迅速增大。中间直流环节电压越高，电流增量越大，极易引起系统功率冲击，影响系统的正常工作，因此必须实现同步 3 脉冲和方波工况之间的平滑转换，以避免电压跳变和系统的功率冲击，折角调制就是一种很好的过渡方案；当传动系统工作恒功阶段时，一般采用方波运行方式，对应为六边形磁链。

　　不同调制方法之间转换时，为保证空间电压矢量的连续性，转换时刻宜选择在前一扇区结束，后一扇区刚开始工作处。过渡过程必须保证逆变器输出电压不会发生幅值和相位的跳变。因此应根据转换前后两种调制方法的不同，选择适当的矢量拟合方式进行过渡，这是整个控制过程很重要的一个问题。

2. 三电平牵引逆变器

1) 主电路结构及工作状态

三电平三相逆变器电路如图 7-18 所示。由于三相桥臂工作过程完全相同，因此以 a 相桥臂为例进行说明。

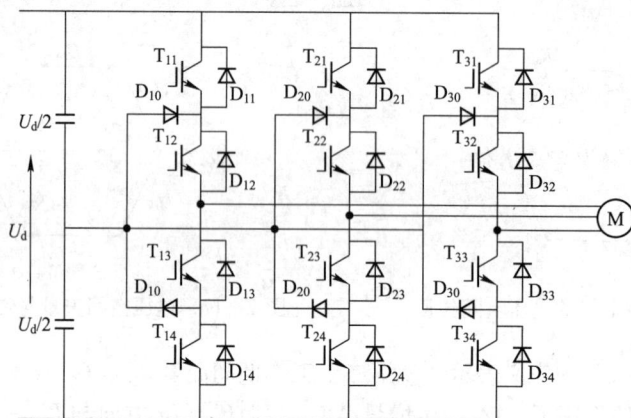

图 7-18　三电平逆变器主电路原理图

　　两电平逆变器中相电压为 $+0.5U_d$、$-0.5U_d$，三电平逆变器中相电压为 $+0.5U_d$、0、$-0.5U_d$。两电平逆变器中线电压为 $+U_d$、0 和 $-U_d$ 相比较，三电平逆变器中线电压为 $+U_d$、$+0.5U_d$、0、$-0.5U_d$、$-U_d$。

　　忽略中点电位的偏移，可以看到每个开关器件所承受的电压均为 $0.5U_d$。

　　当上桥臂开关器件导通时，即状态 P，下桥臂的开关 T_{13}、T_{14} 各承受 $0.5U_d$ 的电压；当下桥臂开关器件导通时，即状态 N，上桥臂的开关 T_{11}、T_{12} 各承受 $0.5U_d$ 的电压；当辅助开关器件导通时，即状态 O，主电路中的开关 T_{11}、T_{14} 各承受 $0.5U_d$ 的电压。

2) 三电平逆变器控制

三电平逆变器控制包括空间电压矢量控制技术及中点电位平衡控制。

（1）空间矢量控制

三相三电平逆变器具有 $3^3 = 27$ 个开关状态。图 7-19 给出了对应所有开关状态的三电平逆变器的空间矢量图。

　　为了便于分析和控制，将 27 个开关状态分为四类矢量，即大六边形的顶角状态

（PNN、PPN、NPN、NPP 和 PNP）对应的大开关矢量；外六边形各边的中点对应 6 个空间矢量为中开关矢量；内六边形的每一个空间矢量对应着两种可能的开关状态，称为小开关矢量。还有三种可能的零状态（OOO、PPP 和 NNN），分别对应于辅助器件的全导通，上臂器件的全导通，以及下臂器件的全导通，称为零开关矢量。

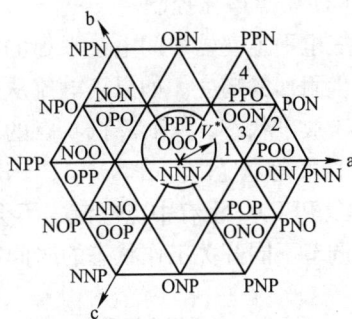

图 7-19　三电平逆变器空间矢量图

图 7-19 中同时给出了一个旋转的指令电压矢量 V^*（区域 1），在欠调制区工作时，这个矢量应该在大六边形之内。在任一瞬间，这个矢量都在一个三角形内，用这个三角形三个顶点的开关状态来选择生成相应的 PWM 波。当 V^* 位于区域 1 时，所选择的状态可能是（OOO、PPP、NNN、PPO、OON、POO 和 ONN）。图 7-20 给出了相应的对称 PWM 波形。其状态顺序为 NNN、ONN、OON、OOO、POO、PPO、PPP、PPP、PPO、POO、OOO、OON、ONN、NNN。

当 V^* 位于区域 2 时，所在三角形顶点状态为（POO、ONN、PNN、PON），图 7-21 给出了相应的对称 PWM 波形，其状态顺序为 ONN、PNN、PON、POO、POO、PON、PNN 和 ONN。

当 V^* 位于区域 3 时，所在三角形顶点状态为（ONN、OON、PON、POO、PPO），图 7-22 给出了相应的对称 PWM 波形，其状态顺序为 ONN、OON、PON、POO、PPO、PPO、POO、PON、OON 和 ONN。

当 V^* 位于区域 4 时，所在三角形顶点状态为（OON、PON、PPN、PPO），图 7-23 给出了相应的对称 PWM 波形，其状态顺序为 OON、PON、PPN、PPO、PPO、PPN、PON 和 ONN。

在区域 1 中输出 PWM 波形含有零状态，区域 2、3、4 中，不包含任何零状态。在所有 PWM 模式中，开关状态改变一次只能带来 $0.5U_d$ 的变化。

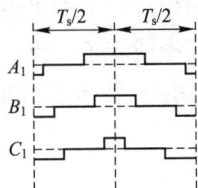

图 7-20　区域 1 开关状态

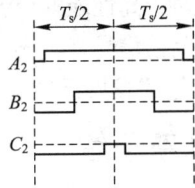

图 7-21　区域 2 开关状态

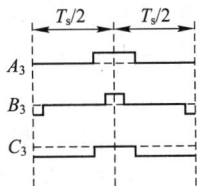

图 7-22　区域 3 开关状态

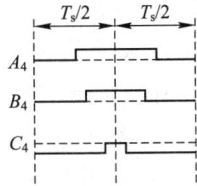

图 7-23　区域 4 开关状态

（2）中点电压控制

三电平逆变器中间电位平衡的控制问题是非常重要的，若中点电位偏移，在输出电压中会产生附加的畸变。如果正电流从中点流出，则上端的电容器处于充电状态；而下端的电容器处于放电状态，从而降低 0 点的电位。反之，当电流流入中点时，0 点电位会增加。在大六边形顶角状态下（PNN、PPN、NPN、NPP、NNP 和 PNP）以及零状态下（OOO、NNN、PPP），没有中点电流，不会产生中点电位的偏移；而在其他状态时，中点电位可以通过调节不同开关工作状态的时间间隔加以控制。

7.2　国外交流机车及其控制

就决定电力牵引传动控制系统的性能来说，重要的是选择控制策略。由于半导体变流器承受过电流的能力小，所以在正常运行时，控制策略必须保证电机被限制在每安培电流能提供尽可能最高转矩的区域中。为此，变流器与电机的额定参数必须相互匹配，并极力减少系统损耗。此外，过载或故障状态将通过巧妙的控制技术加以处理，而不是随意增加设计容量或放大尺寸。

如果对调速系统的暂态性能没有特殊要求，而且电机长期在稳定转速下运行，开环控制可以提供满意的结果。但对于牵引运动一类的系统，要求在负载或供电电压波动时具有快速响应的动态性能和保持精确的稳态运行能力，必须采用闭环反馈控制。牵引传动要求在宽广的速度范围内，每个速度点都能够提供合适的转矩值。所以，速度和转矩是这种系统的被调量，并被作为闭环控制的反馈信号。

众所周知，在直流电机中，转矩闭环控制比较容易实现。因为在气隙磁通恒定的情况下，转矩与电枢电流成正比，所以，利用一个快速作用的电枢电流环，不仅可以实现有效的转矩控制，而且在暂态或稳态过载时，还能够保护变流器或电机不出现过流现象。但是，对于交流电机来说，事情没有那么简单。交流电机是一个复杂的、非线性的、多变量控制对象，而且在鼠笼型绕组结构中无法直接检测转子电流。因此，交流传动不像直流电机传动系统那样有一种标准的控制结构。对于高性能的交流传动系统，根据转矩生成的物理机理和数学表达式，除了直接采用转矩作为反馈信号外，还可以结合磁通、转差频率或转子电流环，实现转矩控制。

国外电动车组的发展已经有 50 年的历史，目前德国、法国和日本的动车组最具代表性。

7.2.1　日本新干线

1. 300 系

300 系的交流牵引传动系统是日本新干线最具代表性的交流牵引传动系统，于 1992 年投入运行，最高时速 270 km。300 系电动车组采用 16 辆编组，以 2 动代 1 拖（2M1T）为一个单元，每个单元的传动系统大致相同，其电传动部分采用牵引变压器＋四象限脉冲整流器＋PWM 逆变器＋三相交流感应电动机的传动方式。

图 7-24 为 300 系动车组主电路结构图，主变流器包括 4 台四象限脉冲整流器、直流中间回路和 2 台 VVVF 牵引逆变器。主回路中有 2 个主变流器。每个主变流器装置中有 4 个模块，其中 2 个模块为两重四象限脉冲整流器，另外 2 个模块为逆变器及过压保护装置。每个模块分别由 4 只 GTO 元件（4 500 V/3 000 A）和 4 只反并联二极管（4 500 V/800 A）压接在一起组成。

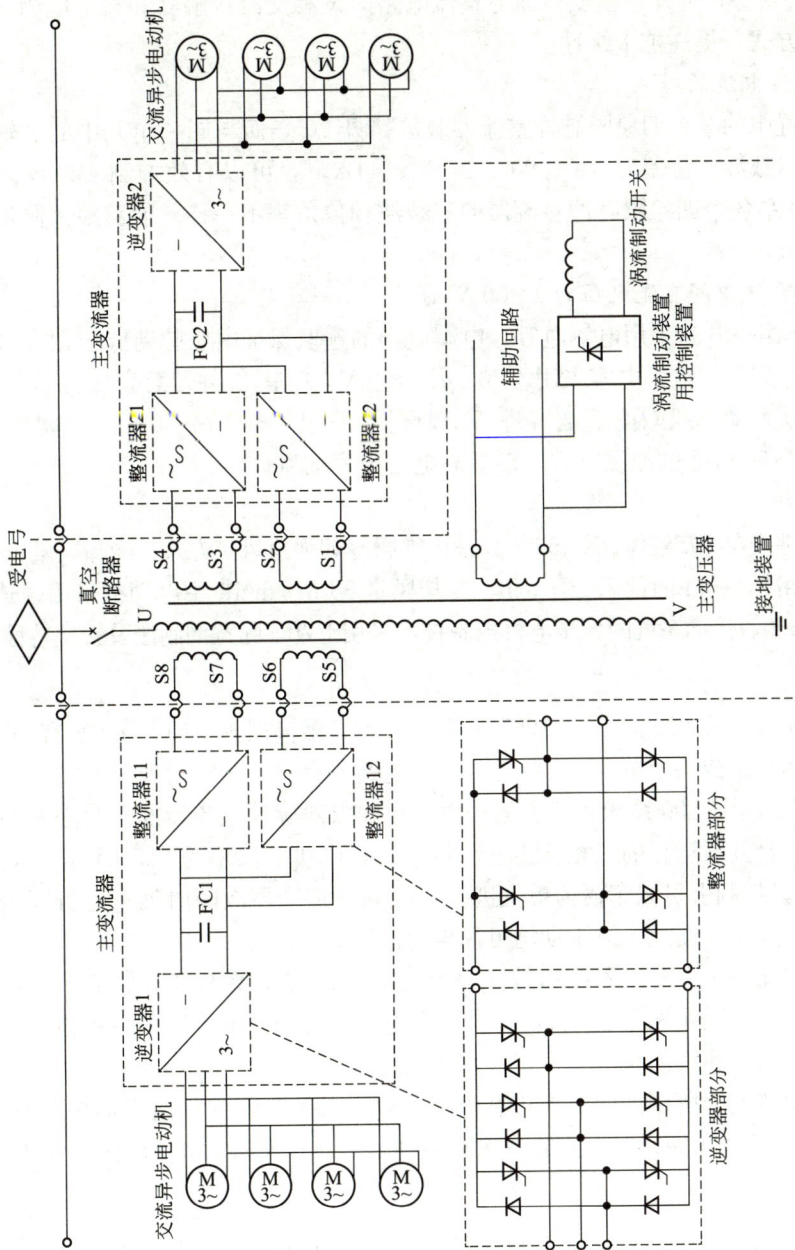

图 7 - 24　300 系动车组主电路原理图

1) 主变流器主要特点

300 系动车组主电路采用大功率 GTO 元件，各桥臂元件构成 1 串 1 并，简化了电路；其中整流电路和逆变电路由相同模块构成，可以实现互换；GTO 的吸收电路采用 RCD 方式，中间直流回路电压 1 900 V，为使 GTO 的关断能力稳定，一部分电容作为相电容分散布置在 GTO 桥臂旁；另外，主变压器与整流电路间设有交流接触器和充电电阻；门极电路采用光纤传输方式，提高抗干扰性。

2) 减少谐波电流的措施

主变流装置中的 2 个四象限脉冲整流器载波错开 90°，而与同一单元中的 2 辆动车的四象限脉冲整流器载波相位差为：0°、90°、22.5°、112.5°，可以有效抑制 4 kHz 附近的高次谐波电流。300 系各个四象限脉冲整流器的三载波相位角都不一样，能够最大限度地减少电网侧的谐波电流。

3) 主传动系统中间直流电压为 1 900 V

300 系动车组一开始采用电解电容，电解电容的选取保证电压脉动低于 5%。20 世纪 90 年生产的 300 系列车，电解电容采用 4 700 μF/400 V，8 串 22 并，总容量为 12 925 μF；而后面生产的 300 系动车组对电解电容进行了改进，采用 4 100 μF/450 V 电解电容 7 串 16 并，再加上 4 个 900 μF 的油浸电容，以提高电解电容的寿命。

4) 冷却系统

GTO 相构件浸在冷却液体 FX3250 中，采用沸腾冷却强迫风冷方式，冷却风量 160 m³/min；主变压器采用油冷，循环油量 700 L/min，冷却风量 88 m³/min；主电动机采用强迫风冷，冷却风量 20 m³/min。传动系统的异步电机控制技术采用 PWM 脉宽调制法及转差特性控制法。

2. 500 系

500 系列的 W3 型（2003 年），1997 年投入运行，最高时速 300 km。所有 16 辆车全为动力车，每 4 辆车组成一个单元。1 台变流器供电给 4 台并联运行的牵引电机。

如图 7-25 所示，500 系动车组主电路由 1 台四象限脉冲整流器及 1 台三相逆变器供电给 1 辆车上的 4 台并联运行的三相异步电动机。每台电机的功率为 285 kW。最高运营速度可达 300 km/h，控制上可以车辆为单位进行，提高了逆变器故障时列车运行冗余度，对轮径偏差要求相对减小，而且 7 级制动均可用再生制动。

与 300 系相比，牵引变压器绕组数量没有增加，但容量差不多增加了 1 倍左右，达到 5 400 kVA。变压器采用壳式变压器，牵引绕组电压为 1 100 V，其中一次和二次绕组采用铝合金线圈和聚酰胺薄膜绝缘。

四象限脉冲整流器所用的 GTO 采用 4 500 V/4 000 A 元件，逆变器则使用 4 500 V/3 000 A 的逆导 GTO 元件；变流器的中间回路电压由 300 系的 1 900 V 提高到 2 400 V。

3. 700 系

700 系列的 B1 型（2003 年），1999 年投入运行，最高时速 285 km。700 系采用 16 辆编组，功率器件由 IPM 模块代替了 GTO。变流频率从 300 系的 420 Hz 升至 1 500 Hz，如图 7-26 所示，主变流装置采用了三电平电路，使输入输出波形与 GTO 相比更接近正弦波，从而抑制了高次谐波，降低了主变压器的噪声。700 系列机车的主电机功率为 275 kW，编组采用 12M4T 方式，全列车总共 48 台电机。

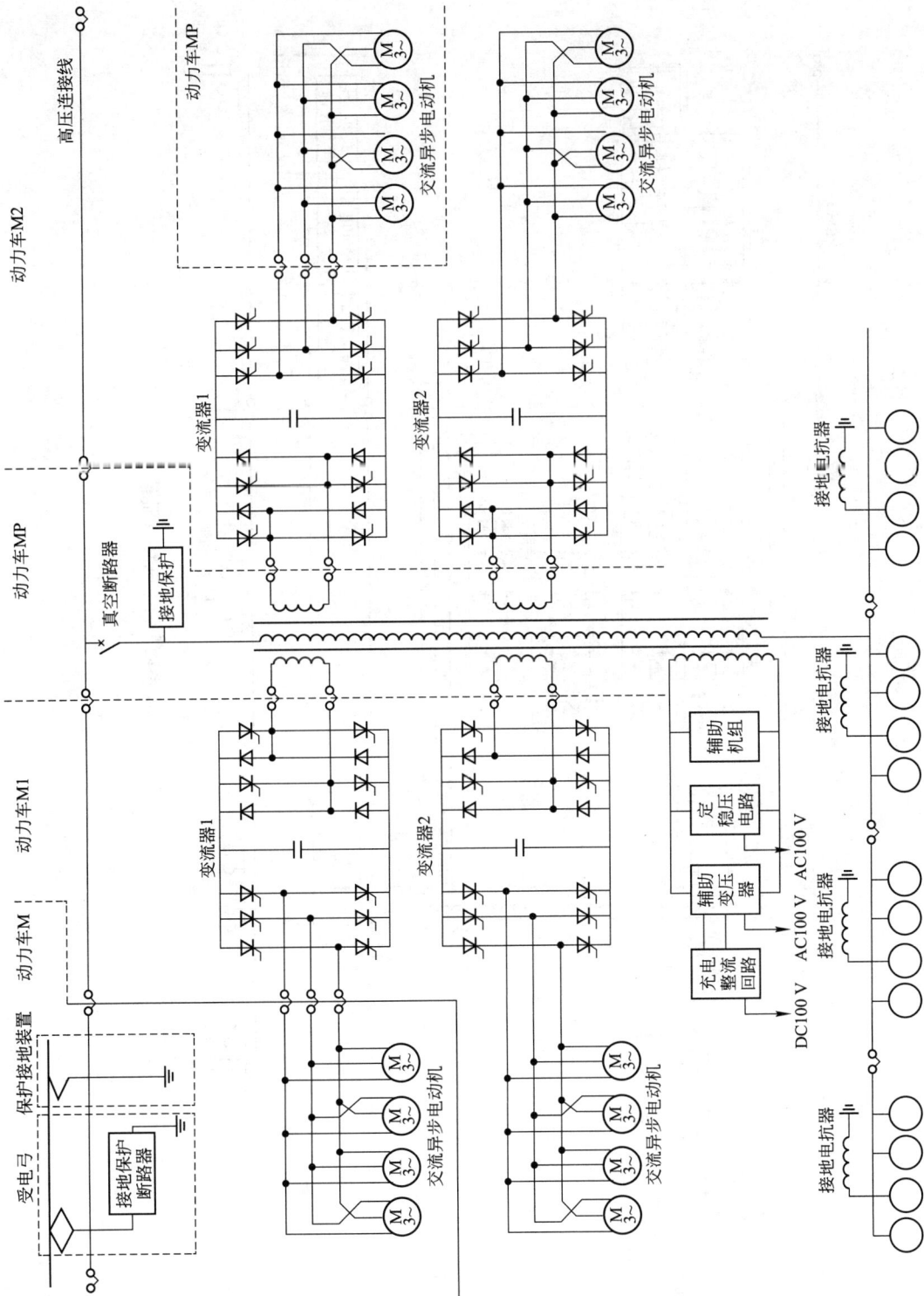

图 7 - 25 500 系动车组主电路原理图

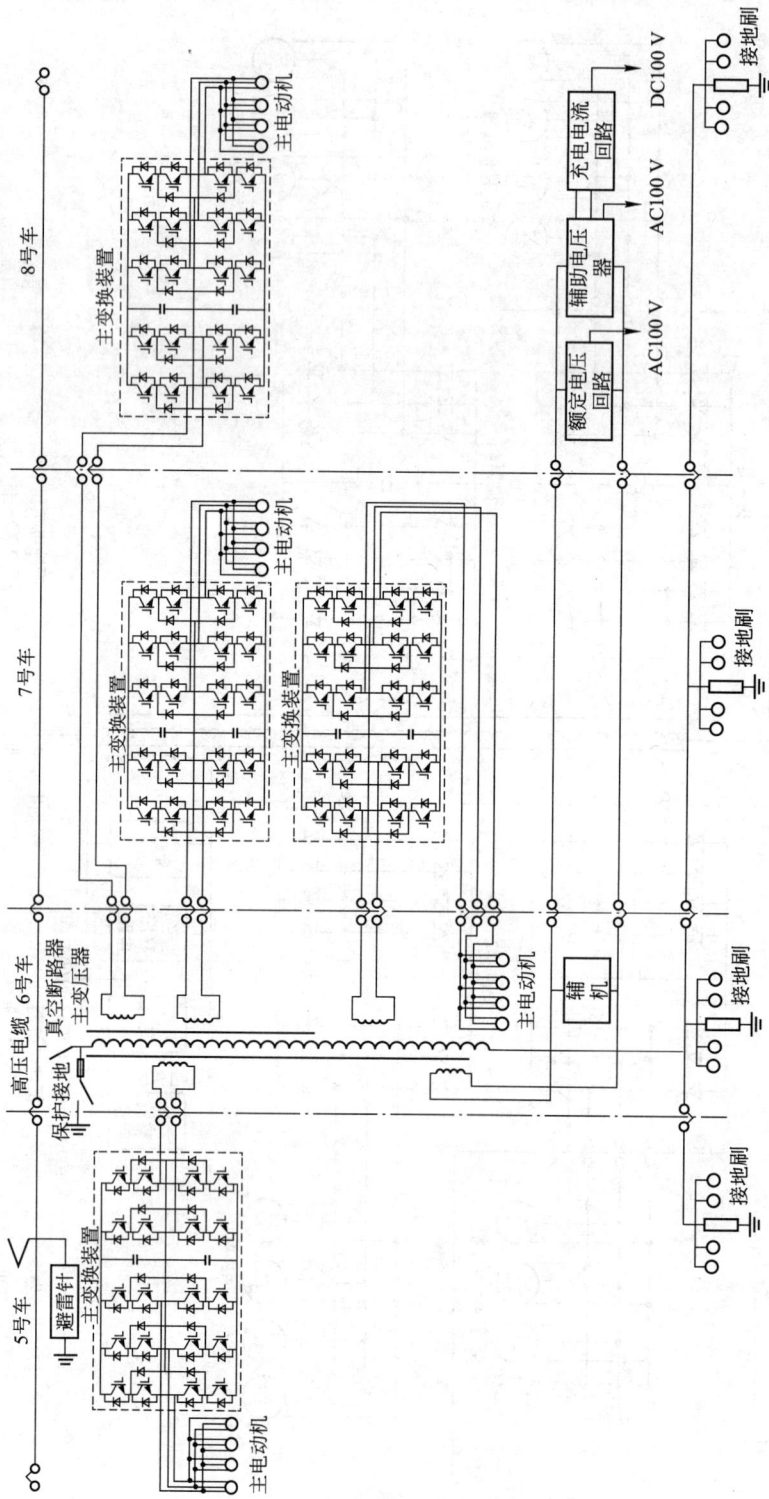

图 7 - 26　700 系动车组主电路原理图

7.2.2 法国 TGV

1967 年法国国营铁路着手研究高速铁路，1969 年 11 月，研制成功第一代 ETG 型燃气轮动车组，时速为 248 km/h，第二代 RTG 型燃气轮动车组时速为 260 km/h，第三代 TGV001 型燃气轮动车组时速为 318 km/h。从 1972 年中东战争之后开始研究电气化牵引，1973 研制的 Z7001 动车组时速为 309 km/h，1976 年开始着力研究 TGV - PSE 新型高速动车组，1981 年 9 月，TGV - PSE 投入运营。

第一代高速动车组东南线高速动车组 TGV - PSE，巴黎—里昂；第二代高速动车组大西洋线高速动车组 TGV - A，巴黎—勒芒—布里塔尼亚；路网高速动车组 TGV - R，适用于比利时和荷兰；欧洲之星高速动车组 TGV - TMST，巴黎—伦敦；西班牙 AVE 型高速动车组，马德里—塞维利亚；塔利斯高速动车组 TGV - PBKA，法国、比利时、荷兰、德国联运。第三代高速动车组双层高速动车组 TGV - 2N。

1. TGV - PSE

20 世纪 70 年代中期，受石油危机的影响，法国停止了继续研制以燃气轮机为动力的新型高速旅客列车，而是决定加速研制高速电动车组。1983 年 9 月，法国巴黎东南线高速电动车组 TGV - PSE 正式投入运营，高速电动车组（TGV - PSE）是一种动力集中式高速列车，通常称为法国第一代高速旅客列车。

TGV - PSE 高速电动车组，以其著名的桔黄色流线型外观成为当时法国高科技的象征。其主电路结构参见图 7 - 27，它有 10 辆编组，由 2 辆动车和 8 辆拖车组成，动车位于车组的两端。全列车共有 13 台转向架，其中 6 台是动力转向架，7 台为承重转向架。全列总定员为 368 人，其中一等坐席 108 人，二等坐席 260 人，并设有酒吧间车。其最高试验速度 280 km/h，最高运行速度 270 km/h，标志着法国铁路客运已进入了高速运营时代。

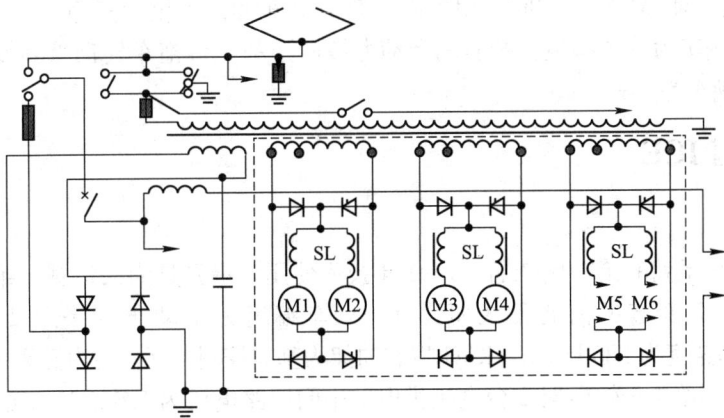

图 7 - 27 TGV - PSE 高速电动车组主电路

2. TGV - A

继巴黎—里昂线之后，法国又修建了大西洋线（巴黎—勒芒、图尔）。1989 年 11 月，TGV - A 投入运营。1990 年 5 月，TGV - A 高速列车曾以两动三拖的编组，创造了 515.3 km/h 的世界记录。其主体结构参见图 7 - 28。

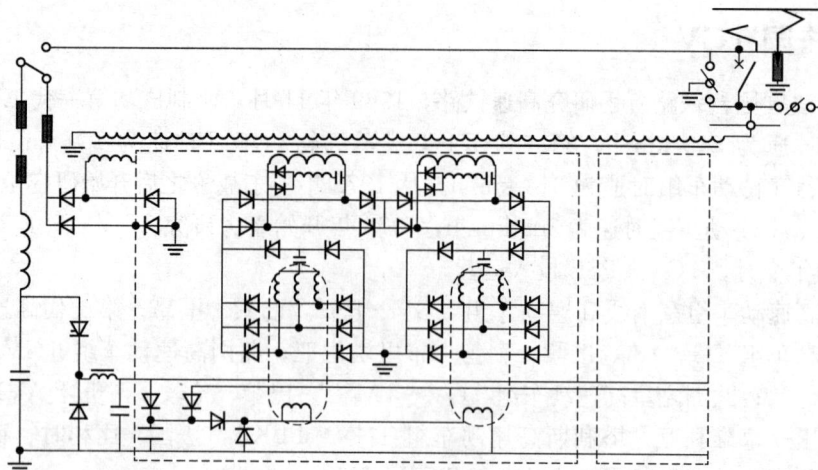

图 7-28　TGV-A 高速电动车组主电路

3. AGV

AGV（法语：Automotrice à grande vitesse）意即"高速动车组"，是法国最新研制的实验性高速铁路车辆，属于动力分散式，由阿尔斯通独立研发，为动力集中式的 TGV 的后续产品，目标运营速度为 360 km/h。

相比较动力集中式的 TGV，AGV 的优势更加明显。在环保和能源利用方面，其 98% 的机体使用了可回收材料，其功率重量比达到了 22.6 kW/t，温室气体排放量也较其他交通工具大大降低。

在安全性和技术上来说，AGV 主要应用了三项技术，铰链结构、发动机分置技术和能量反馈，尤其是铰链结构能够防止列车倾覆时发生解体。发动机则安放于车厢地台之下，避免了空间的占用，使 AGV 的空间利用提高了 20%，车厢内也更加安静。

AGV 以三辆车为一个编组，装有两台动力转向架和一台拖车转向架。设计编组方案有 6、9、10、12 辆车为一列。

7.2.3　德国 ICE

1. ICE1

ICE1 是 ICE 系列的第一代产品，1991 年投入使用，最先是为汉诺威—维尔兹堡和曼海姆—斯图加特两条新建的南北干线而设计。列车编组为 1 动＋12 拖＋1 动，总功率达 9 600 kW，最高速度为 280 km/h。ICE1 以转向架为基本控制单元，主电路采用两相两重四象限变流器＋逆变器给 1 个转向架 2 台电机供电。中间回路电压为 2 600 V。逆变器采用 PWM 调制技术和矢量控制技术实现 VVVF。整列列车采用网络化控制系统 HSM 进行控制。ICE1 高速电动车组主电路如图 7-29 所示。

2. ICE2

ICE2 型列车实际是一半的 ICE1 型列车，编组方式为 1 动车（M）＋6 辆中间拖车（T）＋带司机室拖车（Tc），于 1996 年投入使用。控制车带有自动连接器，即自动前端车钩和前端活动盖板实现两个车组编挂或分解运行在同一线路上。ICE2 采用新型辅助变流器

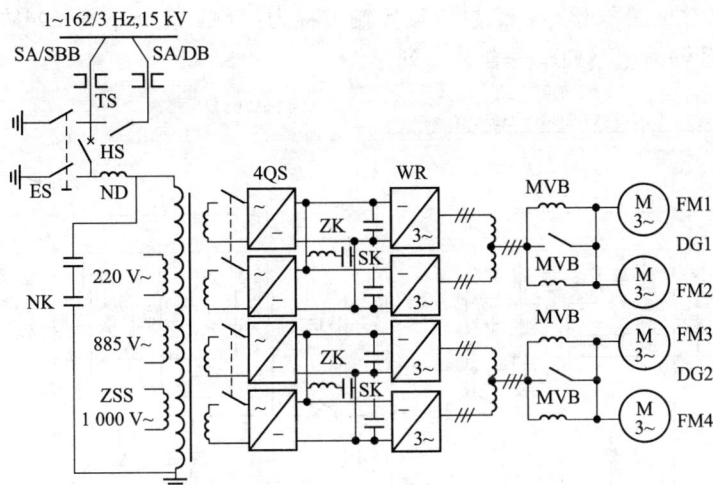

图 7 - 29　ICE1 高速电动车组主电路

HUB（3 台）。在 2 个半列联挂时采用双列编组重联控制技术，还可以采用新的供电系统。ICE2 高速电动车组主电路如图 7 - 30 所示。

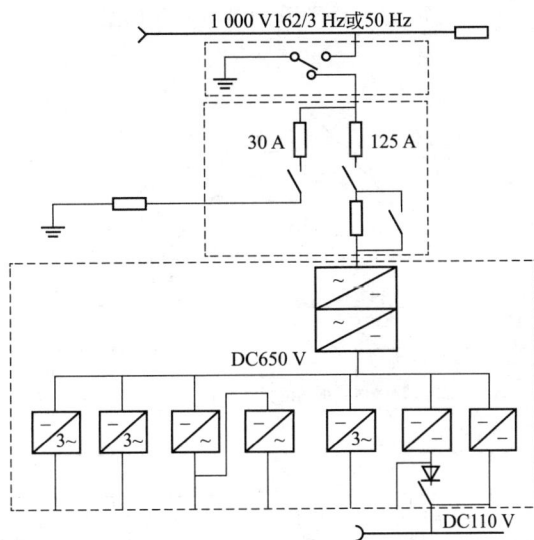

图 7 - 30　ICE2 高速电动车组主电路

3. ICE3

ICE3 型是为适应欧洲高速铁路网的发展，以及德国境内新建高速铁路对 ICE 高速列车的新要求而开发的动力分散形式的高速列车。ICE3 编组为 4 动＋4 拖，总功率为 8 000 kW，最高设计速度为 330 km/h。ICE3 采用"半全列"式设计，由 8 辆车、16 个转向架组成，其中 8 个转向架为双动轴，保留了 ICE2 的不带加强筋的铝制车体结构。如图 7 - 31 所示，ICE3 分为单流制和多流制两种：单流制适用于 15 kV 16.7 Hz；多流制适用于 15 kV 16.7 Hz、25 kV 50 Hz 和 1.5 kV DC、3.0 kV DC。2005 年 3 月首列 ICE3 投入使用。ICE3 采用 TCN 系统，由公共列车信息母线 WTB 和每一辆车多功能线路 MVB 组成。列车采用 CO-

BRA 诊断系统（参见图 7-32），信息数据传输过程为：自系统→车辆→MVB 连接的 4 辆车母线的半列车→8 辆编组整列车→合并 2 列车。

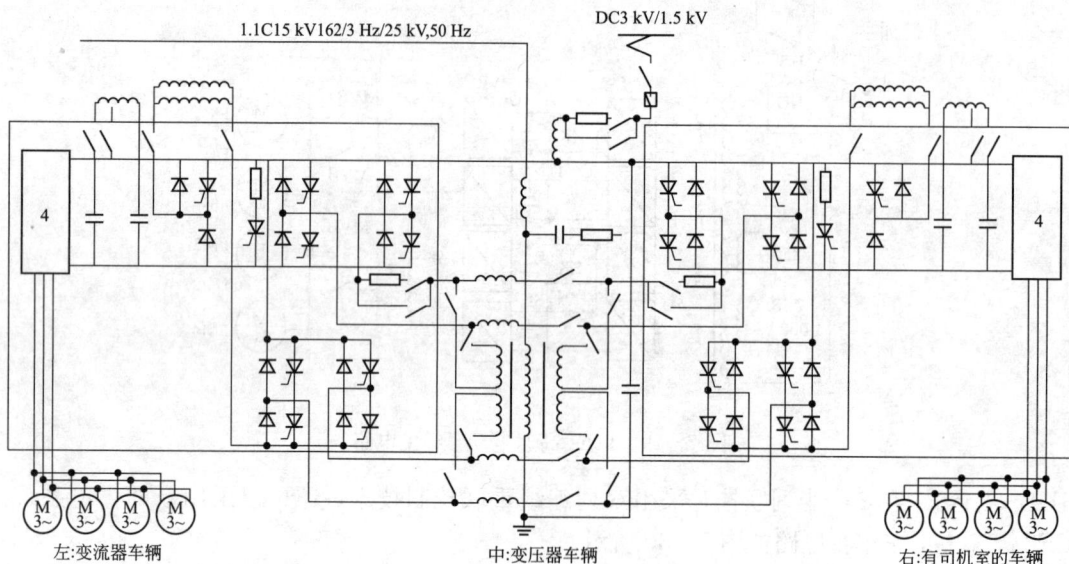

图 7-31 ICE3 高速电动车组主电路

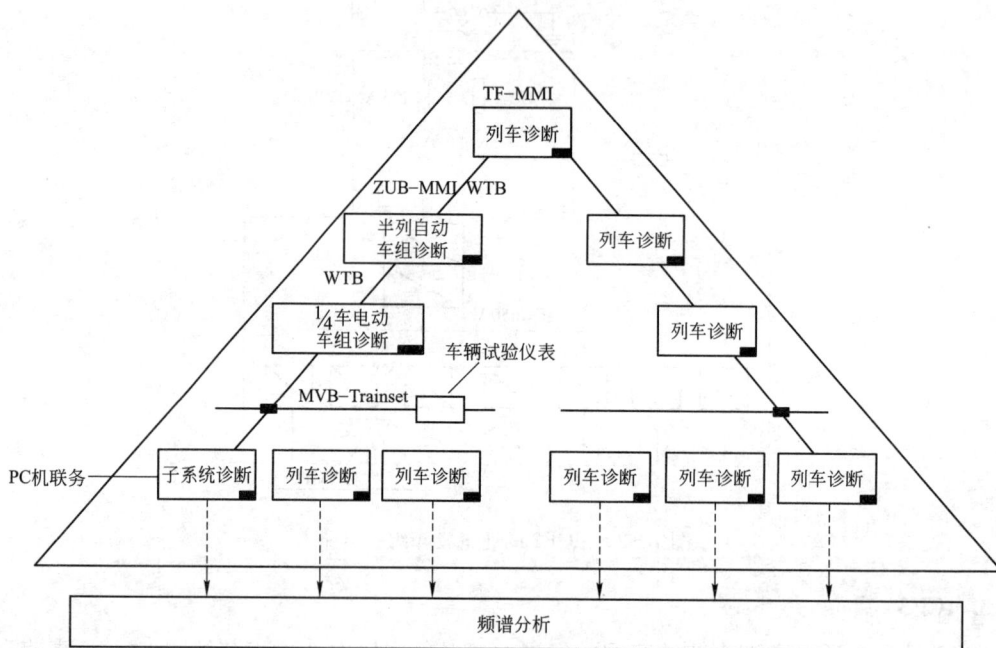

图 7-32 COBRA 诊断系统

7.3 国内交流机车及其控制

从 20 世纪 70 年代开始，中国就开始了对交流传动技术的跟踪和研究。经过较长时间的研究和试验，于 20 世纪 90 年代初期自主完成了 1 000 kW 电压型非对称快速晶闸管油冷变流机组和 1 025 kW 三相异步牵引电动机的研制。1996 年 6 月完成了中国首台干线交流传动原型车——AC4000 研制，同年年底在环行试验基地完成了最高速度 120 km/h 的各项试验运行。

2000 年，采用引进欧洲先进的 IPM 水冷变流系统，通过自主系统集成，国产首批 DJ 型"九方"号商用干线交流传动客运电力机车（2 台）和 DJJ1 型"蓝箭"号商用干线交流传动高速电动车组动力车（8 台）研制成功并投入商业运营。这标志着中国交流传动自主系统集成能力已经形成，具备自行研发、制造大功率干线交流传动机车车辆的条件和能力。2001 年作为中德合资企业启动项目而合作生产的 DJ1 型 8 轴重载货运交流传动电力机车下线，20 台 DJ1 型电力机车陆续投入大秦铁路重载运专线运营，承担万吨及以上重载运煤专列牵引。

2001 年，在前期研发的 2 500 kVA 地面试验 GTO 油冷变流机组基础上，结合引进、消化、吸收国际先进技术，国产自主知识产权的 3 500 kVA GTO 水冷变流机组和 1 225 kW 三相异步牵引电动机研制成功，并在中国首批 DJ2 型"奥星"号高速交流传动客运电力机车上实现了工程化。2002 年，装备国产变流系统的"中华之星"高速交流传动电动车组研发竣工，在秦沈客运专线的高速试验中，跑出了 321.5 km/h 的中国铁路第一速。

2004 年利用装备 DJ1 电力机车的西门子变流器系统，自主研发的 120 km/h 大功率干线交流传动货运电力机车，共 12 台向乌兹别克斯坦共和国出口。其后，装备有国产 GTO 水冷变流器系统和三相异步牵引电动机的大功率交流传动客运电力机车 3 台，出口到哈萨克斯坦共和国，标志着中国交流传动电力机车已经达到商业化程度。

目前，随着我国机车生产企业"引进—吸收—消化—再创新"步伐的加快，企业已经具备了 8 轴、6 轴和 4 轴交流机车的生产能力，开发出了 HX$_D$* 系列机车产品。今后我国的机车生产企业将不再研制开发直流传动机车，而全面转向交流传动机车生产领域。

7.3.1　和谐号交流机车

1. HX$_D$1 机车

2004 年底 2005 年初，中国铁路为提高大秦运煤专线的运能，同时也为促进铁路装备技术的现代化，分别同株洲电力机车有限公司-西门子联合体，大同电力机车有限公司-阿尔斯通联合体各签订了 180 台（360 节）采用欧洲技术的 8 轴大功率交流传动电力机车。HX$_D$1 型机车是在西门子公司的"欧洲短跑手"机车平台上，结合其 DJ1 型机车在中国大秦线上的运用经验而研制的一款适用于中国干线铁路重载货运的新型机车，在设计中尤其考虑到了大秦运煤专线的特殊环境。

该项目分为两个阶段，第一阶段 48 台机车为散件国内组装阶段；第二阶段的 132 台机车为国产化阶段。项目中，西门子为技术支持方，所有 180 台机车均在中国南方机车车辆集团株洲电力机车有限公司进行生产制造。

如图 7-33 所示，HX$_D$1 型双节电力机车电系统设计满足 AC 25 kV，50 Hz 牵引供电制式，并能适应中国铁路接触网较宽的电压范围的特点，每节机车上配备有相同的主电路系统、辅助电路系统和控制电路系统，每节机车均可单独运行。每节机车网侧电路由一台受电弓、一台带高压接地装置的主断路器、一台避雷器、一台高压电压传感器、一台高压电流传感器及一台高压隔离开关等组成。同台机车的两节车的主电路通过车顶连接器在网侧相连，这使得同台机车仅使用一个受电弓便可实现整台机车的供电。每节机车有一套完整的电传动

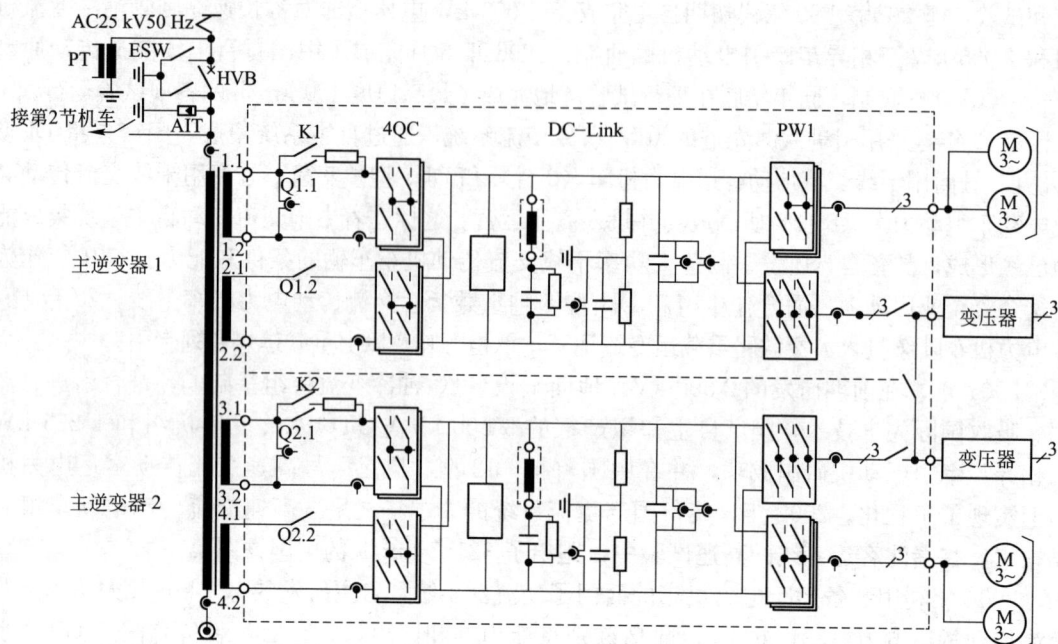

图 7 - 33　HX_D1 机车主电路

系统，其主要特点如下。

（1）网侧电路由一台受电弓、一台带高压接地装置的主断路器、一台避雷器、一台高压电压传感器、一台高压电流传感器、一台高压隔离开关及回流装置组成。同台机车的两节机车的主电路通过车顶连接器在网侧相连，这使的同台机车仅使用一个受电弓便可实现整台机车的供电。

（2）每节机车有一套完整的电传动系统，该系统由一台拥有 1 个原边绕组、4 个牵引绕组和两个 2 次谐振电抗器的主变压器通过 2 个四象限斩波器（4QC）向两个独立的中间电压直流环节供电。每台转向架上的 2 个三相感应电动机作为一组负载，由连接在两个中间直流环节中的一个脉宽调制逆变器供电。

（3）因为两路中间直流环节相互独立，所以整台牵引力有 75% 的冗余，从而提高机车的可利用率。

（4）中间直流电路环节还连接有谐波吸收电路，过压保护电路、接地检测电路。

（5）机车采用再生制动，再生制动时机车能量反馈回电网，达到节能的效果。

（6）四象限斩波器和脉宽调制逆变器采用水冷 IGBT 模块，模块等级为 3.3 kV/1 200 A。

2. HX_D2 机车

2005 年 2 月 25 日，同车公司与法国阿尔斯通公司共同获得了铁道部 180 台大功率交流传动电力机车的合同订单，其中 12 台进口机车，36 台散件进口国内组装机车和 132 台国内制造机车；由阿尔斯通公司向同车公司进行主要部件的技术转让。

大功率交流电力机车机车由铁道部命名，最初的名字为 DJ4 型电力机车，现在更名为 HX_D2 型电力机车。大功率交流传动电力机车是基于 PRIMA BB37000 改进设计的。PRI-MATM 系列机车是在阿尔斯通百年机车设计和制造经验基础上开发的最新系列化产品，采用标准化、模块化设计，是世界上最先进的、成熟的交流传动电力机车之一。在欧洲、中东等地区得到广泛的应用。

在设计制造过程中，HX$_D$2 机车充分考虑到了大秦运煤专线的特殊环境，机车具有以下技术特点：

(1) 大功率牵引驱动，采用轴控模式，单轴功率 1 250 kW；

(2) 主变流器采用成熟、可靠、先进的 1 200 A/3.3 kV IGBT 模块技术，基于该等级模块在法国机车上的成熟可靠的应用；

(3) 成熟、可靠、先进的牵引和制动特性控制技术，网络传输技术，基于该技术在法国铁路产品上的成熟设计和应用；

(4) 关键部件采用国际领先技术，主变压器采用瑞士 ABB 技术，受电弓采用德国 STEMMANN - TECHNIK 技术，主断路器和避雷器采用法国 ALSTOM 技术；

(5) 新型结构的高效率、低损耗的牵引电机；

(6) 如图 7 - 34 所示，每节机车有四套相互独立的牵引变流器，每套电路驱动一根传动轴，实现机车的轴控方式。每套牵引变流电路包括四象限整流器、中间直流电路和三相逆变电路；

(7) 功率元件采用 IGBT，水冷方式；

(8) 通过 FIP 网络与控制电路交换信息。

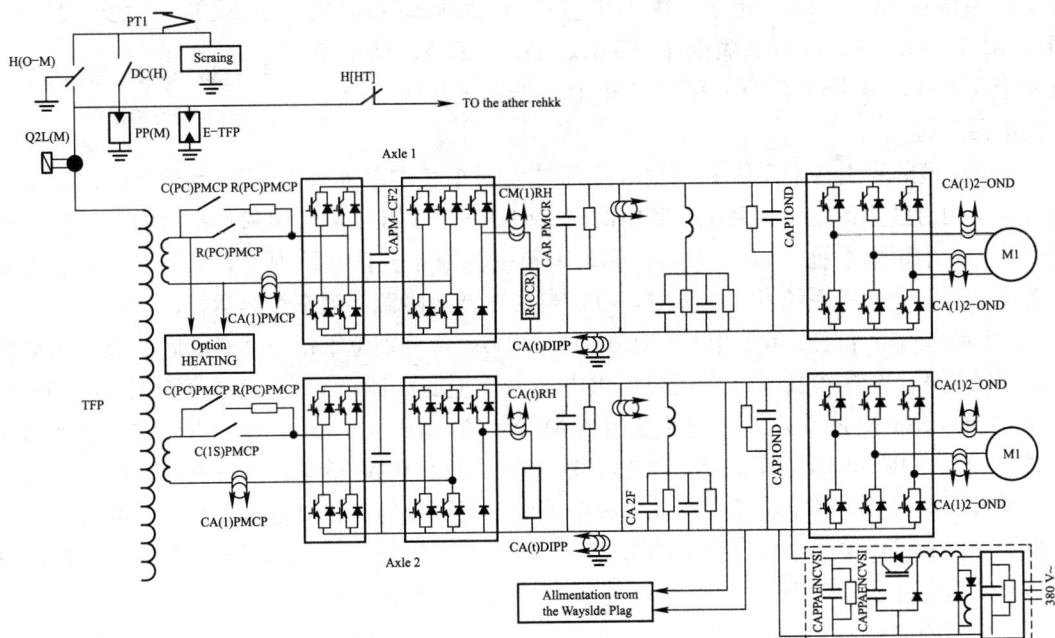

图 7 - 34　HX$_D$2 机车主电路

7.3.2　CRH$_1$ 型动车组牵引控制系统

1. 概述

CRH$_1$ 型动车组以 Regina 型动车组为原型车，通过公司内部技术转移，由 BSP 公司在国内制造生产。动车组由 8 辆车组成，其中 5 辆动车 3 辆拖车；首尾车辆设有司机室，可双向驾驶，编成后结构如图 7-35 所示。

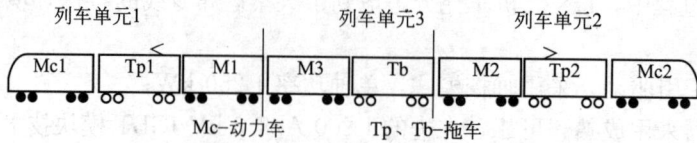

图 7-35　CRH₁ 型动车组动力布置

CRH₁ 型牵引传动系统采用交-直-交传动，能量传递与转换过程如图 7-36 所示。牵引系统主要由受电弓、牵引变压器、牵引变流器及牵引电机组成。受电弓通过电网接入 25 kV/50 Hz 的高压交流电，输送给牵引变压器，降压成 900 V/50 Hz 的交流电。降压后的交流电经网侧变流器转换成 1 650 V 直流环节电压，该直流电再由电机变流器转换成电压和频率均可控制的三相交流电，输送给牵引电机牵引整个列车。

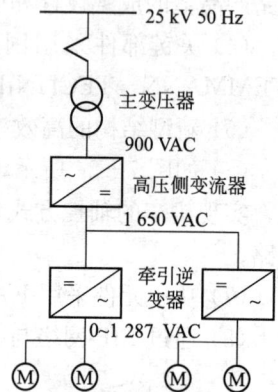

图 7-36　CRH₁ 型动车组牵引传动系统

2. 牵引传动系统主电路

CRH₁ 型动车组主电路主要由高压系统、牵引系统电路和辅助供电系统组成。CRH₁ 型的 8 辆车中包括 5 辆动车（Mc1、M1、Mc2、M2、M3）和 3 辆拖车（Tp1、Tp2、Tb），动车组有两个受电弓，分别位于 Tp1 和 Tp2 车上，正常工作时只有一个受电弓升起。

CRH₁ 型的牵引传动系统和控制电路都是以列车基本单元（TBU）为基本单位。动车组有 3 个相对独立的主牵引系统，其中两个牵引系统（TBU1 和 TBU2）有两辆动车和一辆拖车，另一个牵引系统（TBU3）有一辆动车和一辆拖车。正常情况下，3 个牵引系统均并行工作，当一个牵引系统发生故障时，可以自动切断故障源，列车继续运行。

5 个动车有 5 个主变流器箱 CB（Converter Box），分别位于每个动车的底架上，从本单元内部的拖车上的主变压器的次级绕组供电。每个主变流器箱 CB 有 1 个网侧变流器 LCM（Line Converter Module）、2 个电机变流器 MCM（Motor Converter Module）和 1 个辅助变流器 ACM。网侧变流器 LCM 将主变压器次边输出的 900AC 整流成为直流环节电压；电机变流器 MCM 将直流环节电压逆变成为频率可变电压可变的三相交流电供给牵引电机。一个电机变流器 MCM 给一个转向架上的两台牵引电机并联供电，每个动车转向架有两个轴，每轴一个牵引电动机。辅助变流器 ACM 将直流环节电压逆变成车上的三相工频交流电。

牵引系统电路如图 7-37 和图 7-38 所示，牵引系统电路的主要部分都在主变流器箱（CB）内部，此外还有直接环节的 2 次谐波滤波器和三相滤波器、三相变压器等单独安装在滤波器箱（FB）中。牵引变流器的功能是进行电能转换，以满足牵引列车及牵引控制对电能形式的需要。CRH₁ 型动车组采用交-直-交传动，由网侧变流器 LCM 首先将单相交流电转换成直流电，直流电又被电流变流器 MCM 转换成电压、频率可调的三相交流电供给三相交流异步牵引电动机，通过对 LCM 和 MCM 的开工至实现列车的牵引、调速及制动功能。

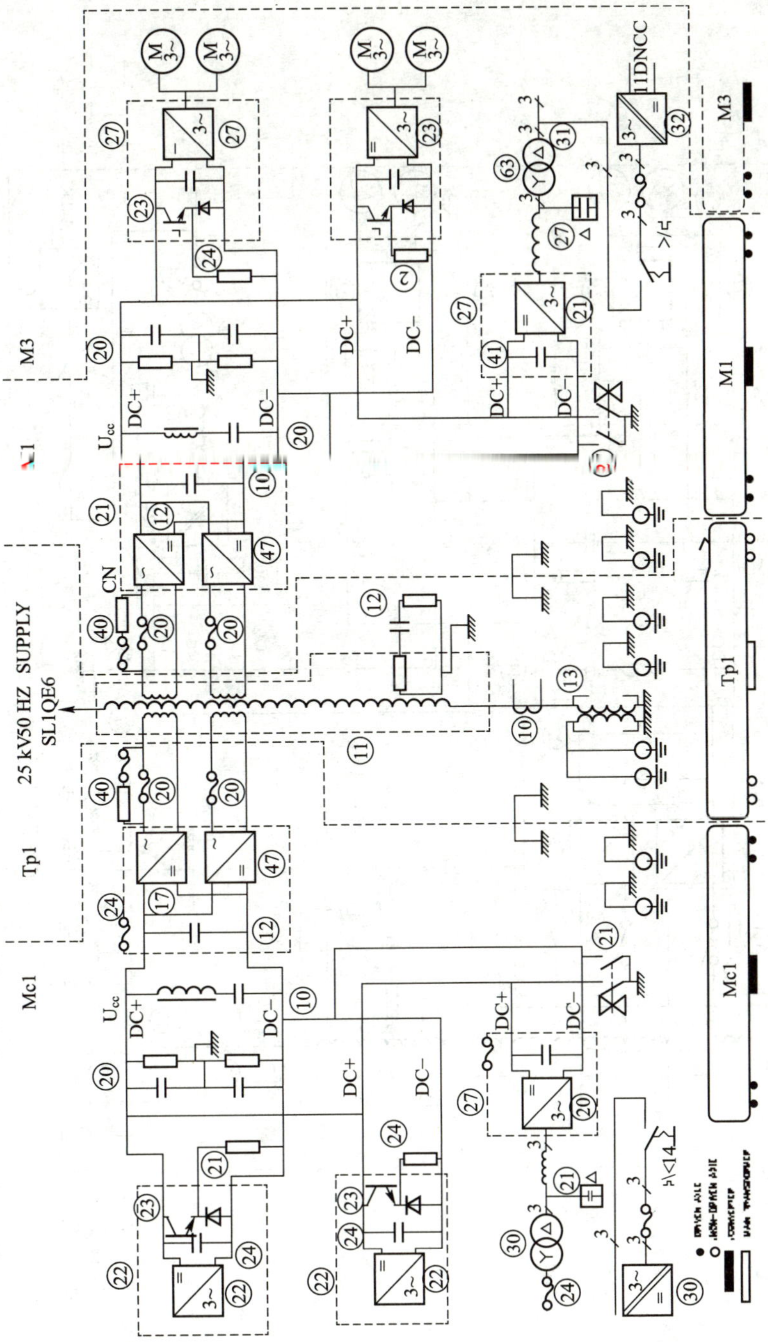

图 7 - 37　CRH₁ 型 Mcl - Tp1 - M1 牵引系统电路

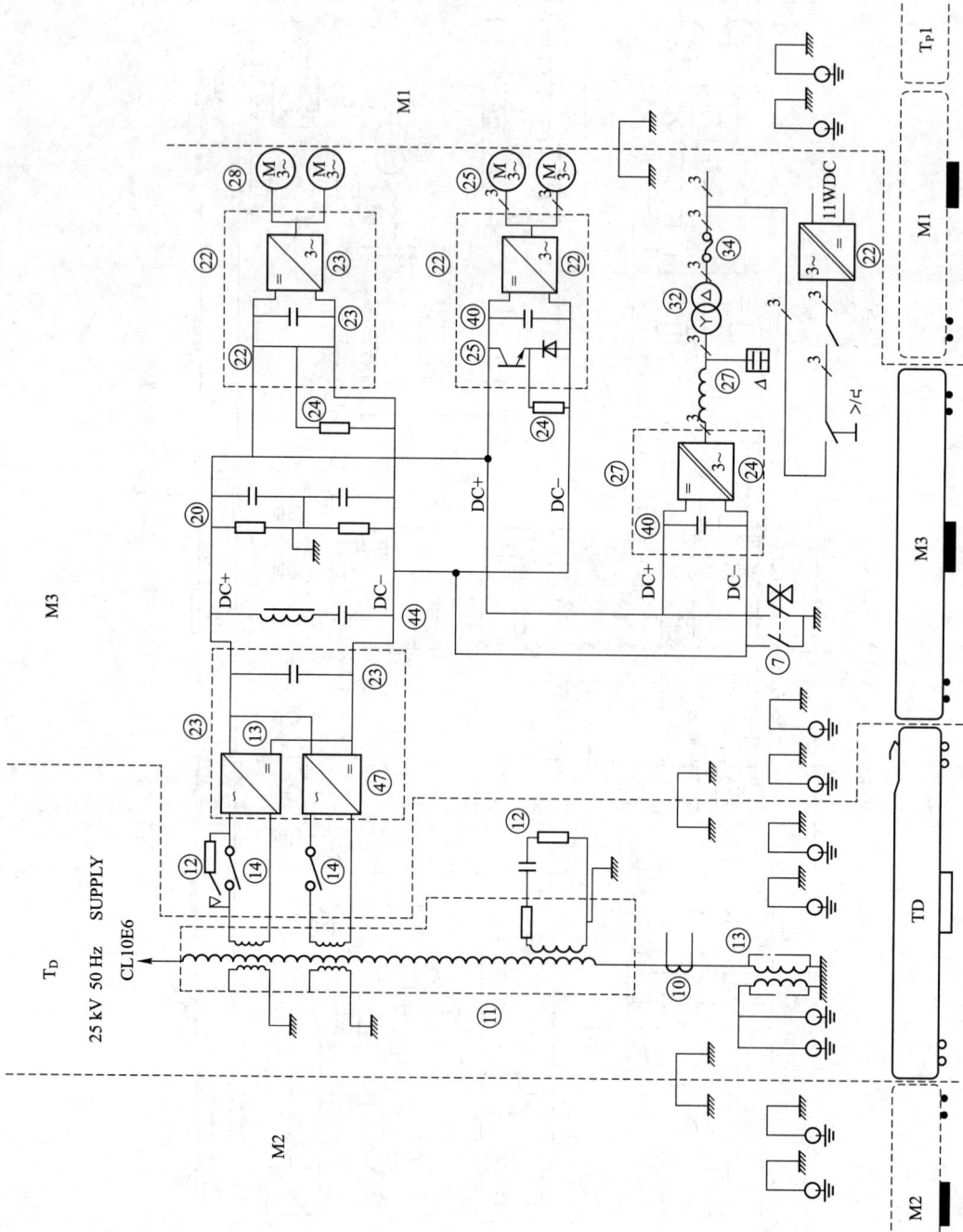

图 7 - 38　CRH₁ 型 M3 - Tb 牵引电路原理图

1）充电电路

充电电路的任务是将主变压器和网侧变流器单元（LCM）连接起来并进行控制，当发生故障时，可将有故障的牵引系统隔离。启动牵引系统时，充电接触器应首先通过充电电阻将网侧变流器和主变压器连接，对向直流环节充电的初始电流进行限制。充电电路应包括分离接触器、充电接触器和充电电阻。网侧变流器控制器控制充电电路。

2）网侧变流器模块

网侧变流器单元（LCM）的任务是将主变压器次边绕组的交流电压转换成稳定的直流电压，将接触网的电能输送给直流环节。还应能够反向输电，从直流环节向接触网馈电，用于再生制动工况。两个网侧变流器构成一个网侧变流器单元。每个网侧变流器的交流侧应同主变压器次边绕组连接。在直流侧，两个网侧变流器应并联。一个网侧变流器单元应包括四个相同的部分，其中两部分构成一个网侧变流器，高压/高电流型各一个。每一部分有上下两个 IGBT，应避免 IGBT 并联。应对主变压器次边电压和相对于接触网电压的相角进行控制，即对接触网和列车之间的有功功率和无功功率都进行控制，且受电弓处的功率因数应接近于 1.0。

3）电能转换应采用带有微处理器控制逻辑电路的 IGBT

IGBT 作为开关，由各自的门驱动单元（GDU）控制。这种情况下，IGBT 将主变压器次边绕组交流电压交替地同直流环节的 DC＋和 DC－的接线端连接。GDU 的主要任务是开关 IGBT。当供电系统出现故障或 IGBT 出现短路/过流时，GDU 应将 IGBT 断开。GDU 还应检测其自身的电源。应通过光纤向控制器和 GDU 传输信号，使系统具有较高的抗电气干扰能力。IGBT 应将直流环节的电压控制在额定电压值。在短时功率较高的运行中，直流环节的电压可以提高。两个网侧变流器的 IGBT 采用移相控制，以减少接触网电流中的谐波。通过主变压器较高阻抗的滤波作用将进一步减少接触网电流中的谐波。

4）LCM 及其基于微处理器的控制单元（DCU）

每个 LCM 应装设一个电源装置，将蓄电池电压转换成合适的电压供 LCM 的电子控制设备和控制电路使用。要注意将根据具体装置的性能来设置装置的电压、电流和开关频率。

（1）直流环节

直流环节的任务是稳定网侧变流器的输出电压，为连接在其后的电机逆变器单元供电。直流环节由并联的电容器组成，在每个网侧变流器和电机逆变器中各有一部分，在二次谐波滤波电路中有一部分。直流环节额定电压为 1 650 V DC。

（2）二次谐波滤波器

二次谐波滤波器的任务是减少来自接触网和 LCM 的 100 Hz 脉动电源引起的直流环节电压的波动。电压波动可能会引起牵引电机的力矩波动。二次谐波滤波器应为串联谐振电路，频率为 100 Hz，与接触网电压二次谐波频率相同。

（3）电机逆变器模块

电机逆变器单元（MCM）的任务是将直流环节电压转换成三相可变电压和可变频率（VVVF）的电压，供牵引电机使用。

MCM 向牵引电机提供可变电压和可变频率（VVVF）的电源。在再生制动过程中，电能反向输送，从电机（作为发电机工作）通过 MCM 向接触网馈电。在网压失电时，如经过相分段时，MCM 通过实施较低水平的再生制动来保持直流环节的电压。这样，牵引电机会保持其励磁，提高牵引系统的反应时间，同时，ACM 还能够控制和保持辅助电源的电压。

同 LCM 一样，MCM 应包括四个 IGBT 部分。在 MCM 中，其中的三部分用于逆变器，另一个用于过电压斩波器。直流环节的电容和 IGBT 单元采用多股的母线相连，使导线电感较低而不需要阻尼件。MCM 采用空间矢量调制法控制。为了在牵引电机额定转速以上增加输出功率，应采用方波调制法。

逆变器应采用 500 Hz～1 kHz 范围内的开关频率，以降低逆变器三相输出电压的谐波含量，从而使牵引电机内的能量损失和力矩波动降到最低。过压斩波器具有过压保护功能（OVP），防止直流环节电压过高。变流器停机后，还可用于直流环节的放电。采用基于微处理器的控制单元对 MCM 进行控制。

（4）牵引电机

牵引电机为三相鼠笼式异步电机，电机通过三个点弹性安装在转向架上。采用强迫通风冷却方式。进风口在车辆一侧较高的位置。一个风机为一个转向架内上的两个电机通风。电机电缆连接在接线盒内的接线盘上，应连接定子绕组内的温度传感器（PT100）。温度传感器连续测量绕组的工作温度。为实现冗余，应另外安装温度传感器（PT100）元件以便能在重新连接后使用。

3. 牵引传动系统控制

1）概述

牵引系统主电路能量转换过程受二次回路的控制，CRH$_1$ 型的二次回路是以 MITRAC 通用计算机为核心的列车控制与管理系统（TCMS）。MITRAC 计算机以摩托罗拉 68 KB 微处理器为基础，该系统的机械和电气设计均适应温度范围是 $-40\ ℃～+70\ ℃$，并承受强烈震动冲击的牵引环境。

TCMS 接受司机的指令信息，经过转换与运算以后发给主回路电气系统执行实施能量转换过程，控制列车运行；TCMS 还检测列车运行的实际状态信息，对该状态信息进行处理和判断，一方面显示给司机、乘务人员和维护人员了解列车的运行情况，另一方面对出现的异常情况进行报警和应急处理。

牵引控制系统的环节主要包括：PCU（牵引控制单元）、VCU（车辆控制单元）、DCU/X（MITRAC 的驱动控制单元）和 I/O 模块，如图 7－39 所示，这些装置是列车整体 TCMS 控制和通信系统的一部分，挂在牵引多功能车辆总线（MVB）上。

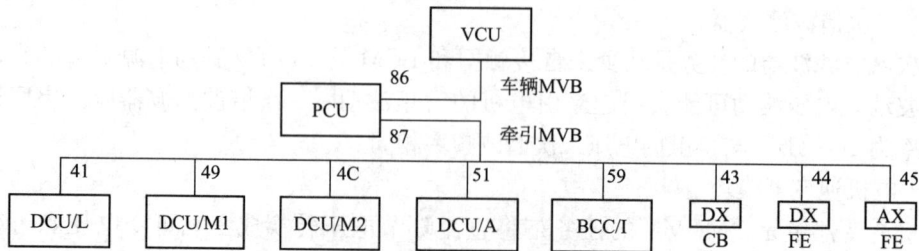

图 7－39　动车上的牵引控制系统框图

其中，牵引控制时车辆控制（VC）系统中相对独立的一个子系统，称为牵引控制单元（PCU），它挂在每一列车基本单元 TBU 内部的 MVB 总线上，通过 MVB 总线接受司机室的控制命令，也通过 MVB 总线传送车辆运行信息到主控计算机作进一步的处理和显示。每辆动车包含一个牵引控制系统。

PCU 通过内部的 MVB 总线与下一级功能单元相连，如电机变流器 MCM、充电控制器 BBC 等，这是第一层的 MVB 总线，称之为牵引 MVB。也就是牵引控制单元（PCU）有两个 MVB 总线接口，一个是牵引 MVB 接口，用于牵引控制本身；另一个是车辆 MVB 接口，用于与车辆控制单元（VCU）通信。牵引控制的 MVB 接口地址始终设为 40，车辆控制接口的 MVB 地址根据 PCU 的具体位置可设为 86 或 87，在动车 Mc1 和 Mc2 内设为 86，在动车 M1、M2 和 M3 内设为 87，图 7-39 中各单元上的数字均为对应单元在牵引 MVB 上的十六进制地址。

PCU 是牵引控制的核心，通过 MVB 总线实现对网侧变流器 LCM、电机变流器 MCM、辅助变流器 ACM、充电器 BCM 等的控制。LCM、MCM、ACM、BCM 都是具有高度自治功能的单元，能够独立实现 PCU 的控制指令，并自动将状态信息传送到牵引 MVB 总线。

司机将列车主控制器接通，主控制器连接到数字输入单元（DX-单元），其数值被读为牵引/制动基准，主 TC CCU 通过 MVB 总线读到这个数字输入，并重新计算牵引/制动基准；接着将每个车的基准值通过 WTB 分配到其本地 TC CCU，在其他本地 TC CCU 中，根据该参考值计算出力矩基准；本地力矩基准通过 MVB 传输到本车 PCU 单元；在 PCU 中重新计算力矩基准并传给牵引电机变流器控制单元 DCU/M 生成所需的扭矩，牵引列车完成司机的意图。

牵引系统工作的前提是高压系统将网侧断路器合上，高压电引入变流器箱。牵引系统的控制时 PCU 通过 MVB 总线对挂在其上的单元进行命令、状态的读写实现的。例如司机准备开往下一车站，这时就需要通过 PCU 按照牵引力基准值发出启动网侧变流器 DCU/L 的指令，LCM 启动后就向直流环节充电，建立直流环节电压；此后 PCU 就按照计算出来的牵引力基准值启动电机变流器，从而实现实际牵引力牵引列车运行。

PCU 输入到 DCU/M 的信号有：激活命令、车辆驱动方向、牵引/制动基准。激活命令包括激活 LCM 建立直流环节电压或直流环节放电，以及电机变流器的启动运行或停止。牵引控制 PC 向 DCU/M 发出需要的牵引方向，但是牵引方向的改变命令仅在速度足够低时才能接受。驱动方向必须给定，即前进或后退。如果前进或后退方向均为设定，就停止电机变流器；如果前进和后退驱动方向均被同时设定，就执行保护性阻塞，也停止电机变流器，同时显示驱动方向错误；如果前进和后退方向均未选择，转矩基准就置为零，不显示故障。

而 DCU/M 输出到 PCU 的信号有：实际牵引/制动的大小，可利用的制动力的大小，轮轴转速，故障显示信息。

DCU/L 和 DCU/M 控制原理如图 7-40 所示。其中 DCU/M 监管和控制电机变流器模块（MCM）的大多数功能。DCU/M 是车辆分布式控制系统的组成部分。因此 MCM 几乎独立工作，以最少的输入和输出信号（包括控制命令、系统状态和故障信息）与牵引控制通信。

而 DCU/L 的主要任务是保持直流环节电压为一个常值，不随牵引变流器的工作状态而变化，当 MCM 工作在回馈发电状态时，作为四象限网侧变流器的 LCM 也将工作在逆变状态，把电能回馈到电网。控制牵引电机运行状态可用如下的控制原理图说明，DCU/M 包含

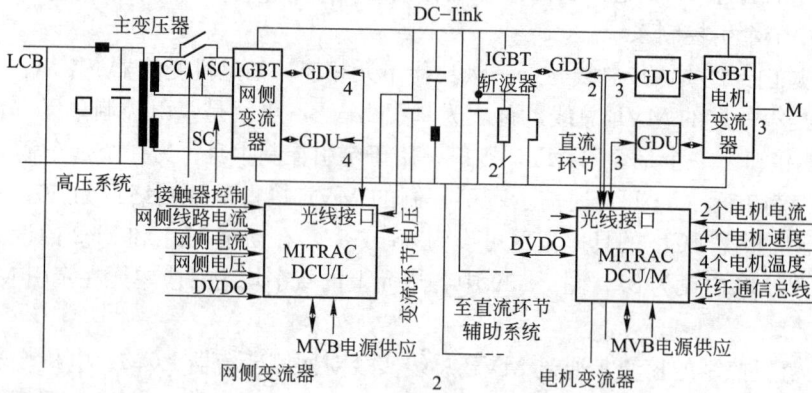

图 7-40　DCU/L 和 DCU/M 的控制原理

了所有的控制和保护牵引系统所需的功能，通过软硬件的手段实现转矩控制、速度测量、防空转/滑行。电机变流器 MCM 的四象限控制如图 7-41 所示。

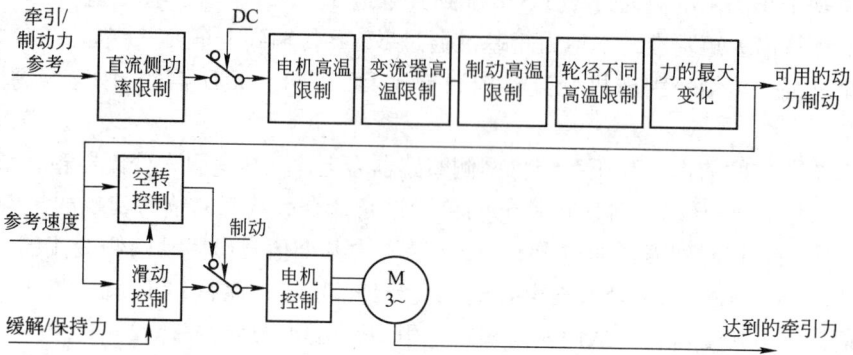

图 7-41　电机变流器 MCM 控制框图

2）电机的牵引控制

DCU/M 控制和监测异步牵引电机所产生的扭矩。在电机控制中，连接到同一牵引变流器的两台并联电机被等效为一台异步牵引电机，两台电机的总电流以及两台电机的平均速度被看作是等效异步牵引电机的电流与转速参数用于牵引控制。

MCM 的磁场转矩控制如图 7-42 所示，转矩控制需要测量的参数有：电机两相电流、直流环节电压、GDC 反馈信号和电机频率，这些参数用于最终的转矩计算。为获得需要的电机扭矩，CRH_1 通过 PWM 方式控制牵引电机的电压基准，包括其幅值、频率和初相位。通过异步电机的基于磁场定向的矢量控制，分别控制电机的磁场、旋转速度和扭矩。

从图 7-42 中可以看出，牵引电机的状态是最终由电压型逆变器给出的可变的电压的幅值和频率决定的；电压的频率和幅值可以通过 PWM 通过算法来控制 MCM 主电路的 IGBT 的开、关来实现；而 PWM 输入是由图中的磁场转矩控制器的输出来提供的；给定的电压信号由两部分合成，两部分分别对应磁场和转矩，而磁场和转矩的计算需要精确的数学模型，即观测器。模型本身的输入就是通过采集一些容易测量的参数，包括电机的两个相电流、直流环节电压、电机温度和轴速。

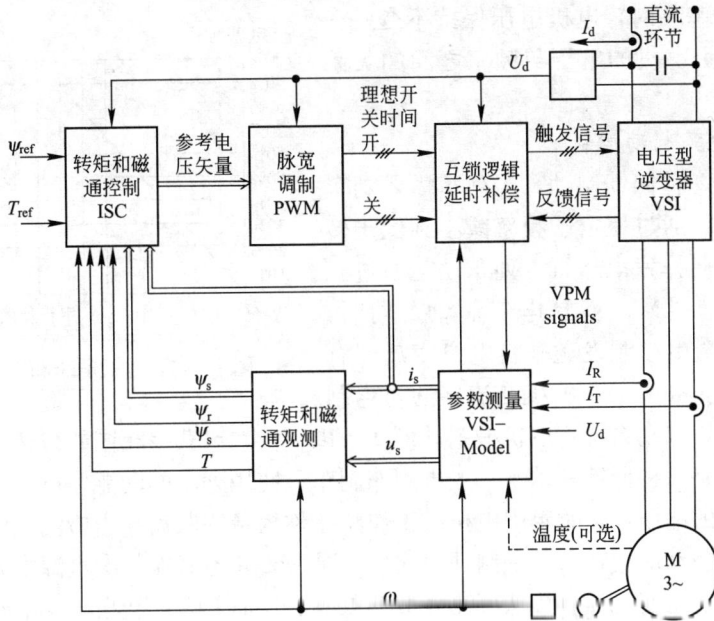

图 7-42　磁场转矩控制

MCM 的 PWM 调制采用空间矢量调制 SVM。整个输出范围只有这一种方法，在这种调制方式中电机进行平滑的控制而没有变化和台阶。通过逆变器中 IGBT 的开关控制，PWM 斩波 DC 连接电压成为 3 相 AC 电压，控制是基于输出相的脉冲长度。每个单相的幅值还取决于 DC 连接电压。

为了最大程度地使用 DC 连接电压，使用了过调制。当标准的 PWM 达到电压幅值极限时，采用过调制方法。对于 DC 连接电压，幅值极限是最大输出电压的 90%。为达到 100%，使用了过调制，从 PWM 平滑地转变为方波。

PWM 的调制方式如图 7-43 所示，其中 f_s 指 MCM 中的 IGBT 开关频率。在低速时，采用异步调制，采用相对于定子频率的较高的开关频率，更容易抑制干扰，同时有一个良好的转矩控制；在高速时，采用分段同步调制，采用相对于定子频率的较低的开关频率。

PWM 方法使用了高效的电机控制、高开关频率和保持纹波损失降低。相对于较高的开关切换频率使电机抖动损耗较小。IGBT 的切换频率反映出 PWM 能够产生理想的电机电流的能力，频率越高，电机电流纹波越小，电机损耗也越小，但切换频率越高，电机变流器的损耗越大。

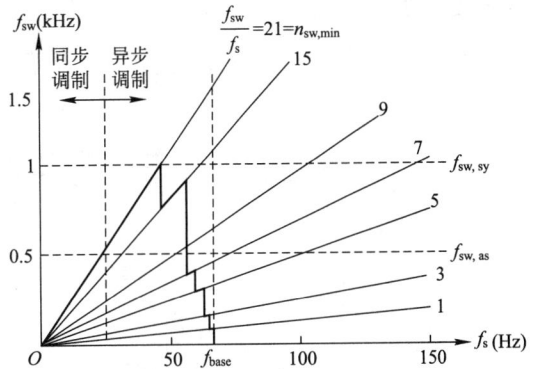

图 7-43　CRH₁ 型的 PWM 调制方式

电机暂停期间，给电机输入一个直流电流以产生确定强度的磁场。之后，定子频率从 0 Hz 开始上升。电机定子频率决定列车速度，从 0 Hz 到基频，电机的电压-频率比为常数；

当定子频率超过基频时，电机电压保持不变。在 PWM 控制下牵引电机的电压与频率之间的关系如图 7-44 所示。

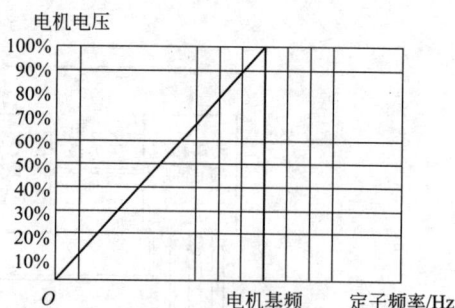

图 7-44　电机电压和定子频率比较

3）电机的电气制动控制

电气制动是一种回馈制动，当列车需要刹车时采用这种制动。通过使定子频率减小到低于转子频率时牵引电机作发电运行，列车动能通过三相逆变器回送给电网，就是电气制动。同时，DCU/M 连续向牵引控制发送来自电机变流器有效制动力的信息，如果一个电机变流器的再生制动受限或者停止，制动系统将以机械制动形式予以补偿，以获得相同的减速。

备用制动也是一种回馈制动，一般不用作刹车。使用列车的动能，可在电源中断间隙保持直流环节电容的电压，这时牵引电机的工作状态称为备用制动。当检测到电源中断时，扭矩基准立即被微制动取代，由于是制动模式，一是 MCM 不必在每次电源中断之后需要再次激活；二是由于辅助变流器直接从直流环节获取电能，而 MCM 会在电源中断时供给直流环节电功率，因此辅助用电系统也不会因供电中断间隙而失去电源。

4）防空转/滑行控制系统

防空转/滑行控制系统可以在不同轮轨条件下实现有效黏着力的高利用率。该系统通过检测动轴的速度来判断牵引运行工况的空转和动力制动运行工况的滑动，当发现空转或滑行时，减小电机变流器控制的扭矩基准，直至空转或滑行消失。

发生空转/滑行的信息被送到 PCU 和 VCU 用于制动控制系统，以减小制动时发生滑行的转向架的空气制动力，从而优化动力制动，在发生滑行时能够获得最大制动力。当滑行现象严重，动力制动实现制动力基准的 25% 以下超过 2 s 时，制动系统通常忽略滑行信号，并恢复空气制动。

空转/滑行控制系统结构如图 7-45 所示，空转速度基准和实际空转速度的差送给 P 控制器，短时间的优化收索运算后，P 控制器输出可能获得的最大的扭矩基准，然后送给磁场转矩控制系统。

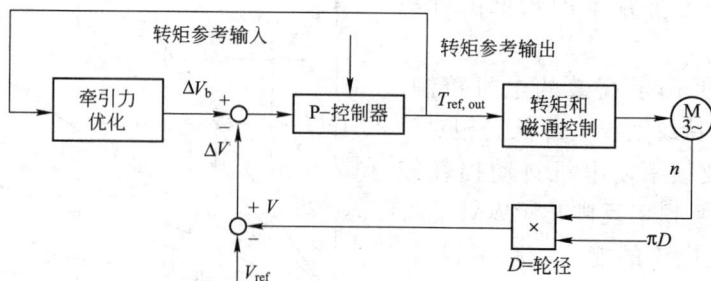

图 7-45　空转/滑行控制系统结构图

5）速度控制

对于速度的调节主要由司机控制器来完成，它有两种运行模式：一是自动模式，即速度调节器模式；二是手动模式，即功率导出模式。

在自动模式下，司机控制器其实就是速度指令发生器，是司机对列车进行运行控制的主要手段，其作用就是给牵引/制动系统一个给定的运行速度，在运行速度调节器的作用下，列车最终的运行速度达到预设值，自动模式下速度控制原理如图 7-46 所示。

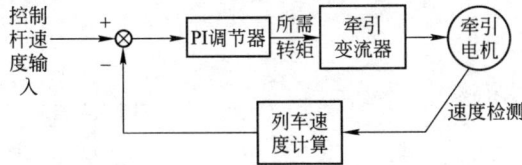

图 7-46　速度控制原理图

6) 牵引力和制动力基准

来自列车运行控制的牵引/制动力基准根据图 7-47 进行标尺计算与限幅。正牵引/制动力基准，作为牵引力基准处理，而负牵引/制动力基准，作为制动力基准处理。在牵引/制动中分别具有不同的标尺函数，这是因为在动力制动不足的情况下增加空气制动。

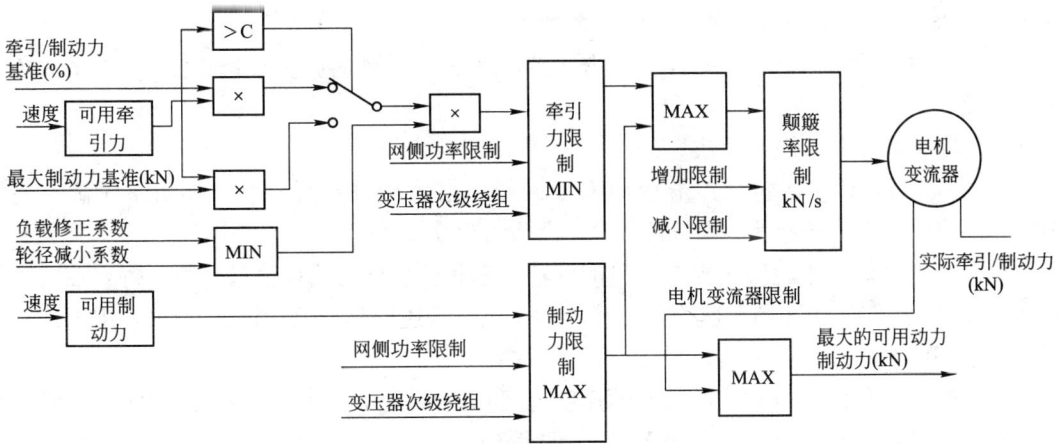

图 7-47　牵引力和制动力基准标尺及限幅计算

(1) 牵引力基准

当牵引/制动力基准>0 时，为牵引力基准，否则为制动力基准。在以下情况下，牵引/制动力基准被置为零：①LCM 没有激活；②MCM 没有激活；③预防性关机；④受电弓离线；⑤牵引安全未激活；⑥无效车辆速度。

在牵引模式下，可用牵引力取决于速度。基准标尺计算如图 7-48 所示，不同的牵引力基准（0~100%）对应于作为车辆速度函数的可用牵引力的 0~100%。当改变动力需求时，司机会得到一个相应的牵引力值。

(2) 制动力基准

在制动模式下，可用制动力是恒定的，不像牵引模式那样与速度相关。在高速情况下，动力制动力减小时，自动加入空气制动以保持总制动力在恒定的高水平上。只有要求没有限制，就没有必要按车辆速度而减小动力制动力基准。按 0~100% 的制动力基准标尺计算时，100% 对应于包括动力制动和空气制动的最大制动力基准。

（3）负载修正

负载也就是列车载重，牵引/制动力基准按照负载修正系数（0%～100%）有所减小，牵引/制动力基准应乘以负载修正系数，该系数在正常载重下取100%。负载修正系数如图7-49所示。

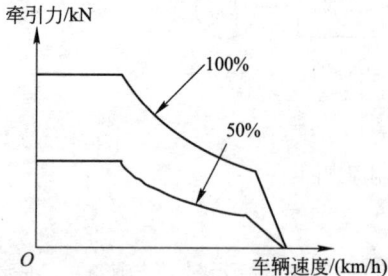

图7-48　作为车辆速度函数的牵引力基准

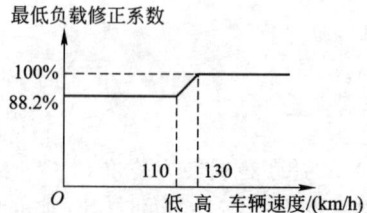

图7-49　最低负载修正因数

从图中可以看出，车辆低速（110 km/h 以下）时的最小载重修正系数88.2%；车辆高速度（130 km/h 以上）时最小载重修正系数100%。

在 TBU1 单元和 TBU2 单元，存在隔离或切断的 MCM 时，负载修正按100%最大负荷模拟设置。

（4）轮径差异大的修正系数

牵引/制动力基准在轮径差异大时有所减小。最大允许的轮径为 915 mm（新轮大约915 mm）；最小允许轮径为 835 mm；轮径默认值为 905 mm。

轮径值的计算：车轮转速根据车轮的旋转频率和已校准的轮径值来计算，每一轴的车轮转速被发送至 VCU 计算列车速度，计算的列车速度发送回到 PCU 和 DCU/M，用于计算车速对牵引/制动力的限制和空转/滑行检测。

一个轴的轮径值通过对校准的车辆速度 v_{cal} 和由轴转速 v_{axle} 计算的车辆速度 v_{axle} 之间的差值求积分得到，校准的车辆速度由 VCU 计算得到。其原理如图7-50所示，当轮径值 d 为实际值时，它与轴的转速 f_{axle} 之积得到的速度 v_{axle} 应该就是车辆的校准速度，如果两者有差异，积分值就会不断积累，直到差值为零，因此这是一个无差系统，最后能得到准确的轮径值。

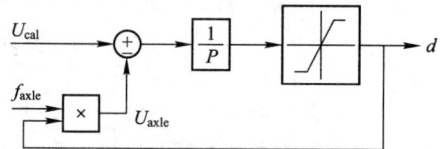

图7-50　轮径值计算原理

各个轴的轮径单独计算，以下条件均满足时开始积分：

① 有 VCU 校准轮径的命令；

② 轴的速度是有效的。计算的轮径值，即积分器的输出，被保存在内存中。

如果计算的轮径在限制范围之内，就设定有效；新软件下载之后，这个轮径值设定为默认值。

牵引/制动力的轮径差异修正系数如图7-51所示。轮径差异太大时，MCM1 或 MCM2 被阻断。轮径差异大于 7 mm，轮径差异大的修正系数为 100%；轮径差异大于 10 mm，轮径差异太大的修正系数 0%；如果一个转向架上的一个或两个的轮径值无效，则牵引/制动力减少到 50%，并有故障信息显示。

（5）网侧功率限制

在列车运行期间，通过限制网侧电压的拉低值，以使网侧电流不超限。最大的拉低/回馈的功率是网侧电压的函数，如图 7-52 所示。限制程度在 ES 性能规定之内。当网侧电压低于标称网侧电压时，网侧功率限制值缓慢斜坡增加，以使在较小功率电网区间能够得到平滑特性。斜坡时间定义为：

$$\max\{t_{\min}, \ k\times(U_{\text{nom}}-U_{\text{line}})/U_{\text{nom}}\}$$

其中 $t_{\min}$ 在标称网侧电压下的最小斜坡上升时间；k 为标尺因子；U_{nom} 为标称网侧电压；U_{line} 为网侧电压。标尺因子定义为：90% 的标称网侧电压下从零到最大网侧功率的斜坡上升时间。

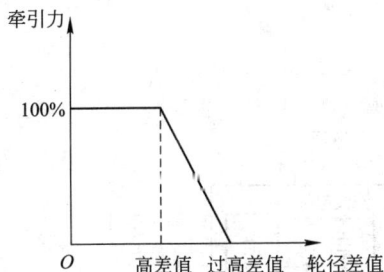

图 7-51　牵引/制动按轮径差异修正　　　图 7-52　不同网侧电压下的最大网侧功率

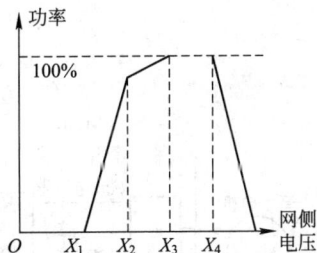

（6）牵引力/制动力限制

牵引/制动力基准受以下条件限制：负载限制、网侧电功率限制、变压器次级绕组功率限制，也会受电机变流器温度、牵引电机温度等条件的限制。

7.3.3　CRH₂ 型动车组牵引控制系统

1. 概述

CRH₂ 型动车组是四方以日本 E2-1000 型动车组为原型车，通过全面引进设计制造技术，由四方股份公司在国内制造生产。CRH₂ 型动车组采用动力分散交流传动模式，适应在铁路既有线上以 160 km/h 速度正常运行，在新建的客运专线及既有指定区段上以 200 km/h 速度级正常运行。如图 7-53 所示，CRH₂ 型编组为 T1c-M2-M1-T2-T1k-M2-M1s-T2c，4 动 4 拖，其中相邻的两辆动车为 1 个基本动力单元，每个动力单元具有独立的牵引传动系统。

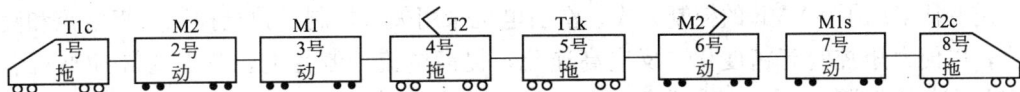

图 7-53　CRH₂ 型动车组动力布置

受电弓从接触网接受 25 kV、50 Hz 单相交流电，通过真空断路器（VCB）连接到牵引变压器原边绕组。主电路开断由 VCB 控制。牵引变压器设置两组牵引绕组，牵引绕组输出电压为单相交流 1 500 V/50 Hz。每辆动车配置 1 台牵引变流器，牵引变流器处理在牵引时驱动牵引电机，制动时进行电制动外，还具备相应的故障保护功能。

CRH₂动车组是由两个动力单元组成的4动4拖动力分散型电动车组（该编组为时速200 km动车组，6动2拖编组情况下，时速可达300 km）。每个动力单元包括1台牵引变压器、2台牵引变流器和8台牵引电机，其中每台牵引变流器驱动一辆动车上的4个牵引电机。主电路系统以M1、M2两辆车为1个单元，主电路简图如图7-54所示。受电弓从接触网25 kV、50 Hz单相交流电源受电，通过主断路器VCB连接到牵引变压器原边绕组上。主电路开闭由VCB控制。牵引变压器牵引绕组设两组，原边绕组电压25 kV时，牵引绕组电压1 500 V。牵引变流器在M1车、M2车上分别装载脉冲整流器、逆变器各1台，运行时除实施牵引电机电力供应和制动时的再生制动外，还具备保护功能。牵引电机采用三相鼠笼式感应电机，其轴端设置速度传感器。

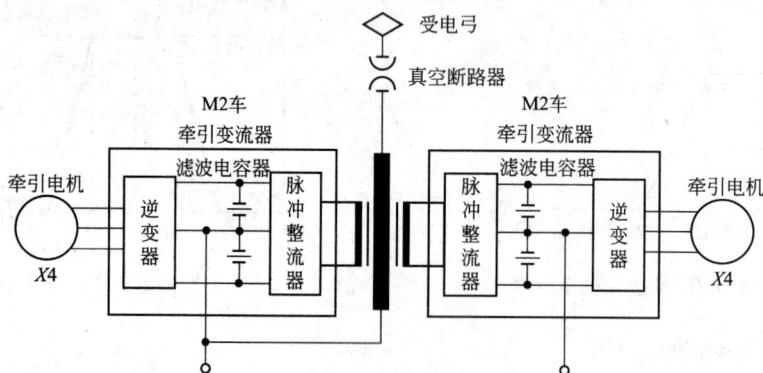

图7-54 CRH₂主牵引系统结构示意图

2. 牵引传动系统主电路

受电弓将接触网AC 25 kV单相工频交流电，经过相关的高压电气设备传输给牵引变压器，牵引变压器降压输出1 500 kV单相交流电供给牵引变流器，脉冲整流器将单相交流电变换为直流电，经中间直流环节将DC 2 600～3 000 V的直流电输出给牵引逆变器，牵引逆变器输出电压/频率可调的三相交流电源（电压：0～2 300 V；频率：0～220 Hz），驱动牵引电机，牵引电机的转矩和转速通过齿轮变速箱传递给轮对驱动列车运行。

脉冲整流器由单相三点式PWM变流器、变流接触器K组成，实现对输出直流电压2 600～3 000 V定压控制、牵引变压器原边单位功率因数的控制及故障保护。再生制动时，牵引变流器向牵引变压器反馈电源，采用异步调制、5脉冲、3脉冲和单脉冲相结合进行控制。逆变器采用了VVVF的控制方式。牵引电机采用矢量控制，独立控制力矩电流和励磁电流，以使力矩控制高精度化、反应高速化，提高电流控制性能。三点式脉冲整流器以PWM斩波方式进行整流，控制中间直流电压牵引时在2 600～3 000 V内。牵引变流器输出电压、频率可调的三相交流电驱动4台并联的牵引电机。

3. 牵引电机矢量控制

CRH₂型动车组采用转子磁场定向间接矢量控制技术实现对逆变器和电机的控制。输入支撑电容器电压，依据无触点控制装置控制信号，输出变频变压的三相交流电对4台并联的电机进行速度、转矩控制。控制框图如图 7-55 所示，各控制单元的作用如下。

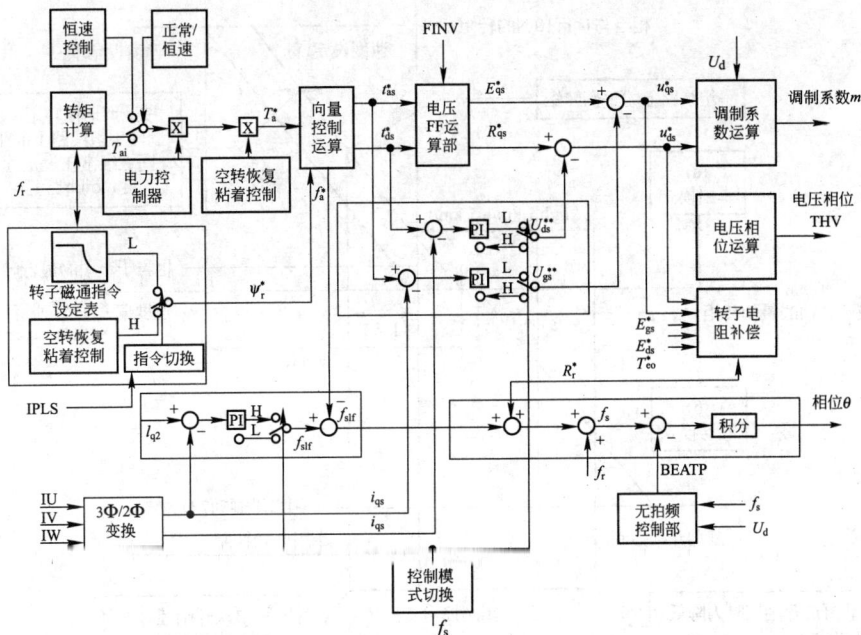

图 7-55　逆变器控制框图

1）转矩控制单元

转矩控制单元如图 7-56 所示，牵引时按换挡指令及转子频率设定转矩指令。制动时按制动力指令设定转矩指令。逆变器闸控开始时利用斜坡函数升到目标值。换空挡时转矩会利用斜坡函数降到目标。

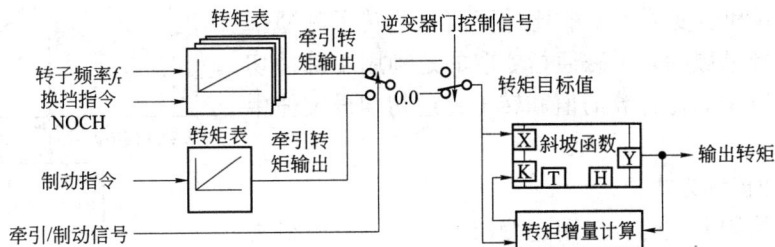

图 7-56　转矩控制单元

接通挡位、升挡等转矩发生变化时，计算 1 s 从变化前到目标值的转矩，转矩图形如图 7-57 所示。

2）恒速控制单元

恒速控制策略如图 7-58 所示，当输入恒速指令时，将当时速度作为设定速度。为保持此速度，转矩指令按照速度偏差进行恒速控制。

3）转子磁通指令计算

转子磁通指令根据不同的调节方式，作如下设定

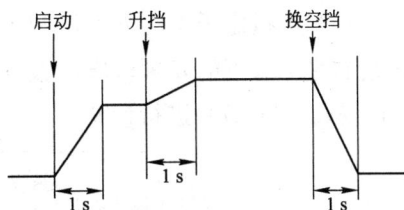

图 7-57　转矩图形

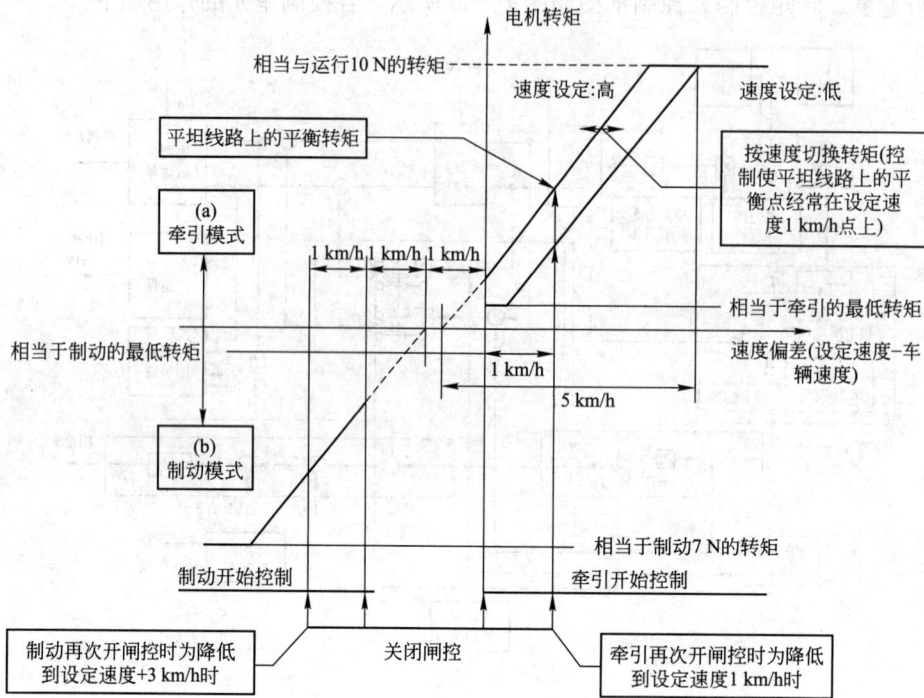

图 7 - 58　恒速控制策略

（图 7 - 59）。

（1）VVVF 控制方式

基本上转子磁通指令为定值，但在 1 脉冲方式的速度域换空挡时、或再次运行时、到达 1 脉冲为止，使用利用 1 脉冲切换频率和逆变器频率的比计算而来的转子磁通指令。因此，在此领域的转子磁通指令取的是利用 1 脉冲切换频率与变频频率的比计算的值和转子磁通初期设定值中的低位的值。

（2）1 脉冲控制方式

在 1 脉冲控制方式时，使用逆变器输出频率、电机常量及转矩指令，计算转子磁通指令，使调制系数达到 100%，即在 1 脉冲领域上也实现矢量控制。

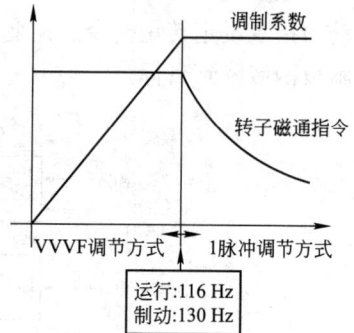

图 7 - 59　转子磁通指令

4）电机定子电流变换

将 3 相电机定子电流 I_u、I_v 和 I_w，变换为矢量控制使用的旋转坐标系下的 d 轴电流 i_{ds} 及 q 轴电流 i_{qs}。变换使用按逆变器输出频率积分得到的相位 θ，按式（7 - 27）进行计算。

$$\begin{pmatrix} i_{ds} \\ i_{qs} \end{pmatrix} = \sqrt{\frac{2}{3}} \begin{bmatrix} \cos\theta & \cos\left(\theta-\dfrac{2}{3}\pi\right) & \cos\left(\theta-\dfrac{4}{3}\pi\right) \\ \sin\theta & \sin\left(\theta-\dfrac{2}{3}\pi\right) & \sin\left(\theta-\dfrac{4}{3}\pi\right) \end{bmatrix} \begin{bmatrix} i_u \\ i_v \\ i_w \end{bmatrix} \qquad (7-27)$$

5）矢量控制计算

通过矢量控制，把电机定子电流 I 分为相当于转矩部分的 q 轴电流 i_{qs}^* 和相当于转子磁通部分的 d 轴电流 i_{ds}^*，它们分别独立控制。

$$i_{qs}^* = \frac{T_e^* L_r}{n_P L_m \Psi_r^*} \qquad (7-28)$$

$$i_{ds}^* = \frac{\Psi_r^*}{L_m} \qquad (7-29)$$

式中　T_e^*——转矩指令；

　　　Ψ_r^*——转子磁通指令；

　　　L_m——电机互感；

　　　L_r——电机转子电感；

　　　n_P——极对数。

在与逆变器频率同步旋转的 $d-q$ 轴旋转坐标上表示电流，如图 7-60 所示。

另外，利用 d 轴，q 轴电流指令 i_{qs}^*、i_{ds}^* 及电机常量（R_r 为电机转子电阻值，L_r 为电机转子电感），按下式计算转差频率指令 f_{sl}。

$$f_{sl} = \frac{i_{qs}^*}{2\pi \dfrac{L_r}{R_r} i_{ds}^*} \qquad (7-30)$$

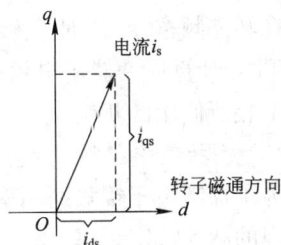

图 7-60　电机定子电流矢量图

6）电压前馈计算

根据 d 轴、q 轴电流指令 i_{qs}^*、i_{ds}^*，逆变器频率 ω_s，电机常量按式（7-31）和式（7-32）计算前馈电压指令 E_{qs}^*、E_{ds}^*。

$$E_{ds}^* = R_s \times i_{ds}^* - \omega_s \times L_s \times \sigma \times i_{qs}^* \qquad (7-31)$$

$$E_{qs}^* = R_s \times i_{qs}^* - \omega_s \times L_s \times \sigma \times i_{qs}^* \qquad (7-32)$$

式中，R_s 为电机定子电阻值；L_m 为电机互感；L_s 为电机定子自感；L_r 为电机转子自感。用矢量图表示上面的 d 轴、q 轴电压的前馈电压，如图 7-61 所示。

7）恒电流控制

为了使 d 轴、q 轴的反馈电流（i_{qs}、i_{ds}）分别追随于 d 轴、q 轴的电流指令（i_{qs}^*、i_{ds}^*），将各自的电流偏差输入 PI 调节器，把由此得到的电压分别作为 d 轴、q 轴的反馈电压（u_{qs}、u_{ds}）。

8）调制系数计算

用 d 轴、q 轴电压指令 u_{qs}^*、u_{ds}^* 和滤波电容器的输出电压 U_d，按式（7-33）计算调制系数 m。

$$m = \frac{\sqrt{u_{ds}^{*2} + u_{qs}^{*2}}}{\dfrac{\sqrt{6}}{\pi} \times U_d} \qquad (7-33)$$

9）电压相位计算

如图 7-62 所示，用 d 轴、q 轴电压指令 u_{qs}^*、

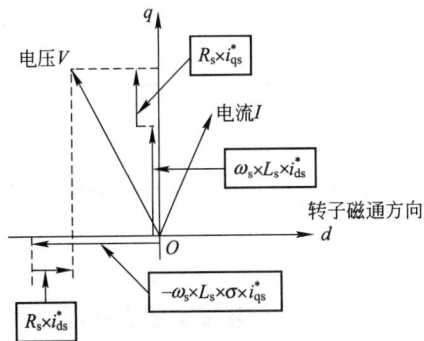

图 7-61　前馈电压矢量图

u_{ds}^*，按公式（7-33）计算旋转坐标系下电压矢量的相位角 γ。

10）转差频率补偿控制

为了让 q 轴的反馈电流（i_{qs}）追随于 q 轴电流指令（i_{qs}^*），将电流偏差输入到 PI 调节器里，由此得到转差频率补偿值 Δf_{sl}。此控制系统是在不能进行电压控制的 1 脉冲调节方式中实施。在此调节方式中，在转差频率指令 f_{sl} 上加上转差频率补偿值 Δf_{sl}，作为转差频率 f_{sl}^*。

11）控制模式切换

为了在 VVVF 控制方式下实现电压控制，在输出电压固定的 1 脉冲控制方式中采用转差频率补偿控制，根据逆变器频率切换控制器。

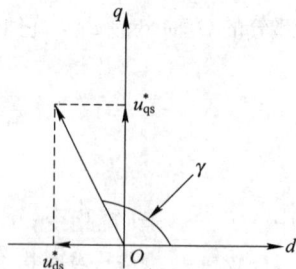

图 7-62   电压矢量相位角

12）逆变器频率计算

在转差频率 f_{sl}^* 上加上转子电阻补偿差频值 d_{sr}、转子频率 f_r，无拍频率控制补偿项 BEATP，计算逆变器输出频率。并且根据逆变器频率的积分，计算电机定子电流从 3 相变换为 2 相所使用的相位 θ。

13）无拍频率控制

为了抑制由于接触网频率和变频频率干扰而产生的振动，根据 BPF 抽取滤波电容器电压呈现的脉动特定频率（50 Hz），其输出上加上与逆变器频率相应的增益，计算无拍频率控制项。

14）转子电阻补偿

转子电阻补偿如图 7-63 所示。在电机运转中转子电阻随电机温度变化而变化，转子电阻补偿具有推测转子电阻值并进行补偿的功能。具体是对各个 d 轴、q 轴电压指令 u_{qs}^*、u_{ds}^* 的大小与 d 轴、q 轴的前馈电压指令 E_{qs}^*、E_{ds}^* 的大小相比较，输出使偏差为 0 的转子电阻补偿值 d_{sr}。

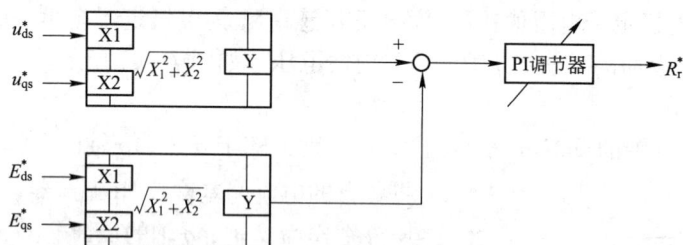

图 7-63   转子电阻补偿框图

15）空转恢复黏着控制

根据各轴的速度偏差 Δv、加速度偏差 Δa，实时地计算适合路面状态的黏着程度 ad1，将此值乘以转矩值，从而实时空转恢复黏着控制，如图 7-64 所示。

16）电力限制

在接触网电压低时，为使牵引电机不发生转子过电流，根据转子电流实际值进行电力限制。由整流器计算的转子电流实际值与限制值的偏差，根据偏差大小，计算乘在转矩值上的增益，如图 7-65 所示。

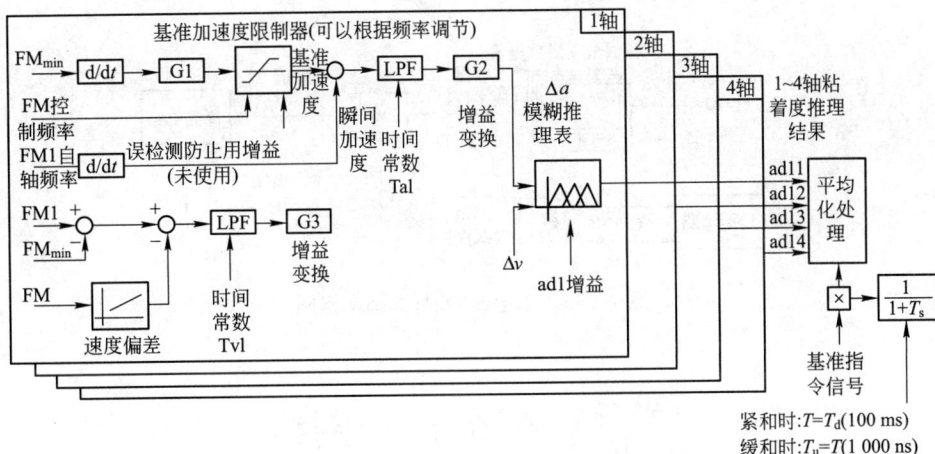

图 7-64　空转恢复黏着控制框图

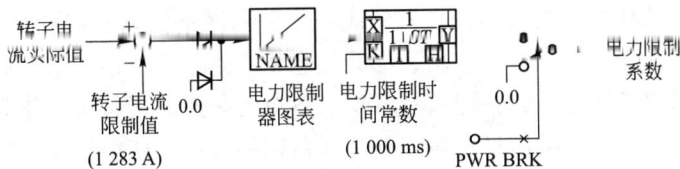

图 7-65　电力限制控制框图

17) PGD 发生时的频率处理

当检测出 PGD 感应器发生故障时，根据表 7-4，重新设定转子频率。

表 7-4　PG 故障时转子频率设定

状态	正常时	PG1 故障	PG1、PG2 故障	PG1、PG2、PG3 故障
频率设定	PG1→f_{r1}	PG2→f_{r1}	PG3→f_{r1}	PG4→f_{r1}
	PG1→f_{r2}	PG2→f_{r2}	PG3→f_{r2}	PG4→f_{r2}
	PG1→f_{r3}	PG2→f_{r3}	PG3→f_{r3}	PG4→f_{r3}
	PG1→f_{r4}	PG2→f_{r4}	PG3→f_{r4}	PG4→f_{r4}
转子频率计算	$f_r = (f_{r1} + f_{r2} + f_{r3} + f_{r4})/4$			

18) 脉冲状态转换频率计算处理

各脉冲状态的转换频率如表 7-5 所示。

表 7-5　各脉冲状态的转换频率

状态	异步~5P	5P~3P	3P~1P	U
牵引	58 Hz	90 Hz	113.5 Hz	2 600 V
制动	58 Hz	103.5 Hz	130.5 Hz	3 000 V

19) 车上试验

车上试验时的 S/W 框图如图 7-66 所示。

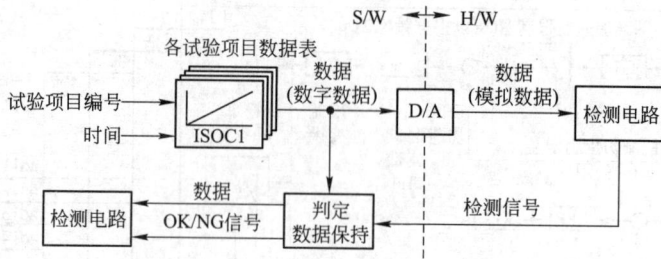

图 7 - 66   车上试验时的 S/W 框图

7.4   列车控制网络

列车控制系统是以车载微机为主要技术手段,应用多种总线技术把分布于各车厢内部、独立完成特定功能的计算机互相连接起来形成一个信息网络,以实现资源共享、协同工作、分散检测和集中操作等目的。列车控制、诊断信息系统是基于通信网络发展建立起来的,列车通信网将整个微机控制系统的各层次及各层次各单元之间连接起来,作为信息交换和共享的渠道,实现全列车环境下的信息交换。列车通信网的应用,使得列车控制系统能够真正成为一个分布式控制系统,并为列车系统的信息化打下了基础。

7.4.1   列车通信网络标准——TCN 标准

1989 年国际电工委员会(IEC)第 9 技术委员会(TC9),委托来自 20 多个国家(如中国、欧洲国家、日本和美国等)及 UIC(国际铁路联盟)的代表组成了第 22 工作组(WG22),为铁路设备的数据通信制定一项标准。T_{T9} 工作组经历近 10 年的努力工作,终于在 1998 年 11 月中国株洲的会议中,决定将列车通信网(TCN)文件作为最终国际标准的草案 IEC 61375 - 1(FDIS)进行发布。与此同时 IEEE 铁路运输车辆接口标准委员会也决定在 IEEE 用于车载数据通信的 IEEE P1473 - T 标准草案中采用 TCN,至此 TCN 成为两个国际标准的内容。

TCN 用来连接车载的各种可编程设备或者说是各类智能化设备,以支持列车控制、车厢控制、远程诊断和旅客信息服务等各种应用。

TCN 列车通信网采用分层结构,根据列车控制的特点,分为上、下两级层次:车厢网连接机车或者车厢内部各种终端装置;较高一级的列车主干网连接机车或车辆各网络节点。列车通信网中将列车主干网称为列车总线(Train Bus),车厢网也称为车厢总线(Vehicle Bus)。列车总线和车厢总线是两个独立的通信子网。WTB 和 MVB 采用了不同的网络和协议的原因如下。

(1)列车总线能对列车总线节点命名好确定方位,这需要相当复杂的硬件和初运行过程,而对于设备固定的车厢总线来说是多余的。

(2)车厢总线比列车总线有更严格的定时要求,车厢总线上的响应时间约比列车总线快10 倍。

列车总线和车厢总线之间通过一个列车总线节点（Node）相连，在应用层不同的总线之间通信时由此节点充当网关（Gateway）。有时也在车厢总线下设第三级总线，如连接传感器的总线或连接执行单元的控制总线，可把这些总线认为是车厢总线的一部分。列车通信网结构如图 7 - 67 所示。

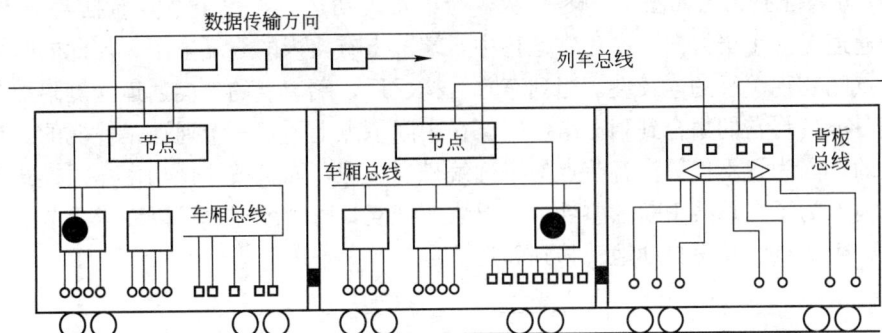

图 7 - 67　列车通信网的两级层次

1. 列车总线 WTB

列车总线 WTB 由各个车厢内固定安装的电缆通过车厢之间的互连而构成。列车总线上连接的设备称为节点，每个车厢上可能有一个以上的节点。节点可以没有连接车厢总线，也可能由几个车厢总线合接而成。连接有车厢总线的节点可作为列车总线和车厢总线之间的网关。通常将有动力装置的车厢（动车或机车）内的节点称为主节点（Master Node），无动力装置的车厢内的节点称为从节点（Slave Node）。列车总线的拓扑结构采用物理上的总线型和逻辑上的环型。由于是共享总线，每一列车在一次运行中必须由一个且只有一个控制列车总线工作的节点，称为控制节点。控制节点必须是主节点，一般情况下以前机车的主节点为控制节点，称为总线主设备（Bus Master）。在一个运行周期内，由总线主设备管理列车总线的运行，必要的时候总线主设备可以切换。列车总线是自组态的，当列车编组改变时，列车总线自动重新构成，得到一个总线主设备，并自动指定各节点地址、位置及识别运行方向。

WTB 以德国 DIN43322 和意大利 CD450 高速列车的经验为基础。WTB 的传输速率为 1 Mbit/s，使用专用屏蔽双绞线电缆。电缆的布置采用冗余原则，在车辆的每一侧各有一根电缆。对于频繁改变其组成的列车组（例如国际 UIC 列车组或市郊列车组），绞线式列车总线（WTB）被设计成通过手插式跨接电缆或自动连接器来实现车辆之间的互连。WTB 无须中继器便可覆盖 860 m，此距离与 22 节 UIC 车辆相对应。考虑到严酷的环境、连接器的存在及总线的非连续性，建议采用数字信号处理器对曼彻斯特码信号译码。

WTB 最显著的特色是它具有以连续顺序给节点自动编号和让所有的节点识别何处是列车的右侧和左侧的能力。每当列车组成改变时，列车总线各节点执行"初运行"过程，该过程在电气上将各节点连接起来，并给每个节点分配连续地址，于是列车总线的各节点被连续的编号。通常每节车辆有 1 个节点，但也可能有 1 个以上的节点或没有。初运行后，所有车辆均获得列车的结果信息，包括以下几点：

（1）相对于主节点，它们各自的地址、方向（左/右）和位置（前/后）；

（2）列车中其他车辆的数量和位置；

（3）其他车辆的型号和种类（机车、客车等）及支持的功能；

（4）各车辆的动力学特性。

这些信息可以帮助制动计算机推算列车长度和重量。

WTB 初运行示意图如图 7 - 68 所示。为了实现初运行，每个节点包括两个 HDLC 通道，每个通道对应 1 个方向。在正常运行中，端节点有接入的终端电阻，与此同时各中间节点在端节点间实现总线的连续性。当列车总线构成后，端节点的外向通道探测附加节点的存在，并随时准备将它们集合到列车组成中。在中间节点上，仅一个通道是使能的。初运行过程是复杂的，因为它不仅关注各节点的正确编号和标识，而且关注低功率休眠模式与活跃模式间的转换。为了在总线中断的事件中可以快速恢复，每个节点都可以变成主节点。在这样的事件中，主节点的身份自动地转移到邻近节点。

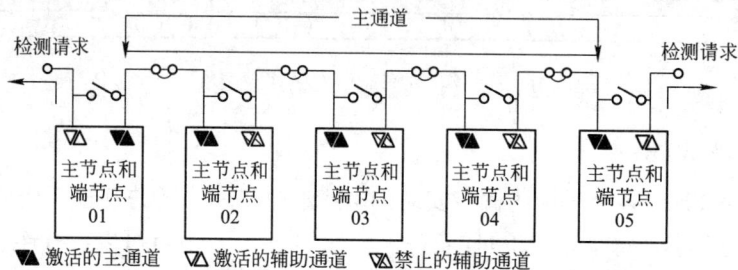

图 7 - 68   WTB 初运行示意图

2. 多功能车厢总线 MVB

车厢设备是通信网上各种信息的发源地，也是服务命令的执行机构。车厢总线在机车（动车）、车辆或正常操作期间不分开的车厢组中是标准数据的传送载体。它既提供可编程设备之间的互连，也提供可编程设备与其传感器和执行机构之间的互连。和列车总线不同，车厢总线具有固定的结构和地址，且拓扑结构为一对多点的主从方式。在一定的周期内，由一个总线管理器（Bus Administrator）负载管理整个车厢总线，完成控制命令、状态采集及其他各种功能。必要的时候，总线管理器也可以进行切换。由于列车的干扰状况和运行环境的恶劣程度是其他工业场合不可比拟的，所以车厢通信总线的可靠性要求极高。同时，车厢总线要求通信具有强实时性，能在规定的采用周期内，及时响应操作命令，及时采集机车的工况参数，及时给出控制和指令等。

MVB 以在瑞士 Lok460 机车上创始的总线为基础，并已在很多车辆使用过。车辆总线的引入可以显著地减少电缆使用，并且可以通过使用光缆增加了可靠性。TCN 规定了多功能车辆总线（MVB）作为连接车辆内设备，以及在固定编组的列车组中连接各车辆设备的车辆总线。MVB 传输速率 1.5 Mbit/s，可以使用 3 种介质工作：

（1）短距离用 RS485；

（2）距离达 200 m 的变压器耦合的双绞线；

（3）距离达 2 000 m 的光纤。

不同的介质可以直接通过中继器互相连接。MVB 由一个集成的总线协议控制器支持，它能够构成简单的设备而无须处理器。MVB 控制器在物理层提供冗余，一个设备在两个互为冗余的线路上发送，但仅从一条线路上接收，同时监视另一条线路。MVB 具有高度完整性，以防止数据错误。由于采用可靠曼彻斯特编码以及其校验的方式，因此能够达到 IEC 870 - 5FT2 级（HD＝8）的标准。

3. TCN 的实时传输协议——RTP

TCN 把网上的信息传输分为变量传输和信息传输。变量传输为周期性传输，信息传输为非周期传输。列车总线的传输周期最低为 50 ms，而车厢总线的传输周期则取决于变量传输中最大的特征周期。TCN 定义了三类在网上传输的数据，即过程数据、信息数据和管理数据。过程数据采用变量传输，信息数据和管理数据采用信息传输。TCN 的通信服务如图 7 - 69 所示。

尽管在物理层与在链路层不同，WTB 和 MVB 遵循的都是相同的传输协议。

列车通信网络中的总线传输过程数据和信息数据两类。

（1）过程数据反映列车状态，如速度、电机电流、操作员指令。过程数据的传送时间必须短而确定。对于车辆总线上所有的重要变量，从一个应用到另一个应用的确定性传送的传送时间必须保证在 16 ms 以内；而通过 WTB 从车辆总线到车辆总线的确定性传送的传送时间则必须保证在 100 ms 以内。为了保证这个时延，过程数据被周期性地发送。

（2）消息为不频繁传送、但可能冗长的信息，例如诊断或旅客信息。消息的长度在几个字节到几千个字节之间。消息的发送时延必须短，但允许变化。因此，消息数据按需要发送，并且可以分帧发送。

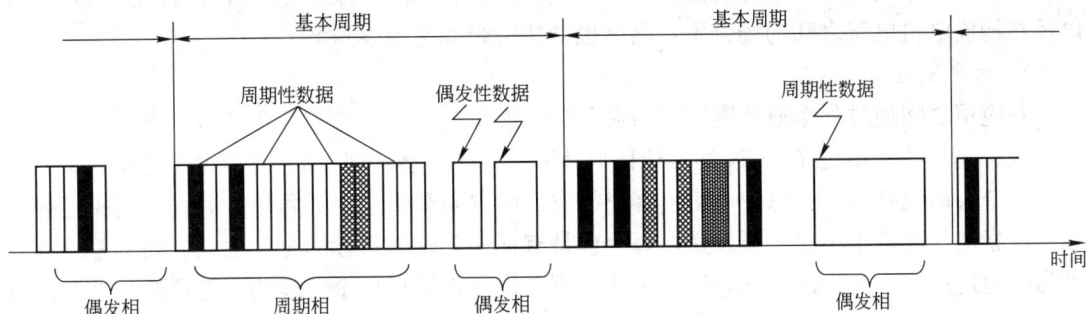

图 7 - 69　TCN 的周期传送与非周期传送

1）周期性和偶发性介质访问

周期性和偶发性数据通信共享同一总线。但在各设备中被分别处理。用于 TCN 的所有总线应当提供这两种基本的介质访问。

周期性和偶发性（根据需要）数据发送（见图 7 - 69）由充当主节点的一个设备控制。这保证了确定性的介质访问。为此，主节点在基本周期中交替产生周期相和偶发相。周期相占用总线时间的固定时段。在此时段，主节点依次轮询各变量。周期相是与状态的发送相关联的。因此数据是周期性重复发送的，所以周期性数据无需目标设备确认。一个基本周期的大小在 MVB 上是 1 ms 或 2 ms，在 WTB 上是 25 ms。不很紧急的变量可以以 2 个、4 个等基本周期长度的周期发送，其最大周期是 1 024 ms。两个周期相间的偶发相允许设备按需要发送数据。偶发性发送是与事件的发送相关联的，事件是设备状态的改变，设备状态的改变引发发送要求。因此，事件必须得以确认，以确保不会丢失状态改变的信息。

2）过程变量发送

变量的发送由主节点触发，主节点广播一个请求发送某个变量的帧，而在此帧中并不指定变量源自哪个设备。在下一相，变量的源设备通过广播对所有的设备回答一个包含请求变量在内的帧。所有对此变量感兴趣的设备采集此值。帧的格式在初始化是被固定，以供所有的总线成员使用。

为了提高效率，每个从帧带有相同周期的若干变量，这些变量的集合被称作数据集。一个数据集包含数据和检查位，但不包含地址。每个变量由它相对于数据集起始地址的偏移量来标识。在 MVB 上，每个设备（作为源设备或作为宿设备）能够登记多达 4 096 个数据集。在 WTB 上，一个节点只能发出 1 个数据集，但能接收 32 个。数据集存储在一个共享的通信存储器中，通信存储器分别由应用和总线独立地进行访问。通信存储器实现了一个由总线刷新的分布式数据库。

源地址广播的规则允许应用和总线的操作独立进行。应用处理器仅在同步时中断接收或发送。应用过程总线的周期特性可以保证从一端到另一端传送的确定性。因为过程变量周期性地通过总线来发送，所以在数据偶然丢失的情况下不需要明确的重发。为了对付持续的错误，总线控制器为每个变量提供了 1 个计数器，这个计数器表示在多久以前变量被刷新。此外，它也能随同每个变量发送 1 个校验变量以保证变量及时、正确地产生。应用可以单个访问过程变量，也可以更有效地按组访问过程变量。过程数据应用层按单个的应用变量安排被发送数据。它也可以将数据形式转换成客户所使用的表示法。在列车总线和车辆总线间的网关复制从一条总线到另一条总线的变量，并能使周期同步。例如，在构成符合变量的场合，以及在构成电机电流之和的场合下，网络也能执行合并然后发送它。

3）消息发送

各应用之间通过列车通信网络"透明"地交换信息。一个应用并不了解对方是驻留在同一总线、同一站，还是在 TCN 的其他任何地方。应用在客户机/服务器基础上通信。

一个会话包括两个消息：一个由客户机发出的呼叫和 1 个由远程服务器发出响应它的应答。消息被分成若干小包以便发送。每个包带有标识其源和目标的全部地址。列车总线各节点为各包定路线，并为此目的采用一个指示哪个设备正执行哪个功能的功能目录。重发协议用于流控制和出错恢复。这个传送协议仅由端设备执行，中间节点仅在特殊情况下（例如初运行）才介入。

4）网络管理

网络管理提供对 TCN 进行配置、试运行和维护等服务。为此，可将一个网络管理者（例如，作为一个车辆设备）连接到 TCN。管理者能访问在同一车辆和其他车辆中连接到 TCN 的所有设备。

管理者通过代理者能够检查和修改其他设备的变量和参数，代理者是在每个能被管理的站中运行着一个应用任务。代理者能局部访问被管理的对象：例如过程变量、协议、内存、任务、时钟等。管理服务能够以管理者消息的格式读和写被管理的对象。

7.4.2　WorldFIP 协议

WorldFIP 组织成立于 1987 年 3 月，是一个非营利、中性国际组织，不附属于任何工业集团，致力于推动 WorldFIP 技术在世界范围的开发和应用。与其他一些现场总线组织不同的是，成员半数来自用户。目前已有一百多个成员，其中许多是工控领域的世界著名大公司，如霍尼韦尔（Honeywell）、西技来克（Cegelec）、阿尔斯通（Alstom）和施耐德（Schneider）等。早期的产品称为 FIP。FIP 是法国标准 EIP - C48 - 601/C48 - 607，后来采纳了 IEC 国际标准（61158 - 2）改名为 WorldFIP。相应的欧洲标准是 EN50170 - 3。

WorldFIP 融合了控制技术和信息技术，是一种先进而开放的现场总线。用于自动化系统，提供现场设备和控制器以及控制器之间的数字化连接。WorldFIP 适合各种应用结构：集中、分散和主从，使分布智能、控制和数据成为可能；其开放性使不同制造厂商的设备能够互操作。

1. WorldFIP 总线的协议

物理层的通信速率为 31.25 kbit/s、1 Mbit/s、2.5 Mbit/s 和 25 Mbit/s。传输介质为屏蔽双绞线或光纤。物理层有专业线路驱动芯片管理介质冗余。在一条通道出现故障的情况下，另一条能自动切入。物理层具有信号检错并通知网络管理和杂音侦听并中断链路层服务的机制。每个传输的帧都附加有 1 个 16 位的帧校验序列（FCS）。数据使用曼彻斯特编码，好处是自带时钟信息。

链路层提供两种类型的传输服务：变量交换和消息传递。传输可以是周期性的或非周期性的。链路层的状态机制可以避免对错误帧的不正确响应。总线上的通信由总线仲裁器（BA）管理。它根据应用程序所要求的服务来规定总线上信息的传送次序，执行三种功能：扫描周期性变量、扫描非周期性变量、传输消息。

2. 数据传输

1）周期传送请求

总线仲裁器发布带标识符的问题帧，在预定时间内收到响应帧后发布下一个问题帧。周而复始，循环进行。其设计思想是，按一定的时序，为每个信息产生者分配一个固定的时段，通过总线仲裁器逐个呼叫每个生产者，如果该生产者已经上网，应在规定时间内应答。生产者提供必要的信息，同时提供一个状态字，说明这一信息是最新产生的，还是过去传送过的老信息。消费者接收到信息时，可根据状态字判断信息的价值。

网络仲裁器是整个网络通信的主宰者。网络仲裁器轮番呼叫每一个生产者变量。整个网线上总是有信号的。如果若干时间间隔内没有监听到网上的信息、则可以诊断为网络故障，此时可以自动将冗余热备份网线切换上去，也可以设计成各用户站回本质安全态。WorldFIP 在网络安全性方面的考虑有其独到之处。在一个网络中可以有一个或多个网络仲裁器。在任意给定时刻，只有一个在起作用，其他处于热备份态，监听网络状态。而每个用户站的网络冗余则是通过一个控制器驱动两路驱动器，接入两个独立的网线实现。当一个网络被破坏，自动切换到另一网线。

2）寻址方式

WorldFIP 的寻址方式同 WTB 和 MVB 类似，共有 3 种地址。

（1）变量寻址采用 16 位的全局的逻辑标识，广播发送。

（2）消息数据寻址采用 24 位的网络地址，支持统一网段内的多播寻址。网络地址保护网段地址和网段内的站地址。

（3）网络管理采用 8 位的物理地址和 32 字节的应用标签，物理地址可用于构成网络管理变量标识。复杂的网络管理功能也使用网络地址。

3. WorldFIP 特点

WorldFIP 在技术上有很多特点与优势。WorldFIP 总线是面向工业控制的，其主要特点可归纳为实时性、同步性和可靠性。

（1）可靠实用性。WorldFIP 采用 IEC 物理层标准，支持电缆冗余，大部分协议固化在硬件上，稳定性强；它的生产者/消费者模式和总线仲裁器的调度方式保证了一条总线上的传递大量信息的同时，不会干扰实时变量的通信。

（2）它具有抗干扰能力和实时性；能完全满足 IEC 关于电磁兼容性 EMC 标准；它的通信模式支持后台传输消息、周期和事件变量，保证诊断信息传输不影响实时控制。

（3）WorldFIP 现场总线不论低速还是高速，只有一套通信协议，所以不需要任何网桥和网关，低速与高速网络的衔接只用软件完成。

7.4.3　IEEE1473 标准和 LonWorks 总线

20 世纪 90 年代初在美国出现的 LonWorks 工业控制网络，这些年来迅速在各个领域推广普及开来，铁路运输领域也不例外。加拿大 Bombardier 和日本川崎等公司已将 LonWorks 用作列车通信网络，用在他们生产的铁路车辆上。

1996 年 IEEE 轨道车辆接口标准委员会建立了列车通信协议工作组，其任务是制定旅客列车车辆内和车辆间的串行数据通信协议。工作组最终决定把两个完整的技术协议组成合成一个标准拥有车辆和列车。一个是由 EIA709.1 - 1998 和 EIA709.3 - 1998 定义的用于连接设备与传感器的通用网络协议，即 Type L；另一个是由 IEC61375 - 1：1999 定义的用于连接强实时性的车载控制功能设备的车辆总线和列车总线协议，即 Type T。

1999 年 IEEE 通过了列车通信标准 IEEE1473 - 1999，其内容包含了 TCN 和 LonWorks，即 1473 - T（TCN）和 1473 - L（LonWorks），目前有些公司已经在生产连接这两个协议的网关。

IEEE1473 - 1999 定义了 4 种组合方式，见表 7 - 6。

表 7 - 6　IEEE1473 应用的组合方式

组合	无实时性要求的车辆总线	实时性要求的车辆总线	列车总线
1	Type T	Type T	Type T
2	Type L	Type T	Type T
3	Type L	Type L	Type T
4	Type L	Type L	Type L

IEEE1473 - 1999 标准着重指出对于第 3、4 种组合运用需要经过权威部门的认证。如图 7 - 70 所示是 IEEE1473 的各种总线连接的示意图。

LonWorks 使用的 LonTalk 协议实现 OSI 参考模型全部 7 层服务，并支持全面的网络管理。

LonWorks 总线采用一种改进的 CSMA/CD 介质访问控制协议，成为可预测 P - 坚持 CSMA。每个节点需要发送数据时先检测介质是否空闲，如果介质空闲就准备发送数据。节点在发送数据前随机插入 R 个很小的随机时间片。时间片的数量代表节点坚持发送的概率，

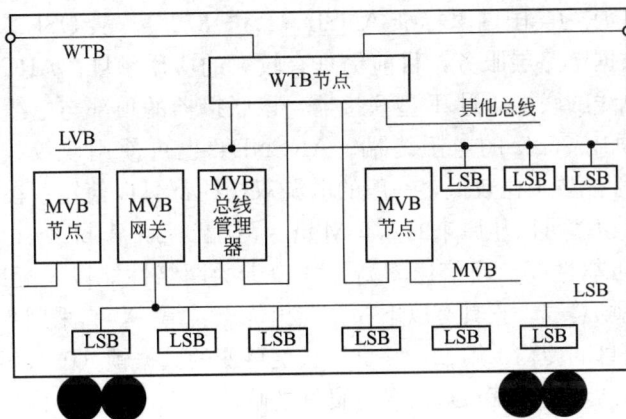

图 7-70　IEEE1473 总线运用示意图

时间片越少表明节点坚持发送的概率 $P=1/R$ 越大。在负载很轻的网络中，每个节点发送前评价插入 8 个随机时间片。LonTalk 协议可根据网络负载动态调整坚持发送的概率 P。时间片的增加通过一个 N 值，插入的随机时间片为 $R=N\times 6$，N 的取值范围是 1～63。Lon-Talk 称 N 为网络积压的估计值，是对当前发送周期有多少个节点有报文需要发送的估计。LonTalk 协议根据网络积压动态地调整介质访问，使发送冲突的概率降至最小，允许网络在轻负载情况下用较短的响应时间片，在重负载情况下用较长的响应时间片。

为了提高紧急事件的响应时间，LonWorks 网络提供了一个可选的优先级机制。该机制允许用户为每个需要优先级的节点分配一个特定的时间优先级，并保证有且只有一个节点拥有这样的时间优先级。时间优先级为 0～127，0 是不需等待立即发送，1 是等待 1 个时间片，2 是等待 2 个时间片，这个时间片加在 P-概率时间片之前。非优先级的节点必须等待优先级时间片都完成后，再等待 P-概率时间片后发送。因此，加入优先级的节点总比非优先级的节点有更快的响应时间。

LonWorks 的核心是 Neuron 芯片。Neuron 芯片内含 3 个 8 位 CPU：第一个是介质访问控制处理器，实现 LonTalk 第 1～2 层功能；第二个是网络处理器，实现 LonTalk 第 3～6 层功能；第三个是应用处理器，实现 LonTalk 第 7 层功能。

Neuron 芯片应用开发的工具是 Neuron C。Neuron C 是从 ANSI-C 中派生出来，相对于 ANSI-C，Neuron C 有以下扩展。

（1）语言支持多任务调度。允许程序员以自然的方式来表达逻辑并行事件驱动的任务，并控制这些任务的优先级的执行。

（2）将 I/O 对象直接映射到处理器 I/O 能力的语法。

（3）网络变量的语法。网络变量是 Neuron C 语言的对象。对网络变量的赋值将自动地通过网络传送。

（4）毫秒和秒计数器的语法。这些计数器终止时激活用户任务。

（5）扩展的运行库。提供实现事件检查、I/O 活动管理、收发报文及控制 Neuron 芯片能力。

7.4.4　ARCNET 总线

ARCNET（Attached Resource Computer NET）是 Datapoint 公司 1977 年开发成功的

一种局域网，1999 年成为美国国家标准 ANSI/ATA‑878.1。从 OSI 参考模型看，它提供了网络的物理层和数据链路层服务，目前仍具有较大的应用领域。ARCNET 使用 RG‑62 同轴电缆，设备与总线的联接通过 T 型联接器，该联接器的顶部与电缆相连，底部与网卡相连，电缆两端必须用 93 Ω 的电阻终端。ARCNET 也可使用双绞线和光纤作为介质，ARCNET 对双绞线性能要求比较低，一般的电源双绞线都可以使用；在使用光纤电缆时新型的 ARCNET Plus 速率可以从原来的 2.5 Mbit/s 增加到 100 Mbit/s。

ARCNET 具有可靠性高、通信速率高、可确定的网络性能以及远距离通信能力等特点，是一种理想的现场总线。它具有以下 3 个突出优点：第一，它采用令牌传递协议保证在确定的时间内完成消息的传输；第二，它支持长度可变的数据帧（0～507 字节），额外开销小，加上其总线速率高，使得其对短信息有良好的响应能力；第三，内置的 16 位 CRC 校验和数据链路层协议使得其有较高的可靠性和操作简单。

ARCNET 网络的数据链路层采用了 IEEE802.4 协议，因此 ARCNET 为了在物理上是一个总线网，而逻辑上却是一个令牌环。

1. 链路协议

ARCNET 采用 COM90C65 和 COM20022（高速）协议控制器。在 COM90C65 协议控制器的控制下 ARCNET 每个数据字节占有 11 个时钟周期，因而传送一帧数据的时间是固定的；而其数据位之间的间隔也是固定的时间周期，这个周期由发送器和接收器中的局部时钟确定。协议控制器 COM90C65 支持 5 中类型的数据帧传送，令牌传送邀请帧、空闲缓冲区查询帧、数据帧、正常应答帧和否定应答帧。

ARCNET 采用 HYC9088A 驱动器，这是一个双绞线和同轴电缆兼容的驱动器，但是它只支持最高 2.5 Mbit/s 总线速率，如果需要传输距离更远时，可以使用光纤收发器。

2. 逻辑环的建立和令牌传递

网络中的每个节点均有一个唯一的标识符 ID（1～255），而标识符 0 用来标识发送给所有节点的广播信息。每个节点在系统初始化或网络重构期间通过呼叫比本节点 ID 标识符更大的 ID 标识符，并根据响应节点的 ID 标识符，作为它在逻辑环中的下一个节点，并将该节点的 ID 值保存在各自的专用寄存器中，从而构成一个网络逻辑环路。节点在呼叫相邻节点的 ID 标识符时，有个时间上限，超时时限节点自动将 ID 值加 1，直至找到下一个节点。如图 7‑71 所示是 6 个节点的逻辑环结构示意图。

令牌在逻辑环中传递，令牌依次由低 ID 节点向高 ID 节点传递，最高 ID 的节点传递给最低 ID 的节点。每个节点首先向本节点保存的 NID 地址传送令牌，若该节点在时间上限的时间内没有响应，则将 NID 地址加 1，再次传递令牌，直到有节点响应为止，并将该 NID 保存为逻辑环中新的下一个节点。由此可见逻辑环中的 NID 构成了一个分布式表格，并且是以一个活动的、不断被修改的表格。节点传递令牌获得响应后，则释放对总线的控制，而获得令牌的节点开始控制总线。

3. 网络的重构

当网络中有新的节点进入时，如果在上电后

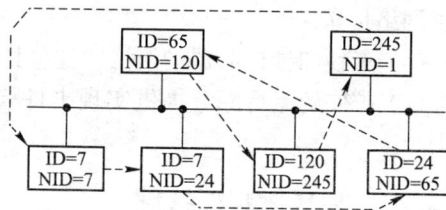

图 7‑71 逻辑环构成示意图

840 ms 的时间内未能收到"令牌传送邀请",该节点将引发一次网络重构。网络重构发生后逻辑环重组,新节点就可以进入逻辑环,从而进入总线。网络重构所需的时间取决于网络上活动节点的数量、网络中最大的 NID 数值和节点之间的传播延时。

这是 ARCNET 网络的一个非常显著的特点,它能自动适应网络的变化,即当网络的节点需要增加或节点需要删除时,网络能够自动执行网络重构,从而使网络能自动加入新节点或删除某些节点,网络立即能够在新的环境下运行。

ARCNET 网络的重构性能特别适合于列车总线的应用,尤其是列车需要编组的情况下 ARCNET 网络的优势非常明显。日本新干线上运用的一些列车如 E2 系列,其列车总线就采用了 ARCNET 网络。

7.4.5　微机控制系统的应用实例

目前国内外在轨道交通列车控制领域已经有了一些成功运用的列车微机控制系统,主要有 SIBAS 系统、MITRAC 系统、AGATE 系统和 TIS 信息系统。

1. SIBAS 系统

SIBAS 系统是德国 SIEMANs 公司的列车控制系统,能够实现列车的牵引系统控制、信息传输、运行监控和诊断等全部控制任务。SIBAS 控制系统目前有 SIBAS - 16 和 SIBAS - 32 两个系列。

SIBAS - 16 是典型的第一代微机控制系统,核心部分是由 16 位的 8086 型微处理器构成的中央计算机、存储器组件以及一个或多个子控制机(8088,80C188)组成。采用集中式机箱和插件式机械结构,数据的传输采用了 16 位并行总线和 RS - 485 标准物理接口及 RS422 串行总线技术。控制系统由中央控制器集中管理,采用分层结构,即列车控制层、机车控制层和传动控制层。尽管采用了多个串行总线系统,但在传输速率和运行记录方面都能满足列车控制的响应要求。SIBAS - 16 本质上还不能算是一个分布式的列车控制系统。SIBAS - 16 的编程工具为 SIBASLOG,系统提供了大量的标准程序模块,为控制软件的编制提供了有利的条件。

20 世纪 90 年代,SIEMENS 公司在 SIBAS - 16 的基础上进一步推出了采用 32 位芯片(Intel486)的 SIBAS - 32 系统,并保持与 SIBAS - 16 系统的接口兼容。为了减少传统机车车辆布线,SIBAS - 32 系统设有智能外围设备连接终端,即 SIBAS KLIP 站。采用 SIBAS KLIP 可以迅速综合信息和控制指令,并且通过一根串行总线传输给中央控制装置。KLIP 站可以很自由的分布在各类车辆上。

SIBAS - 32 具有以下主要特点。

(1)采用高集成度的芯片如 ASIC、LCA 等用于控制装置,通过软件来完成硬件的功能,简化了硬件系统。存储器容量扩大,加速了存储器的存取。

(2)采用网络技术,引入了 TCN 标准的列车通信网络。大大减少了导线、管路、电缆、连接点和接头数量。

(3)提供了更加完整方便的软件开发环境,全图形设计,开发了 SIBAS G 语言作为设计工具,采用简单的工具既可以有效支持整个设计过程,并支持软件的在线下载功能。

(4)提供了完善的故障诊断和显示功能。具有瞬态记录仪功能的测量组件,通过各种各样的触发方式,可以把记录限制在故障前后相当大的范围内。测量信号和测量参数与触发参数的调节,可通过个人计算机上的图形方式选择也可以通过个人计算机进行测量显示、处理和存储归档。

如图 7-72 所示是 SIBAS 系统在地铁列车控制系统中一个应用的结构示意图。

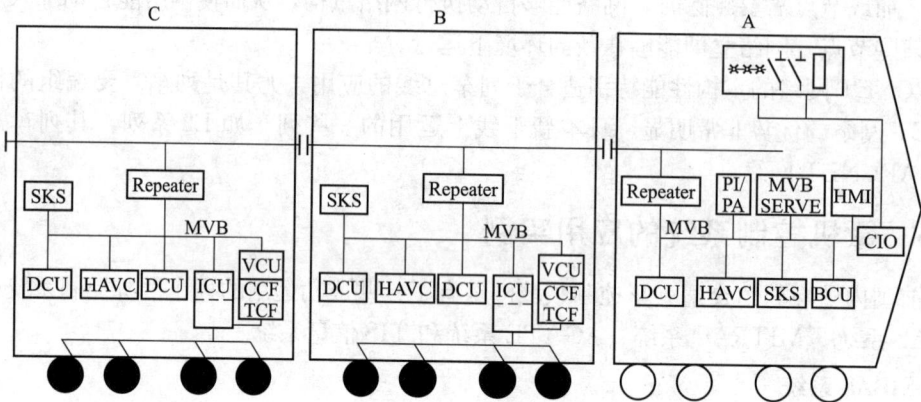

图 7-72　SIBAS 控制系统

图中 VCU 表示车辆控制单元、DCU 表示车门控制单元、BCU 表示制动控制单元、SKS 表示 KLIP 站、HAVC 表示空调控制单元、ICU 表示变流器控制单元、CCF 表示中央控制功能、TCF 表示牵引控制功能、MVB SERVE 表示 MVB 总线服务接口、Repeater 是 MVB 总线重复器。

2. MITRAC 系统

MITRAC 系统是 Bombardier 公司的系列化产品,其中包括 MITRAC TC(IGBT 牵引逆变器)、MITRAC CC(列车控制系统)、MITRAC AU(辅助逆变器)和 MITRAC DR(牵引驱动器)。MITRAC CC 是 MITRAC 系列中的列车控制系统,而该系统是在 ABB 公司 MICAS-32 系统的基础上,研制开发的新一代的基于 MVB 总线的分布式、实时的列车控制与通信系统。Bombardier 公司为了适应不同用户,推出了 MITRAC 500 系、1000 系和 3000 系。500 系主要用于城际之间的有轨列车,1000 系主要用于高速地铁列车,而具有良好的适应恶劣环境的性能,3000 系主要用于大功率机车。

MITRAC CC 列车控制系统是一个分布式列车车辆控制系统,涵盖了干线铁路车辆、城市轻轨车辆 LRV 和地铁车辆。MITRAC 列车控制通信系统的核心是 TCN 标准,允许不同用户之间的互操作性。交换信息使用的传输介质为屏蔽双绞线或者光纤,列车上所有 MIT-RAC CC 器件都连在同一个网络上,从而可以交换程序和诊断数据,很容易增加新的设备。在 MITRAC 中没有控制柜和机箱。而是各个控制单元或 I/O 单元均自成一体封装在一个具有交换的电磁兼容性能的机壳中。每个壳体均有自己的电源盒车辆总线接口。

MITRAC CC 主要具有以下特点。

(1)符合国际标准(EN50155:车辆上的电子设备标准;ENV 50121-3-2:铁路应用电磁兼容性标准;ENV 50204:数字无线电话电磁场辐射标准;IEC 61375-1:列车通信网络标准;IEEE1473-1999 中关于列车通信协议标准;UIC 556/557 列车中信息传输的诊断标准),具有开放接口。

（2）MITRAC CC 器件结构紧凑，电源直接由列车蓄电池提供，可以实现分布式安装，而且不需要额外的加热和制冷，器件配线最少，重量显著降低。

（3）用线少，通过冗余增强系统可用性，传感器的短距离连接和 I/O 设备接口减少了冲突。可测量性和模块化使得系统配置灵活，并可兼容和连接以前不同的列车控制系统。

（4）MITRAC CC 具有自诊断功能。诊断功能组合在监控系统中，通过数据可视化的远程交互式诊断、车辆跟踪详细目录、GPS 系统、货物跟踪、旅客载量数收集等方式，进行实时监控和故障诊断，提高了应用的可靠性。

（5）支持远程无线数据恢复系统。系统可以支持轨旁无线系统通信，比如 GSM、GSM/R 和无线局域网。因特网好企业互联网作为客户端访问介质，通过 MVB 或者其他通信方式连接车辆控制通信系统。通过提供连接到运输车辆上的数据来增强维护服务的质量，允许诊断和操作数据直接传递给列车的系统操作者，系统使用开放的标准比如移动电话（GSM），无线局域网以及和因特网相关的通信协议。

（6）提供 MITRAC CC 远程平台。现代铁路运作要求全部车辆具有高度的实用性、低成本和良好的旅客服务体系，MITRAC CC 远程平台使用互联网技术和移动通信，结合 Bombardier 的铁路专业技术，开发出新技术以降低维护成本，推进整个系统的可靠性。MITRAC CC 远程平台提供多种服务，通过标准接口访问车辆。由于服务本身来源于不同的厂商，MITRAC CC 远程平台保证了不接受未经授权的厂商的访问，同时保证在线的控制通信系统不冲突。

（7）MITRAC 系统的列车控制网络采用 TCN 标准。

图 7-73 是 MITRAC 系统在电力机车上运用的一个系统结构图。

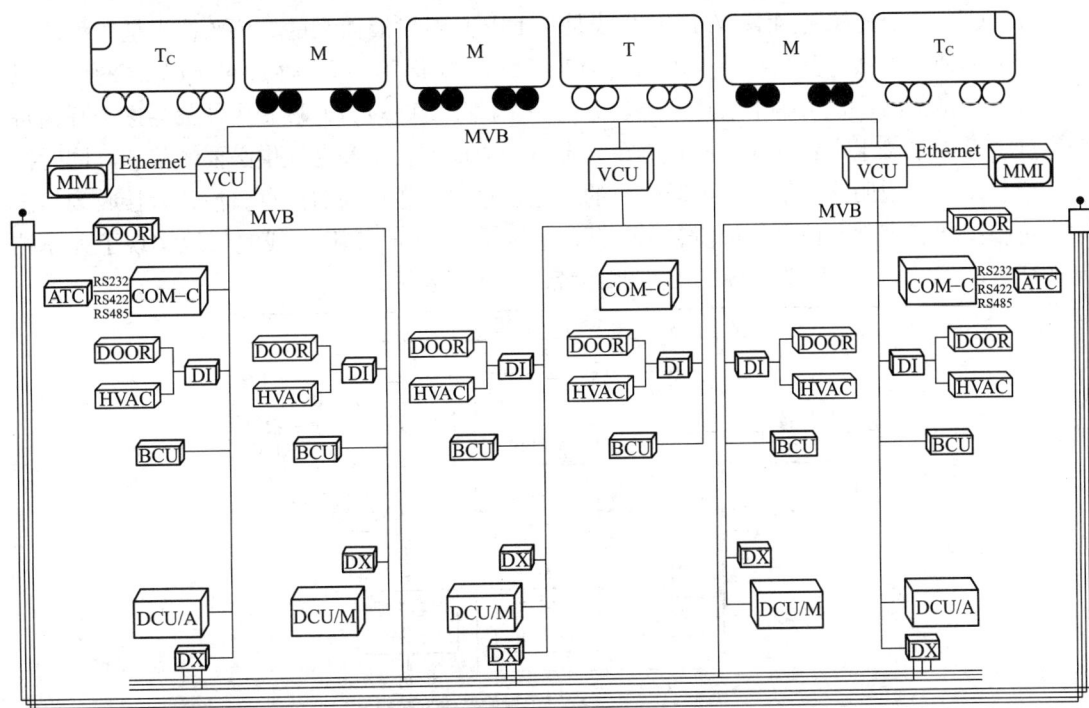

图 7-73　MITRAC 系统的运用

3. AGATE 系统

AGATE 系统是法国 ALSTOM 公司开发的列车控制系统。AGATE 系统主要由 AG-ATE link（列车监控），AGATE Aux（辅助控制），AGATE Traction（牵引控制）和 AG-ATE e－Media（乘客信息系统）四个部分组成。

AGATE 牵引控制系统主要是实现实时的机车牵引控制和产生制动命令。其主要特点是模块化设计实现安全快速的操作；主要功能的子装配系统标准化；采用 WorldFIP 总线网络，并实现和主要数据网络（TCN、CAN、FIP、LON）的通信网关；具有自测试功能；使用 EASYPLUG 技术；包括了最新技术 FPGA 器件和 PCI 总线接口。

AGATE 辅助控制系统的主要是实现对列车上静态逆变器和电池充电的控制，其主要特点是结构紧凑、模块化、低成本、低噪声和快速保护等。

AGATE e－Media 乘客信息系统主要是在列车运行中，提供实时的多媒体信息和休闲娱乐，为乘客提供便利性和舒适性，同时还可以作为一种高效广告媒体，能带来新收益。AGATE e－Media 主要功能有：用发音系统自动报站，并在屏幕上以有色信息显示，具有动力学线路地图，也可显示广告和新闻。当系统突然中断或者意外情况发生的时候，优先直接向乘客广播实时信息。

AGATE Link 管理和监视列车上在线的电子模块，是整列车辆维护的有效工具。通过监视列车各子系统的运行状况来提供迅速准备的列车故障诊断，从而减少了检查时间和成本，缩短了停工维护时间。AGATE Link 的突出特点是改善了列车生命周期成本（LCC）。AGATE Link 根据应用需要对基本部件进行来组合，如远程输出模块、司控台、GPS 定位模块、无线电数据传输模块和在线通信网络，系统已于扩展。

AGATE 系统的控制网络 WorldF 总线是从 FIP 总线发展而来的。FIP 总线是一种面向工业控制的通信网络，其主要特点可归纳为实时性、同步性、可靠性。WorldFIP 的设计思想是：按一定的时序，为每个信息生产者分配一个固定的时段，通过总线仲裁器逐个呼叫每个生产者，如果该生产者已经上网，应在规定时间内应答。生产者提供必要的信息，同时提供一个状态字，说明这一信息是最新生产的，还是过去传送过的旧信息。消费者接收到信息时，可根据状态字判断信息的价值。AGATE 系统采用 WorldFIP 总线完整地实现了列车控制的所有功能。图 7－74 为 AGATE 控制系统的结构示意图。

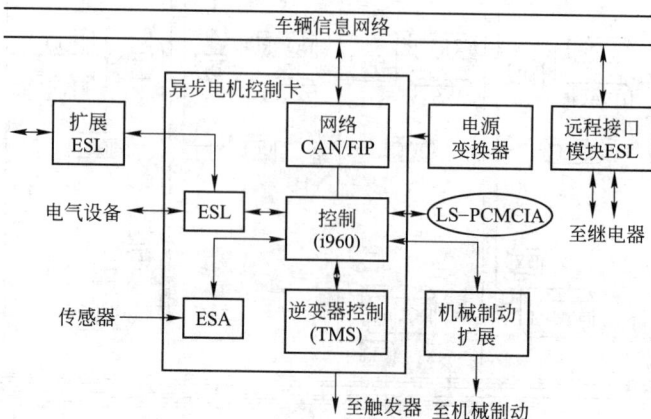

图 7－74　AGATE 系统结构示意图

4. TIS 信息系统

TIS（Train control Information management System）信息系统是日本新干线各型列车上装备的信息控制与传输系统。TIS 系统由列车通信网络、各车厢通信网和功能单元控制机组成。在各车厢内设有一终端站，它是列车通信网上的节点，也是本车厢信息传输的主站，各车厢内功能单元的信息均通过这个终端站（节点）向列车通信网络发送或从列车通信网接受信息。列车通信网上的节点中有两个主节点（中央站），运行时根据驾驶室的位置激活其中的一个（另一个则为从节点）。中央站连接显示器，并且驾驶台的信息也从中央站输入网络。

新干线的列车编组是以 2～4 节车厢组成一个车组单元为基础的，在一个车组单元内，由牵引制动控制系统、辅助电源、车门空调控制、变压器及信息子系统等相对独立的子系统构成对车组单元的设备控制。当列车根据需要由 n 个车组单元构成列车编组时，这些相对独立的子系统，通过一定的信息传输手段连成一个完整的列车控制系统。图 7-75 是 TIS 系统的结构示意图。

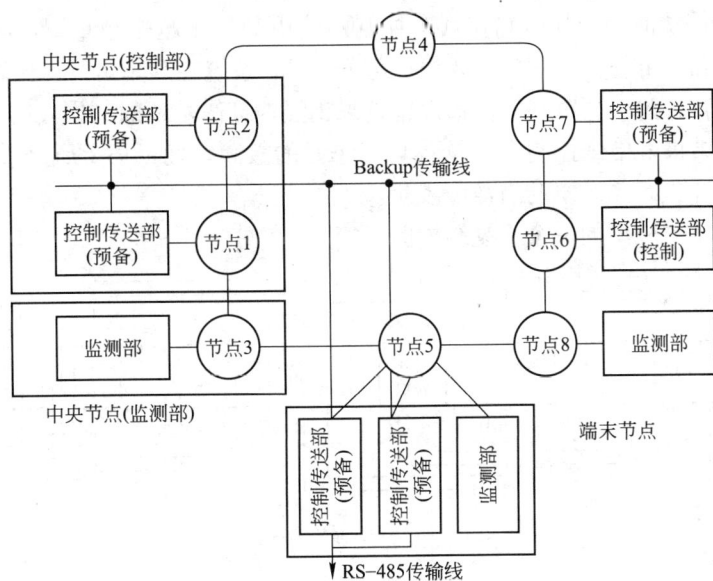

图 7-75　TIS 结构示意图

TIS 系统网络的基本结构有两种。一种结构是车厢内的终端（节点）只传输 TIS 系统的信息；另一种是节点既传输信息又传输控制命令，因此在日本新干线及既有列车上有以下三种应用形式。

（1）二重直通线的方式。控制命令和 TIS 的信息都在二重的直通线上传输，A、B 总线上的传输方式为 FSK，数量为 100 kbit/s。

（2）控制命令用二重直通线。控制命令从司机台发出，通过 A、B 二重总线与各车厢变流器-逆变器单元直接连接。命令传送方式采用移频键控 FSK 方式，数量为 19.6 kbit/s，TIS 的信息用单一 FSK 方式传输，速率为 38.3 kbit/s。

（3）列车总线和车厢总线方式。各车厢的节点通过两个方向相反的环形网络连接，采用光纤作为介质，波特率为 2.5 kbit/s；车厢总线用于连接车载节点和车厢内的功能单元，采用双绞线及 RS485 电气标准，波特率最大为 1 Mbit/s，控制命令和 TIS 信息都在这两个网上传输。

TIS 系统具有以下功能。

(1) 司机操作向导。指导列车正确、正点运行，并指示运行图。向司机指示设备的工作信息，在异常情况下，给出操作指南以及简单的检查程序，能进行出库检查。

(2) 乘务员操作功能。乘务员可以通过 TIS 的终端站（车长站）设定车厢的空调温度，异常情况下能发出警报，乘务员可以通过 TIS 系统查询情况，并对客车的情况作出处理。

(3) 维修支持功能。具有自动测试各动能单元的运行情况（用于系统调试），调阅各设备的故障记录，作出故障分析，收集、记录运行数据，为检修提供依据。

(4) 旅客服务功能。向旅客提供各种信息，如到站和前方站、运行时刻表等。

(5) 控制命令传送。该功能只有在最新的 700 系列车上才有完全的运用。控制命令包括牵引动力、制动、门控与空调、照明、辅助电源、受电弓、蓄电池开闭等。

随着 TIS 系统功能的增强，它在列车控制系统中的作用越来越重要，已成为新干线列车系统不可缺少和不可替代的一个重要组成部分。TIS 系统在列车运行、检修和故障诊断中的作用越来越大，有关人员对其的依赖性也越来越强，维修基地的工作人员基本都是按 TIS 系统的检查测试结果来检修控制系统及各功能单元的故障，而 TIS 系统本身的可靠性也很多，几乎没有听说 TIS 系统本身有故障发生。

图 7-76 是 TIS 应用的一个系统结构图。

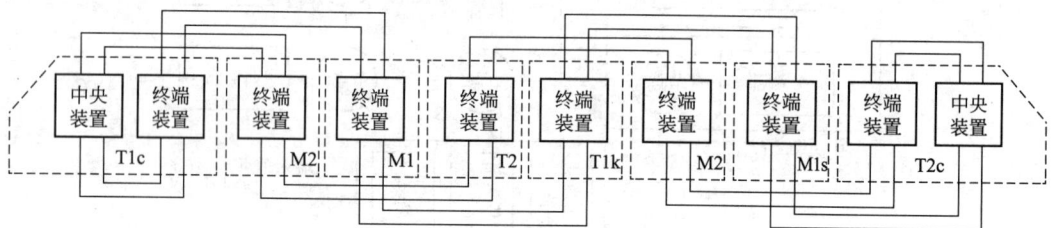

图 7-76　TIS 系统结构图

复习参考题

【1】简述交流电传动机车主电路的组成部分。

【2】为什么脉冲整流器又称为四象限脉冲整流器？

【3】试分析二点平四象限脉冲整流器工作模式。

【4】在电压型脉冲整流器中，中间直流环节由哪几部分组成，各部分的作用是什么？

【5】试分析二点平逆变器的空间矢量 PWM 的基本原理。

【6】比较分析日本、法国和德国的高速列车技术的特点。

【7】试述 CRH_1 型动车组牵引系统的构成及各部分作用。

【8】试分析说明 CRH_2 主牵引系统结构及其工作原理。

【9】试比较 CRH_1 型动车组和 CRH_2 型动车组牵引电机的控制方式异同。

【10】简述 TCN 列车通信网采用分层结构。

【11】试比较 MVB 和 WTB 的异同。

【12】目前已经成功运用的列车微机控制系统有哪些？试比较分析各种列车微机控制系统的特点。

附录 A

模 拟 试 题

A1 模拟试题一

一、填空题 共计 10 题

1. 直流供电的干线铁路一般采用_____。

2. 根据牵引供电制式和牵引电机的种类，电力牵引系统的传动方式可以分为_____五类。

3. 将外部输入的能源（如电力机车）或机车本身产生的能源（如内燃机车），通过直流（或脉流）牵引电机驱动动轮运行的机车称为_____。

4. 机车转速特性曲线与_____曲线形状相似。

5. SS1 型电力机车的轴式为_____。

6. SS1 型电力机车各相邻级间转换用硅整流管过渡，起到隔离作用。升位时，进行_____，基本无电弧产生。

7. 采用_____控制可以提高全控桥的功率因数到半控桥的水平。

8. 在电力牵引闭环自动控制系统中，由检测装置构成反馈环节，其具有_____的特征。

9. _____和_____是基于异步电动机动态数学模型的基础上建立的。

10. TCN 列车通信网采用分层结构，_____连接机车或者车厢内部各种终端装置。

二、简答题 共计 6 题

1. 试说明串励电机和并励电机哪一种更适合作为牵引电机使用。

2. 简述两位置转换开关与接触器/继电器的区别，并指出 SS1 型电力机车控制系统中的两位置开关。

3. 简述电力机车功率因数定义。

4. 简述转速、电流双闭环自动调节系统的调节过程。

5. 简述异步电动机基频以下恒压频比（U_s/ω_1）控制的机械特性。

6. 简述 CRH_2 动车组牵引传动系统主电路的工作原理。

三、讨论分析题 共计 4 题

1. 分析 SS1 型机车要向前运行，机车状态控制电路如何动作？并分析控制电路中联锁触头 TK0 的作用。

2. 分析说明 8K 机车牵引工况时全控桥的调压过程，并画出四个晶闸管的电流波形。

3. 试说明以下电路是 8K 机车控制的什么电路，并分析积分器作用以及工作原理。

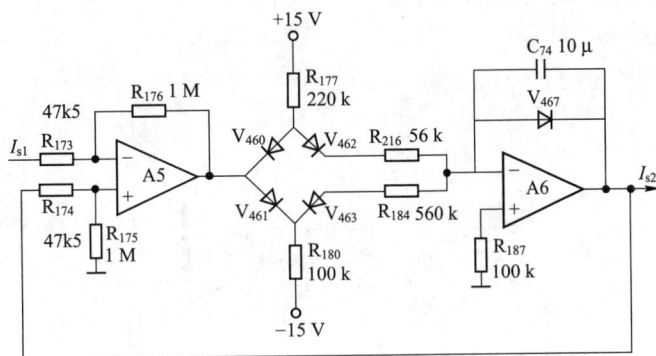

4. 分析 CRH_1 动车组控制系统中牵引力和制动力基准如何确定?

A2   模拟试题二

一、填空题   共计___10___题

1. 采用交流供电方式和直流牵引电驱动的机车主电路变流装置应为_____。

2. 城市轨道交通按照轨道建筑物在城市内所处的空间位置、运量大小、运行方式、轨道结构、管理方式的不同,划分为_____。

3. 直流电传机车的调试方式有_____。

4. 机车牵引特性曲线与电机_____曲线形状相似。

5. SS1 型电力机车控制系统中两位置转换开关有_____。

6. 单相不可控整流电路的功率因数为_____,并且与负载无关。

7. 交直电力机车采用多段桥顺序控制方法来提高机车的功率因数,最高段数为_____。

8. 电力机车再生制动时,制动电流的调节方法为_____。

9. _____和_____是基于异步电动机静态数学模型建立的。

10. 目前已经在国内外轨道交通列车领域成功运用的列车微机控制系统有_____。

二、简答题   共计___6___题

1. 试通过图示方式比较串励电机和并励电机防空转性能。

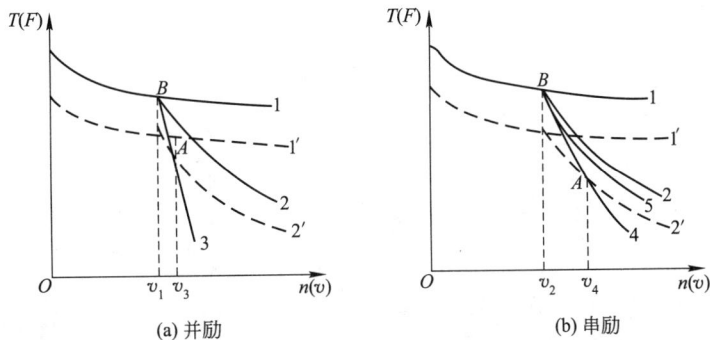

(a) 并励   (b) 串励

2. 什么是磁场削弱系数? 试比较 SS1 型电力机车和 8K 型电力机车的弱磁调速方法。

3. 试用图示的方法比较全控桥和半控桥功率因数的高低。

4. 简述以下电路的工作原理。

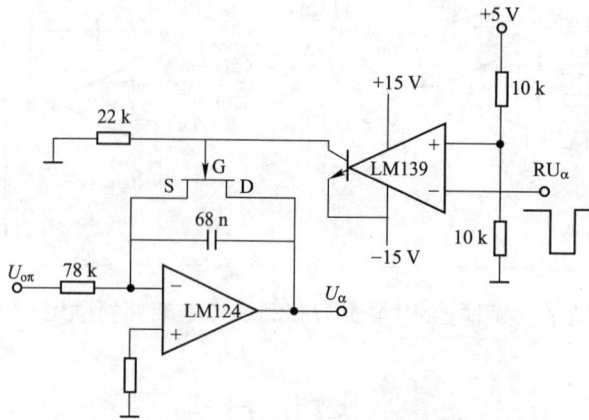

5. 简述交流传动机车两种恒功率运行实现方式。

6. 简述 TCN 列车通信网络的分层结构。

三、论述分析题　共计　**4**　题

1. 分析 SS1 型机车稳定运行在 16 级，当机车牵引电机发生过流，机车控制系统如何动作？

2. 分析说明 8K 机车再生制动工况时全控桥的调压过程，并画出四个晶闸管的电流波形。

3. 分析说明两电平牵引逆变器的工作原理和控制方式。

4. 异步电动机的矢量控制系统按有无磁链的闭环反馈可以分为哪两种控制系统，试比较其异同。